CHRISTOPHER DUFFY

Friedrich der Große und seine Armee

MOTORBUCH-VERLAG STUTTGART

Illustrationen zum Schutzumschlag: Carlo Demand.
Einband und Umschlagkonzeption: Siegfried Horn.

Copyright © 1974 by Christopher Duffy.
Die englische Ausgabe ist erschienen bei David & Charles, London/Vancouver,
unter dem Titel »The Army of Frederick the Great«.

Die Übertragung ins Deutsche besorgte
Jochen Peiper

ISBN 3-87943-451-4

2. Auflage 1983
Copyright © by Motorbuch Verlag, Postfach 1370, 7000 Stuttgart 1.
Eine Abteilung des Buch- und Verlagshauses Paul Pietsch GmbH & Co. KG.
Sämtliche Rechte der Verbreitung in deutscher Sprache — in jeglicher Form
und Technik — sind vorbehalten.
Satz und Druck: Johannes Illig, Buch- und Offsetdruck, Göppingen.
Bindung: Verlagsbuchbinderei Karl Dieringer, 7000 Stuttgart 1.
Printed in Germany.

Inhalt

Caesar überschritt
den Rubikon und nahm Rom.
Aber hat er das ganz
allein bewerkstelligt?

BERTOLT BRECHT

Einleitung

Am Morgen des 5. November 1757 sahen sich König Friedrich II.
von Preußen und seine Armee von 22 000 Mann, nahe der kleinen
Ortschaft Rossbach, einer feindlichen Übermacht von 40 000 Franzosen und Deutschen gegenüber. Als der Tag zur Neige ging, hatte
Friedrich den Gegner vertrieben, 10 000 Mann kampfunfähig gemacht, und dabei selbst nur 548 Mann verloren. Hier war in der
Tat eine mächtige Militärmaschinerie am Werk. Mehr noch: hier
handelte es sich um eine der schlagkräftigsten Armeen Europas.
Friedrichs Eroberungen und Siege rückten Preußen in die erste Reihe
der europäischen Großmächte. Das führte später — obwohl Friedrich das nie vorausgesehen hatte — zur Vereinigung Deutschlands
unter preußischer Vorherrschaft, bis hin zur Zerstörung Preußens
und zur Teilung Deutschlands im Jahre 1945.
Die preußische Aggression veranlaßte Friedrichs Gegenspielerin,
die gütige Maria Theresia von Österreich, das Reich der Habsburger zu einem vereinigten Staatswesen umzugestalten. Das weniger glückliche Frankreich Louis XV. dagegen, verlor im Kampf
gegen Preußen an Moral und finanziellem Kredit, wodurch die
Reformen in den letzten Jahrzehnten des ancien régime noch mehr
erschwert wurden. Ganz Europa war von Friedrichs Taten beeindruckt. Die Soldaten führten das Geheimnis seines Erfolges auf
perfektionierten Drill und strenge Disziplin zurück — auf den
'Kommißgeist', der das Militärwesen bis zum heutigen Tag geprägt hat. Hier wird an praktischen Beispielen demonstriert, was
eine Armee zu leisten vermag, die durch Furcht und Zwang zu-
sammengehalten wird, und nicht durch 'Innere Führung'!
Es ist interessant, die Mechanismen der friderizianischen Armee in

7

ihre Einzelteile zu zerlegen und sich bei deren genauer Untersuchung vor Augen zu führen, daß die menschliche Leistung dahinter stand.

Zeitgenössische Erinnerungen und Tagebücher bringen dem Leser die Erfahrungen der Offiziere und Mannschaften in oft drastischer Weise nahe. Sie zeigen den preußischen Offizier als einen — insgesamt gesehen — vielschichtigeren und sympathischeren Menschen, als er uns heute allgemein erscheint. Doch hinter ihm taucht stets die hagere, schnupftabakbesprenkelte Figur Friedrichs auf. Wir müssen zwar der Versuchung widerstehen, alle Übel des preußischen Militarismus auf seinem krummen Buckel abzuladen, doch gehörte der Alte Fritz zu jenen Menschen, die bei näherer Bekanntschaft an Anziehungskraft verlieren.

Eine ausführliche Darstellung der Kriege Friedrichs des Großen würde den hier gezogenen Rahmen sprengen. Im letzten Kapitel konzentrieren wir uns deshalb auf die Erfahrung, die das preußische Heer in diesen Jahren erworben hat, und darauf, was es hieß, Offizier oder Soldat in dieser einmaligen Institution zu sein.

Besonderer Dank gebührt Herrn Dr. Hans Bleckwenn, dem besten Kenner friderizianischer Historie; er hat dem Autor bei der Auswahl der Illustrationen wie auch des sonstigen Materials, das in diesem Buch Aufnahme fand, unschätzbare Dienste geleistet.

Die getreue Übertragung in die deutsche Sprache ist die Arbeit von Oberst a. D. Jochen Peiper, der diese Aufgabe kurz vor seinem erschütternden Tod beendete. Es kommt mir nicht zu, über diesen Mann oder seine Gegner das Urteil zu sprechen. Ich kann nur sagen: für mich liegen Anzeichen einer gewissen offenherzigen Unbefangenheit in einem Menschen, der sein Heim — als Besiegter — in einem früheren Feindesland aufschlägt und einem Engländer hilft, eine Studie über Deutschlands größten Soldaten vorzulegen.

C. D.

8

1

Das Land, das Zeitalter, der Mensch

Die Hohenzollern hatten von Anfang an ein »einnehmendes« Wesen. Das Geschlecht führte seinen Namen auf die ersten urkundlich nachgewiesenen Vorfahren zurück, auf eine Raubritter-Linie, welche von den durchreisenden schwäbischen Kaufleuten einen Wegezoll — *Zollern* — erhob.

Einer der Hohenzollern, ein gewisser Friedrich, war Anfang des XV. Jahrhunderts so pfiffig, dem Kurfürsten von Brandenburg, der sich gerade um den deutschen Kaiserthron bewarb und dazu dringend Geld benötigte, ein Darlehen zu gewähren. Das Spiel zahlte sich für beide Teile aus. Der Brandenburger wurde Kaiser. Dieser wiederum ernannte nun Friedrich an seiner Statt zum Kurfürsten von Brandenburg.

Auf diese Weise wurde die Familie aus den lieblichen schwäbischen Gefilden in den unwirtlichen Nordosten Deutschlands verpflanzt, wo sich die Mark *(Grenzland)* Brandenburg zwischen dem Unterlauf von Elbe und Oder, inmitten öder Kiefernwälder, Sümpfen und Sandflächen, erstreckte.

Die neuen Herren brachten den örtlichen Adel zur Raison und verfolgten sodann einen Kurs friedlicher Arrondierung, indem sie sich allmählich all jene kleinen Gebiete einverleibten, welche den eigentlichen Kern der Mark umgaben. 1618 hatte der Kurfürst das Glück, daß ihm die ausgedehnte Provinz Ostpreußen durch Erbschaft zufiel. Sie war allerdings durch das polnische Gebiet Westpreußen vom Hohenzollernstaat getrennt.

Der Ehrgeiz der Hohenzollern wandte sich auch der niederrheinischen Gegend zu, wo sie 1666 als rechtmäßige Herren der Gebiete Kleve, Mark und Ravensberg bestätigt wurden. Die zweite Hälfte des XVII. Jahrhunderts sah die Hohenzollern mithin im Besitz von drei voneinander getrennten Landstrichen: dem brandenburgischen Herzstück in der Mitte, der Provinz Ostpreußen entlang der Ostseeküste und dem rheinisch-westfälischen Gebiet.

Die Gliederung der Hohenzollern-Besitztümer war daher selbst für »deutsche« Maßstäbe überaus ungünstig. Und das »Deutschland« von damals war ja nicht mehr als der geographische Ausdruck für ein Konglomerat von selbständigen Herzogtümern, Fürstentümern und Städten, die nominell der Botmäßigkeit des Kaisers unterstanden. Dieses Amt bekleidete für gewöhnlich das regierende Haupt des österreichischen Hauses Habsburg. Hinzu kam, daß die Ländereien der Hohenzollern in mannigfacher Weise der sozialen und wirtschaftlichen Entwicklung des übrigen Deutschland hinterherhinkten. Der Geist des alten Rom war nie weiter als bis zur Elbe vorgedrungen — schon gar nicht bis zur Oder. Die Gebiete der Hohenzollern zählten zu den rückständigsten in einem Europa, auf welches die Strahlen der Zivilisation schienen, die vom Hofe des französischen »Sonnenkönigs« Ludwig XIV. ausgingen. Die Bevölkerung bestand aus einem Gemisch von deutschen Kolonisten und slawischen Stammesgenossen, der Adel aus verarmten Landjunkern, ebenfalls mit einem Schuß slawischen — polnischen — Bluts. »Obwohl diese Familien sowohl in bezug auf ihre Gewohnheiten als auch Auffassungen voll und ganz germanisiert wurden, vermeinen die Kritiker dennoch die Spuren eines ausgesprochenen Hochmuts auf diese Abstammung zurückführen zu dürfen, ungeschliffener als sonst üblich, und mit einer gelegentlichen Tendenz zu wilden Extravaganzen«.[1] Alle preußischen Namen mit der Endung »-ske« oder »-schke« wiesen auf polnischen Ursprung hin.

Während die westdeutsche Aristokratie ihre Fähigkeiten als Rechtsgelehrte, Verwaltungsbeamte und Kaufleute zu bestätigen vermochte, blieb dem preußischen Landadel nur die Bearbeitung der Scholle, wo eine Generation von Junkern nach der anderen ihre praktisch noch im Zustand der Leibeigenschaft befindlichen Bauern zu immer größeren Anstrengungen anspornten, um den sandigen Böden bessere Ernten abzuringen. Es waren dies die geborenen Offiziere, gewohnt, ihren Willen mit Faust, Stock und Stimme durchzusetzen; auf ihre Autorität um so mehr bedacht, als sie ihren Untergebenen blutsmäßig nahestanden. Ein österreichischer Offizier

10

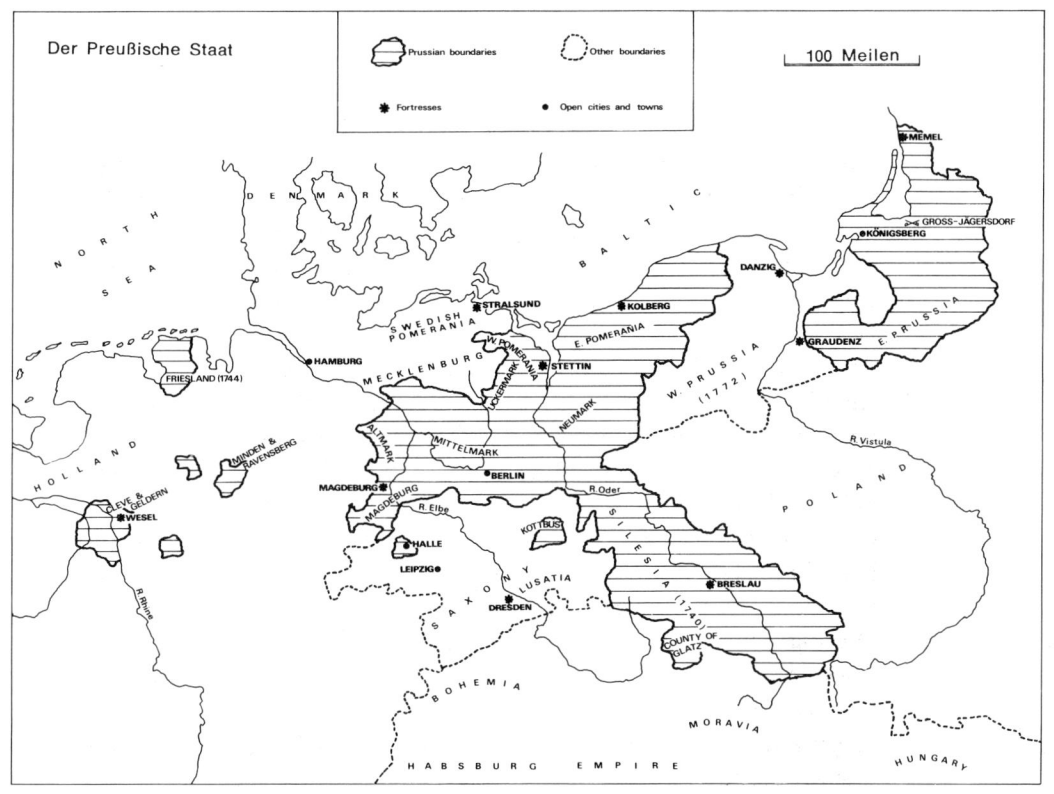

Der Preußische Staat

des XVIII. Jahrhunderts schrieb darüber: »Ich respektiere den armen Landadel. Die preußische Armee verdankt dieser Klasse ihre vorzügliche Zusammensetzung.«²

Auch die Reformation spielte bei der Unterwerfung des norddeutschen Bauerntums eine Rolle. Die Kirche sah sich der ungeteilten Autorität beraubt, so daß die Souveräne in Glaubensfragen ihrer Untertanen die höchste Instanz wurden. Die weitere Entwicklung der hohenzollernschen Politik beeinflußte zutiefst der »Große Kurfürst« Friedrich Wilhelm, der von 1640 bis 1688 regierte. Voll Zorn hatte Friedrich Wilhelm mit ansehen müssen, wie im Verlauf des zerstörerischen Dreißigjährigen Krieges die Armeen der Schweden und Kaiserlichen immer wieder das wehrlose Brandenburg heimsuchten. Er setzte darum alles daran, sein väterliches Erbteil zu einer der führenden Militärmächte Europas auszubauen. Nur so schien ihm die Gewähr gegeben, daß sich seine Nachbarn künftig hüten würden, über seine verstreuten und verarmten Güter nach Kavaliersart herzufallen.

Die Konsequenzen waren schmerzhaft. Da Brandenburg-Preußen,

11

im Gegensatz zu Mächten wie Frankreich oder Österreich, über keinerlei Hilfsquellen verfügte, mußte der Große Kurfürst alle Energien und Kräfte seines Staats auf das militärische Ziel ausrichten. Er brach die Macht der Stände, reorganisierte die Finanzen und begann das Brachland urbar zu machen und zu besiedeln — aber alles im Hinblick auf den militärischen Endzweck. So konnte sich auch der friedlichste seiner Staatsräte über Nacht in einen ominösen Kriegsrat verwandelt sehen.

Die Tapferkeit der neuen brandenburgischen Armee wurde in spektakulärer Weise bei Fehrbellin unter Beweis gestellt, wo der Große Kurfürst die Schweden am 18. Juni 1675 in offener Feldschlacht schlug. Seinen Erben hinterließ Friedrich Wilhelm eine zwar nur kleine, doch ausgezeichnete Streitmacht von 18 000 Soldaten.

Unter dem direkten Nachfolger des Großen Kurfürsten erlebte der Brandenburg-Preußische Staat ein Vierteljahrhundert mit gepuderten Perücken und funkelnder Juwelenpracht, ganz und gar nicht im Einklang mit dem aufrechten Spartanertum, welches spätere Historiker dem Hause Hohenzollern andichteten. Dennoch vermochte der in Rede stehende Herr, der Kurfürst Friedrich, auf einige wichtige Leistungen zu verweisen. Er überredete den Kaiser, ihn im Jahre 1701 zum König von Preußen zu machen (genauer eigentlich: zum König in Preußen, d. h. Ostpreußen), und er ermunterte junge Offiziere, wie den Fürsten Leopold von Anhalt-Dessau, die Armee durch Reformen auf den modernsten Stand zu bringen. 1713 beschloß König Friedrich sein Leben in einer für damals charakteristischen Weise: Inmitten barocker Verschwendung tauchte er in seinem Grabmal unter und hinterließ einen gewaltigen Schuldenberg, eine kostbare Juwelensammlung, einen riesigen, farbenprächtigen Hofstaat und — eine schlagkräftige Armee von 40 000 Mann.

Sein Sohn, König Friedrich Wilhelm I. (1713—40) kultivierte hingegen all jene hochgepriesenen preußischen Tugenden, wie Geradheit, harte Arbeit und einfachen Lebensstil im Extrem, fast so, als wollte er sich demonstrativ vom Lebensstil des Vaters abwenden. Er verachtete alle Gelehrsamkeit, sofern sie über Lesen und Schreiben hinausging und nicht dem militärischen Reglement diente. Er ließ die königlichen Parkanlagen von Berlin und Potsdam in Exerzierplätze umwandeln. Die düsteren, engen Räume der Schlösser hallten wider von dem nicht endenwollenden Salvenfeuer der draußen übenden Züge, gelegentlich nur von dem Krachen und Splittern unterbrochen, wenn versehentlich ein Ladestock mit abgefeuert wurde und durch eines der Fenster gesegelt kam.

Was Friedrich Wilhelm an schöpferischer Arbeit für die preußische Armee bewirkte, übertraf bei weitem die seines berühmteren Sohnes Friedrichs des Großen. Übelgelaunt und stämmig von der Erscheinung her, war Friedrich Wilhelm der Mann, der ein System in die Rekrutierungsmethoden brachte. Er schuf die besondere Bindung zwischen dem König von Preußen und seinem Offizierkorps, stellte die ersten preußischen Husaren auf, legte den Grundstein für eine preußische Rüstungsindustrie und entwickelte jene Musketen und Degen, welche die preußischen Soldaten fast bis zum Ausgang des Jahrhunderts führen sollten. Ein Ereignis von großer symbolischer Bedeutung war der Stilbruch von 1718, als sich Friedrich Wilhelm ganz bewußt von der Lebensart, der Mode und dem äußeren Gepränge des französisierten Europa abwandte und einen nüchternen, spezifisch preußischen Militärstil prägte.

Es wäre jedoch falsch, wollte man die Rückständigkeit und den Provinzialismus von Friedrich Wilhelms Preußen besonders betonen. Immerhin war dies der Boden, auf dem der junge Friedrich und die militärischen Führer seiner Generation groß wurden. Und alles deutet darauf hin, daß das Offizierskorps nach dem Stande der damaligen Zeit eine durchaus angemessene Erziehung genossen hatte. (Wenn auch nur, weil Friedrich Wilhelm die entsprechenden Leute quer durch den ganzen Adel hindurch — ob sie wollten oder nicht — in die Uniform gepreßt hatte.) Das System war durchaus fähig, Musterexemplare gebildeter und ritterlicher Vortrefflichkeit wie etwa Schwerin hervorzubringen, genauso wie eine bedeutende Anzahl intelligenter Offiziere, die ihre Ausbildung auf den Ritterakademien in Brandenburg und Kolberg oder auf deutschen Universitäten wie Halle erhalten hatten. Auf der anderen Seite der akademischen Skala sorgte Privaterziehung für eine brauchbare Basis bei einfacher veranlagten Männern. Kavalleristen sind nicht gerade bekannt dafür, daß sie sich intellektuell geben, aber Seydlitz und Zieten hatten privat eine mehr als ausreichende Erziehung erhalten (Seydlitz in einem adligen Pagenkorps und Zieten unter dem Hofmeister seiner Familie), und beide hielten viel vom Lernen.

Ausländische Handwerker und Siedler wurden ermutigt, zu Tausenden nach Brandenburg-Preußen zu kommen, um bei der Erschließung des alten Hohenzollernstaates mitzuhelfen. 1721 vermochte Friedrich Wilhelm auch die internationale Anerkennung für seine jüngste schwedische Eroberung zu gewinnen: für Westpommern mit dem befestigten Hafen Stettin. Dieser Gebietszuwachs erwies sich als überaus nützlich, bildete er doch eine integrale strategische Einheit mit dem brandenburgischen Kernland (Brandenburg und Ostpommern) und paßten auch die etwas einfältigen Bewohner sehr gut zu ihren neuen preußischen Herren.

Friedrich Wilhelm vermehrte die Einkünfte des Staates nicht nur im absoluten Sinne, sondern er erhöhte auch den Militäretat. Zwischen 1713 und 1732 wendete er Jahr für Jahr 4 bis 5 Millionen Taler für die Armee auf, während zur Deckung der übrigen Kosten jährlich eine Million ausreichen mußte. 1740 verfügte Preußen daher über eine respektable Streitmacht von 83 000 Mann, wodurch Friedrich Wilhelms Armee an vierter Stelle in Europa stand, obwohl sein Land der Größe nach an zehnter, der Bevölkerungszahl nach sogar erst an dreizehnter Stelle rangierte.

Ungeachtet aller militärischen Vorbereitungen vermochte es das Ausland aber nicht, Friedrich Wilhelm ganz ernst zu nehmen. Der Mann war zu ehrlich und zu pflichtbewußt, als daß man sich vorstellen konnte, er würde seine mächtige Armee je zu etwas anderem einsetzen als zum Gemeinwohl des Reiches. So entsandte Friedrich Wilhelm 1734 auch ein Truppenkontingent an den Rhein, um den Kaiser im Kampf gegen die Franzosen zu unterstützen. Viel Ruhm war in diesem Feldzug jedoch nicht zu ernten, da der Oberkommandierende, der österreichische Veteran Prinz Eugen von Savoyen — »ein ehrwürdiges Überbleibsel aus vergangener Zeit« — keine ernsthaften Anstalten traf, um die Franzosen bei der Belagerung von Philippsburg zu stören. Dennoch gewährte Eugens Bericht eine gewisse Befriedigung: »die preußischen Truppen machen den Kern der deutschen Armeen aus. Das übrige stellt beinahe das Bild der Unbrauchbarkeit aus«.[3]

Andererseits wies Friedrich Wilhelms Charakter aber auch eine närrische Seite auf, die sich an dem täglichen Possenspiel seines »Tabakkollegiums« und an seiner grotesken Vorliebe für große Kerle nachweisen läßt. Truppenteile und einzelne Offiziere beurteilte er mehr nach der Statur als nach sonstigen Gesichtspunkten, und ganz besondere Aufmerksamkeit verschwendete er an sein fast 3000 Mann

*Friedrich der Große in der Paradeuniform des Ersten Gardebataillons (vor 1752).
Blauer Rock mit roten Manschetten und Ärmelaufschlägen, silbernen Rokoko-
Zierschleifen, gelber Weste und Kniehose sowie einem Dreispitz mit Silberstickerei
und weißem Federsaum. Für gewöhnlich trug er die sehr viel einfachere In-
terims-Uniform.*

starkes Regiment von ausgesucht großen Grenadieren. Der kleinste dieser Launen der Natur maß 1,83 m, einige der besonders ausgefallenen kamen fast an 2,44 m heran.

Charakteristisch für Friedrich Wilhelm war die brutale Art mit der er seiner Familie begegnete. Barbarisch waren die Methoden, die er dem 1712 geborenen Kronprinzen Friedrich, dem ältesten überlebenden Sohn, angedeihen ließ. Friedrich war sensibel, intelligent und von schmächtigem Wuchs. Unter dem Einfluß seiner Mutter und der geliebten Schwester Wilhelmine wandten sich die Interessen des jungen Mannes mehr und mehr der französischen Sprache und den Künsten zu. Friedrich Wilhelm fügte seinem Sohn sowohl im Familienkreis als auch angesichts der Zechgenossen des Tabakkollegiums fortgesetzte Erniedrigungen zu. Selbst in Gegenwart ausländischer Würdenträger scheute er nicht davor zurück, die wankende Gestalt hin und her zu stoßen und mit dem Stock zu bearbeiten.

Kronprinz Friedrich kam mit der großen Welt erstmals 1728 in Berührung, als ihn sein Vater zu einem Besuch mit nach Dresden nahm, jener glitzernden Metropole des sächsisch-polnischen Doppelstaates. Hier wurde Friedrich in eine komplizierte Intrige mit hineingezogen, bei der es um eine Ränke schmiedende polnische Gräfin in unbekleidetem Zustand ging. Das veranlaßte seinen entrüsteten Vater, ihn schleunigst wieder heimzuholen — einen nun blasseren und klügeren, aber auch sehr viel unruhigeren jungen Mann.

Nach einer weiteren Serie von Beleidigungen unternahm der Kronprinz schließlich 1730 einen stümperhaften Fluchtversuch, um nach Frankreich zu entkommen. Er wurde erwischt, zurückgebracht und in die Festung Küstrin unter Arrest gestellt, um als Deserteur vor ein Kriegsgericht zu kommen. Eine Zeitlang hielten die Regierungen Europas den Atem an und fragten sich, ob Friedrich Wilhelm es tatsächlich über sich bringen würde, seinen eigenen Sohn töten zu lassen. In diesem Falle begnügte sich der König jedoch damit, Friedrichs Mitverschworenen, den Leutnant von Katte, im Hofe unter Friedrichs Zellenfenster enthaupten zu lassen.

In den darauffolgenden Jahren gelang es Friedrich, sich durch Arbeit allmählich wieder die Gunst des Vaters zurückzugewinnen. 1732 schloß er die Vernunftehe mit der Prinzessin Elisabeth von Braunschweig-Wolfenbüttel, welche ihm zumindest einen gewissen Grad an Unabhängigkeit sicherte. Er wurde zum Chef eines in Ruppin stehenden Regiments ernannt. Friedrichs Selbstvertrauen und körperliche Widerstandskraft wuchsen mit der Freude am ersten selbständigen Kommando, zumal die Exerzierübungen und das Auftreten des »Regiment Kronprinz« ihm einige anerkennende Bemerkungen seitens des alten Königs eintrugen. Die bemerkenswerte Kaltblütigkeit, welche er 1734 bei seiner Feuertaufe im Feldzug von Philippsburg an den Tag legte, förderte ebenfalls die Aussöhnung, so daß er zwei Jahre später die Erlaubnis erhielt, sich in Schloß Rheinsberg bei Ruppin eine eigene kleine Hofhaltung einzurichten.

In Rheinsberg erfreute er sich der Gesellschaft so tüchtiger Offiziere, wie des alten Leopold von Anhalt-Dessau, des General von Schwerin sowie des fast gleichaltrigen Hans von Winterfeld und des Capitain de la Motte Fouqué. Sie alle hatten ihn während der qualvollen Jahre entweder durch berufliche Tüchtigkeit oder persönliche Loyalität beeindruckt.

Als Friedrich nach dem Tode seines Vaters 1740 den Thron bestieg, war er daher zu einem gut ausgebildeten Soldaten herangewachsen.

Die »vertikalen« Einflüsse hatte der junge Friedrich dem Erbe seiner brandenburgisch-preußischen Abstammung zu verdanken. Wie aber war die damalige Zeit beschaffen, wie war es um die »horizontalen« Strömungen bestellt? Um das zu verstehen, muß man auf zwei allgemeine Begriffe verweisen: den aufgeklärten Absolutismus und den Begrenzten Krieg.

Aufgeklärter Absolutismus ist die beste Kurzformel für den Regierungsstil Friedrichs und seiner Zeitgenossen. Der alte Merkantilismus und Militarismus, welcher die Bestrebungen der Monarchien des XVII. Jahrhunderts gekennzeichnet hatte, wich in den vierziger Jahren des XVIII. Jahrhunderts einer weiter gesteckten Auffassung — der Vorstellung von einer rationellen Dienstverpflichtung, derzufolge der aufgeklärte Souverän gehalten war, die Dinge zum größten Wohl seiner Untertanen zu ordnen. Die Handlungsweise eines solchen Philosophenkönigs kennzeichneten die Toleranz in Religionsfragen, Reformen des Bildungs- und Gesetzeswesens, die Rationalisierung der staatlichen Verwaltung sowie die Anhebung des Lebensstandards der Bauern. Der aufgeklärte Absolutist fühlte sich durch die Gesellschaft von geistvollen und gelehrten Männern geschmeichelt, obwohl seine feinen Antennen ihn zumeist davon abhielten, deren Meinungen zu ernst zu nehmen. Umgekehrt fühlten sich wiederum Leute wie Voltaire zu einem derartigen Monarchen hingezogen, dünkte es sie doch besser, von einem einzigen Löwen regiert zu werden als von einer Horde von Ratten ihrer eigenen Art. Friedrich verkörperte fast den Prototyp des aufgeklärten Absolutisten.

Seine Kriege wurden als unglückliche Verirrung abgetan, und das ganze »aufgeklärte« Europa bewunderte stattdessen seinen Abscheu vor Müßiggang und Aberglauben und die Art, wie er sein Heer mit Söldnern auffüllte, so daß die eigenen Bauern und Handwerker ungestört ihrer Beschäftigung nachgehen konnten.

Die gleichen Kräfte des aufgeklärten Absolutismus trugen in gewisser Weise auch zu einer Linderung der unvermeidlichen Kriegsschrecken bei. Der Monarch war absoluter Herr im Hause, brauchte sich um die öffentliche Meinung nicht zu kümmern und konnte daher aus freien Stücken Allianzen schließen, Kriege vom Zaun brechen oder beenden, je nachdem, wie es seinem Lande gerade zupaß kam. Wie eifersüchtig er auch seine Rechte und Ländereien hüten mochte, stets sah er in den anderen Herrschern seine »Brüder« und »Schwestern«, betrachtete er sie als Familienmitglieder einer europäischen Gemeinschaft. Katharina von Rußland wurde beim Empfang der Nachricht von der Hinrichtung Ludwigs von Frankreich durch seine eigenen Untertanen buchstäblich krank.

Die Geschichte hatte bewiesen, daß die unangemessene Vorherrschaft einer solchen Monarchie zur Bildung feindlicher Allianzen führte, um auf diese Weise das Gleichgewicht wieder herzustellen. Selbst ein ernsthafter Krieg bedrohte dabei aber nicht die Harmonie Europas, denn bis zum Jahre 1750 wußten die rivalisierenden Souveräne nur zu gut, daß ein Friedensschluß lediglich die Grenzkorrekturen entlegener Provinzen, italienischer Herzogtümer oder ferner Kolonien zur Folge haben würde. In gewisser Weise stellte der Siebenjährige Krieg (1756—63) hier eine gewisse Abweichung von der Regel dar, denn der Brandenburg-Preußische Staat kämpfte um sein Überleben. Trotzdem hielten sich Friedrichs Feinde in überraschender Weise zurück und unternahmen nichts, um seine Verbindung nach Polen mit all den wichtigen Hilfsquellen an Getreide, Remonten, Vieh und Rekruten abzuschneiden.

Es war sogar bekannt, daß der Kaiser Franz Stephan, sein erklärter Gegner, insgeheim einen schwungvollen Handel mit Versorgungsgütern trieb, die er der preußischen Armee lieferte. 1748 forderte der gleiche Herr die britische Flotte zur Blockade von Genua an, während er in seiner Eigenschaft als Großherzog von Toskana gleichzeitig gegen diese britische Handlung Protest einlegte.

Es war dies das Zeitalter der adeligen Tugenden, die sich mildernd auf die vulgären Leidenschaften des Nationalhasses auswirkten. Französische Lebensart und die französische Sprache gaben den Ton an in einem Gebilde, welches Gibbon »Die Republik Europa« nannte. Der kosmopolitisch denkende Aristokrat jener Tage entwickelte einen Adelskodex, nach dem ihm die Standesgenossen anderer Länder näherstanden, als der eigene Landsmann einfacher Herkunft. In Friedenszeiten konnte sich ein Berufssoldat ohne weiteres einem anderen König verdingen, ohne daß hierbei ein Makel auf ihn fiel, und selbst den Kriegszustand empfand man nur als einen teil- und zeitweisen Hinderungsgrund für den gesellschaftlichen Verkehr.

Die Adligen waren träge und sorglos. In einigen Ländern, so vor allem in Frankreich, nahmen sie auf Grund ihrer Geburt das Recht der Steuerfreiheit für sich in Anspruch, was sich beträchtlich auf die Einkünfte des Staates auswirkte. Ferner nutzten sie das fast ausschließliche Offiziersmonopol ihrer Klasse dazu aus, um den Aufstieg vieler tüchtiger Nichtadeligen zu verhindern. So ließ auch Friedrich nur in seltenen Fällen, und dann nur nach besonderer Auslese, einen Bürgerlichen in der Armee Offizier werden.

Diese Umstände brachten es mit sich, daß der Souverän nur mit einem Teil seiner materiellen und menschlichen Hilfsquellen Krieg zu führen vermochte, ungeachtet seiner alleinigen Entscheidungsgewalt in allen Fragen der Politik.

Noch mehr kam dieses Verdienst einigen Männern des öffentlichen Lebens und Rechtsgelehrten zu, die vor einer Wiederholung der Schrecken des Dreißigjährigen Krieges (1618—48) bangten. Sie bemühten sich, die Zivilbevölkerung aus den Kriegen herauszuhalten und sahen zu, daß die Könige ihrer militärischen Kurzweil nur unter größtmöglicher Schonung des Staats frönten. Auch der gebildete Adel bekannte sich mehr oder minder stark zur Philosophie des Rationalismus, welcher von der erfreulichen Annahme ausging, daß bloße Verstandeskraft letztendlich in der Lage sei, für alle dunklen und verworrenen Dinge eine ästhetisch befriedigende Lösung zu finden. Den Leidenschaften wurde mißtraut, und

Form und Eleganz beherrschten Literatur und die schönen Künste. Auf dem Gebiet der Physik gab es vieles, was nunmehr die Fackeln der Mechanik und Chemie zu entzünden vermochte, und da die Militäringenieure bereits einen Schlüssel für die Belagerungstechnik und Befestigungskunst errechnet hatten, lag die Frage nahe, ob sich nicht überhaupt die gesamte Kriegführung durch eine rationelle Analyse ähnlicher Art erfassen ließe. So fingen der Marschall von Sachsen und einige andere Leute an, die Schlachten als eine durcheinander geratene Abweichung von der ordnungsgemäßen Norm des wissenschaftlich durchgeführten Manövers zu betrachten. In dem sächsischen Dienstreglement von 1752 findet sich hierüber eine treffende Anmerkung: »Eine Bataille ist die wichtigste und gefährlichste Kriegsoperation . . . Das Meisterstück eines großen Generals ist, den Endzweck einer Campagne durch scharfsinnige und sichere Manoeuvres ohne Gefahr zu erhalten«. Eine »wissenschaftlich« vorgehender Befehlshaber konnte sich dem Gegner überlegen erweisen, indem er dessen Nachschubverbindungen abschnitt und sich mit seinen leichten Truppen die Hilfsquellen des Landes sicherte (hierin waren vor allem die Österreicher gut).

Aber auch an Vegetius konnte er sich ein Beispiel nehmen und dem Gegner für den Abzug »goldene Brücken« bauen.

Dem Truppenführer des XVIII. Jahrhunderts boten sich eine Vielzahl von Gründen und Gelegenheiten, um dem Kampf auszuweichen. Das Heer jener Tage bestand aus einem unteilbaren Block aus Dutzenden von Regimentern. Es konnte nur unter großen Schwierigkeiten über den Kampfschauplatz bewegt werden, und Stunden mochten vergehen, bevor der Übergang von der Marsch- in die Schlachtordnung abgeschlossen war. Während dieser Zeit konnte sich aber ein unentschlossener Gegner leicht aus dem Staube machen. Eine geschlagene Schlacht stellte daher im XVIII. Jahrhundert mehr eine Verführung als eine Vergewaltigung dar.

Waren die Gegner erst einmal aneinandergeraten, brachte man sich eigentlich nur noch mit Kanonenschüssen und Musketensalven auf kürzeste Entfernung um. Das Ergebnis war für die Befehlshaber immer gleich niederschmetternd. Hierbei war es jedoch nicht so sehr der humanitäre Aspekt, als vielmehr die Erkenntnis, daß mit dem gefallenen Soldaten auch die Investition von rund drei Jahren Verpflegung und Ausbildung dahinging.

Aus dieser Befangenheit seiner Zeitgenossen mußte Friedrich in gewissem Maße ausbrechen. 1740 annektierte er die österreichische Provinz Schlesien und hoffte, sich dieses Diebesgutes ungestört erfreuen zu können. Hierbei unterschätzte er die österreichische Zurückhaltung aber beträchtlich und mußte sich im Jahre 1745 auf eine Anzahl gefährlicher Feldzüge einlassen, welche ihn dann im Verlauf des Siebenjährigen Krieges bis hart an den Rand des Untergangs brachten.

Da Friedrich sich die lässige Kriegführung seiner Gegner nicht leisten konnte, mußte er schon aus Prinzip Entscheidungsschlachten suchen. Keiner seiner Zeitgenossen verlangte der Truppe größere Marschleistungen ab, niemand dehnte die Feldzüge bis in den Winter aus — die herkömmlicherweise »geschlossene Saison« — und brach derartig zeitig im Frühjahr wieder auf. Nachdem Friedrich seine Söldnertruppen bereits zu Anfang des Siebenjährigen Krieges verschlissen hatte, mußte er auf eigene Landeskinder zurückgreifen, die mit vaterländischer »Begeisterung« fochten, eine Gefühlsaufwallung, welche man im XVIII. Jahrhundert zuallerletzt antreffen durfte. Daß Friedrich sich trotzdem dem Zeitgeist nicht ganz entziehen konnte, geht jedoch daraus hervor, daß eine seiner ersten Maßnahmen nach Kriegsende der Wiederauffüllung der Armee mit Ausländern galt.

Die Menschlichkeit, welche Friedrich seinen Gegnern gegenüber an den Tag legte, kam der marxistischen Definition von der Ritterlichkeit der Aristokraten nahe, d. h. dem selbstsüchtigen Instinkt für die Erhaltung der eigenen Klasse. Für den gemeinen Soldaten brachte er jedoch wenig Mitgefühl auf, sofern es sich zufällig um einen Sachsen oder Russen handelte, und die Beschießung von Dresden im Jahre 1760 konnte sich durchaus neben den übelsten Greueltaten des Dreißigjährigen Krieges sehen lassen ...

So also war es um die Herkunft und die Umwelt Friedrichs von Preußen bestellt. Wir haben gesehen, daß er nach einem durchaus nicht vielversprechenden Beginn sich doch noch als ein würdiger Erbe des Großen Kurfürsten und Friedrich Wilhelm I. erwies. Als ein Mann des XVIII. Jahrhunderts kam er dem Ideal des Aufgeklärten Absolutisten nahe, auch wenn er beileibe kein typischer Vertreter der Lehre vom Begrenzten Krieg war. Vielleicht lebte er hierzu auch in zu extremen Denkkategorien oder gebot über ein Land, das im Grunde nicht zu Europa gehörte.

Den Soldaten Friedrichs war es nicht darum zu tun, den Alten Fritz nun in irgendein pompöses Schema einzuordnen; was für sie zählte und jeden beeindruckte, ein »eigener Zauber, der im Ton von Friedrichs Stimme lag, wenn er die Herzen gewinnen wollte, sowie in dem großen Auge ein Blick, der wenn er zürnte, alles in Schreck und Zittern versetzte«.[4]

Sie sahen vor sich einen stark gebückt gehenden Mann von 1,72 m Größe. Die Augen waren blau und zwingend, die Stirne breit, obwohl die kräftige Nase und die Wangen mit zunehmendem Alter stark einfielen.

Friedrich trug seine Kleidung so lange, »wie die Schicklichkeit es zuließ und mitunter noch länger«.[5] Für gewöhnlich erschien er in einem einfachen Offiziersrock in Preußischblau mit rotem Kragen und Manschetten oder, weniger häufig, in der schmucken Uniform des Ersten Gardebataillons. Die Rockaufschläge waren normalerweise miteinander verknöpft die (magere Gestalt fror leicht). Die ganze Vorderseite, einschließlich des ausgefransten Sterns des Schwarzen Adlerordens, die Manschetten, Hände und das Gesicht waren in ekelerregender Weise mit spanischem Schnupftabak besudelt und befleckt. Er trug einen schlichten Degen, dessen Portepee dem des übrigen Offizierkorps entsprach, schwarz mit durchgeschossenen Silberfäden. Die Feldbinde trug er über dem Rock. Diese Abkehr von der allgemeinen Mode beruhte auf dem Wunsch, die Eigentümlichkeiten seines Körperbaus, die breiten Hüften und das Hohlkreuz, zu verbergen.

Die Reitstiefel waren um die Fußgelenke herum schon recht brüchig, und Friedrich weigerte sich, von einem besonders geschätzten Paar Reithosen Abschied zu nehmen, welche mindestens bis 1770 existierten und dabei eine immer dunklere Färbung annahmen, und die vom Sattel sowie von den Pfoten seiner Windspiele gleichermaßen stark gezeichnet waren.

Nicht aus Gleichgültigkeit oder Geiz hing Friedrich so getreu an derartigen alten Kleidungsstücken, vielmehr »wollte er immer grade so aussehen, wie er auf dem Schlachtfeld von Lobositz, von Rossbach, von Leuthen, von Kunersdorf ausgesehen hat«.[6] Die Wirkung war darauf berechnet, die Bande zwischen sich und seiner Armee noch enger erscheinen zu lassen — ein Verhältnis, das einer seiner alten Kriegsgefährten mit der Stellung eines schottischen Familienoberhaupts zu seinem Klan verglich.[7]

In anderen Ländern waren die bewaffneten Streitkräfte eine Einrichtung des Staates und unterstanden verwaltungsmäßig einem besonderen Ministerium, im Preußen Friedrichs hingegen war die Armee eine private Angelegenheit, zur unmittelbaren Verfügung des Königs. In Kriegszeiten ließ Friedrich sein Zelt inmitten des Feldlagers aufschlagen, stand bereits um 4 Uhr morgens zu einem Inspektionsgang auf und bearbeitete dann die hunderterlei Schriftstücke, die ihm täglich vorgelegt wurden. »Im Quartier des Königs geht es ruhig und ohne jeden Wirrwarr zu«, schrieb ein Engländer. »Alles läuft wie am Schnürchen, was nicht verwundert, nachdem er alles selber regelt«.[8]

In Friedenszeiten legte Friedrich großen Wert darauf, daß die Armee in den alljährlichen Paraden und Manövern auf Herz und Nieren geprüft wurde:

> »Es ist viel Wahres an dem Sprichwort, wonach ein Pferd unter den Augen seines Herrn gedeiht. Die Militärs (worunter ich die Offiziere verstehe) möchten beim Ehrgeiz gepackt werden, und nichts beflügelt dieses Gefühl mehr, als die Anwesenheit und das Beispiel des Herrschers und der Prinzen . . . Eine allgemeine Schlamperei würde in den Regimentern einreißen, müßten sie sich nicht stets von neuem zu Übungen vor ihrem Chef versammeln«.[9]

Friedrich nahm sich der Führung des Ersten Gardebataillons genauso intensiv an, wie dessen Kommandeur und fand darüber hinaus noch die Zeit, sich mit dem Charakter und der Laufbahn des überwiegenden Teils der Offiziere seiner Armee vertraut zu machen. Er unterschrieb eigenhändig alle Offizierspatente und gestattete nur wenigen Einblick in die lediglich handschriftlich existierende Rangliste. Erst 1784 genehmigte er eine begrenzte Veröffentlichung.

Die Wahl eines neuen Regiments-Chefs war eine Angelegenheit von beträchtlicher Bedeutung. So ließ er sich z. B. 1752 nicht nehmen, den neuen Inhaber des Regiments Nr. 32 zum Mittagessen zu bitten. Nach dem Mahl ging er mit diesem, einem General von Uchlander, auf und ab und ließ sich wie folgt vernehmen:

> »Nun höre Er, mein lieber Uchlander, ich gebe ihm ein gutes und braves Regiment; aber daß es ein gutes und braves Regiment bleibt, das ist von jetzt an Seine Sache. Die Menschen arten leicht aus, wenn sie nicht in Zucht gehalten werden, und das letztere muß er fleißig beobachten. Er muß den Offizieren nicht zu viel durch die Finger sehen, sonst verwildern sie«.[10]

Friedrichs Offiziere akzeptierten seine wohlbekannten charakterlichen Schrullen in der gleichen unreflektierten Weise, wie eine Familie die wunderliche Art ihres Vaters. Er mochte keine dicken Männer, mißtraute jedem Offizier mit polnischem Namen und verabscheute den Anblick eines Muffs. Eines Tages entdeckte er einen solchen Gegenstand auf dem Tisch und warf ihn auch prompt ins Feuer. Erst später stellte er fest, daß der Muff jemandem aus dem Gefolge des russischen Botschafters gehörte, den er bei guter Laune halten wollte.

Friedrich besaß nicht die bedenkenlose Tapferkeit eines Condé. Vielmehr grenzte sein Verhalten bei Mollwitz und Lobositz fast an Feigheit. Dennoch war er der gleiche Mann, dem auf sechs Schlachtfeldern die Pferde unterm Leib weggeschossen wurden, und der sich zweimal anschickte — bei Kolin und Kunersdorf — den Feind ganz allein anzugreifen.

Auch als Reiter war Friedrich keineswegs ängstlich. Er ritt mit sehr kurzen Steigbügeln (gemessen an dem damaligen Brauch), und pflegte, sowohl auf dem Schlachtfeld als auch bei Paraden, seinem Gefolge auf und davon zu galoppieren. Der französische Offizier Guibert sah ihn 1773 bei einer Parade und meinte, er habe wie ein Zentaur ausgesehen.

Gegenüber dem Schicksal seiner Truppe als Masse, legte Friedrich eine kühle Indifferenz an den Tag, und Einzelpersonen gegenüber konnte er mitunter von einer wenig königlichen Rachsucht sein. Andererseits vermochte er sich nie an den Anblick Leidender zu gewöhnen. Stets wandte er dem Schlachtfeld den Rücken, sobald dies auch nur einigermaßen zulässig war, und machte auch kein Hehl aus seiner Abneigung gegen jede Form von blutiger Freizeitbeschäftigung — in bemerkenswertem Gegensatz zu den österreichischen Habsburgern, die sich ständig an den organisierten Schlachtfesten der Parforce-Jagden ergötzten. Der zweifelsohne sehr humane Feldmarschall von Schwerin unterzeichnete weit mehr Todesurteile als der König, welcher seine Schwäche in dieser Beziehung ausländischen Besuchern gegenüber bekannte. Selbst die körperlichen Züchtigungen im Felde mußten außerhalb seiner Blickweite stattfinden.

Friedrichs Umgang mit Intellektuellen erfuhr eine Störung durch seinen Hang, sich in alles einzumischen sowie durch seine Vorliebe für Nachrichten aus zweiter Hand und für das Zweitklassige. 1773,

24

das heißt im gleichen Jahr, in dem Friedrich seine Verachtung für die deutsche Literatur erklärte, erschien Goethes *Die Leiden des jungen Werther,* ein Werk, welches in Mitteleuropa den Kult der romantischen Gefühlsverklärung aufkommen ließ. In Berlin wurde zum erstenmal Lessings Schauspiel *Minna von Barnhelm* aufgeführt, in welchem der »preußische Geist« die tragende Rolle übernimmt.

Friedrich desavouierte auch seine einheimischen Militäringenieure, da er immer wieder ausländischen Scharlatanen sein Ohr lieh, welche ihm etwas über neuartige Befestigungssysteme einzublasen suchten.

Die Stadt Potsdam und das Schloß — auf einer von den Windungen der Havel gebildeten Halbinsel — waren Sinnbilder von Friedrichs Regierung. In einem anonymen Bericht aus dem Jahre 1753 heißt es:

> Jeder vernünftige Mensch, der diesen Ort kennt, bleibt dort nur so lange wie irgend nötig. Kaum ein Augenblick vergeht, ohne daß man beleidigt wird. Fünf Bataillone stehen dort in Garnison, ohne diese jedoch je verlassen zu können. Man sieht eigentlich nichts als Soldaten, welche in ihrem zügellosen Verhalten auch noch ermutigt werden. Es gibt keine Frauen außer denen der Offiziere und Soldaten, welche sich aber nur selten aus dem Hause trauen. Beschimpfungen und Vergewaltigungen werden selten bestraft.[11]

Die breiten und geraden Straßen beeindruckten zunächst ganz ungemein, bis man dann bemerkte, daß allerorts der Putz von den schlecht gemauerten Ziegelsteinen fiel, daß die Reithosen der Soldaten einen Faltenwurf wie korinthische Säulen aufwiesen und daß sich die Halbgötter an den abblätternden Wänden mit den Werbetexten der Bierfirmen um die freien Flächen zu streiten schienen. Hin und wieder gewann man den Eindruck, als ob mehr schlechte Statuen die Dachsimse zierten als es Fußgänger auf den Straßen gab. Das langgezogene königliche Schloß Sanssouci sah aus, als würde es in der Mitte einsacken (da sich Friedrich in Knobelsdorffs Pläne eingemischt hatte), und lag mitsamt seiner Terrasse inmitten einer dürren Landschaft mit verstaubten Bäumen und sandigen Alleen.

Für Fürst von Ligne, ein österreichischer Kunstkenner, meinte einmal, daß Friedrich in Potsdam die Chance für einen interessanten

Neuanfang gehabt hätte, er jedoch geglaubt habe, »er könne kraft seines Intellekts der Natur seinen Willen aufzwingen, genauso, wie er seine Siege errang, wie er den Krieg, die Politik, die Bevölkerung die Finanzen und die Industrie lenkte. Doch die Natur macht sich über Helden zuweilen lustig und zieht die Arbeit eines englischen Farmers vor«.[12]

2

Das Offizierkorps

Es liegt auf der Hand, daß man sich bei einer Untersuchung der preußischen Armee zunächst einmal mit deren Offizierkorps beschäftigen muß, stellte dieses doch ein nationales Phänomen ganz besonderer Art dar.

DER GESELLSCHAFTSVERTRAG

Die preußischen Könige stellten harte Anforderungen an ihre Offiziersklasse: eine völlige Hingabe an das Waffenhandwerk von frühester Jugend an, einen eng begrenzten geistigen und räumlichen Horizont und die Aussicht auf einen frühen und schmerzlichen Tod oder — falls sich dies nicht erfüllte — auf einen kümmerlichen Lebensabend. Andererseits war dem preußischen Offizier dafür aber ein Ansehen sicher, wie keinem seiner Standesgenossen in anderer Könige Dienste. Die Schaffung des in so besonderem Maße ausgeprägten Berufsethos des preußischen Offizierkorps war in erster Linie Friedrich Wilhelm I. zu danken. Während sich andere Könige mit Brokat, Spitze und Seide auftakelten, begnügte sich Friedrich Wilhelm mit der gleichen Uniform, wie seine Offiziere sie trugen, weshalb auch der jüngste Untergebene von sich behaupten konnte, »des König's Rock« zu tragen.

Auch Friedrich war stets bemüht, das Zusammengehörigkeitsgefühl zwischen der Offizierskaste und dem König zu fördern. Ein Subalternoffizier hatte den gleichen Anspruch auf eine Audienz wie ein Feldmarschall, und schnell war er mit einem Tadel bei der Hand, ließ ein Kommandeur es einem Untergebenen gegenüber einmal an der würdevollen Behandlung fehlen, auf die jeder preußische Offizier ein Anrecht hatte. Einmal fiel ihm der General von Rebentisch in dieser Hinsicht unangenehm auf, der aus der österreichischen Armee stammte, wo man in diesen Dingen anders dachte.

Rebentisch tyrannisierte seine Offiziere gnadenlos. Nach einem besonders peinlichen Auftritt, bei dem es um einen Leutnant ging, schrieb ihm Friedrich am 23. Dezember 1743:

>»Wie es ein vor allemal ausgemacht bleibet, daß es im Preußischen Dienst jedesmal der Gebrauch gewesen, auch der Gebrauch bleiben muß, daß kein Kommandeur, es sei aus was Ursache es wolle, einem Officier mit Schimpfworten begegnen noch auf eine ehrenrührige Weise traktiren muß . . . als welches wider die Ehre des Preußischen Dienstes, es mag auch in anderen Diensten darunter Gebrauch sein was es wolle«.[1]

Die im Lande geborenen preußischen Generale und Oberste brauchten in dieser Hinsicht kaum belehrt zu werden, wußten sie doch nur zu gut, was sie ihren Untergebenen schuldig waren. Wohl konnten sie einen säumigen Fähnrich oder Leutnant mal gehörig zusammenstauchen, aber niemals hätten sie von ihnen eine so würdelose Handlung verlangt, wie die Aufwartung bei Tisch oder die des Pferdehalters, dieweil sich der Vorgesetzte in den Sattel wälzte. Eine Beleidigung, die einem Offizier zugefügt wurde, traf zugleich auch die gesamte Kaste.

>»Als einst in Königsberg in Preußen im Jahre 1764 der Minister Tettau eine Assemblee gab, suchte ein junger Fähnrich hinter einer Fenster-Gardine etwas. Die Ministerin, welche sehr die Propretät liebte, und seinen gepuderten Kopf an den Gardinen ungern sah, frug ihn also: „Was suchen Sie? Suchen Sie Ihren Hut und Degen?“« — Dies empörte den anwesenden Inspekteur dermaßen, daß er fortging. Ihm folgten alle Offiziere«.[2]

Der Offizier erlangte seine privilegierte Stellung nicht nur durch adelige Geburt sondern vor allem dank seiner vornehmen Lebensart. Friedrich folgte auch hier den väterlichen Richtlinien, der es seinen Offizieren untersagt hatte, sich auf Handelsgeschäfte oder niedrige Berufe einzulassen (Teil IX des Reglement von 1726).

Dennoch gelang es Friedrich nicht, den unternehmerischen Geist gänzlich zu unterdrücken. Kavallerieoffiziere machten immer wieder profitable Geschäfte, wenn es darum ging, die Remonten für ihre Regimenter einzukaufen, und der Oberst Schätzel, seines Zeichens Kommandeur des Regiment Garde du Corps, betätigte sich derart erfolgreich als Geldwechsler, daß sich die Potsdamer Juden beim König über die unlautere Konkurrenz beklagten.

Der Zivilist wurde in bezug auf seine Stellung keineswegs in Zweifel gelassen. Ein sächsischer Offizier besuchte die schlesischen Manöver von 1785 und vermerkte sein Erstaunen:

> »Wie ich den Minister von Hoym, und das ist, deucht mich, ein ziemlich vollwichtiger Minister, gleichsam ein Vizekönig von Schlesien, im Hauptquartier, wo er denn während der Zeit des Lagers ebenfalls in einem Bauernhause sich einquartiert halten mußte, wie ich diesen würdigen Minister bei Ausgebung der Parole in einiger Entfernung und Acht habend, jedem Offizier Platz zu machen, wohl angezogen und entblößt stehen gesehen habe, und wie ihm die Sonne zu sehr brannte, in eine Stalltüre hinter der Wache sich stellte. Jeder Fähnrich und Cornet, glaub' ich, dünkte sich da so viel als ein Minister«.[3]

Graf von Schwerin, ein Neffe des berühmten Feldmarschalls, fand den zivilen Alltag derart verdrießlich, daß er seine erfolgreiche Diplomatenlaufbahn aufgab und dafür als Fähnrich in die Truppe eintrat. Dort brachte er es bis zum Generalmajor.

Eine Verfügung Friedrichs besagte: »Den Officieren muß nicht gestattet werden, mit gemeinen Leuten und Bürgern umzugehen, sondern sie müssen ihren Umgang immer mit höheren Officieren und ihren Cameraden, so sich gut coduisiren und Ambition besitzen, haben«.[4] Derartige Bestimmungen hören sich zwar abschreckend genug an, bedeuten aber keineswegs, daß deshalb die Militärs die Zivilisten verachten durften.

Der friderizianische Offizier benahm sich nicht wie etwa sein portugiesischer Zeitgenosse, welcher in jede private bürgerliche Veranstaltung eindringen durfte; er legte auch nicht die Arroganz an den Tag, wie die preußisch-deutschen Offiziere gegen Ende des XIX. Jahrhunderts.

Das durchaus nützliche und hart arbeitende Bürgertum hatte einen Anspruch darauf, daß es ohne unnötige Störungen seitens des Militärs die Steuern aufbringen und die Kriegsmaterialien herstellen durfte. Friedrich neigte sogar dazu, sich in Streitfragen auf die zivile Seite zu stellen: »Vom Commandeur an bis zum geringsten Tambour soll sich keiner unterstehen, dem Bürger Überlast zuthun. Derjenige Officier oder Unterofficier, so dergleichen vornimmt, soll sogleich arrestirt und bestraft werden. Ist es ein Gemeiner, der dem Bürger Überlast thut, muß selbiger mit Stockschlägen bestraft werden«.[5] Hatte ein Regiment gegen die Bürger einer Stadt Klagen vorzubringen, sollte es sich zunächst an den Bürgermeister wenden, der den Fall zur Aufklärung einem Zivilgericht übergab.

Saldern in Magdeburg, Lossow in Goldap und Schwerin sowie Bernd von Diringshofen in Frankfurt a. d. Oder waren alle Generale, die sich für das öffentliche Leben in ihren Standorten interessierten und mit ihren Zivilisten gern gesellschaftlich auf gutem Fuß standen. Nur der ungebärdige Reitergeneral Seydlitz begehrte, wie üblich, gegen jede Norm auf. Zwar tadelte er einen Offizier, welcher der Abkürzung wegen über ein noch nicht abgeerntetes Feld ritt, ärgerte sich selber aber maßlos über den Bürgermeister von Ohlau, der sich gegenüber von Seydlitz' Quartier mit Pfeife und Nachtmütze am offenen Fenster niederzulassen pflegte und auf diese Weise den Kavalleristen in seinen Meditationen störte. Schließlich stellte Seydlitz die Belästigung auf seine Weise ab, indem er mit der Pistole durch das Fenster des Bürgermeisters schoß. Die preußische Militärkaste bestand aus einem in sich geschlossenen Kreis aus Adligen — zumindest der Theorie nach. Friedrich bewunderte die Tapferkeit und Loyalität seiner Aristokraten und hielt sich selber für verpflichtet, die Bürgerlichen am Aufkauf von Gütern zu hindern. »Würde man den Bürgerlichen gestatten Land zu erwerben«, schrieb er, »erhielten sie Zugang zu jeder Art von Beruf. Die meisten von ihnen sind aber von niedriger Gesinnung und geben keine guten Offiziere ab — man kann sie nirgends gebrauchen«.[6] Da jedoch die Husaren, die Freibataillone, die Pioniere und die Kanoniere einen niedrigen Platz auf der gesellschaftlichen Rangleiter einnahmen, sah man bei ihnen den geeigneten Platz für die Aufnahme von bürgerlichen Offizieren. Friedrich pries die Auswahlbestimmungen seines Vaters, »nach denen dieser das Offizierkorps jedes Regiments von solchen Leuten reinigte, die nach Betragen oder Herkunft nicht den gehobenen Ansprüchen ihres Berufs entsprachen. Allein die Empfindsamkeit der Offiziere hat seitdem dafür gesorgt, daß nur Männer untadeligen Charakters in ihren Reihen aufgenommen wurden.«[7] Friedrich selbst führte eine ähnliche Säuberung durch, indem er viele bürgerliche Offiziere entfernte, welche im Verlauf des Siebenjährigen Krieges ihr Patent erhalten hatten.

30

Oben links: Hans Karl v. Winterfeldt - »éminence grise« der preußischen Armee in den fünfziger Jahren des XVIII. Jahrhunderts, in der Uniform des Infanterie-Regiments Nr. 1. — Oben rechts: Kurt Christoph v. Schwerin in der Uniform des Infanterie-Regiments Nr. 24 mit dem Stern des Schwarzen Adlerordens sowie einen Eichenzweig. — Unten links: Johann v. Lehwaldt in der Uniform des Infanterie-Regiments Nr. 14. Auf dem linken Rockaufschlag trägt er das brillantenbesetzte Portrait des Königs als Zeichen seiner nahezu vizeköniglichen Stellung in Ostpreußen. — Unten rechts: Herzog Ferdinand von Braunschweig, Befehlshaber der britischen und deutschen Hilfstruppen in Westdeutschland während des Siebenjährigen Krieges. Er trägt einen preußischen Uniformrock mit dem Stern des Hosenbandordens sowie eine britische Weste und Degen.

Hierbei zeigte sich Friedrich von seiner grausamsten Seite. Einer jener Männer, denen Friedrich besonderen Dank schuldete, war der Kammerpräsident v. Domhardt, der es selbst noch unter russischer Besetzung verstanden hatte, dem König Geld und Rekruten aus Ostpreußen zu schicken. Als der König Domhardts einzigen Sohn im Husarenregiment v. Zieten entdeckte — wo er eigentlich sicher genug hätte sein sollen — knöpfte er sich den tüchtigen jungen Offizier vor und sagte zu ihm: »Er kann ja auch ein Schreiber werden wie sein Vater!«[8] Derartige Maßnahmen pflegte er meist noch mit einem Stoß seines berühmten Krückstocks zu begleiten.

Als Friedrich im Jahre 1786 starb, war von seinen 7000 Offizieren lediglich ein Zehntel bürgerlichen Standes. Dieses Mißverhältnis wurde bei den höheren Rängen noch offenkundiger, wo, vom Major an aufwärts, nur noch 22 Bürgerliche den 689 Adligen gegenüberstanden.

Das System adliger Exklusivität wurde aber niemals allzu starr befolgt, selbst nicht außerhalb der technischen Waffen. Unter den niedrig geborenen Generalen befanden sich auch in den Grafenstand erhobene Leute wie Konstantin Salemon, ein Jude, der württembergische Bürgersohn Wunsch, der verdiente Tobias Kümpel (Sohn eines Tambours) und der unehelich geborene Mayer, der noch nicht einmal wußte, wer sein Vater war. Von Zeit zu Zeit wurde sogar ein bürgerlicher Offizier zum Kommandeur eines der angesehensten Feldregimenter ernannt, wie der Fall des General v. Rohdich zeigt, des Chefs des Ersten Gardegrenadier-Bataillons, dessen Vater noch Feldwebel war, oder wie der des Predigersohns General v. Stolpen, der das 1. Infanterieregiment kommandierte.

Dutzende verdienter Soldaten wurden in den Adelsstand erhoben, nachdem sie Friedrich bewiesen hatten, daß sie die dafür erforderlichen Qualitäten mitbrachten. Ein berühmter Fall war der des David Krauel, eines fünfzigjährigen Musketiers des Regiment Braunschweig-Bevern, der am 12. September 1744 als erster den befestigten Ziskaberg bei Prag stürmte. Er wurde durch Erhebung in den Adelsstand belohnt und nannte sich fortan »Krauel v. Ziskaberg«.

Die Definition »Adel« war in Preußen weiter gefaßt als in den meisten anderen Staaten. Friedrich hätte auch nie einen Zustand wie den in der französischen Armee des »ancien régime« geduldet, wo die Behörden den Nachweis einer ganzen adligen Ahnenreihe verlangten. Viele preußische Militärgeschlechter hätten einer solchen Überprüfung auch nicht standgehalten, waren doch in Pommern ganze Ortschaften dazu übergegangen, den Namen ihres Feudalherrn anzunehmen (ähnlich wie schottische und irische Klanmitglieder bzw. Negersklaven in Nordamerika), und hatte es selbst noch 1708 der Großvater Friedrich v. Steubens vermocht, sich in den Adel einzuschleichen, indem er in aller Seelenruhe ein »von« vor seinen Namen setzte.

Friedrich kam es nicht so sehr darauf an, daß blaues Blut in den Adern seiner Offiziere floß, wichtiger war ihm vielmehr, daß er die alleinige Autorität blieb, die bestimmte, was »Adel« tatsächlich bedeutete. Auf diese Weise wurde der preußische Militäradel auch nie in derartige Zwangslagen versetzt, wie der französische in den Jahren von 1770 bis 1780, wo man ein Überlaufenwerden durch das wohlhabende Bürgertum befürchtete. Friedrich »zog im Grunde arme Offiziere allen anderen vor, hielt er sie doch für besonders gewissenhaft und ergeben«.[9]

OFFIZIERSEINSTELLUNG

Im XVIII. Jahrhundert wurde etwa ein Drittel aller preußischen Offiziere in dem Berliner Kadettenkorps auf ihren Beruf vorbereitet.

Von 1717 — dem Gründungsjahr des Korps — bis zum Tode Friedrich Wilhelms, im Jahre 1740, durchliefen insgesamt 1400 Kadetten diese Einrichtung, von denen 39 schließlich General wurden. Während Friedrichs Regierung bildete das Korps 2987 Kadetten aus, von denen es wiederum 41 bis zum General brachten. Das Kadettenkorps nahm seine Anwärter im Durchschnitt mit dreizehn Jahren auf (während des Siebenjährigen Krieges sogar mit zehn) und legte ihre Ausbildung in die Hand von Offizieren, Unteroffizieren und zivilen Lehrern, welche die Jungen nach etwa drei Jahren an die Armee abgaben. Untergebracht waren die Schüler in der Friedrichstraße in »einem alten Gebäude, welches im Stil eines Zirkus gebaut war und vormals dem Kampf wilder Tiere gedient hatte. Die Hörsäle, der Speisesaal und die Schlafräume lagen nach innen zu.«[10] Insgesamt war Platz für 400 Kadetten vorhanden.

Friedrich Wilhelm nahm die Belegung des Hauses in der für ihn charakteristischen Form vor, indem er aus einer Liste sämtlicher jungen Adeligen die notwendige Anzahl auswählte und diese dann unter militärischer Bewachung in die Kadettenanstalt abführen ließ. Die Behandlung, der die Unglücklichen im Korps ausgesetzt waren, erwies sich als dementsprechend streng, obwohl der König den Eltern weiszumachen suchte, daß ihre Söhne eine nützliche und gesunde Ausbildung erhielten.

Bereits kurz nach seiner Thronbesteigung verfügte Friedrich:

> »Die Feldwebel sollen keine plumpen noch bäuerischen Manieren gegen die Cadets haben, die wie Edelleute und künftige Officiers, nicht aber wie Bauernknechte traktiret werden sollen.«[11]

Gleichzeitig legte er auch größeren Wert auf akademische Ausbildung. Das berühmteste Mitglied des Lehrkörpers während der friderizianischen Epoche war der Dichter K. W. Ramler, der 41 Jahre lang dort tätig war (wie für die meisten Militärakademiker gab es auch für ihn im Zivilbereich keine Anstellungsmöglichkeit) und dem die Kadetten ihre Zuneigung bewahrten, nachdem sie bereits längst die Anstalt verlassen hatten.

Die meisten guten Absichten wurden jedoch durch die Mißwirtschaft des alternden Kommandeurs Oberst F. A. v. Wulffen wieder zunichte gemacht, welcher »schwach und beinahe kindisch« war.[12] Die wenigen Offiziere und Unteroffiziere, welche zum Stab gehörten, vermochten unter ihren Pflegebefohlenen keine Ordnung zu halten, so daß die körperlich überlegenen Kadetten häufig ihre schwächeren Kameraden terrorisierten, von denen einige sogar starben, nachdem man sie mitten im Winter unter eine Pumpe gestellt und dann mit durchnäßten Kleidern der Kälte ausgesetzt hatte. Einer der Kadetten, welcher 1758 in die Anstalt eintrat, erinnerte sich:

> »In einer Nacht brach auch ein Schwarm roher Wüstlinge in das Zimmer, in welchem ich und mein Bruder wohnte. Ein Kadett, Namens B., der sich ihre Ungnade zugezogen hatte, wurde ihr Opfer und von ihnen gemißhandelt. Besorgt, daß uns Brüdern auch ein ähnliches Schicksal widerfahren könnte, griffen wir nach den hinter unserem Bette stehenden Gewehren, auf den sich die Bajonette aufgepflanzt befanden. Diese legten wir vor uns mit dem festen Entschluß, dem der Hand an uns zu legen sich unterstehen würde, das Bajonett in den Leib zu stoßen. Bald

34

darauf kamen sie an unser Bett, sahen uns in diesem wehrhaften Zustand und hörten von uns die Erklärung, einen Gebrauch von unseren Bajonetts zu machen, wenn sie uns nicht ruhig würden liegen lassen. Sie machten dann einen Scherz aus der Sache und sagten, daß es nicht ihr Wille gewesen sei, uns ein Leid zu thun, und damit zogen sie ab.«[13]

Mit der Ernennung des Generalmajor J. J. v. Buddenbrock zum Kommandeur des Kadettenkorps begann jedoch im Jahr 1759 eine neue und glückliche Phase:

»Es kostete einem Mann, wie er war, nur wenig Mühe, Zucht und Ordnung unter die Kadetten herzustellen. Er züchtigte streng aber gerecht; einige Kadetten kamen auf die Festung nach Spandau, und wurden mit Schimpf und Schande aus dem Corps entlassen. Dagegen sorgte er aber väterlich. Auf den Zimmern der Kadetten wurde, soviel als es thunlich war, auf Reinlichkeit gehalten. Die Kadetten, die zuvor zu zwei und zwei in kratzigen Federbetten schliefen, erhielten ein jeder sein eigenes Bett mit Matratze, Kopfkissen, Zudeck und Leinenzeug. Die Speisen der Kadetten wurden vorzüglich gut, gesund und reichlich. Die Lehranstalten wurden verändert, die Kadetten nach Maßgabe ihrer Fähigkeit in gehörige Klassen geordnet. Der General selbst besuchte die Lehrstunden oft, leitete die Lehrmethode, erkundigte sich nach dem Fleiß der Kadetten, ermunterte die Fleißigen durch Lob und zog sie an seine Tafel, strafte die Faulen und Nachlässigen mit Tadel und Verweisen«.[14]

Nachdem Buddenbrock Ordnung in das Korps gebracht hatte, gründete er Kadetten-Voranstalten in Stolp in Pommern (1769) und in Kulm in Westpreußen (1776), damit die Zöglinge beim Eintritt in die Kadetten-Hauptanstalt bereits die wissensmäßigen Voraussetzungen mitbrächten. Als letztes sichtbares Zeichen seiner segensreichen Kommandeurszeit hinterließ Buddenbrock die Berliner Kadettenanstalt, die 1778 eröffnet wurde.

Die besseren Schüler des Kadettenkorps wetteiferten miteinander um die Ehre, mit zu den zwölf Auserwählten zu gehören, die Friedrich seit 1765 alljährlich auf die Adelsakademie schickte. Hier lebten sie in verhältnismäßigem Luxus, studierten zusammen mit den Söhnen reicher Aristokraten eine große Zahl von Fächern und wurden entweder für eine gehobene Karriere beim Militär oder im diplomatischen Dienst herangebildet.

Diese Institution verkörperte — mehr als jede andere — Friedrichs Vorstellung von einer vollendeten Bildung, die darauf ausgelegt war, einen jungen Mann so zu formen, daß er sowohl ein hervorragender Diener des Staats wie auch ein Mann von außergewöhnlichem Geschmack und schneller Auffassung wurde.

Andere Kadetten durften sich aufgrund guter Leistungen mitunter ihr Regiment auch selbst aussuchen, doch glich die Regel mehr einem »Heiratsmarkt«, wobei der Kadett seinen künftigen Obristen durch Ehrgeiz, Qualifikation und einflußreiche Verbindungen zu beeinflussen suchte. Ein derartiger Handel wurde für gewöhnlich im Winterquartier des Regiments (im Kriege) oder im Berliner Lustgarten geschlossen.

Das übrige Offizierkorps kam aus den verschiedensten Richtungen. Der leichteste und vielversprechendste Weg führte dabei über das königliche Pagenkorps, von wo aus viele den Absprung zu einer erfolgreichen Soldatenlaufbahn fanden.

Außerdem stellte fast jeder Regimentskommandeur von sich aus junge Offiziere und Offiziersanwärter bei sich ein, die praktisch eine Art Pagenfunktion einnahmen. Dies war zum Beispiel bei Christian v. Prittwitz der Fall, der im Alter von fünfzehn Jahren dem Regiment von Bevern allein deshalb beitrat, weil ein entfernter Verwandter mit dem Adjutanten des Chefs bekannt war. Wie er später schrieb, kam er mit keiner anderen Vorbereitung zum Militär als mit ein paar Gaben seiner Mutter: einem Nachthemd, einem Schlafsack, etwas Bettwäsche und einem monatlichen Taschengeld.

Offiziere ausländischer Herkunft spielten in der Brandenburg-Preußischen Armee eine beträchtliche Rolle, nachdem ja der Große Kurfürst und Friedrich I. eine große Anzahl verfolgter Hugenotten aus Frankreich willkommen geheißen hatten.

Die Nachkommen dieser Refugiés stellten in Friedrichs Armee Befehlshaber wie die Generalleutnante Hautcharmoy und Pennavaire, beide Veteranen des Spanischen Erbfolgekrieges, sowie viele junge Offiziere, wie zum Beispiel Friedrichs Freund La Motte Fouqué.

Aus den deutschen Ländern kamen Männer wie Schwerin (Mecklenburg), Kyau und Georg Konrad v. d. Goltz (Sachsen) und Wunsch, Phull und Massenbach aus Württemberg. Der österreichische Militärdienst stand ebenfalls mit einem reichen Reservoir gekränkter Kommandeure zur Verfügung so zum Beispiel mit Karl zu

Wied, dem voll ausgebildeten Stabsoffizier Schmettau, dem glücklosen und tyrannischen Rebentisch und dem Husarengeneral Werner, den eine Blutrache gegen seinen früheren Kameraden, den österreichischen General Nádasti, hierhergeführt hatte. Der »preußische« Oberstleutnant v. Gemmingen, welcher eines der besseren Grenadierbataillone bei Kolin befehligte, sah sich dort plötzlich seinem Vater gegenüber, der als Generalleutnant auf österreichischer Seite kämpfte.

Selbst aus dem fernen Rußland zog der Ruf preußischer Waffen Männer wie Manstein, Finck und Keith an. Noch exotischer waren Typen wie Major »Ludwig v. Steinmann«, ursprünglich ein Türke, oder Friedrichs eleganter und unnützer Günstling Rupert Scipio v. Lentulus, der, über Österreich, aus der Schweiz kam und vorgab, aus einer alten römischen Familie zu stammen.

Alles in allem kam ca. ein Sechstel (54 von 317) der Generale, welche die preußische Armee in den entscheidenden Jahren von 1740 bis 1763 befehligten, aus dem Ausland. Bei den unteren Rängen schwankte der Anteil der ausländischen Offiziere von Regiment zu Regiment beträchtlich. Besonders stark war er in den neuen Füsilierregimentern sowie in verschiedenen Regimentern gegen Ende von Friedrichs Regierung, da er überall in Europa Offiziere angeworben hatte, welche die ausgekämmten Bürgerlichen ersetzen sollten.

DIENSTGRADE UND VERANTWORTUNGSBEREICHE

Von dem angehenden jungen Offizier wurde für gewöhnlich erwartet, daß er sich aus eigenen Stücken in seinem neuen Standort meldete. Während die Zöglinge des Kadettenkorps von dem was sie erwartete bereits eine Vorahnung hatten, betraten die von zu Hause kommenden jungen Leute eine völlig fremde Welt. Der sechzehnjährige Jakob v. Lemcke war besser dran als die meisten, denn sein Onkel, Oberst v. Pritz, war der Kommandeur des von ihm gewählten »Regiment von Alt-Anhalt Nr. 3«. Als er 1754 in Potsdam eintraf, wurde er von diesem gütig empfangen.

»Kaum war er weg, so kam der Feldwebel Höber mit dem Regimentsschneider. Ich war nicht mehr der Bursche, den man nicht für voll ansah, sondern man machte soviel Komplimente, daß mir Angst dabei ward. Der Schneider und Stiefelettenmacher nahmen mir das Maß. Der Friseur kam, verschnitt mir die Haare und frisierte mich. Der Kammerdiener brachte weiße Wäsche; zwei Bediente deckten unterdessen den Tisch, wo ich ganz allein essen mußte und wohl mehr wie 8 Gerichte hatte. Zwei Bediente standen nur hinter dem Stuhle und erwarteten meine Befehle, kurz, meine Verhältnisse hatten sich so geschwinde geändert, daß ich selbst kaum wußte, wie mir war.«[15] Gleich im Anschluß daran, wurde der völlig unerfahrene Junker unter die Soldaten eingereiht. Christian von Prittwitz berichtet, daß man im Regiment von Bevern ihm und seinem jüngeren Bruder die leichtesten Waffen gab, »da ich aber, obgleich älter, meinem Bruder an Größe und Stärke nicht glich, das Exerzieren auch sehr rasch und anhaltend war, so geschah es nicht selten, daß sich beim Anschlagen die Spitze meines Bajonetts zur Erde neigte. Doch man war so billig, solches nicht zu rügen.«[16]

Bevor ihm der Unteroffizierstatus voll zuerkannt wurde, mußte unser *Junker* viermal auf Wache ziehen — alle vier Tage einmal. Bei der ersten Wache erschienen die einfachen Soldaten und forderten eine Gabe von Brot und Branntwein, worauf anschließend ihr Sprecher »ein Hoch auf den Herrn Baron!« ausbrachte. Die Kompanie-Unteroffiziere kamen zur zweiten Wache und ließen sich Bier und Tabak reichen, während dem Feldwebel der Besuch anläßlich der dritten Wache zustand, bei welcher Gelegenheit es Brauch war, ihn mit einem Glas Wein und einer Rolle Tabak auf einem Zinnteller zu traktieren.

Ältere Offiziersanwärter, oder solche mit besseren Verbindungen, wurden bereits mit dem Rang eines *Freikorporal* eingestellt, der bei den Kürassieren *Standartenjunker* und bei den Dragonern, bzw. Husaren, *Fahnenjunker* hieß. Von dem Freikorporal wurde erwartet, daß er das Exerzierreglement voll beherrschte und sich in dem täglichen Routineablauf des Regiments auskannte. Seine besondere Aufgabe war das Tragen der Kompaniefahne. Im Dienst hatte er die Stellung eines normalen Unteroffiziers, doch 1763 — im Zuge der Straffung der Armee nach dem Siebenjährigen Krieg — ermahnte Friedrich die Regimentskommandeure, dafür Sorge zu tragen, daß die Freikorporale nicht mit den »gewöhnlichen« Unteroffizieren auf zu vertrautem Fuße stünden, sondern sich mehr an die Offiziere anschlossen.

Vom Freikorporal anvancierte der junge Mann zum *Fähnrich*, einem seltsamen Zwischenrang, welcher außer einer freien Wohnung in der Garnison und einem Burschen sonst nur die Pflichten, nicht aber die Vorrechte des Offiziers mit sich brachte. Ein gewisser Trost bestand aber auch noch darin, daß bei dem in Linie angetretenen Bataillon sein Platz hinter dem Zug war. Ein alter Soldat räsonnierte daher auch, daß »die frivolen Fähnriche die Manöver als eine Art von Militärpromenade zu betrachten pflegten. Sorglos stolzierten sie hinter dem rückwärtigen Glied entlang, ohne sich je ihres Gehirns bedienen zu müssen«.[17]

Unserem Gewährsmann v. Prittwitz zufolge, stellte die Beförderung zum Lieutenant (die Schreibweise Leutnant wurde erst 1899 eingeführt) einen Schritt dar, der fast an ein Wunder grenzte. Wie er schreibt, empfing er einen Rock aus feinem Tuch (wenngleich auch aus zweiter Hand und mit dem Unheil verkündenden Loch einer Gewehrkugel), zog anstelle der engen Gamaschen Reitstiefel an, genoß sein kleines wasserdichtes Zelt und war froh, für sich ein Reitpferd und für seine Habseligkeiten ein Packpferd zu haben.[18]

So wie der Freikorporal für den Fähnrich die Fahne trug, besorgte auch der Lieutenant die meisten Arbeiten für den Kompanieführer, d. h. für seinen Hauptmann. Je nach der Großzügigkeit des letzteren, wurde dem Lieutenant dann auch eine Aufbesserung seines an sich völlig ungenügenden Soldes zuteil. Bei der Infanterie erhielt der Oberlieutenant 13 Thaler und 18 Groschen im Monat und der Lieutenant, bzw. Fähnrich, 11 Thaler. Von dieser Summe gingen automatisch 3 oder 4 Thaler für »freie Kleidung« ab, wodurch dem jungen Offizier für andere persönliche Dinge nur wenig übrigblieb, mußte er doch für seine kümmerliche Verpflegung monatlich mindestens 4 Thaler und für ein Paar Stiefel sogar 6 oder 7 Thaler rechnen.

Nach jahrelangem hartem und unterbezahltem Dienst durften die glücklicheren unter den Oberlieutenanten hoffen, auch einmal befördert zu werden: Hauptmann bei der Infanterie, Rittmeister bei der Kavallerie und Kompanie-*Chef* bei der Artillerie — eine Rangstufe, die mit zu der wichtigsten in der preußischen Militärhierarchie zählte.

War er erfinderisch, vermochte es der Infanterie-Hauptmann zu Anfang von Friedrichs Regierung auf 3000 Thaler im Jahr zu bringen und der Rittmeister wohl auf noch mehr. Sie waren dazu insofern in der Lage, als sie gewissermaßen die Mittelsmänner zwischen dem Staat auf der einen, und den nachgeordneten Offizieren, Unteroffizieren und Mannschaften auf der anderen Seite, darstellten.

Jahr für Jahr gingen beträchtliche Summen durch ihre Hände, aus denen die Löhnung der Soldaten, die Kompanieverwaltung, die Erhaltung von Waffen und Uniformen sowie die Anschaffung von Klein-Bekleidungsstücken wie Kammerbestände, Hemden, Gamaschen, Knieriemen, Schuhe und dergleichen bestritten werden sollten. Doch der einheimische Soldat wurde in der Regel in Friedenszeiten den größten Teil des Jahres über nach Hause geschickt, der *Alte* durfte den ihm zustehenden Lohn selber einbehalten und ließ ihn obendrein noch aus eigener Tasche für die *Klein-Bekleidungsstücke* bezahlen.

Theoretisch war der Hauptmann zwar gehalten, diese großen Summen zur Anwerbung von Soldaten im Ausland zu verwenden, doch fiel es ihm häufig nicht schwer, das meiste davon für sich zu behalten. Nach dem Siebenjährigen Krieg führte Friedrich ein allgemeines Rekrutierungssystem ein, wodurch die Anwerbungen durch die Kompanien und die zusätzlichen Einkünfte der Chefs weitgehend entfielen. Trotzdem stand der preußische Hauptmann finanziell besser da als die meisten seiner Standesgenossen in fremden Armeen. Es war daher auch der Ehrgeiz eines jeden Subalternoffiziers, dermaleinst Hauptmann zu werden, was Mirabeau zu der Bemerkung veranlaßte: »Sie werden es kaum für möglich halten, wie sehr diese Aussicht die Leute an den preußischen Dienst bindet.«.[19]

Auch viele andere Praktiken vermitteln uns den Eindruck, daß die eigentliche Verwaltungseinheit der preußischen Armee der Söldnertrupp geblieben war, wenngleich auch im neuen Gewand der Kompanie. Die Waffen der Kompanie galten gemeinhin als das Stammkapital des Kompaniechefs, für die er von seinem Nachfolger 800 Thaler verlangte. Ebenso hingen auch die höheren Offiziere weiter an ihrer alten Kompanie, unabhängig von ihrem Rang. Der Oberst-Kommandant behielt im Rahmen der Rangordnung die 2. Kompanie als Stabs-Kompanie, während sein *Chef* (im allgemeinen ein General, der zugleich auch der Regimentsoberst war) Inhaber der 1. oder *Leib*-Kompanie blieb.

Die Führung solcher Kompanien lag in jedem dieser Fälle in den Händen eines Stabskapitäns, bei dem es sich stets um einen unglücklichen Lieutenant mit entsprechendem Gehalt handelte. Kein Kommandeur, egal wie hoch er auch stieg, vergaß je seine alte Kompanie. Bei der Frühjahrsparade 1786 war ein französischer Offizier überrascht, als er sah, »wie die Generale an der Spitze ihrer Kompanien absaßen und selbst den Sponton ergriffen«.[20] König Friedrich selbst blieb Chef einer Kompanie des Ersten Gardebataillons und verlangte einen täglichen Zustandsbericht.

Die nächsten drei Sprossen der Rangleiter waren mehr formeller Natur und hingen mit dem täglichen Dienstbetrieb des Regiments zusammen. Der Major war in erster Linie für die Führung des Bataillons verantwortlich (zwei pro Regiment), welches im Rahmen der Schlachtordnung die kleinste taktische Einheit darstellte.

Friedrich pflegte stets eine große Zahl von Majoren zu ernennen, um stets Offiziere für Sonderaufgaben zur Hand zu haben, und häufig standen auf der Stammrollenliste eines Regiments mehr Majore, als zur Führung der Bataillone erforderlich gewesen wären. Das Regiment wurde von dem ältesten »Stabsoffizier« befehligt, wobei es sich um einen Oberst, einen Oberstlieutenant (welche ziemlich selten waren) oder auch nur um einen einfachen Major handeln konnte.

Dieser Kommandeur wiederum war bezüglich der Führung des Regiments dem *Chef* verantwortlich, dem Colonel-en-chef oder Inhaber, dem das Regiment in etwa der gleichen Weise »gehörte«, wie die Kompanien den Hauptleuten. Der *Chef* aber war der eigentliche Mann, der den Charakter eines Regiments in bestimmter Weise prägte. Zwar hatte bereits 1729 Leopold von Anhalt-Dessau in seiner berühmten *Dessauer Stammliste* die Regimenter nach ihrem Gründungsdatum durchlaufend numeriert, doch die *Chefs* wehrten sich fast acht Jahre lang erfolgreich gegen eine derartig unpersönliche mathematische Erfassung.

»Alles in der Geschichte des Regiments war Leben und personifiziert; alle Namen wurden in ihr als Beispiel zu Lob oder Tadel aufbewahrt.«[21]

Die Beziehungen zwischen dem Chef und seinem Regiment waren indessen nicht nur geistiger Art. Der kluge Inhaber war auch stets darauf bedacht, einen Teil der *Regimentsunkosten* in seine eigene Tasche fließen zu lassen. Ferner steckte er auch zutiefst in der Militärverwaltung drin, lebte man damals doch noch in einer Zeit, in der eine Armee sich aus Regimentern zusammensetzte, das heißt, daß sich der König und seine unmittelbaren Stellvertreter mit den Regimentern direkt auseinanderzusetzen hatten. So mußte auch der *Chef* am 1. Januar eines jeden Jahres dem König eine Liste seiner Offiziere einreichen, aus welcher in allen Einzelheiten »eines Jeden Konduite, sie mochte gut oder schlimm sein«[22], ersichtlich war. Hierbei pflegte der Chef auch stets ein wenig von seinem Charakter durchblicken zu lassen. Einmal schrieb Zieten über einen seiner Lieutenante, er sei »kein Saufer, wenn er aber dazu kommt, hat er einen sehr bösen Trunk.«[23]

Derartige Beurteilungen waren es denn auch, die Friedrich Schlüsse auf die Fähigkeiten seiner Generale ziehen ließen. Die Dienstgrade der Stabsoffiziere waren folgendermaßen gestaffelt: Generalmajor (von denen es 1740 dreiundzwanzig gab), Generallieutenant (1740 dreizehn), General der Infanterie und der Kavallerie (zwei im Jahre 1740) und Feldmarschall (1740 fünf).

Der Generalmajor befehligte eine Brigade aus zwei oder drei Regimentern bzw. eine entsprechende Anzahl von Bataillonen. Seine Aufgabe war aufreibend und undankbar zugleich und entsprach in gewisser Weise der des dienstältesten Oberlieutenants in einem Regiment.

Er war verantwortlich für die Ausrichtung sowie für die Bewegungen seiner Brigade im Gefecht und hatte dafür zu sorgen, daß sich diese schnell und in der richtigen Marschrichtung vollzogen.

Von Zeit zu Zeit war er als »Generalmajor vom Dienst« an der Reihe und dann für die Sicherheit der gesamten Armee verantwortlich. Er mußte in diesem Fall noch vor Tagesanbruch die Außenposten kontrollieren und alle vorhandenen Nachrichten für den Morgenrapport beim König zusammenstellen.

Der Generallieutenant hatte Anspruch auf die Anrede *Exzellenz*, ein Privileg, welches den Stellungsunterschied zum reinen General ausdrückte. Sein Kommando umfaßte für gewöhnlich zwei Brigaden (vier oder sechs Regimenter), einen Verband mithin, mit dem er schlachtentscheidend eingreifen konnte. Über ihm stand der General der Infanterie oder Kavallerie, welcher für die Führung eines ganzen Flügels der Schlachtordnung verantwortlich war.

In Friedenszeiten hatte der General außer seinem Regiment kein weiteres Kommando. Während eines Feldzuges war sein Aufgabenbereich hingegen durch die Kriegsgliederung umrissen, einem formellen Heeresplan, der periodisch erstellt wurde. Die Generallieutenante und Generale der Infanterie bzw. Kavallerie stellten die eigentliche Spitze der Militärhierarchie dar. Friedrich hatte für den Rang eines Feldmarschalls keine eigentliche Verwendung und ließ ihn gegen Ende seiner Regierung gänzlich aussterben. Wahrscheinlich war er in erster Linie aus Sparsamkeitsgründen gegen diesen Rang, denn jeder Feldmarschall kostete ihn 20 000 Thaler im Jahr. Mitbestimmend mag ferner seine Erfahrung im Feldzug von 1740 gewesen sein, wo er die Feststellung machen mußte, daß drei seiner Feldmarschälle (Borcke, Roeder und Katte) für den aktiven Dienst nicht mehr geeignet waren und lediglich zwei (Leopold von Anhalt-Dessau und der gerade ernannte Schwerin) etwas taugten.

Ausschlaggebend war vor allem die Tatsache, daß die eigentliche Aufgabe eines Feldmarschalls in der Führung einer unabhängigen Armee bestand. Schwerin und Keith taten dies während des ersten Feldzugs des Siebenjährigen Krieges auch recht ordentlich, aber nachdem sie gefallen waren, mußte Friedrich feststellen, daß sein Bruder Heinrich, der an ihrer Stelle die Führung übernommen hatte, seine Sache ebenfalls ganz gut machte und dabei mit dem Dienstgrad eines General der Infanterie voll und ganz zufrieden war. Dadurch trat an oberster Stelle eine Beförderungssperre ein, welche verhinderte, daß so verdiente Soldaten wie Bevern, Fouqué, Seydlitz und Zieten je Feldmarschall wurden.

Überhaupt tat Friedrich viel zu wenig, um Generale auf ein selbständiges Kommando vorzubereiten. Während des Siebenjährigen Krieges pflegte er unumstößlich Befehle an Generale auf entfernten Kriegsschauplätzen zu senden (wobei er sie oft genug zu falschen Handlungen veranlaßte) und auch sonst informierte er seine Generale nur über ihre eigene Aufgaben, ohne sie von der allgemeinen Planung in Kenntnis zu setzen. Nach dem Kriege waren die Generale nur zu froh, wieder zu ihrem langweiligen Gamaschendienst in ihren Regimentern und Waffengattungen zurückkehren zu können.

Friedrichs Armee war auf der Regimentsebene zwar reichlich mit Offizieren versehen, nicht jedoch was die höheren Kommandeure betraf. Sie konnten nur durch hervorragende Verdienste weiterkommen. Dies war auch die eigentliche Herausforderung des preußischen Dienstes, nicht die leichten Beförderungen, welche aus dem protestantischen Deutschland so viele Fürsten und Herzöge anlockten. Auf der Generalsliste der Zeit von 1740—60 finden wir acht Fürsten von Anhalt (einen regierenden), fünf Herzöge von Braunschweig (einen regierenden), drei Prinzen von Hessen, zwei Herzöge von Holstein und zwei Herzöge von Württemberg.

Ein typischer Vertreter dieser Kreise war der Herzog Friedrich von Württemberg (1732—97), ein unternehmungslustiger Generalleutnant der Kavallerie während des Siebenjährigen Krieges. Er erhielt oft das Kommando über ein eigenes Detachement und zeigte sich »tapfer und menschlich sowie aufgeweckt und wachsam, wenn es galt, Erkundungsergebnisse zu beschaffen«.[24]

Auch aus dem königlichen Hause Brandenburg gab es eine Menge nachgeordneter Prinzen. Von diesen fielen Markgraf Friedrich bei Mollwitz und Markgraf Friedrich Wilhelm bei der Belagerung von Prag im Jahre 1744. Alle drei jüngeren Brüder Friedrichs dienten ebenfalls als Generale: der glücklose Prinz August Wilhelm, Prinz Heinrich und der zwar tapfere, doch untalentierte Prinz Ferdinand. Friedrichs eigenem Schwager, dem Herzog Friedrich Franz von Braunschweig, wurde bei Hochkirch durch eine Kanonenkugel der Kopf abgerissen.

Der Chronist Lehndorff schrieb denn auch: »Das ist es, was unsere Armee vor allen anderen auszeichnet: unsere Prinzen sind selbst Soldaten und haben dieselben Strapazen durchzumachen wie der gemeine Soldat . . .«, außerdem »ist es für einen König von großem Vorteil, wenn er Prinzen hat, denen er das Kommando in seiner Armee geben kann, weil, sobald ein anderer ein Kommando hat, gleich die Eifersucht im Spiele ist.«[25]

BEFÖRDERUNG

In der ersten Hälfte seiner Regierungszeit konnte Friedrich seiner Armee jede Menge »blutige Kriege« und viel »eisenhaltige Luft« versprechen. Die Beförderungen gingen daher erfreulich schnell vonstatten. Der taugliche Offizier konnte damit rechnen, vier bis acht Jahre bis zum Hauptmann zu brauchen, vier bis sechs zum Major, ein oder zwei zum Oberstleutnant und fünf bis sechs zum Oberst.

Durch diese Regelung lag das Alter der Subalternoffiziere so um die zwanzig, das der Hauptleute um die dreißig, der Majore und Oberstleutenante um die vierzig und das der Obersten und Generalmajore um die fünfzig. Fälle, wie den des vierundvierzigjährigen Lieutenants, der 1740 auf der Liste des Regiments von Kleist auftaucht, gab es später wohl kaum noch. Günstlinge konnten die Beförderungsleiter ungemein rasch erklimmen, so der unausstehliche Wilhelmi Anhalt, der es innerhalb von fünf Jahren vom Lieutenant zum Oberst brachte. Seydlitz war verdientermaßen mit sechsunddreißig Jahren Generalmajor, wohingegen der arme und linkische Hülsen zwar rasch Generalmajor wurde, aber erst, nachdem er zuvor fünfzehn Jahre lang Fähnrich gewesen war. Friedrich übte häufig das ihm zustehende Vorrecht aus, jemanden spontan zum Offizier zu machen oder einen solchen wohl auch kurzerhand zu kassieren. 1765 erfreute er den alten Zieten, indem er dessen kleinen Sohn aus zweiter Ehe im Alter von neun Tagen zum Kornett bei den Husaren ernannte. Umgekehrt gab es viele füllige und geistig träge Offiziere, welche bei Besichtigungen das Pech hatten, sich den Unwillen des Königs zuzuziehen und spornstreichs zum Garnisonsregiment strafversetzt wurden. Normalerweise erfolgte die Beförderung eines Offiziers jedoch durch eine königliche »Cabinets-Ordre«, nachdem ein entsprechender Vorschlag seitens des *Chef* oder Kommandanten vorlag. In ähnlicher Weise lebten die Stabsoffiziere von der Hoffnung, daß ihr weiterer Aufstieg ganz unausweichlich vom Dienstalter her bestimmt werden würde. Selbst während des Durcheinanders des Siebenjährigen Krieges gab es Generale, welche eine Bevorzugung wie die des Generals v. Fink ablehnten, weshalb Friedrich in den darauffolgenden Jahrzehnten auch nicht umhin konnte, sich dem Druck der Traditionalisten zu beugen. Ausländische Beobachter konnten gegen Ende seiner Regierungszeit die Feststellung machen, daß mit Ausnahme der königlichen Adjutanten sich die Beförderung in der preußischen Armee strikt nach dem Dienstalter regelte.

BELOHNUNGEN UND BESTRAFUNGEN

Friedrichs Vorliebe für das Launenhafte und Willkürliche zeigte sich in jedem Aspekt seines Verhältnisses zum Offizierkorps. Um

Männer zu belohnen, mit denen er zufrieden war, hatte der König zwei »offizielle« Auszeichnungen zu vergeben: den Orden Pour le mérite und den Schwarzen Adlerorden. Den Pour le mérite stiftete Friedrich im Juni 1740 als eine vorwiegend militärische Auszeichnung, um durch ihn den etwas abgewerteten Orden de la Génerosité zu ersetzen. Das elegante, blauemaillierte Malteserkreuz dieser neuen Auszeichnung wurde ziemlich oft an glückliche Lieutenante und Hauptleute verliehen: vielleicht, weil sie sich auf dem Schlachtfeld bewährt hatten, vielleicht, weil sie ein wohlbegründetes Memorandum eingereicht oder aber auch nur eine nützliche Erfindung gemacht hatten (wie das konische Zündloch des Lieutenant v. Freytag) und möglicherweise auch deswegen, weil ihre Kompanie bei der Besichtigung gut abgeschnitten hatte. Über Regimenter, die eine spektakuläre Waffentat vollbracht hatten, wurde der Pour le mérite buchstäblich mit vollen Händen ausgeschüttet. Die Offiziere des Regiments von Meyerinck erhielten allein für den Tag von Leuthen fünfzehn Kreuze, und gelegentlich empfingen sämtliche Hauptleute und Majore eines Regiments die begehrte Dekoration (das Regiment von Kleist bei Lobositz, das Regiment von Prinz Ferdinand für Liegnitz). Andere Offiziere wiederum, die sie genauso verdient hätten, gingen leer aus, wie der Fall des Generallieutenant Salenmon zeigt, des Verteidigers von Wittenberg im Siebenjährigen Krieg oder der des Generallieutenant v. Finkenstein, der achtundfünfzig Jahre treulich diente.

Anläßlich der Beförderung zum Generallieutenant war es üblich, daß dem Betreffenden der silbergestickte Stern des Ordens vom Schwarzen Adler verliehen wurde und er den Pour le mérite zurückgab.

Insgesamt empfingen achtundneunzig Generale (zusätzlich zu den königlichen Prinzen) während Friedrichs Regierungszeit diese Auszeichnung. Aber auch hier gab es wiederum Ausnahmen. So wurde dem frischgebackenen Generalmajor Seydlitz der Schwarze Adler für seine Glanzleistung bei Rossbach verliehen, während Generallieutenant Wunsch überhaupt kein Orden zuteil wurde, obwohl er als der fähigste der aus den Freibataillonen hervorgegangenen Kommandeure galt.

Mitunter ließ sich Friedrich auch durch eine besonders ruhmvolle Kampfhandlung zum Prägen einer speziellen Medaille inspirieren, welche dann die direkt beteiligten Offiziere erhielten. Dies war zum Beispiel der Fall bei der hartnäckigen Verteidigung von Kolberg sowie bei den Schlachten von Mollwitz, Leuthen und Torgau. Zu Ehren der Bayreuther Dragoner, welche mit vernichtender Wirkung bei Hohenfriedberg attackierten, verlieh er Wappen an den General v. Gessler und den Major v. Chazot und ließ überdies ein »Ehrendiplom« anfertigen, auf dem die Namen sämtlicher Offiziere des Regiments zur Eintragung gelangten.

Friedrich war nicht weniger großzügig, wenn es galt, seine Anerkennung in mehr greifbarer Weise auszudrücken. So schenkte er Winterfeld, seiner »éminence grise«, das Gut Göden in Ostfriesland, welches der gerissene Kavalier denn auch prompt für 40 000 Thaler verkaufte, um sich von dem Erlös drei Güter in Schlesien zu kaufen, wo sie für ihn günstiger lagen. Generalmajor v. Driesen bot bei der Berliner Truppenparade von 1754 mit seinen Kürassieren eine gute Leistung, worauf er zu seiner freudigen Überraschung ein Geschenk von 2 000 Thalern erhielt, eine jährliche Pension von weiteren 1 000 Thalern sowie die Einkünfte aus einem Posten in der Zivilverwaltung von Ostpreußen.

Den mehr idealistisch gesonnenen Offizieren mochte wohl schon eine Geste königlichen Wohlwollens Auszeichnung genug sein, wie sie Friedrich zum Beispiel gegenüber dem verwundeten Oberst Forcade nach dem Feldzug von 1745 an den Tag legte. Als er sah, daß sich dieser während einer langen Audienz gegen ein Fenster lehnte, rückte er ihm eigenhändig einen Stuhl zurecht und bat ihn doch Platz zu nehmen. Es gab aber auch Generale, wie Zieten und Ferdinand von Braunschweig, die während des gesamten Siebenjährigen Krieges nicht einen Offizier zur Auszeichnung einreichten, da sie auf dem Standpunkt standen, daß sich Tapferkeit für einen preußischen Offizier von selbst verstehe.

Gegen Ende seiner Regierungszeit ehrte Friedrich das Andenken an Seydlitz, Winterfeld, Keith und Schwerin in einer einzigartigen Weise, indem er ihre Statuen auf dem Wilhelmsplatz aufstellen ließ. Dies geschah zu einer Zeit, in der es üblich war die Bildnisse von Zeugen der Gegenwart und jüngsten Vergangenheit in Zeughäusern und privaten Galerien zu verstecken. Friedrichs Findigkeit und Einfallsreichtum zeigte sich nicht minder deutlich, wenn es galt, einen Elenden zu züchtigen, der es gewagt hatte seinen Weg zu kreuzen. Sein Zorn konnte bei jeder Gelegenheit ausbrechen, wobei die Zeit der Frühjahrsbesichtigungen stets gefährlich und der Augenblick der Paroleausgabe bei der Wachparade besonders riskant war.

Ein Offizier vermochte sich die Ungnade des Königs bereits wegen einer Kleinigkeit zuzuziehen, wie zum Beispiel wegen eines schwer auszusprechenden Namens oder natürlich auch aufgrund eines echten Versagens beim Exerzieren. In derartigen Fällen war es ratsam, genau auf Friedrichs Anrede zu achten, ließ sie doch genau auf die königliche Laune und das Stimmungsbarometer schließen. Es war ein schlechtes Zeichen, wenn er jemanden mit *Monsieur* ansprach, ein noch schlechteres, wenn er die deutsche Verballhornung *Musjeh* benutzte oder einen gar mit *Herr* betitelte. Friedrich bediente sich seiner vielen Strafmöglichkeiten ziemlich ungezwungen; er zögerte nicht — ganz im Gegensatz zu einem der wichtigsten Prinzipien der Menschenführung — Offiziere auch vor ihren Untergebenen zu demütigen. Ein Offizier konnte noch von Glück sagen, wenn er direkt von der Parade zu einem kurzen Stubenarrest im Offiziers-Wachraum abgeführt wurde (in Berlin war das der *Weiße Saal* in einem Gebäude am Hackeschen Markt). »Festungshaft« war eine Strafe von meist längerer Dauer, obwohl weniger entehrend und schimpflich als gewöhnliche Gefängnishaft. Einfache Kassierung war eine drastische aber doch klare Bestrafung, welche Friedrich oft auf der Stelle verhängte, indem er dem Betreffenden erklärte, »er könne zum Teufel gehen«. Noch üblere Missetäter wurden *infam kassiert*. Ein Deserteur im Offiziersrang wurde in Abwesenheit symbolisch gehenkt und sein Bildnis am Schaffott solange angenagelt gelassen, bis es im Lauf der Zeit von selbst herunterfiel.

Es gab kaum einen von Friedrichs Kommandeuren, der nicht eine kürzere oder längere Periode der Ungnade über sich ergehen lassen mußte. Zu verschiedenen Zeiten zeigte er sein tiefes Mißfallen gegenüber Saldern, Schwerin, Zieten und dem sehr freimütigen Seydlitz, und er beendete die Laufbahn des Intendanten Retzow sowie seines eigenen Bruders Prinz August Wilhelm.

Handelte Friedrich hierbei aus bloßer Laune? Der Sohn des unglücklichen Retzow war der Auffassung, daß Friedrichs offenkundige Ungerechtigkeiten auf den Umstand zurückzuführen waren, daß er »alle seine Thaten aus dem Gesichtspunkte betrachtet wissen wollte, als seyen sie mit niemandes Beihülfe geschehen.«[26] Gleichzeitig kann man aber auch die Möglichkeit nicht von der Hand weisen, daß Friedrich es einfach prinzipiell für falsch hielt, wenn Offiziere oder Familien sich seiner Gunst zu sicher wähnten. Vielleicht war er auch deshalb so abgeneigt, einem jungen Offizier zu helfen, den einer seiner Generale ihm empfohlen hatte.

»Seine Bedenklichkeiten in diesem Stücke gingen so weit, daß er gewöhnlich bei zweifelhaften Fällen lieber von zweien ihm vorgeschlagenen Subjekten das wählte, dessen Namen ihn hoffen ließ, daß er nicht mit Ministern und Generalen in genauer Verbindung stehe.«[27]

WEITERE AUSBILDUNG

Was die Schulung seiner Offiziere anbelangte, so ging es Friedrich in erster Linie darum, daß die gesamte Armee einen hohen Leistungsstandard auf dem Gebiet der Grundausbildung und Taktik erreichte. Ein Strom von Infanterieoffizieren wanderte ständig aus den Provinzen nach Berlin und zurück, um den Vorführungen der Potsdamer Gardebataillone beizuwohnen. Besonders ausgewählte Gardeoffiziere begaben sich zu den Garnisonen auf dem Lande, um auch dort das Ausbildungsniveau auf den neuesten Stand zu bringen.

In ähnlicher Weise wurde auch stets eine große Zahl von Kavallerieoffizieren nach Potsdam abkommandiert, um sich bei den ausgedehnten Manövern in Pommern einen Eindruck zu verschaffen, wie das Kavallerie-Reglement von 1743 in die Praxis umgesetzt werden sollte. Die Gensd'armes (Kürassiere), die Bayreuther Dragoner und die Zieten-Husaren standen bei Friedrich in hohem Ansehen. Besonders große Erwartung hegte man in bezug auf die Offiziere des Garde du Corps (Kürassiere), welche im Ruf standen, so gut informiert zu sein, »daß sie ohne in Verlegenheit zu geraten, mit jedem General ein Gespräch über militärische Dinge erledigen konnten«.[28]

Noch vor Ausbruch des Siebenjährigen Krieges kam der Generallieutenant v. Schmettau dem König gegenüber zufällig darauf zu sprechen, wie mangelhaft doch die Generalsausbildung sei. Der König teilte seine Auffassung voll und ganz und bemerkte, daß viele bei Erreichung des Generalsranges keine Weiterbildung mehr erhielten.

Als Ergebnis dieser Unterhaltung entschied sich Friedrich für eine Vergrößerung seiner Suite um zwölf vielversprechende junge Adjutanten, welche er aus dem Kreis geeignet erscheinender Offiziere auswählte, die ihm bei Besichtigungen aufgefallen waren. Diese wurden dann nach entsprechender Zeit wieder durch andere abgelöst und hatten in der Regel eine vielversprechende Laufbahn vor sich.

Unter Friedrichs Augen waren diese Adjutanten mit Vermessungsaufgaben beschäftigt, mit dem Abstecken von Lagern, der Befestigung von Ortschaften und Hügeln, der Berechnung von Marschkolonnen und der Sondierung von Flüssen und Sümpfen. Bedauerlicherweise, wie Friedrich zugab, »verzögern sich die Fortschritte dieser jungen Offiziere durch ihre ausgesprochene Leichtfertigkeit und den Hang zu Ausschweifungen«.[29].

In einem Fall handelte es sich um einen jungen Offizier von einem pommerschen Regiment, der wiederholt versagt hatte. Bei einem letzten Versuch, doch noch einen Funken aus ihm zu schlagen, wies Friedrich ihn an, den Plan einer uneinnehmbaren Stellung anzulegen. Einige Tage später legte ihm der Pommer eine Skizze vor, auf der eine von Truppen gehaltene Insel inmitten eines Sumpfes dargestellt war.

»Hör Er, mein Sohn!« sagte Friedrich, »in dieser Stellung schieße ich von allen Seiten Seine Truppen mit Kanonen zusammen«.

»Halten Ew. Majestät zu Gnaden, der Sumpf ist so breit, daß kein Geschütz darüber hinträgt«.

»Ja so! das ist ein anderes! Und Lebensmittel hat Er wohl auf der Insel?«

»Auf wenigstens zwanzig Jahre, Ew. Majestät!«

»Nun, dann warte ich bis der Morast gefroren ist«.

»Halten zu Gnaden, Ew. Majestät, der Morast friert niemals zu!«

»Aber wie ist Er denn auf die Insel gekommen? — Und wie will Er wieder herunter kommen?«[30]

Der Offizier blieb die Antwort schuldig und Friedrich schickte ihn wieder zu seinem Regiment zurück — wie so viele andere auch. Der Herzog von Bevern pflegte Professoren zur Unterrichtung seiner jungen Offiziere in Mathematik und Geometrie heranzuziehen und bezahlte einfache Soldaten ausländischer Herkunft dafür, daß sie ihren Kameraden Unterricht in einer Fremdsprache erteilten. Eine derartige Aktivität war allerdings sehr selten, und im allgemeinen herrschte in dem Offizierkorps der übrigen Regimenter ein erschreckend niedriger Bildungsstand. Friedrich befahl daher im Jahre 1763 dem Pionierkorps, den Lehrkörper für fünf Distriktschulen zu stellen (in Wesel, Magdeburg, Berlin, Breslau und Königsberg), wo sie während der vier Wintermonate von November bis Februar ausgewählte junge Offiziere der Feldregimenter unterrichten sollten. Friedrich ließ sich hierbei von dem Beispiel der alten griechischen Militärschulen leiten und legte vor allem großen Wert auf die Fächer Befestigungslehre und Geländekunde, denn »das Gelände ist für den Soldaten das gleiche, wie das Schachbrett für den Spieler, der auf ihm seine Bauern, Springer und Türme entwickeln und bewegen möchte«.[31]

Der Kommentator Berenhorst klagte, daß auf diese Weise zwar einige gute Stabsoffiziere herangezogen worden seien, sich aber auf Regimentsebene die Absolventen wie »kleine Meister« benommen hätten und für den Alltagsdienst weniger zu gebrauchen gewesen wären als »ausgemachte Idioten«.[32]

Friedrich wies seine *Chefs* an, ihrerseits die bildungsbeflissenen Offiziere durch die Einrichtung von Regimentsbüchereien zu ermutigen (selbst Seydlitz, der es mit den Büchern nicht so hatte, ließ eine zusammenstellen), und versuchte auf allen Rangstufen die Talente zu mobilisieren, indem er die Einreichung von Berichten und Denkschriften über zahlreiche Themen anregte.

Im Laufe der Jahre verfaßte Friedrich selbst diverse Abhandlungen, welche sich im besonderen mit der Unterweisung höherer Generale befaßten.

Mit Hilfe seines Sekretärs Eichel beendete er am 14. August 1748 zwei wichtige Memoranden, nämlich eine *Instruction* für die Generalmajore der Infanterie sowie eine für deren Kameraden von der Kavallerie. Diese *Instructions* wurden gedruckt und zirkulierten unter größter Geheimhaltung. Jeder Generalleutnant erhielt beide Anweisungen, die Generalmajore indessen nur die für ihre Waffe zuständige Ausführung. Als Fouqué 1760 bei Landshut in Gefangenschaft geriet, fiel eine komplette Ausfertigung in die Hände der Österreicher.

Ein ähnliches Schicksal war einem anderen Memorandum beschieden, welches Friedrich ursprünglich nur für sich selber geschrieben hatte, dann aber 1753 unter dem Titel *Die General Principia vom Kriege* bei den Generalen in Umlauf setzte. Den Kommandeuren wurden die größten Geheimhaltungsbestimmungen bezüglich dieses Dokuments auferlegt, aber trotz all dieser Vorsichtsmaßnahmen geriet Generalmajor v. Czettritz mit seiner Kopie 1760 bei Cossdorf in Gefangenschaft. Schon kurz darauf gelangte das Dokument, in mehrere Sprachen übersetzt, in Umlauf.

Aufgrund gewisser Änderungen in der Kriegskunst, zweifelsohne aber auch wegen des Verlusts der Geheimhaltung, überarbeitete Friedrich später die *General Principia* noch einmal und ließ sie 1771 unter dem Namen *Élements de castramétie et de tactique* unter den Generalen zirkulieren.

Diese Denkschriften für die Generale wurden von detaillierten Anweisungen begleitet, welche an die Inspekteure, eine ausgesuchte Gruppe von Generalen und an die Regimentskommandeure gingen. Ferner empfingen eine ganze Reihe bestimmter Generale und Festungskommandanten Sonderanweisungen, welche eigens auf deren Aufgaben zugeschnitten waren.

Wie bei Friedrichs sonstiger Bildungsarbeit, war auch hier das Ergebnis im Verhältnis zur aufgewendeten Anstrengung kaum meßbar.

Der Fehler lag wohl hauptsächlich darin, daß Friedrich es ablehnte, seinen Generalen einen Einblick in das gesamte Räderwerk der Armee zu gewähren. In den Feldzügen mußten die Kommandeure feststellen, daß der König ihnen nur äußerst wenig eigene Initiative ließ, und in Friedenszeiten übten Infanterie und Kavallerie lediglich während der Herbstmanöver und am dritten Tag der Frühjahrsbesichtigungen zusammen. Selbst die *General Principia* befaßten sich mehr mit der Führung eines Detachements als mit der der eigentlichen Armee. Auf diese Weise verlor der friderizianische General allmählich die Neigung (falls er sie je hatte), umfassend und selbständig zu denken.

UNIFORMEN

Friedrich behielt die vereinfachte Uniformen bei, welche schon sein Vater eingeführt hatte, nämlich den preußischblauen Rock für die Offiziere und Mannschaften der Infanterie und die strohfarbenen oder weißen Röcke für die Kürassiere und Dragoner (seit 1745 für die Dragoner himmelblau).

Die Unterscheidung zwischen Offizier und Mann war am stärksten in der Infanterie ausgeprägt, wo die Offiziere stets einen Dreispitz trugen (im Gegensatz zu der vorn mit Messingblech geschmückten Mütze der Unteroffiziere, Grenadiere und Füsiliere). Das Haar war sorgfältig frisiert und gepudert und hing in einem langen Militärzopf auf den Rücken herunter. Offiziere mit spärlichem Haarwuchs pflegten ihre Köpfe mit einer Bergamotten-Essenz zu behandeln (weshalb ältere preußische Offiziere oft einen starken Orangenduft ausströmten), während kahlköpfige sich einer teuren Perücke bedienen mußten. Die Halsbinde war weiß, im Gegensatz zu den roten oder schwarzen der einfachen Soldaten.

Der Rock des Infanterieoffiziers war aus feinem dunkelblauem Tuch gefertigt, wie es von den besseren Berliner Textilfirmen geliefert wurde.

Man trug ihn elegant auf Taille gearbeitet und mit gefälteten herabhängenden Rockschößen, es sei denn beim Reiten, wo man diese hochknöpfte. Die Rockaufschläge, Manschetten und Kragen — sofern vorhanden — bestanden aus Samt und waren in den jeweiligen Regimentsfarben gehalten, während den Rock die charakteristischen *Brandenbourgs* reichlich zierten, d. h. Schleifen in geschmackvoller Rokoornamentik aus Gold- oder Silberstickerei. Für gewöhnlich wurden die *Brandenbourgs* auf jeder Seite des Rockaufschlags in Paaren zu zwei Reihen getragen, ein weiteres Paar vorn auf dem Rock, direkt unterhalb der Aufschläge. Derartige Schleifen fanden sich zuweilen auch oberhalb der Ärmelaufschläge, an den Säumen der Taschen und zu beiden Seiten des geschlitzten Rockschosses. Bei verschiedenen Regimentern pflegte man die *Brandenbourgs* noch in kleinen Quasten enden zu lassen. Dem deutschen Leser ist das Aussehen der *Brandenbourgs* gewiß noch von den Kragenspiegeln der Generale her in Erinnerung, welche beim Heer bis zum Ende des Zweiten Weltkriegs getragen wurden. Im Jahre 1900 waren sie von der Uniform des Regiments Nr. 26 übernommen worden.

Die Röcke der Offiziere der neuen Füsilierregimenter waren nicht so aufgeputzt, doch trug man dafür an den Hüten breite Gold- und Silberborten.

Infanterieoffiziere (aber nicht die Offiziere der Füsiliere, Jäger oder Kavallerie) hatten am Hals einen halbmondförmigen silbernen Ringkragen hängen. Dieser war ein ornamentales Überbleibsel der mittelalterlichen Panzerung — der sogenannten »Halsberge« — und verfügte noch über ausreichende Stärke, um eine Musketenkugel abweisen zu können.

Um seine Hüfte trug der Infanterieoffizier eine breite Feldbinde aus schwarzem Tuch mit durchwirkten Silberfäden. Sie lag direkt auf der Weste auf und endete vor dem linken Oberschenkel in einem dicken Knoten. Allerdings wurde diese Schärpe außerhalb des Dienstes nur selten getragen.

Das weniger auffällige *Portepee* galt in der preußischen Armee als wichtigstes Abzeichen des Offiziers. Es bestand aus einem Band, das in einer Schmuckquaste endete und für gewöhnlich oberhalb des Handschutzes am Degengriff befestigt war.

Das plumpste Ausrüstungsstück des Infanterieoffiziers war zweifelsohne der Sponton, eine etwa 2,50 m lange Pike mit Stahlspitze. Im Kriege trug ihn meist der Diener, denn er war unhandlich und verfing sich leicht im Geäst. Den noch nicht vollausgewachsenen Junkern mutete man eine noch schwerere Waffe, das sogenannte *Kurzgewehr* (Halbpike) der Unteroffiziere zu, welches sogar 3,50 m lang war. Im Februar 1755 ließ Friedrich ein extra langes Modell an die Junker und Unteroffiziere sowie an verschiedene Leute aus dem dritten Glied ausgeben, wobei er die Absicht verfolgte, hierdurch den »Kalten-Stahl-Effekt« der Bajonette der Infanterie-Musketen zu ergänzen. Ein Subalternoffizier des Ersten Gardebataillons meinte dazu: »Wenn die Soldaten ihre Musketen fällen, sollen die Unteroffiziere die Halbpiken senken. Aber diese Waffen sind sowohl zu kurz als auch zu kopflastig, als daß der Unteroffizier die Kraft aufbrächte, von ihr richtigen Gebrauch zu machen.«[33] Friedrich sah sich daher genötigt, das Kurzgewehr wieder auf sein ursprüngliches Maß zu reduzieren, und nahm es auch den Männern des dritten Gliedes wieder weg.

Der Sponton wie auch das Kurzgewehr machten sich gut bei der Parade und hatten auch im Kampf durchaus ihren Sinn. Mit Hilfe seiner kleinen Pike konnte der Offizier oder Unteroffizier einen flüchtenden Soldaten aufspießen (was laut Reglement erlaubt war), den Lauf einer angeschlagenen Muskete beiseite drängen oder den eigenen Leuten am Hintern kitzeln um sie vorwärts zu treiben. Im Gefecht von Korbitz, 1759, brachte es ein Unteroffizier zuwege, einen österreichischen Kürassiermajor mit dem Haken seines Kurzgewehrs aus dem Sattel zu zerren.

Im Zusammenhang mit der Bekleidung verdient vielleicht noch Erwähnung, daß die Offiziere bei kaltem Wetter zuweilen die Aufschläge ihrer Uniformröcke über der Brust zuknöpften oder Mäntel bzw. Umhänge aus dunkelblauem Tuch anzogen. Selbst der pedantische Saldern nahm sich bei den Potsdamer Paraden mitunter die Freiheit heraus, sportliche Reithosen in praktischem Schwarz zu tragen, statt der vorgeschriebenen weißen oder strohgelben. Natürlich wurden Reitstiefel anstelle der Gamaschen von allen Generalen, Adjutanten, Stabsoffizieren und sonstigen Dienstgraden getragen, deren Aufgaben zu Pferde bewältigt werden mußten.

Einer der auffallendsten Züge des preußischen Dienstes war das Fehlen äußerer Unterscheidungsmerkmale innerhalb des Offizierkorps. Der General trug genau die gleiche Uniform wie der Subalternoffizier, und war lediglich an dem 1742 eingeführten Federbusch zu erkennen. Hier haben wir auch eine äußere Manifestation des Korpsgeistes dieser Offiziere, der sich eindrucksvoll von dem Prunk der französischen und österreichischen Generale jener Zeit abhebt.

DIE WECHSELFÄLLE DES GLÜCKS

Bei allen unseren Ausführungen über Organisation und Uniformen vergißt man leicht, daß die Hauptaufgabe des Offiziers im Kämpfen bestand. Sobald die Armee erst einmal in den Krieg zog, konnte jeder Soldat von Glück sagen, wenn er diesem wieder lebend entrann. So konnte A. D. Ortmann im Jahre 1759 einem befreundeten Offizier gratulieren, der mit einem gewaltigen Säbelhieb über den Kopf und einer Kugel im Körper gerade noch einmal davongekommen war[34] — wobei er durchaus zu den glücklicheren gehörte. Die Offiziersverluste waren im Verhältnis genauso schwer, wie die der Unteroffiziere und Mannschaften, teilte doch damals der General die Gefahren seiner Untergebenen noch in vollem Umfang. Dreiunddreißig Generale (einschließlich zweier Feldmarschälle) wurden allein im Verlauf der ersten vier Jahre des Siebenjährigen Krieges getötet.

In einem mit Erbitterung geführten Gefecht konnte es einem preußischen Offizier auch durchaus passieren, daß er umgebracht wurde, unmittelbar nach dem er das Pech hatte, in Feindeshand zu fallen.

Im allgemeinen war es jedoch üblich, daß man ihn nur seines Geldes, der Uhr, des Ringkragens und der Feldbinde beraubte, dann wurde er ins feindliche Hinterland zurückgebracht, wo er unter leidlichen Verhältnissen auf den nächsten Gefangenenaustausch warten konnte.

Die Österreicher machten 1759 und 1760 einen besonders guten Fang an Offizieren, als sie die beiden Korps von Finck und Fouqué vollständig schnappten und die Festung Glatz überraschend in ihre Hand brachten. Die meisten von ihnen wurden auf Ehrenwort in die liebliche Donaustadt Krems in Niederösterreich entlassen. Da sich die örtliche Bevölkerung als durchaus freundlich erwies, lag die Hauptbeschwernis für die Preußen in dem weiten Weg, den sie stets zum Gasthof *Zum weißen Ochsen* bei Stein zurücklegen mußten. Hier entdeckten die Söhne des Nordens ein Bier »sehr wohlschmeckend, aber dabei stark und berauschend; es hatte zur Folge, daß nicht selten der eine oder andere von daher zurückkam, der geführt werden mußte, weil er sich aus eigener Kraft nicht mehr fortbewegen konnte.«[35]

Unglücklicherweise begannen sich die Temperamente nur allzubald aneinander zu reiben. Der ungeschickte General Fouqué brachte seine österreichischen Herren gegen sich auf, wodurch es zu einer Reihe von Repressalien und Gegenrepressalien kam; die Österreicher und Russen verdroß in zunehmendem Maße das Austauschkartell, nachdem offenkundig wurde, daß Friedrich allmählich die Offiziere ausgingen. Die Russen stellten daher den Gefangenenaustausch 1759, die Österreicher 1760 völlig ein.

Solcher Art waren also die Gefahren und Verdrießlichkeiten des Militärdienstes. Die preußischen Offiziere zogen sie aber der tödlichen Langweile des Garnisondienstes sowie der Namenlosigkeit und Armut vor, die sie bei Quittierung des Dienstes erwarteten. Sie wußten nur zu gut, daß Friedrich für die Versorgung ausgedienter Offiziere lediglich ungenügende Mittel zurückgestellt hatte (ungefähr 25 000 Thaler in der *Domänenkasse*, vierzig Hauptmannsposten im Wert von je 500 Thalern, Domherrenpfründen für jeden Dom und einige Pensionen zu Lasten der schlesischen Klöster), und er in seiner Wohltätigkeit äußerst kapriziös und knauserig war. Ein vom Glück begünstigter ehemaliger Befehlshaber mochte es wohl gelegentlich auf eine Jahrespension bis zu 3000 Thalern bringen, doch bedurfte es bereits der energischen persönlichen

Fürsprache eines Seydlitz, um für den alten und gebrechlichen General v. Bredow bloße 1000 Thaler herauszuschlagen.

Friedrich vergrößerte seinen Fonds, indem er Zuflucht zu einigen mehr oder minder gefährlichen Hilfsmitteln nahm. Eine große Anzahl von Veteranen wurden im Verwaltungsbereich des Akzise- und Tabakmonopols untergebracht, wo sie bei den aktiven Offizieren Mitleid und Verachtung erregten.[36] Drei Postmeisterränge wurden ebenfalls für ehemalige Offiziere reserviert. Diese versahen ihre Ämter jedoch so schlecht, daß Friedrich schließlich gezwungen war, sie durch zivile Postbeamte ersetzen zu lassen und die Pensionen direkt aus der Kasse des *Generalpostamts* zu zahlen. Eine Reihe von alten hohen Offizieren ernannte Friedrich auch zu Festungsgouverneuren, was sich verheerend auswirkte, als die Franzosen 1806 diese Festungen belagerten.

Alle diese Maßnahmen ließen jedoch viele Leute völlig unversorgt. Ein Offizier, welcher aus diesen Gründen vorzeitig den Dienst quittieren wollte, mußte bei einem derartigen Gesuch auf alle Fälle Friedrichs Sarkasmus und Ärger in Kauf nehmen.

Einen derartigen Antrag in Kriegszeiten zu stellen, hieß die öffentliche Schande herausfordern.

Selbst die zeitweilige Beurlaubung wurde nur selten und widerwillig gewährt. Ab 1763 wurde den Chefs und Regimentskommandeuren das Recht beschnitten, einen Offizier ohne königliche Erlaubnis länger als einen Tag zu beurlauben. Die Posten an den Stadttoren hatten die ständige Anweisung, den Namen eines jeden vorbeikommenden Offiziers festzuhalten. Man kann nur die Kühnheit des Major v. Sparr von den Bayreuther Dragonern bewundern, der den König 1744 um Urlaub bat. Friedrich antwortete: »Ein junger, gesunder Mensch, der in wärender Campagne den Abschied fordert, sollte sich todt schämen«.[37]

Es überrascht daher kaum, daß Friedrich seinem Nachfolger ein überaltertes, auf sich bedachtes und eigennütziges Offizierkorps hinterließ. Der spätere Feldmarschall v. Knesebeck schrieb über seinen Eintritt in das Regiment von Kalckstein (Nr. 20) im Jahre 1783, »die meisten Hauptleute waren veraltete dickbäuchige Figuren, die, wenn sie nun nach langem Harren und Darben endlich ein — dann zwar sehr reichliches — Einkommen errungen hatten, nun aber auch das Leben genießen wollten, von dem sie bis dahin nichts als Mühseligkeiten gehabt hatten . . .« und »Die Stabsoffiziere waren häufig noch mehr veraltet, und man fand selten einen, der nur einigermaßen noch reiten konnte und nicht nötig hatte, um auf dem Pferde sitzen zu bleiben, sich stets an dem Sattelkopfe zu halten«.[38]

SITTEN, GEBRÄUCHE UND IDEALE

Über den Ausbruch des Bayerischen Erbfolgekrieges im Jahre 1778 schreibend, bringt ein Preuße freudig den spartanischen Geist zum Ausdruck, der damals die jungen Offiziere beherrscht zu haben scheint:

> »Ich habe in diesen Tagen nicht ohne eine Art eines patriotischen Vergnügens ein beladenes Packpferd ansehen können. Ein Gezelt, ein lederner Stuhl, ein kleiner Tisch, eine Matratze, und ein Kasten mit den nothwendigen Bedürfnissen des Lebens — damit muß sich nun der vielleicht sehr verwöhnte junge Held begnügen ... Man erzehlt hier, daß verschiedene Subalternen Officiere beim Ausmarsch für 600, 800 bis 1000 Thaler an Mobilien die zum Luxus gehören, zurück gelassen oder verkauft haben: Tapeten, Fußdecken, Sophas, große Spiegel, Verguldungen, weiche und zierliche Betten, warme Schlafröcke, und alles, was die üppige Weichlichkeit fordert ...«[39]

Gemessen an modernen Praktiken wurde ihnen aber eine ganze Menge zugestanden. Zu Beginn von Friedrichs Regierungszeit war es üblich, daß die Lieutenants zusammen in einem ovalen Zelt schliefen, dessen Bestandteile die jeweiligen Mitglieder einer *Zeltkameradschaft* auf ihren Packpferden mit sich führten. Während des Siebenjährigen Krieges erhielten sie jedoch das Recht, kleine Einzelzelte zu benutzen, so wie es unser junger Freund mit dem patriotischen Herzen erwähnte. Das Hauptmannszelt war bereits eine ziemlich großzügige Angelegenheit und wies unter seinem geräumigen ovalen Dach ein separates Schlafabteil auf. Allerdings war ein gewisser Grad von privater Atmosphäre gewiß auch wünschenswert, wurden doch die meisten Kompanieangelegenheiten in unmittelbarer Nähe abgewickelt.

Auf diese Weise kam für jedes Regiment eine erstaunlich umfangreiche Bagage zusammen. Die Bestimmungen über die Mitnahme von Pferden und Gepäck aus dem Jahre 1740 (angeblich eine bereits sehr einschneidende Bestimmung) gestatteten dem Oberst nicht

weniger als zwei Gepäckwagen, sechs Packpferde und vier Reitpferde. Bei den übrigen Dienstgraden sah es in gestaffelter Form
ähnlich aus. Das Regiment schleppte mithin 13 Wagen, fünfzig
Packpferde oder Esel und neunundvierzig Reitpferde mit sich
herum — und das alles zusätzlich zum normalen Troß des Regiments (normalerweise sah die volle Stellenbesetzung 1 Oberst,
1 Oberstleutnant, 2 Majore, 6 Hauptleute und 32 Lieutenants vor).
Anstelle von Silbergeschirr war Zinn vorgeschrieben, und zwar aus
Gewichtsgründen. Zumindest ein Offizier brachte es aber zuwege,
ein Cembalo mitzunehmen.
Die Kosten für die Offizierspferde nahm der König auf sich. In
den Schlesischen Kriegen wurde das so gehandhabt, daß er lediglich
das Geld vorschoß und es den Offizieren überließ, die diesbezüglichen Einkäufe zu tätigen. Hierbei traten allerdings Schwierigkeiten auf, weil zu Beginn eines Feldzuges die plötzliche Nachfrage
größer war, als das Angebot. In den fünfziger Jahren ging er daher
über, Pferde rechtzeitig zu Tausenden ankaufen oder mustern zu
lassen, die dann den Regimentern in der zustehenden Kontingen-
tierung zugewiesen wurden, sobald diese ins Feld rückten. Das
Eintreffen der Pferde löste bei den Lieutenants stets große Aufregung aus. So wird von der Mobilmachung des Jahres 1778 berichtet: »man kann sich keine Vorstellung davon machen, wenn man
nicht gesehen hat, wie die Fähnrichs den ganzen Tag in voller Car-
riere ritten, ihre Knechte prügelten und ihre Pferde unter sich
herausstrichen; mehrere von ihnen trieben diese so ab, daß sie
bereits den nächsten Marsch zu Fuß machen mußten, weil ihre
Pferde stocklahm waren«.[40]
Den Offizieren war mitunter als Vergünstigung gestattet, sich
einen Soldaten ihres Regiments als Diener zu halten oder — in Er-
mangelung eines solchen — sich einen Zivildiener anzuheuern und
diesen auf eigene Kosten in eine Livree einzukleiden. Ein besonders
gewitzter Oberlieutenant im Regiment von Krockow hat uns überliefert, daß er mit einem verheirateten Soldaten und dessen Frau
als Diener in den Krieg von 1778 gezogen sei. Außerdem nahm er
noch einen Reitknecht mit, der seine drei Pferde zu füttern und zu
pflegen hatte sowie einen Lakaien von fünfzehn Jahren; »er mußte
mich frisieren und mir auf dem Marsch Esponton und Überrock
nachtragen, auch führte er eine Kantine bei sich in welcher alles
zum Kaffeekochen Erförderliche enthalten war.«[41]

Aber selbst dem weniger gut betuchten Subalternoffizier ging es im Felde nicht allzu schlecht, vorausgesetzt, er hatte einen Hauptmann, der dem preußischen Brauch folgte, seine Fähnriche und Lieutenants zu Tisch einzuladen.

Ein britischer Beobachter stellte 1758 fest, »daß sich auf diese Weise die jungen Offiziere ständig unter der Aufsicht ihrer Vorgesetzten befinden. Sie besitzen keinen Vorwand, um sich entfernen zu können und haben nichts anderes als ihren Dienst, wodurch Streitigkeiten, Ränkeschmieden und sonstige Unzuträglichkeiten wegfallen, wie sie bei einer solchen Ansammlung von jungen Männern üblich sind und wie ich sie in ihren Auswüchsen bei anderen Armeen gesehen habe.«[42]

Bei der Belagerung von Schweidnitz im Jahre 1762, als die Rationen ausgesprochen knapp waren, hatte der junge Subalternoffizier J. G. Scheffner das Glück, bei zwei Majoren verpflegungsmäßig angehängt zu sein . . . »Sie hatten mich an ihren Tisch genommen, für den Magen hatt' ich also keine Sorge, außer wenn ich auf die Wache zog, wo mein Mittagsmahl jederzeit aus Rindfleisch mit Reis und Abendbrod aus einer Suppe von Commisbrod, womöglich mit Honig versüßt, bestand.«[43] Selbst so hochgestellte Persönlichkeiten wie die Chefs der Regimenter waren mitunter nicht abgeneigt, die jungen Offiziere von Zeit zu Zeit an ihrer Tafel zu sehen. Christian von Prittwitz erinnerte sich, wie sich der Herzog von Bevern an komischen Geschichten ergötzte »wobei er immer laut auflachte, daß sein ganzer ansehnlicher und großer Körper dadurch in Bewegung gesetzt wurde«.[44]

Seltsamerweise war der Dienst unter dem König von Preußen in mancherlei Weise weniger beschwerlich, als der bei anderen Monarchen. So war der preußische Offizier zum Beispiel nicht gehalten, unnötigerweise jeden Morgen mit dabei zu sein, wenn der Tambour zum Wecken trommelte, wie es bei anderen Armeen der Brauch war. Er mußte sich nicht jeden Monat die Haare schneiden lassen und man ruinierte ihn auch nicht durch häufige und kostspielige Uniformänderungen. Dem friderizianischen Offizier gelang es sogar, eine sehr notwendige Trennung zwischen Dienst und Freizeit zu schaffen.

Während des Morgens alles Pünktlichkeit, Gehorsam und Genauigkeit war, sahen die Dinge am Nachmittag völlig anders aus. »Sobald der Dienst vorbei war, war der Fähnrich gerade so frei, wie der

Generallieutenant; man wußte nichts von jenen lächerlichen und den Geist der Sklaverei ewig erhaltenden Ceremoniel das noch in der österreichischen Armee herrscht, vermöge dessen der Unterlieutenant sich nicht setzen darf, so lange der Oberlieutenant noch steht«.[45] Die zivilisierte Einrichtung des Offiziersheims wurde in Preußen erst eingeführt, nachdem König Friedrich Wilhelm III. 1814 in England gesehen hatte, wie so etwas von der britischen Armee gehandhabt wurde. Zu Friedrichs Zeiten hockten die dienstfreien jungen Offiziere in den rauchgeschwängerten *Wachstuben* zusammen oder in der nächstbesten Kneipe bzw. in einem nahegelegenen Kaffeehaus. Von Carl v. Hülsen erfahren wir, wie sich die Junker des Regiments von Below zu Anfang des Jahres 1750 in Königsberg die Zeit vertrieben:

»Nicht weit von meinem Unteroffizier-Quartier war ein Kaffeehaus und darinnen ein Billard. Ich hörte von diesem Spiel viel reden, hatte aber keinen Begriff davon. Eines Tages ging ich mit einem anderen Junker dahin, weil wir frei vom Dienst waren. Wir nahmen von dem Wirthe Unterricht, und dieses Spiel wirkte so stark auf mich, daß ich es gleich lernte, und Abends einem Englischen Kaufmann einen Dukaten abgewann . . . Das Wurfelspiel war damals sehr mode, und alles was ich im Billard gewann, ging wieder mit den Würfeln verloren.«[46]

In den höheren Kreisen der Offiziere der Berliner Garnison pflegten sich diese nach Beendigung des Vormittagsdienstes der Stiefel zu entledigen, ließen sich das Haar frisieren — »á outrance« mit Puder und Locken — zogen Seidenstrümpfe und ein Hemd mit Spitzenmanschetten an, suchten sich die beste Uniform heraus und klemmten sich schließlich den Hut unter den Arm, um sich in die feine Gesellschaft zu stürzen. »Eine Metamorphose von ganz außergewöhnlicher Art«,[47] wie Mirabeau befand.

Die Offiziere der Gensd'armes, des Ersten Gardebataillons sowie anderer angesehener Berliner Regimenter nahmen als Tänzer an allen Veranstaltungen der Karnevalszeit teil, welche vom Dezember bis zum Februar dauerte — eine Folge von offiziellen Zusammenkünften, Schauspielen und *Redouten* und vor allem auch prächtigen privaten Geselligkeiten. Der Marquis von Toulongeon berichtete gegen Ende von Friedrichs Regierungszeit:

»Wir täuschen uns sehr bezüglich der Sparsamkeit und äußersten Einfachheit, welche unter den preußischen Generalen vorherrschen soll«. Er führte den Fall des General von Möllendorf an, »welcher in einem prachtvollen und mit großer Eleganz eingerichteten Hause wohnte. Er beschäftigt eine ganze Armee von Dienern und ist von äußerster Gastfreundschaft. Seine Tafel ist Tag für Tag für dreißig Offiziere der Garnison gedeckt. Prittwitz und auch noch andere leben in dem gleichen großen Stil«.[48]

Da sich die Uniformen des Offizierkorps von Haus aus sehr ähnelten, konnte es bei gesellschaftlichen Veranstaltungen durchaus passieren, daß ein junger Offizier einen wichtigen Vorgesetzten mit zuviel Vertraulichkeit behandelte. Der ältere Offizier pflegte auf einen derartigen Verstoß meist mit Gleichmut zu reagieren, »überzeugt, daß der jüngere, sobald er seinen Irrthum gewahr wurde, auch sogleich sich in die ihm gebührende Haltung zurückziehen würde«.[49]

Bei Veranstaltungen mit mehr formellem Rahmen war Friedrich stets darauf bedacht, daß die jungen Offiziere ihre Stellung nicht vergaßen, doch selbst er bestand darauf, daß sich ein höherer Offizier bei einem niederen entschuldigen mußte, sofern er diesen beleidigt hatte. Der König machte zur Bedingung, daß der junge Mann seinen Groll zu unterdrücken hatte, solange er sich im aktiven Dienst befand.

Was das Verhältnis zwischen Offizier und Mann anbelangt, so sagte Friedrich 1763 seinen Regimentskommandeuren: ». . . müssen hauptsächlich darauf sehen, daß die Junker nicht so viel Umgang mit dem gemeinen Manne, außer was im Dienst erfordert wird, haben, indem dergleichen Umgang solchen jungen Leuten, wenn sie etwas höheres werden, immer anklebt«.[50]

Der Offizier beobachtete die Charaktere und die Stimmung seiner Männer stets mit wachsamem Auge, allerdings nur, um rechtzeitig gewarnt zu sein, falls einer desertieren wollte. Hätte jemand das Leben seiner Unteroffiziere und Mannschaften als Kamerad geteilt, würde man darin »eine Art von infamiren der Betraulichkeit«[51] gesehen haben.

Aber die Freizeitbeschäftigungen des preußischen Offizierkorps waren keineswegs alle von der eleganten Art, wie bei Möllendorf und seinem Freundeskreis. Eine große Anzahl der Offiziere waren eingefleischte Spieler. Trunkenheit spielte seltsamerweise lange Zeit keine besondere Rolle, bis die Preußen dann Mitte der 1730er Jahre die süffigen Rheinweine kennenlernten. Das Saufen begann stets von neuem, sobald die Armee in österreichische Gebiete einfiel und an die guten böhmischen und ungarischen Weine herankam. Winterfeld und Seydlitz waren als mannhafte Trinker weithin bekannt. Die Folgen derartiger Trinkgelage waren interessant und nicht vorhersehbar. 1758 nahm der Lieutenant v. Lemcke daran Anstoß, daß ihm sein Wirt, Dr. Küntzel, sein Quartier gekündigt hatte:

»Denselben Abend geriet ich in den Italiener-Keller bei Malibernow und genoß etwas zu viel, wobei mir einfiel, daß ich dem Doktor Küntzel versprochen, ihm die Fenster einzuschmeissen. Ich gehe also hin und sehe bei dessen Haus auch Steine, welche ich aber — da der Kopf schwer war — nicht finden konnte. Der Wachposten aber, welcher nicht weit davon bei der Thomaspforte stand, sah es: 'Was suchen Sie, Herr Leutnant?' Ich sage: 'Steine, ich will dem Kerl die Fenster einschmeissen'. 'Oh, die wollen wir schon kriegen', sagte er, setzte sein Gewehr weg und brachte mehr Steine als ich brauchte. Er half auch fleißig schmeißen, so daß unten und in der ersten Etage kein Fenster ganz blieb.«[52]

Die vorgesetzte Dienststelle bestrafte Lemcke mit einem kurzen Arrest.

Es wäre verwunderlich, wenn sich nicht viele Offiziere auch den gröberen Sinnenfreuden der großen Städte hingegeben hätten. In Berlin waren die öffentlichen Prostituierten »zahlreicher als in irgendeiner anderen europäischen Stadt, gemessen an der Einwohnerzahl. Sie zeigen sich tagsüber offen am Fenster, winken den Vorübergehenden zu und bieten in jeder gewünschten Weise ihre Dienste an, ohne daß der Magristrat daran Anstoß nimmt«.[53] Tatsächlich gehörten der »Blutige Finger« und andere Berliner Etablissements so sehr zum öffentlichen Leben der Stadt, daß manche Offiziere auf einen Schwatz oder eine Zigarrenlänge dort einkehrten, ohne besonderes Interesse für die eigentlich feilgebotene Ware.

Ein alter Regimentsfeldscher erzählte dem ernsthaft veranlagten Junker Saldern — dem späteren General — daß die Sterblichkeit im Ersten Schlesischen Krieg deshalb so hoch gewesen sei, weil so viele Offiziere an Geschlechtskrankheiten litten und sich daher schon bei den geringsten Fleischwunden anfällig gezeigt hätten. Und er erteilte ihm daher auch den Rat: »Sparen Sie Ihr Pulver für den Dienst, für Ihre künftige Gemahlin und für Ihr Alter!«[54] Saldern befolgte diesen Hinweis und reüssierte in jeglicher Beziehung.

Besonders berüchtigt unter den Libertins war General v. Seydlitz, der große Reitersmann, der die wilden Ausschweifungen als Page bei dem verrückten Markgrafen von Brandenburg-Schwedt gelernt hatte. Von seiner bei Rossbach empfangenen Wunde genas er nur langsam, da er sich in Schlesien die Syphilis geholt hatte: »Von einer Dame hoher Geburt, aber niederer Tugend«.[55] Nach der Schlacht von Kunersdorf war es die gleiche Geschichte.

1760 ging Seydlitz eine unglückliche Ehe ein, welche, abgesehen von seinen außerehelichen Beziehungen, seine Abneigung gegenüber gesellschaftlichen Kontakten noch erhöhte. Obwohl er 1772 bereits einen Schlaganfall erlitten hatte, beauftragte er einen Offizier, ihm zwei Tscherkessenmädchen herbeizuschaffen, welche er anläßlich eines Pferdeeinkaufs in der Türkei kennen und schätzen gelernt hatte. Der Offizier kehrte mit den beiden Damen zurück, und die Folgen erwiesen sich für Seydlitz buchstäblich als tödlich.

Seydlitz konnte von Glück reden, daß er überhaupt hatte heiraten dürfen, denn der König war ein ausgesprochener Frauenverächter, der die Ehe für eine unnötige Ablenkung vom Militärdienst hielt. Bei den meisten Regimentern betrug die Zahl der verheirateten Offiziere zwischen einem Sechstel und einem Siebtel der Gesamtzahl, und als die Bayreuther Dragoner 1778 in den Krieg zogen, waren vierundsiebzig Offiziere noch ledig.

In Friedenszeiten lebten die Offiziersfrauen zusammen mit ihren Männern in Standortwohnungen, wo sie während des Krieges auch allein zurückzubleiben hatten. Eine Begleitung auf die Feldzüge war verboten. Da Offiziersfrauen aber mit zu den furchterregendsten Geschöpfen gehören, waren sie auch keineswegs gewillt, sich von königlichen Anweisungen abspeisen zu lassen. 1758 gelang es der Frau des General v. Tresckow, des Kommandanten von Neisse, die Österreicher zu düpieren und in die belagerte Festung zu schlüpfen. Zwei Jahre später war Lehndorff überrascht, die Frau des Oberstleutnant v. Pannwitz im Lager bei Stralsund zu entdecken. Sie war ihm noch gut als leuchtende Erscheinung der Berliner Gesellschaft erinnerlich und wie sie »damals ihrer Schönheit zu schaden geglaubt hätte, wenn sie sich der geringsten Strapaze aussetzte; sie findet sich sehr gut in ihre jetzige Lage. Sie logiert in einem elenden Dorf mit noch zwei anderen Damen in einem Hause und geht jeden Tag eine halbe Meile weit, um mit ihrem Gatten in einem

Zelte zu dinieren, wo sie von Kavalleriepferden mit ihrem Geruch umgeben sind«.[56]

Die Witwe eines Offiziers konnte ihre kleinen Kinder in der Offiziersabteilung des Potsdamer Militärwaisenhauses unterbringen — gegründet am 1. Februar 1744 — stand aber selber oft völlig mittellos da. Erst am 1. April 1776 wurde ein Witwenfond geschaffen, welcher jedoch allein auf Beitragszahlungen derjenigen Offiziere angewiesen war, die für ihre Frauen vorsorgen wollten.

Aber sieht man einmal von all dem Trinken, Spielen und Herumhuren ab — ganz zu schweigen von den üblichen Spannungen des preußischen Dienstes — so konnte es auch dem friedliebendsten Offizier begegnen, daß er in einen Streit mit einem sich aufspielenden Kameraden verwickelt wurde. Die Folgen konnten durchaus tödlich sein, denn bei den Duellen jener Zeit handelte es sich um durchaus ernste Angelegenheiten, welche wenig mit dem abstoßenden Schauspiel der studentischen Schlägermensuren des XIX. Jahrhunderts zu tun hatten. Eine typische blutige Affäre dieser Art fand im August 1762 statt, als sich Generallieutenant v. Platen und der streitsüchtige Generalmajor v. Meier eifrig die Köpfe zerhackten. Als General v. Hülsen dazwischentreten und den Kampf abbrechen wollte, empfing er zum Dank für seine Mühe noch einen Stich in den Arm.

Manchmal wurden die Formalitäten aber auch gänzlich außer acht gelassen. So sah sich im Januar 1746 der Major v. Chazot, von den Bayreuther Dragonern, urplötzlich von Bronikowsky tödlich bedroht, einem Offizier, den er einmal hatte tadeln müssen. Es gelang jedoch Chazot seinen Degen zu ziehen, bevor noch der andere ihn ernstlich zu treffen vermochte:

> »Jetzt nahm der Kampf eine günstigere Wendung für mich. Mit einem Hiebe zerschlug ich ihm die Eguillette und Uniform, so daß die Fetzen im Saale umherlagen. Meine Absicht ging dann besonders dahin, ihn, der größer war als ich und der sich für kräfftiger als mich hielt, zu entwaffnen.
>
> Schon hatte ich ihn durch den ganzen Saal getrieben bis in die Nähe des Ofens, wo ich ihm den Degen entreißen wollte. Dort aber glitt mein Fuß aus und der Major versetzte mir in den rechten Arm einen Stich, der bis zum Knochen drang. Der Schmerz, den dies verursachte, steigerte meine Heftigkeit und ich hatte das Unglück mit einem Schlage dem Gegner den Schädel zu

spalten gerade vor der Thür, wo ich zuerst von ihm angegriffen war. Dort sank er zusammen.«[57]

Sein Gegner starb an der erlittenen Verletzung und Chazot wurde zu einem Jahr Festungshaft in Spandau verurteilt, von der er jedoch nur einige Wochen absaß.

Das Duellieren war in Brandenburg-Preußen durch Gesetze aus den Jahren 1652 und 1685 verboten und im Jahre 1713 durch ein im drakonischen Stil gehaltenes Edikt Friedrich Wilhelms noch einmal unterstrichen. Aber selbst dieser eingefleischte alte Zuchtmeister war bereit einzuräumen, daß ein Offizier unter gewissen Umständen gezwungen sein könnte, ein Duell auszutragen. Friedrich vertrat die gleiche Auffassung, obwohl er im Prinzip das Duell für einen barbarischen Brauch hielt, der sich auf eine mißverstandene Ehrauffassung gründete.

Dennoch wurde ein vom Duell zurückschreckender Offizier von seinen Kameraden stets geächtet. Man begehrte gegen das Verbot auf und lehnte die »Ehrengerichte« ab, welche Friedrich 1785 in einem Gesetzesentwurf zum Bürgerlichen Recht vorsehen ließ. Allein, der König starb im darauffolgenden Jahr und die Absicht wurde niemals verwirklicht.

Es steht auch dahin, ob es Friedrich besser gelang, die ungebärdigen Offiziere zu zähmen. Im Januar 1741 gab er eine Verfügung heraus, derzufolge er nicht beabsichtigte einen Offizier zu befördern, der als Spieler oder Trunkenbold bekannt sei. Diese Bekanntgabe hatte eine heilsame Wirkung, war aber nur von kurzer Dauer. Gegen Ende des Siebenjährigen Krieges mußte er seine Verbote daher erneuern, desgleichen zum Abschluß des Bayerischen Erbfolgekrieges.

Obwohl die Zügellosen, wie immer, alle Blicke auf sich zogen, gab es auch eine beträchtliche Zahl von älteren Offizieren, die durch Zurückhaltung und gesetztes Benehmen ein Beispiel setzten. So zum Beispiel Schmettau, welcher den Ruf genoß, »einer der sittlichsten und frommsten Heerführer in Friedrichs Armee«[58] zu sein, ferner die fast viktorianisch anmutende Gestalt von Saldern und der gefühlsbetonte Husarengeneral Belling, der die beunruhigende Angewohnheit besaß, in unmittelbarer Nähe des Feindes fromme Lobgesänge anstimmen zu lassen. Schwerin, Stille, Fouqué, Zieten, Moller, Kahlden und noch andere waren dafür bekannt, nicht nur »gute Soldaten sondern auch gute Christen«[59] zu sein.

Der gebildete Offizier: Ewald Christian v. Kleist an seinem Schreibpult.

Friedrichs Potsdamer Tafelrunde bildete ein eigenartiges Nebeneinander von französischem Esprit und Skeptizismus auf der einen, und preußisch-militärischer Denkungsweise auf der anderen Seite. Saldern und Schmettau taten zwar alles zur Verteidigung ihrer altmodischen Glaubensvorstellungen, doch Einfaltspinsel wie der ehrliche, aber unwissende pommersche General v. Lettow waren den hin- und herfliegenden Epigrammen nicht gewachsen.

Man nimmt zwar gemeinhin an, daß außerhalb der königlichen Salons keinerlei Spuren intellektuellen Lebens innerhalb der preußischen Armee existierten, doch es zeugt von der Spannkraft des menschlichen Geistes, wenn sich solche nicht nur finden lassen, sondern darüberhinaus auch noch gediehen.

Allerdings wurde eine derartige Haltung keineswegs ermutigt. In einigen Regimentern waren die Zoten der *Wachstuben* tonangebend, ebenso die Großmäuligkeit ungebildeter junger Offiziere, deren Art noch Gneisenau in späteren Jahren anwidern sollte. Tatsächlich sah sich Friedrich noch 1751 gezwungen, in einem Befehl sämtliche Freikorporale zum Lesen- und Schreibenlernen anzuhalten, damit sie wenigstens eine passable militärische Meldung zu Papier bringen konnten. Auf höherer Ebene übertrumpfte Fürst Moritz von Dessau an Ungebildetheit sogar noch den totalen Analphabeten General v. Ramin, welcher »eigentlich noch in die Zeit der Hunnen und Vandalen gehörte«.[60]

Damit soll aber nicht gesagt sein, daß es bei anderen Kommandeuren sehr viel besser bestellt war. So löste ein alter General eine gewisse Verwirrung aus, als er Friedrich einen jungen Verwandten empfahl und hierbei schrieb, daß dieser »sehr feige« sei, während er in Wirklichkeit »sehr fähig« meinte. Ein anderer Krieger betrat einen Bücherladen um einige Karten zu erwerben und regte sich über den Verkäufer auf, welcher fragte: »Wollen Herr General eine Orts- oder Generalkarte?« »Was soll die Frage! Ich bin General und brauche daher eine Generalkarte!«[61]

Friedrichs Einfluß auf kulturellem Gebiet ist schwer zu bestimmen. Während er eine gute Erziehung in seinem Offizierskorps betont förderte (wie Tharau gezeigt hat), sträubte er sich oft dagegen, Ergebnisse militärischer Studien der Öffentlichkeit durch Drucklegung zugänglich zu machen. Wir kennen den Fall des Hauptmanns Marquart, eines befähigten Vermessungsingenieurs, der tödlich erkrankt war und Friedrich um die Erlaubnis bat, eine Abhandlung unter dem Titel *Coup d'oeil militaire* veröffentlichen zu dürfen, welche er im Winter 1759 geschrieben hatte. Der König erwiderte lapidar, daß er besser daran täte, Lager abzustecken. Dieser Fall war typisch. Das einzig wichtige militärkundliche Werk, das mit königlicher Zustimmung veröffentlicht wurde, war wahrscheinlich Tempelhoff's *Bombardier Prussien* aus dem Jahre 1781, welches sich mit der Ballistik wissenschaftlich auseinandersetzte. Tempelhoff hatte bereits eine allgemeinverständlichere Abhandlung über Infanterie- und Artillerie-Taktik vorgelegt, welcher der König aber die Drucklegung versagte — mit anderen Worten: weil sie zu brauchbar war.

Auf einer abstrakteren Ebene war sich Friedrich nicht immer klar über all die Auswirkungen des Prozesses der Aufklärung, die das ältere Bild des preußischen Offiziers mit seinen pietistischen Anwandlungen langsam umzuformen begann. Er zeigte wenig Interesse an den Zusammenkünften einer besonders bemerkenswerten Gruppe von Literaten, welche gegen Ende der fünfziger Jahre stattfanden. Einer der führenden Köpfe war der ungemein kultivierte Offizier Ewald Christian v. Kleist (1715—59). Er hatte in seiner Jugend die Rechte und Mathematik studiert und war als Verfasser eines hübschen Gedichts bekannt, welches die Schönheiten des Frühlings pries (»Frühling«, 1749). Die ersten Feldzüge des Siebenjährigen Krieges bewegten ihn dazu, seine »Ode an die preußische Armee« zu schreiben (7. Mai 1757), welche ihrerseits Johann Wilhelm Gleim zu seiner berühmten Folge von *Kriegsliedern* inspirierte. Als ob er den eigenen Tod nahen fühlte, behandelte Kleist in seinem letzten Werk (der epischen Dichtung *Cissides und Paches,* aus dem Jahre 1759) zwei junge Thessalonicher, welche im Kampf gegen die Athener fielen. Er selbst wurde kurz darauf bei Kunersdorf tödlich verwundet.

Der »Deutsche Horaz«, K. W. Ramler, veröffentlichte 1760 eine gesammelte Ausgabe von Kleists Werken, und ein anderer Freund, Gotthold Ephraim Lessing, nahm sich den Gefallenen als Vorbild für den »Major v. Tellheim« in seinem 1763 geschriebenen Schauspiel *Minna von Barnhelm.* Lessing hatte noch eine weitere Verbindung zum Offizierskorps, war er doch von 1760 bis 1764 Sekretär des schrecklichen General v. Tauentzien. Andere geistig interessierte Offiziere fanden gleichgesonnene Gesprächspartner in Männern wie dem Prinzen Heinrich, General

v. Retzow, General v. Kalckreuth, dem französischen Philosophen Maupertuis (Präsident der Berliner Akademie) und den Generalen Hautcharmoy, Fouqué sowie sonstigen Angehörigen der Hugenotten-Kolonie. Feldmarschall Keith vermochte sich in elf Fremdsprachen auszudrücken; sein älterer Bruder der Oberzeremonienmeister von Schottland, George Keith, war als Schirmherr Rousseaus bekannt, er lebte von 1766 bis 1778 in einem bequem gelegenen Haus gleich bei der Einfahrt nach Sanssouci, wo er Offiziere zum Lesen ausländischer Literatur ermutigte.

Aber auch sonst gab es in der Armee inmitten allen Philistertums eine bescheidene Minderheit, welche sich in der schöngeistigen Literatur gut auskannte[62] sowie viele Offiziere, die von der Anlage her intelligent und wißbegierig waren. So besaß der Husarengeneral von Lossow zwar nur eine Spur von Bildung, was ihn aber nicht davon abhielt, sich nach Beendigung des Siebenjährigen Krieges ausschließlich mit dem Studium der Militärgeschichte, der Mathematik und des Französischen zu beschäftigen. Der Philosoph Kant war ein häufiger Gast an seiner Tafel in Goldap.

In der zweiten Hälfte des Jahrhunderts verfiel eine wachsende Zahl junger Offiziere der Faszination der sehnsüchtigen Melancholie Wertherscher Prägung. Der idealistisch gesonnene J. G. Scheffner wurde im Verlauf des Siebenjährigen Krieges Offizier in einem so unwahrscheinlichen Rahmen, wie dem des Regiments von Ramin. Er berichtet uns:

»Bey jeder Gelegenheit ritten die mehresten meiner Cameraden nach den Städten, so bald sie Tanz oder Spielgesellschaften vermutheten; ich kroche auf alle Berge der freyen Ansicht wegen und erinnere mich noch, wie man mich auslachte, als ich nach einem beschwerlichen Marsch die Landskrone erklimmte, statt nach Görlitz zu reiten, wo man die wunderschöneste Dinge zu zeigen versprach . . . Im Lager bey Glogau bekam ich Rouseaus damals nicht längst erschienene Nouvelle Heloise zu lesen, die mir so außerordentlich wohl gefiel, daß ich wider meine, unlöbliche, Sitte lange Stellen daraus abschrieb. Während eines kurzen Aufenthalts in Liegnitz lieh mir der Buchhändler Siegert die zwey ersten Bände der Wielandschen Uebersetzung des Shakespear, die mich so an sich zogen, daß ich eine glänzende Abendgesellschaft verließ und die Nacht mit ihrer Durchlesung zubrachte.«[63]

Ähnlich verhielt es sich 1770 mit dem Gardelieutenant Winanko, der voller Ungeduld auf das Erscheinen von Goethes jüngsten Schauspielen wartete und mit seinen gleichaltrigen Kameraden über Ossian, Quichotte und andere literarische Themen korrespondierte.

Inmitten derartiger Verschiedenheit erwuchs jedoch eine Art von Identitätsbewußtsein im Offizierkorps, welches man als spezifisch preußisch empfand. Friedrich und seine Offiziere gefielen sich in der Vorstellung, alle Aufgaben praktisch, prompt und vernünftig anzugehen, frei von Pedanterie und ohne sinnloses Zeremoniell oder Servilität. Ein weiterer wichtiger Bestandteil dieses Stils war »eine gewisse Würde, etwas Edles in Handlungen und Gesinnung«.[64] Selbst Skeptiker wie Kaltenborn und Trenk bezeugen den bemerkenswerten Geist der Kameradschaft im Offizierkorps sowie dessen Ergebenheit dem König gegenüber.[65] In gewissem Sinne waren die Offiziere auf Friedrichs tyrannische Temperamentsausbrüche sogar stolz, förderten sie doch ihren Zusammenhalt und zeigten ihnen, daß der König sich tatsächlich darum sorgte, wie sie aussahen und sich benahmen. Ein Offizier des neuaufgestellten Ulanenregiments von Natzmer schildert, wie seine Männer am 20. Juni 1741 das königliche Lager bei Strehlen erreichten und . . . »auf einem weiten Anger, im Glanze der Sonne, in feierlichsten Stille . . . des Königs warteten, der in Begleitung Zietens und anderer an uns herangeritten kam. Ich sah den König zum ersten Male. Mein Herz schlug ungestüm, meine Augen füllten sich mit Thränen der Freude, da ich den huldreichen Gruße des königlichen Blickes begegnete. Ich hätte niederkniern mögen".[66] Andere Offiziere wiederum fühlten sich bei der ersten Begegnung mit Friedrich in den Olymp versetzt[67] oder hatten jetzt eine gewisse Vorstellung von dem, was Alexander, Scipio und Caesar unbesiegbar gemacht hatte.[68]

Ein österreichischer Feldherr, der Fürst von Ligne, hätte gerne in seiner Armee mehr Offiziere vom Schlage des jungen Flemming v. Hagen gehabt, der nach seiner Gefangennahme im Jahre 1778 auf einige gutgemeinte Fragen nach seinen Freundinnen nur erklärte: »Nichts liebe ich mehr als meinen Degen!«[69]

Dieser Mangel an Humor war es denn auch, der auf die britischen Beobachter den stärksten Eindruck machte. Sie begegneten einer »grüblerischen Pflichterfüllung«[70], »einem gesetzten, ernsten Auftreten, gänzlich unterschiedlich von dem einfachen, lockeren und ungezwungenen der britischen oder französischen Offiziere«.[71] John

Burgoyne nahm den selben Eindruck mit und schloß daraus, daß die Triebkraft der preußischen Armee auf der technischen Tüchtigkeit ihrer Lieutenants und Unteroffiziere gegründet war sowie auf dem Prinzip des gedankenlosen Gehorsams. Er glaubte jedoch, daß ihre Kraft im gleichen Maße nachließ, »wie die Dienstgrade stiegen und andere Qualifikationen erforderlich wurden, als die bloße Ausführung«.[72]

Was vermögen uns die zeitgenössischen Schriftsteller und Berichterstatter über die Motivierung von Friedrich's Armee zu sagen? Für den Prediger F. E. Boysen, der während des Siebenjährigen Krieges in Magdeburg sein Amt ausübte, ergab sich die Loyalität ganz einfach aus der alten Verpflichtung, Gott zu fürchten und den König zu ehren. Über dieses Thema ließen sich zur gleichen Zeit auch Schriftsteller aus (J. G. Zimmermann, *von dem Nationalstolze,* 1758 und T. Abbt, *vom Tode für das Vaterland,* 1761). Sie vertraten die Auffassung, daß ein Volk sich im Widerschein des Ruhmes seines Königs sonnen könne. Zwei junge Königsberger Literaten, David Neumann und unser Freund Scheffner, ließen ihre Studien im Stich, klemmten sich Abbts Buch unter den Arm und eilten zu den Waffen.

Gleim, der Verfasser der *Kriegslieder,* sah keine Notwendigkeit für eine derart umfassende Rechtfertigung, denn er war leidenschaftlich von der Rechtmäßigkeit der preußischen Sache überzeugt. Auch den kosmopolitischen Standpunkt wies er als unangemessen zurück und schrieb 1759 an Ramler: »Der Weltbürger wünscht, daß es der ganzen Welt wohlgehe. Aber wenn die ganze Welt will, daß es seinem Vaterlande übelgehen soll, so ist er solange wider diese ganze Welt, bis sie auf bessere Gedanken gebracht ist«.[73]

Ein derartiges Gefühl des Stolzes erfaßte nun aber nicht Deutschland als Ganzes, trotz aller Verachtung und allem Haß, den Preußen im Verlauf des Siebenjährigen Krieges gegen Frankreich zu entfachen vermochte. Vielmehr ergötzt sich Gleim in seinem *Siegeslied nach der Schlacht bei Rossbach* an den verschiedenen deutschen Stämmen, wie an dem »wie eine Katze in der Falle schreienden Franken« oder dem »Soldaten aus Köln, der angesichts des Bluts an den Weißwein der Heimat denkt«.

Es fällt schwer, sich vorzustellen, daß solche Gefühle auch von den Lippen echter preußischer Grenadiere hätten kommen können,

Oben links: Prinz Heinrich von Preußen, der Bruder des Königs und Sieger von Freiberg (1762). — Oben rechts: Heinrich August de la Motte Fouqué. Rauh, aber ergeben und ein Günstling des Königs. Er trägt einen Zierpanzer, und im Hintergrund erkennt man die Festung Glatz. — Unten links: Friedrich Christoph v. Saldern, der Exerziermeister der späteren friderizianischen Armee. — Unten rechts: Wichard Joachim v. Möllendorf, urban und allseitig respektiert, eine der Spitzen der Berliner Gesellschaft während der späteren Regierungszeit. Unterhalb des Ordens vom Schwarzen Adler trägt er das Stiftskreuz des Doms von Havelberg, von wo er eine Pfründe bezog.

jenen Männern, die vorne kämpften und in ihren Gegnern ebenfalls Soldaten sahen. Gleichwohl ist der Standpunkt des Berufs-
offiziers Kleist nicht ganz frei von einem gewissen Fanatismus,
ging es ihm doch weniger um den Patriotismus als solchen, als
vielmehr um eine nüchterne Ehrauffassung, welche den Krieger zu
Sieg oder Tod führte. Seine »Ode an die preußische Armee«
schwelgt in der Szene, wo dieses »unüberwundene Heer« den
flüchtenden Gegner verfolgt:
»Du eilest ihnen nach und drückst mit schwerem Eisen
den Tod tief in ihren Schädeln ein ...«
Auf alle Fälle trennen uns hier Welten von dem Geist eines General
James Wolfe, der auf dem Weg zu seinem Ende bei Quebec still
die »Elegien« von Gray las.
Es ist ein unwirklicher Kleist, wie er uns in Lessing's *Minna von
Barnhelm* als Prototyp des friderizianischen Offiziers überliefert
wird. »Major v. Tellheim«, der Held des Stückes, ist wegen eines
Mißverständnisses aus der Armee entlassen worden. Zwar hat er
sich eine etwas verschrobene Ehrauffassung bewahrt, sieht aber dennoch auf seine militärische Laufbahn als auf eine Übergangsphase
in der Formung seines Charakters zurück:
»Ich ward Soldat aus Parteilichkeit, ich weiß selbst nicht für welche politischen Grundsätze, und aus der Grille, daß es für jeden
ehrlichen Mann gut sei, sich in diesem Stande eine Zeitlang zu
versuchen, um sich mit allem, was Gefahr heißt, vertraulich zu
machen und Kälte und Entschlossenheit zu lernen. Nur die
äußerste Not hätte mich zwingen können, aus diesem Versuche
eine Bestimmung, aus dieser gelegentlichen Beschäftigung ein
Handwerk zu machen«.
Hier findet sich nur wenig von dem preußischen Offizier, wie das
Bild der Geschichte ihn darstellt, der willens war, sein Leben lang
einem so undankbaren König wie Friedrich zu dienen.

3

Die Soldaten

REKRUTIERUNG

Die personelle Zusammensetzung der preußischen Armee friderizianischer Prägung läßt sich am besten als eine seltsame Verschmelzung von Territorialarmee und Fremdenlegion beschreiben. Ein Teil bestand aus den aktiv dienenden eigenen Landeskindern, der andere aus fremden Söldnern.

Die eingezogenen Rekruten einheimischer Abstammung wurden durch das Kantonalsystem erfaßt, welches Friedrich Wilhelm I. zwischen 1727 und 1735 eingeführt hatte. Hierbei wies der alte König jedem Regiment ein permanentes Jagdgebiet, rund um den jeweiligen Standort zu, aus welchem es sich die Wehrfähigen zu lebenslänglichem Dienst einfing. Es kam vor, daß sich Regimenter der Linieninfanterie, Standortinfanterie, Kavallerie sowie auch Artillerie-Kompanien desselben Gebiets bedienen mußten, waren doch die körperlichen Anforderungen bei den verschiedenen Waffengattungen sehr unterschiedlich. In den 1740er Jahren dehnte Friedrich dieses System allmählich auch auf das hinzugewonnene Schlesien aus und schuf sich durch überzählige Kantonisten — die sogenannten *Überkompletten* — rechtzeitig eine Reserve von 10 000 einheimischen Soldaten für den Siebenjährigen Krieg. Nach dem Siebenjährigen Krieg hat man die Kantonalverwaltung zu voller Wirksamkeit gebracht. Der Name eines jeden Wehrpflichtigen wurde bereits mit der Geburtsurkunde erfaßt. Beim Heranwachsen wurde er immer tiefer in die Militärmaschine hineingezogen. Um ihn an seine Pflichten zu gemahnen, mußte er bereits unmittelbar nach der Konfirmation einen Eid ablegen, und er erfuhr, daß im Falle einer Desertion das Vermögen seiner Eltern eingezogen werden würde.

In der Zwischenzeit hielten sich die *Chefs* der Regimenter hinsichtlich des Alters, der Größe und des Erscheinungsbildes aller »disponiblen Männer« (mit Ausnahme der Befreiten) auf dem laufenden, und alljährlich, vor der Frühjahrsbesichtigung, erschienen ein Regimentsoffizier und ein Zivilbeamter, um gemeinsam jene Anzahl von Rekruten auszuwählen, die zur Ergänzung der einheimischen Truppenteile erforderlich waren. Die Länge der Dienstzeit wurde hierbei nicht zeitlich begrenzt, um sicherzustellen, daß die Armee aus der erteilten Ausbildung auch den vollen Nutzen ziehen konnte. Was die bodenständige Tapferkeit der Landeskinder anbelangte, so stellte Friedrich von den Gebieten seines Königreichs etwa die folgende Rangskala auf:

Pommern und Brandenburg
Magdeburg und Halberstadt
Niederschlesien (lutherisch)
Oberschlesien mit Glatz (katholisch)
Ostpreußen (mit seinem verräterischen Adel)
Preußisch-Westfalen (obwohl Minden und Herford gut waren)
Berlin

Obenan auf der Liste standen die Pommern aus den baltischen Ebenen — offen, zuverlässig, tapfer und unkompliziert, Männer, welche Warnery zufolge, »die beste Infanterie der Welt« stellten.[1] Mit seinen Pommern und Märkern, sagte Friedrich, würde er den Teufel aus der Hölle jagen.

In Westfalen, im Gegensatz dazu, war man gezwungen, die drei Wesel-Regimenter aus Fremden aufzustellen, »weil die Menschen dieser Provinzen schlaff und weich sind, ungeeignet als Soldaten«, während der Adel »sich mit Wein fast vollends um den Verstand gebracht hat.«[2] Was schließlich die Bürger seiner eigenen Hauptstadt anbelangte, so nahm Friedrich kaum jemals einen gebürtigen Berliner in seine Garde auf, denn »sie waren überhaupt diejenigen seiner Unterthanen, die er am wenigsten liebte«.[3]

Der einheimische Anteil der preußischen Armee betrug 1751 50 000 von insgesamt 133 000 Mann, 1768 waren es 70 000 von 160 000, und bei Friedrichs Tod im Jahre 1786 handelte es sich um ein Verhältnis von 80 000 zu 190 000.

Friedrich war stets darauf bedacht, daß sich diese fortwährende

76

Inanspruchnahme der wehrfähigen Männer so wenig wie möglich zum Nachteil des Landes auswirkte, gebot er doch zu Ende seiner Regierungszeit über noch nicht einmal fünf Millionen Untertanen. So war zunächst einmal eine umfangreiche und ständig wachsende Liste von Freistellungen vorhanden, welche zum Teil auch ganze Städte und Gebiete betraf, wie Berlin, Potsdam, Brandenburg, das Herzogtum Cleve, das Fürstentum Meurs sowie die Flachsanbaugebiete und politisch empfindsame Gebirgsgegenden Schlesiens, ganz zu schweigen von der großen Schar der »indisponiblen« Einzelpersonen, als da sind Geschäftsleute, Handwerker, kleine Grundbesitzer, Familienväter, Söhne von Witwen, Köche, Gärtner und allerhand andere Leute, welchen ihre Herren auf eigene Kosten eine Spezialausbildung hatten zukommen lassen. Bei vielen von ihnen glaubte Friedrich ohnedies, daß sie militärisch nicht viel taugten.

Zum anderen hatten die Regimenter Anweisung, sich lediglich während der wenigen Wochen der Frühjahrsparaden und der Zeit der Sommerausbildung auf voller Stärke zu halten. Die einheimischen Soldaten standen daher für rund zehn Monate ihren Familien und Berufen zur Verfügung, und der Kavallerist konnte sogar sein Pferd mit heim auf den Hof nehmen.

Der Hauptmann sah es nur zu gern, wenn sich der größte Teil seiner Kompanie auf Urlaub befand, denn solange seine Männer abwesend waren, floß deren Sold direkt in seine Tasche. Er hatte nur dafür zu sorgen — und hierbei handelte es sich um eine strikte Anweisung — daß jeder zurückbleibende Mann (für gewöhnlich ein Ausländer) nach jedem Wachdienst drei Tage wachfrei bleiben konnte.

Aber auch selbst während des Verbleibs im Standort war es den Angehörigen zuverlässiger Einheiten gestattet, als *Freiwächter* privaten Geschäften nachzugehen, sofern sie sich jeden Sonntag zur Kirchenparade wieder einfanden.

Der Schweizer Dichter Ulrich Bräker, eine nie versiegende Quelle, wenn es um Informationen über das Leben der damaligen Truppe geht, erinnert sich, wie er eines Tages an der Spree entlangbummelte, wo »hundert Soldatenhände sich mit Aus- und Einladen der Kaufmannswaaren beschäftigen, oder auf die Zimmerplätze, da steckte wieder alles voll arbeitender Kriegsmänner. Ein andermal in den Casernen, da fand ich überall auch dergleichen, die hunderterlei Hantirung trieben, von Kunstwerken an bis zum Spinnrocken«.[4]

Verschiedene Standortbestimmungen lesen sich fast wie die Anweisung einer Innung: »Es soll allen vom Militair, welche als Maurer, Zimmerleute oder Tagelöhner arbeiten, ernstlich anbefohlen werden, daß, wenn Jemand von ihnen von dem Meister zu einer Strafe gezogen wird, sich die anderen darin nicht mischen sollen, oder Meuterei machen. Es soll auch von nun an abgeschafft werden, daß sie des Abends kein Holz von denen Bauten mit nach Hause nehmen. Auch sollen sie des Morgens nicht zu lang frühstücken, wodurch sehr viel Zeit zur Arbeit verloren geht«.[5]

Alles in allem bewährte sich das preußische Rekrutierungssystem hinsichtlich der Einheimischen gut. Die Eingezogenen hatten keine allzu großen Beschwernisse auszuhalten, und wenn sie heimkehrten, erwiesen sie sich als tüchtige Verwalter ihrer Privatgeschäfte, »denn sie wissen wohl, was für eine gute Zucht und Ordnung unter unserem Soldatenstande befindlich ist«.[6]

Der Marquis de Toulongeon stellte fest, daß die Kantonal-Behörden großen Wert darauf legten, nur Leute einzuziehen, die sich in ausreichend gesicherter Position befanden, er meinte: »alle gewöhnlichen Füselierkompanien hätten das Zeug, um in unserer Armee gute Grenadierkompanien abzugeben«.[7]

Durch seine ständige Verbindung mit dem Menschenreservoir im Kanton, wurde das Regiment buchstäblich unsterblich, um einen Ausspruch Friedrichs zu benutzen, und »jeder kennt jeden, stammt doch alles aus der gleichen Provinz. Das Leben wird dadurch viel erträglicher und eine Kameradschaft geschaffen, die sich am Tage der Schlacht bewährt«.[8] Im Gefecht von Domstadtl, 1758, zeigte sich, wie gut selbst ein frisch eingezogener Haufen von Kantonisten zu kämpfen verstand, sofern man ihn nur gewähren ließ.

Indirekt half das Kantonalsystem Friedrich auch bei der Konsolidierung während der Eroberung von Schlesien. Bäcker, Brauer und Fleischer errichteten rings um die preußischen Garnisonen ihre Läden, wodurch die örtliche Wirtschaft einen Aufschwung erhielt. Außerdem — wie ein zeitgenössischer Bericht vermerkt — »geben die heimkehrenden Kantonisten Lehrmeister und Muster der Verfeinerung für ihre Dörfer ab und tragen etwas zur Aufklärung bei. Gemeiniglich sind beurlaubte Soldaten in oberschlesischen Dörfern die einzigen Einwohner, welche etwas Deutsch sprechen und ein gesittetes Ansehen haben.«[9]

Das *Infanterie-Reglement* vom 1. Juni 1743 bestimmte unter anderem, »daß die Capitaines die Leute in ihren Cantons als eine Ressource, welche ihnen allzeit gewiss ist, schonen«.

Dieses kostbare Menschenreservoir, welches man in all den Jahren so sorgsam gehütet hatte, erwies sich in der Krise des Siebenjährigen Krieges als Preußens Rettung.

Was sonst noch zur Truppe gehörte, galt als ausländisches Kanonenfutter. Man hatte es in die Armee nur aufgenommen, um die Reihen zu füllen. Von jedem Regiment durchstreiften Offiziere und Unteroffiziere Europa, und besonders die deutschen Staaten, um Leute von passabler Statur anzuwerben und ihnen die blaue Montur aufzuschwätzen, sei es, weil sie dazu eine Neigung verspürten, leichtgläubig oder in schwierigen Verhältnissen waren. Bräker berichtet, daß er vor dem Siebenjährigen Krieg allein in Schaffhausen einmal gleichzeitig fünf preußische Rekrutierungsoffiziere bei der Arbeit beobachtete.

Zwar ignorierte Bräker die von Champagner und Burgunder begleiteten zarten Andeutungen, ließ sich aber dann doch von einem Lieutenant hereinlegen und zu einer Reise nach Berlin veranlassen, wo er, anstatt die erwartete Stellung als Lakai zu erhalten, in das berüchtigte *Donner- und Blitzen*-Regiment von Itzenplitz gepreßt wurde.

Andere Männer von Geschmack und Bildung fanden sich in der gleichen mißlichen Lage wieder. Der Herzog von Bevern hatte mithin auch keine Schwierigkeiten, sich aus den Reihen der vielen intelligenten Ausländer, welche die Not in sein Regiment geführt hatte, die erforderlichen Sprachlehrer für seine jungen Offiziere auszusuchen. Ein gemeiner Mann aus seiner *Leibcompagnie* schied denn schließlich auch aus der Armee aus und ergriff die Verwaltungslaufbahn, wo er es zum Schatzkämmerer der Stadt Breslau brachte. Noch besser dran war der völlig mittellose Abbé Bastiani, der als Rekrut des Regiments von Tauentzien nach Preußen kam und schließlich zu einem der witzigsten und geschätztesten Gefährten Friedrichs aufstieg.

Ganz allgemein gesprochen waren die fremden Söldner interessante Leute, die

»... die Zeit kürzten, theils mit Comödienspielen, Tanzen und

Singen, theils mit Gesprächen von Wein, Mädchen und Kriegs-
begebenheiten, auch erhob keiner von letztern Lerm oder Klage,
wenn ein Zeltcamerad etwas von der Mundportion gekürzt hatte
... Freilich werden die Soldatengesellschaften ekelhaft und fatal,
wenn die 'Exerzierzeit' ist und die Landbeurlaubten sich in der
Garnison einfinden. Diese sind meistens Bauern, Bergleute oder
Tagelöhner, und haben neben ihrer angeerbten Grobheit und Un-
geschliffenheit auch noch einen hohen Grad von dummen Stolz
und Impertinenz, wodurch ihr Umgang höchst abgeschmackt aus-
fällt.«[10]
Ausländische Rekruten von wenig angenehmer Art landeten zumeist im Regiment von Hessen-Kassel (Nr. 45), welches auf diese
Weise zur Auffangstation für alle Verbrecher wurde, die der empfindsame Landgraf nicht zum Tode verurteilen mochte. Noch gefährlicher war die gemeinhin übliche Praxis, Kriegsgefangene in
den eigenen Dienst zu pressen, wie es zum Beispiel 1756 geschah,
als ganze gegnerische Einheiten übernommen wurden. Die Unkosten für die Rekrutierung dieser unzuverlässigen Ausländer waren
erheblich, und zwar in finanzieller, wie auch in militärischer Hinsicht. Insgesamt wurden im Verlauf von Friedrichs Regierungszeit
18 400 000 Thaler für die Anwerbung fremder Rekruten ausgegeben. Außerdem mußte auch die gesamte Armee so organisiert und
geführt werden, daß sich die Ausländer stets unter der Kontrolle
eines Offiziers befanden. Die reguläre Truppe konnte daher kaum
als leichte Infanterie oder selbständige Scharmützler eingesetzt
werden.

DIE DIENSTVERHÄLTNISSE

Die Eindrücke, welche ein Rekrut zu Anfang empfing, beschreibt
Bräker ziemlich eingehend. Die erste Person, der er zu Beginn seiner
militärischen Laufbahn begegnete, war ein Oberfeldwebel. Dieser
näherte sich ihm mit einem Uniformrock über dem Arm, breitete
das grobe blaue Tuch auf dem Tisch aus, legte ein Sechsgroschen-
stück dazu und verkündete: »Das ist für dich, mein Sohn! Gleich
werd ich dir noch ein Stück Commisbrod bringen!« Bräker däm-
merte nunmehr, daß er auf dem besten Wege war, für den Rest
seines Lebens ein Soldat des Königs von Preußen zu werden, und

er protestierte bei dem Major des Bataillons, »einem gewaltig großen Mann, mit einem Heldengesicht und ein Paar feurigen Augen
wie Sternen«. Aber alles vergebens.

»Jetzt führte man mich in die Montirungskammer, paßte mir
Hosen, Schuh' und Stiefeletten an und gab mir einen Hut, Halsbinde und Strümpfe. Dann mußt' ich mit noch etwa zwanzig
andern Rekruten zum Herrn Oberst Lattorf. Man führte uns in
ein Gemach, so groß wie eine Kirche, brachte etliche zerlocherte
Fahnen herbei und befahl jedem, einen Zipfel anzufassen. Ein
Adjutant, oder wer er war, las uns einen ganzen Sack voll
Kriegsartikel her, und sprach uns einige Worte vor, welche die
mehrern nachmurmelten, ich regte mein Maul nicht, dachte dafür
was ich gern wollte, ich glaube an Aennchen; er schwung dann
die Fahne über unsre Köpfe und entließ uns«.[11]
Bräker erinnerte sich offenbar nicht mehr der letzten Episode dieser
Zeremonie, während welcher der Rekrut vom Regimentszahlmei-
ster sein *Abrechnungsbuch* überreicht erhielt, ein ungemein heiliges
Dokument, in welchem alle Uniform- und Ausrüstungsstücke aufgeführt waren, die er erhalten hatte.
In Friedenszeiten mußte der Neuling ein volles »Rekrutenjahr« ab-
solvieren, während dessen überwiegendem Teil er mit einem altgedienten Soldaten zusammenwohnte, der ihm das Putzen der
Uniform und Ausrüstungsgegenstände, das Grüßen der Vorgesetzten und die übrigen ungeschriebenen Gesetze der preußischen Armee
beibrachte. Auf dem Exerzierplatz wurde der Rekrut »zunächst mit
einem gewissen Grad von Nachsicht behandelt . . . offenbar aus
dem Bestreben heraus, ihn nicht gleich schon zu Anfang zu ver-
dammen und bemüht, nicht gleich zu Beginn all die Schrecken ihrer Disziplin über sein erschrockenes Haupt hereinbrechen zu lassen«. Dann übernahm ein Subalternoffizier die Rekrutenausbildung, und »im Berliner Stadtpark konnte man jeden Morgen die
Lieutenants der verschiedenen Regimenter, mit größtem Fleiß bei
der Arbeit sehen, sei es, daß sie sich mit einem einzelnen Mann
abgaben oder gelegentlich auch mit drei oder vier Mann exerzier-
ten.
Zeigte sich der Rekrut aber jetzt säumig oder nachlässig, stärkte
ihm der Stock des Offiziers das Erinnerungsvermögen«.[12] Beherrschte der Rekrut schließlich seine Lektion, schied er aus dem
Rekrutenzug aus und wurde in die Stammkompanie eingegliedert.

Nach einer Grundregel nahm der Drill der jungen Soldaten ganze sechs Monate von dem *Rekrutenjahr* ein. Außerdem fand noch ein Exerzieren der in der Garnison anwesenden Truppe an Sonntagen, sowie an dem 1., 5., 11., 16., 21. und 26. Tag eines jeden Monats, statt. Die Exerzierübung war kurz (ausgenommen für die Rekruten) aber ungemein strapaziös. »Auf die vielen Lungensuchten, Blutauswürfe, Auszehrung der Jünglinge, auf das Lahm- und Steifwerden der Männer von fünfzig Jahren und darunter, achtete kein hoher Befehlshaber«.[13] Der Gemeine bei der Infanterie erhielt monatlich 2 Thaler Sold (der Kavallerist für gewöhnlich etwas mehr), welcher in Raten alle fünf Tage zur Auszahlung gelangte. Von dieser »gewaltigen« Summe gingen noch 12 Groschen für Brot ab (2 Pfund pro Tag, das aber im Kriege kostenlos ausgegeben wurde) sowie 5 Groschen und acht Pfennig als *Fleischgeld* (für wöchentlich 1^{1}/$_{2}$ Pfund).

Die Mehrzahl der Infanteristen wohnte in privaten Haushalten der Garnisonstädte. Bei einem Besuch von Potsdam zeigte sich ein englischer Besucher »nicht wenig überrascht . . . daß selbst an den vornehmsten Häusern Lederzeug, Reithosen und Westen zum Trocknen herunterhingen, bis man mir schließlich erzählte, daß jeder Hauswirt einen oder mehrere Soldaten bei sich wohnen hätte, deren Räume meist nach der Straße zu und im ersten Stock lägen«.[14] Je einer dieser Soldaten hatte die Anweisung, von seinen Kameraden monatlich fünf Groschen einzusammeln, von denen er die häuslichen Ausgaben bestreiten und die Mahlzeiten auf dem Herd des Hauswirts kochen mußte — eine Einrichtung, von der man sich eine Förderung der Kameradschaft und des Selbstvertrauens versprach.

Während der letzten Jahrzehnte von Friedrichs Regierungszeit wurde die Truppe in zunehmendem Maße in den Kasernen untergebracht, welche in Berlin und den anderen größeren Städten emporwuchsen. Die Räume enthielten zwischen fünfundzwanzig und dreißig Betten (je zwei Mann schliefen abwechselnd in ein und demselben Bett), sie waren völlig überbelegt. Die Luft in ihnen war »stets stickig und ungesund, da die Soldaten, genau wie auch die deutschen Bauern, gewohnt waren, die Fenster während mindestens sechs Monaten des Jahres geschlossen zu lassen.«[15] Friedrich verfolgte die Politik, die Infanterie in den Städten zu belassen, wo man sie zusammen unter Kontrolle hatte und erfor-

82

derlichenfalls schnell und unauffällig mobilisieren konnte. Die Kavallerie, auf der anderen Seite, benötigte ausgedehnte Stallungen und weiträumige Weidegründe, weshalb die Reiterregimenter verstreut zwischen den kleinen Ortschaften lagen.

Der Alltag des einfachen Soldaten setzte sich aus einer Reihe starker Eindrücke zusammen: der verrückt machenden Exaktheit der Wachparade, den sinnverwirrenden, aber barmherzigerweise nur kurzen, Exerzierübungen und Paraden, den erschreckenden Strafen und dem gesegneten Trost der dienstfreien Stunden (nur wenige für die Rekruten, aber für alle anderen reichlich), in denen ein jeder seinen eigenen Interessen nachgehen oder einfach durch die Straßen wandern konnte.

Jeden Sonntag, dem Höhepunkt der Woche, wurden alle verfügbaren Truppen zur Kirchenparade zusammengetrommelt. Prittwitz schreibt darüber:

»Wir mußten in Zügen vor die resp. Kirche marschieren, dahin ein jeder seiner Religion nach gehörte, und in dieselbe eingehen, man wollte oder wollte nicht; auch wurde öfters Abendmahl gehalten, welches mir wegen der herrschenden Stille und Andacht unter einer großen Menge von Kriegern sehr erbaulich und zum Segen gewesen«.[16]

Die jährliche Ausbildungsroutine drehte sich ihrerseits um die großen Besichtigungen und Manöver. Auch hier waren die Eindrücke zwangsläufig etwas verwirrend:

»Da waren unübersehbare Felder mit Kriegsleuten bedeckt; viele tausend Zuschauer an allen Ecken und Enden. Hier stehen zwei große Armeen in künstlicher Schlachtordnung; schon brüllt von den Flanken das grobe Geschütz auf einander los. Sie avanziren, kommen zum Feuer, und machen ein so entsetzliches Donnern, daß man seinen nächsten Nachbar nicht hören und vor Rauch nicht mehr sehen kann«.[17]

Den Truppen selber ging es weniger um die geschickte Taktik, als vielmehr um die Schonung ihrer Uniformen, vor allem während der Schlammperiode der Herbstmanöver, denn für Schäden und Ersatz hatten sie aus eigener Tasche aufzukommen. »Ich habe drei solche Manöver in Magdeburg mitgemacht, und allemal ist meine kleine Kasse rein ausgeleert worden«,[18] so beklagte sich Laukhard. Sobald der König die Mobilisierung befahl, mußten sich die einheimischen Kantonisten von Haus und Familie losreißen und zu

den Fahnen zurückkehren. Aus diesem Grund »geht der preußische Soldat weit ungerner ins Feld als irgend ein anderer«.[19]
Den ausländischen Soldaten war es anfänglich nur recht, wenn die Eintönigkeit des jährlichen Ablaufs durch einen Krieg unterbrochen wurde. Doch dann folgten diese schrecklichen Märsche:

> »Die Hitze war so drückend, daß an einem Tage, dem sechsten Juli (1760), hundert und fünf Preussen mitten in ihren Gliedern todt zu Boden stürzten. Alles schmachtete nach Wasser, das man den schwer bepackten, von Schweiß triefenden Soldaten zu trinken nicht gestatten wollte. Kaum aber wurden sie einen Brunnen, einen Bach, einen Teich, oder eine Pfütze gewahr, so siegte der wüthende Durst über alles, selbst über die Prügel, die sie zu erwarten hatten. Sie sprangen aus ihren Gliedern, schöpften das Wasser mit ihren Hüten, und labten sich so mitten unter den Schlägen, die während des Trinkens auf sie los regneten«.[20]

Gestattete Friedrich seiner Armee jedoch einmal eine Ruhepause, so spiegelte das Lager nur zu bald das Leben im *Standort* wider. Das Zelt und seine siebenköpfige *Kameradschaft* trat an die Stelle der Wohngemeinschaft in der Stadt und auch hier war ein Mann für die Disziplin verantwortlich, während sich die anderen um die Wäsche, das Kochen sowie die Herbeischaffung von Verpflegung und Lagerstroh kümmern mußten.
Brot und Fleisch gab es während eines Feldzugs kostenlos — dank der umwerfenden Großzügigkeit des Königs — aber nahezu alles andere mußte beim Marketender gekauft werden, was dem begüterten Soldaten natürlich ungemein zustatten kam. Eine charakteristische Szene wird aus dem Jahr 1756 beschrieben, als die preußische Armee die Stadt Pirna belagerte:

> »Da ging's vollkommen wie in einer Stadt zu. Da gabs Marketender und Feldschlächter zu Haufen. Den ganzen Tag, ganze lange Gassen durch, nichts als Sieden und Braten. Da konnte jeder haben was er wollte, oder vielmehr was er zu bezahlen vermochte: Fleisch, Butter, Käs, Brod, aller Gattung Baum- und Erdfrüchte. Die Wachten ausgenommen, mochte jeder machen was ihm beliebte, kegeln, spielen, in und außer dem Lager spazieren gehen. Nur wenige hockten müßig in ihren Zeltern«.[21]

In jeder Kompanie waren es zwischen fünf und einem Dutzend Soldatenfrauen, welche ihr Männer ins Feld zu begleiten pflegten. Diese besonders robusten Weibspersonen zählten zur Regiments-

Invalide und Kadetten

stärke, vorausgesetzt, daß sie sich bei der Wäsche und bei der Pflege der Verwundeten nützlich machten. Allerdings mußte man sie unter strenger Kontrolle halten, da sie sich andernfalls leicht in die Haare gerieten, plünderten oder sonst schlecht aufführten.

An dem heißen Morgen der Schlacht von Kolin brachen die unternehmungslustigen Weiber des Regiments von Bevern in ein unterirdisches Kühlhaus ein und kehrten mit großen Eisstangen zurück, welche sie in kleine Stücke brachen und an die auf offenem Felde angetretenen Soldaten verkauften.

Friedrich befürwortete sehr, daß seine Soldaten dauerhafte Ehen eingingen, »um das Land zu bevölkern und den Menschenschlag zu erhalten, welcher großartig ist«.[22] Die Soldaten und ihre Familien bildeten daher einen wichtigen Bestandteil der Einwohner der Garnisonstädte. Von den 100 000 Seelen, welche 1776 in Berlin wohnten, waren 17 056 Unteroffiziere und Mannschaften nebst deren 5 526 Frauen und 6 622 Kindern. Allein schon die große Zahl von Militärpersonen mit ihren Familien trug wesentlich zur Militarisierung der preußischen Gesellschaft bei.

In Friedenszeiten lebten die Frauen der fremden Söldner mit ihren Männern entweder in der Stadt oder in der Kaserne, wo sie für Reinigungsarbeiten und Bettenmachen ein kleines Entgelt erhielten. Die Männer selber empfingen anstelle von Lebensmitteln täglich acht Groschen, woraus sich auch der Name *Achtgroschenmänner* ableitet, den ihre unverheirateten Kameraden auf sie anwendeten. In Kriegszeiten durften die Frauen in den Garnisonstädten wohnen bleiben, erhielten vom Staat Brot und eine kleine Pension und konnten mit ihren Ehemännern gratis korrespondieren, wozu sie ihre Briefe mit dem Siegel der Gemeinde freimachen lassen mußten. Die Rückantwortbriefe trugen das Regimentssiegel, wobei allerdings nur zu oft der Empfänger inzwischen schon gefallen war. Um 1758 wurden im Potsdamer Militärwaisenhaus zweitausend Kinder von gefallenen oder mittellosen Soldaten aufgezogen — die Knaben für den Militärdienst und die Mädchen für mannigfache andere Tätigkeiten.

Bei den unverheirateten Soldaten hielten sich die liederlichen Kerle an die vielen Prostituierten, die sich weitgehend aus Soldatentöchtern rekrutierten:

> »Ihre Liebschaften spinnen sie meistens auf der Straße oder in den Kneipen an. In den Soldatenkneipen nämlich wird fast täg-

lich musiziert, freilich höchst elend, aber es kann doch danach getanzt werden, oder mit anderen Worten, man kann doch nach dem Takt Bocksprünge machen, und das ist für den Geschmack der besagten Nymphen genug«.[23]

Konkubinen durften gelegentlich auch in den Mannschaftsräumen wohnen, sofern sie gesund waren.

Das Potsdamer Militärwaisenhaus war der beliebteste Zufluchtsort für die Grenadiere des Ersten Gardebataillons. In Übereinstimmung mit einem seltsamen Brauch durften sie sich mit dem Mädchen ihrer Wahl dorthin in ein Privatquartier zurückziehen. Dazu war lediglich eine Bescheinigung des Kompaniechefs erforderlich, in er es hieß: »Der Grenadier . . . hat die Erlaubnis die . . . als Liebste zu sich zu nehmen.« Die beiden Partner lebten so lange oder so kurz zusammen, wie es ihnen behagte und vermachten die eventuellen Folgen einer derartigen Liaison dem Waisenhaus, wo sich das Ganze dann wiederholen konnte.

Gemeine Soldaten fortgeschrittenen Lebensalters klammerten sich aus dem gleichen unguten Grunde an ihre Regimenter, wie die alten Offiziere, waren doch beide dem rauhen Existenzkampf nicht mehr gewachsen. Während des Siebenjährigen Krieges schleppte jedes Regiment eine Zahl von Veteranen mit sich herum, die kaum noch mit ihm Schritt halten konnten, und in den darauffolgenden Friedensjahren wuchs dieser Prozentsatz noch.

Auf den ersten Blick ist man von der Aufzählung der Hilfseinrichtungen für Invaliden (entlassenen Soldaten) beeindruckt. Das *Reglement* von 1743 sah vor, daß jeder Mann, der wegen Alter oder Gebrechen aus dem Dienst schied, von seinem Regiment namentlich dem König gemeldet werden mußte, »damit solche versorgt werden und nicht nöthig haben zu betteln«. Für die Unteroffiziere oder besonders verdiente Soldaten fanden sich Arbeitsplätze bei der Akzise oder beim Tabakmonopol und auch als Siedler in brachliegenden Gebieten gab es für sie Verwendung. Andere wiederum erhielten eine monatliche Pension von ein oder zwei Thalern aus dem Neuen Fonds, welcher 1748 errichtet wurde. Insgesamt wurden auch 600 Invaliden mitsamt ihren Frauen im Berliner Invalidenhaus untergebracht, einem massiven Gebäude, unweit des Oranienburger Tors. Über der Eingangspforte stand die gleiche Inschrift, wie sie Ludwig XVI. auch beim Invalidendom verwendet hatte: »*Laeso et Invicti Militi*« und drinnen in den

Wohnräumen sollten die Invaliden einen behaglichen Lebensabend verbringen. Der Staat kleidete, beköstigte und bezahlte sie. Tatsächlich aber wurde das Haus »übel geführt und verbreitete einen höchst ungesunden Gestank«,[24] und die Insassen sahen sich dem Hungertod preisgegeben, sofern sie nicht draußen arbeiteten oder überhaupt gänzlich verschwinden konnten.

Die rund 480 Invaliden der Garde waren da fraglos besser dran, da Friedrich Wilhelm ihnen im Jahre 1730 eine hübsche kleine Ortschaft auf der Havelinsel Werder vermacht hatte.

Die überwiegende Mehrzahl der Invaliden wurde von diesen Maßnahmen aber überhaupt nicht betroffen. Ihr dankbarer Gebieter sorgte für sie ganz einfach dadurch, daß er die alten Söldner aus Preußen auswies und den einheimischen Invaliden eine Lizenz zum Betteln erteilte. Wo immer sich die Armee auch zu Manövern oder Feldzügen versammelte, stets wurde das Hauptquartier von bettelnden Soldaten aus der Umgebung belagert, welche den König, die Generale und die wohlhabenden ausländischen Offiziere um ein Almosen angingen.

Der getreue Lossow räumte ein, daß die grausame Behandlung der Invaliden wahrscheinlich die schlimmste Seite von Friedrichs Militärsystem darstellte.[25] Kaltenborn drückt sich charakteristischerweise deutlicher aus und behauptet, daß für gewöhnlich zehn oder ein Dutzend Invaliden auf der Straße von Sanssouci nach Potsdam auf den König warteten, stets in der Hoffnung, daß er ihnen einen Thaler zuwerfen würde, »so wie man vor Hunger bellenden Hunden ungefähr einen Knochen vorwirft«. Hatte Friedrich keine gute Laune, pflegte er den Pagen anzuweisen: »O jag' er doch die Canaillen weg!«[26]

DISZIPLIN

»Ueberhaupt muß der gemeine Soldat vor dem Officiere mehr Furcht als vor dem Feinde haben«. Dieses offene Eingeständnis von Friedrichs Leitprinzip in der Menschenführung ist sowohl in der *Cavalry Instruction* von 1736 als auch in seinem *Political Testament* von 1768 niedergelegt. Diese Einstellung ging zwar geradewegs auf das alte Sparta zurück, doch ließ sich Friedrich mehr von seiner Kenntnis der jüngeren Geschichte leiten, insbesondere

Spießrutenlaufen

von dem Zerfall der niederländischen Armee nach dem Tod Wilhelms III. Selbstachtung und *Esprit de Corps* an sich waren wohl gut, ersetzten aber in Friedrichs Augen keineswegs das Bewußtsein, daß auf den eigenen Rücken der Degen des Offiziers und der Sponton des Unteroffiziers gerichtet waren. Die Art von Disziplin, welche Friedrich anstrebte, lief letzten Endes auf »blinden Gehorsam« hinaus. »Dieses Prinzip der Subordination läßt den Soldaten sich dem Offizier fügen, den Offizier dem Kommandeur, den Oberst seinem General und die Generalität dem Oberbefehlshaber der Armee«.[27]

Am 21. Juni 1749 übertrug Friedrich seinen Regiments-*Chefs* in einem Rundschreiben die volle Strafgewalt, welche ohne Rückfrage bei höheren Dienststellen ausgeübt werden durfte.

Stockschläge und Fausthiebe wurden dabei schon gar nicht mehr erwähnt, galten sie doch als herkömmliches Kommunikationsmittel zwischen einem Vorgesetzten und seinen Untergebenen. Es setzte sie bei »angesprützte Wasserflecken in den Stiefeletten, schlecht polierte Rockknöpfe, oder Fehlgriffe an dem Gewehr, eine halbe Terzie zu früh, zu spät, oder auch ein wenig zu matt. Junge Offiziere bedienten sich des Stocks um Staunen bey den Zuschauern zu erregen«.[28]

Dann kamen die verschiedenen Grade von Arrest oder Haft und leichtere körperliche Züchtigungen, wie Anketten an das Bettgestell, das »Eselreiten«, d. h. das Reiten auf einem scharfrückigen Holzpferd, sowie das schmerzvolle Verfahren des »Krummschließens«, bei welchem die jeweils entgegengesetzten Arme und Beine mit Lederriemen eng aneinander gefesselt wurden. Unverbesserlichen Dieben brannte man ein »S« tief in die Hand ein (Spitzbube) und stieß sie aus dem Regiment aus. Den Beteiligten an einem Komplott zur Fahnenflucht schnitt man zusätzlich zu den sonstigen Strafen, mitunter auch noch die Nasen und Ohren ab. Die schlimmsten Übeltäter wurden für gewöhnlich gehenkt oder füsiliert. In Potsdam flocht man 1755 allerdings noch einen gemeinen Soldaten der Garde aufs Rad, der einen Unteroffizier getötet hatte. Begonnen wurde hierbei mit den unteren Gliedmaßen, »um eine desto stärkere Impression auf die anderen zu machen«.[29]

Die beliebteste Strafmethode war bei den preußischen Militärdienststellen das *Gassenlaufen oder Spießrutenlaufen*, denn einmal konnte man es, je nach der Schwere des Falles, beliebig oft wiederholen, und zum anderen war es ein Schauspiel, an dem eine große Zahl von Kameraden direkt mitwirkten. Bei diesem sorgfältig durchdachten Verfahren mußte der Delinquent, mit nacktem Oberkörper, eine Gasse von sich gegenüberstehenden Soldaten passieren — hundert auf jeder Seite — welche mit eingeweichten Haselstecken auf ihn einschlugen. Ein Sergeant schritt rückwärts vor ihm her, das Kurzgewehr auf seine Brust gerichtet, um zu verhindern, daß er in Laufschritt verfiel, während gleichzeitig Korporale, mit dem Stock in der Hand, hinter den angetretenen Gliedern hin- und herrannten und auf jeden einhieben, der nicht kräftig genug zuschlug. Trommler und Pfeifer spielten die ganze Zeit über eine fröhliche Weise, um die Schreie zu übertönen. General d'Hullin zufolge war das Spießrutenlaufen »eine derart schwere Strafe, daß die Mehrzahl der zu sechsunddreißigmaligem Lauf Verurteilten (was sich über drei Tage erstreckte) tatsächlich unter den Hieben starben«.[30]

Da es sich bei dem *Gassenlaufen* um eine Strafe mit möglicherweise tödlichem Ausgang handelte, konnte nur der *Chef* oder Kommandeur sie verhängen. Meist gelangte sie in Fällen von Trunkenheit zur Anwendung oder bei *Raisonnieren unter dem Gewehr*, wurde dann aber zur Standardstrafe bei Fahnenflucht. Dem ausländischen Deserteur waren gemäß Kriegsartikel beim ersten Male zwölf »Läufe« zuzumessen, im Wiederholungsfall vierundzwanzig und beim dritten Male, bzw. einer Komplizenschaft, sechsunddreißig. In dem fahnenflüchtigen Kantonisten hingegen, sah man überdies noch eine Art von Landesverräter, weshalb er auch bereits beim ersten Mal mit sechsunddreißig »Läufen« rechnen mußte und — falls er diese überlebte — im Wiederholungsfall mit dem Galgen.

Unter dem gesunden Einfluß eines Seydlitz schafften die Kavallerieregimenter die körperliche Züchtigung fast gänzlich ab, obwohl selbst dieser aufgeklärte Reitergeneral sich wie wild gebärden konnte, wenn ein Mann nur seinen Hut verlor oder vom Pferde fiel.

Dr. Moore bemerkte hierzu: »Insgesamt gesehen ist die preußische Disziplin großartig, schaut man aber genauer hin, ist man schockiert«.[31].

DIE UNTEROFFIZIERE

Die Straffheit des preußischen Dienstes hätte sich ohne ein großes und angesehenes Unteroffizierkorps niemals erreichen lassen, erlebten seine Angehörigen die Truppe doch viel direkter als die Offiziere, weshalb sie auch deren Willen mittels Worten und Prügel in eine Sprache übertragen konnten, die selbst der dümmste Rekrut verstand.

Friedrich legte daher auch vierzehn Unteroffizier-Planstellen pro Kompanie fest, im Gegensatz zu der mit sechs Unteroffizieren völlig unterbesetzten Kompanie der Österreicher.

Die Dienstgrade staffelten sich wie folgt: der Gefreite, ein erfahrener langgedienter Soldat und zugleich Gehilfe des eigentlichen Unteroffiziers, dann der Korporal, der Sergeant und schließlich der Feldwebel, eine Persönlichkeit von äußerster Wichtigkeit, der es als eine seiner Pflichten ansah, die Interessen der Kompanie dem Bataillonskommandeur gegenüber zu wahren.

Friedrich wählte bei seinen Armeebesichtigungen viele Unteroffiziere aus Reih und Glied selbst aus, sofern diese Soldaten ihm eine gewisse Autorität auszustrahlen schienen und sich neun oder zehn Jahre lang gut geführt hatten. Wie er schrieb, »müssen sie alle altgediente Soldaten sein. Ich habe niemals zugelassen, daß man mir einen Studenten oder jungen Mann für diese Stellung vorschlug, es sei denn, es handelte sich um einen Adligen. Ein tapferer und im Kampf gehärteter Veteran wird von den einfachen Soldaten respektiert, während ein Schreiberling seinen Befehlen nicht die erforderliche Autorität zu verleihen vermag und ihm die Robustheit abgeht, um Strapazen zu ertragen«.[32] Allerdings machte Friedrich einen Unteroffizier nur selten zum Offizier, vertrat er doch die Auffassung, daß die Anwesenheit eines solchen im Offizierkorps zu peinlichen Situationen führen könnte.

Der Unteroffizierstand wurde in mancherlei Weise gefördert. »Sie werden dazu angehalten, ein eigenes Ehrgefühl zu entwickeln und die Offiziere begegnen ihnen mit Höflichkeit. Zwar verlangt die militärische Disziplin, daß auch sie durch Schläge mit der flachen Klinge bestraft werden, doch geschieht dies nur selten, und dann auch bloß in schwerwiegenden Fällen«.[33]

Als äußere Uniformmerkmale und Ausstattung besaßen sie ein *Kurzgewehr* (oder Pike, bzw. einen Karabiner mit gezogenem Lauf bei den Grenadieren), einen Stock, Handschuhe, eine schwarzweiße Säbeltroddel sowie einen mit Litze besetzten Dreispitz. Die kahlköpfigen Unteroffiziere mußten zu ihrem Kummer grobe Perücken tragen, welche im Regen aufweichten und dann wie ein kalter Breiumschlag auf dem Schädel klebten. Besser stand es da schon um die Bezahlung, welche beim Korporal drei Thaler monatlich betrug und vier beim Sergeanten, wozu dann noch alle fünf Tage ein sechspfündiges Brot kam.

Der preußische Unteroffizier ist, aus der Sicht des Offiziers, am besten in Lessings *Minna von Barnhelm* dargestellt, wo wir in Feldwebel Werner einem Mann begegnen, der für seinen Chef durch dick und dünn geht, bei der Parade steif und förmlich ist und sich außer Dienst als gutherzig und freundlich erweist. Aus der Perspektive des einfachen Mannes dagegen haben wir das Zeugnis von F. C. Laukhard, der die Mehrzahl der Unteroffiziere mit den orientalischen Eunuchen vergleicht: ganz Höflichkeit und Servilität den Vorgesetzten gegenüber, dafür aber allen unterdrückten Zorn an den unglücklichen Untergebenen auslassend. Besonders hatte es Laukhard der Charakter von Zutzel angetan, einem Unteroffizier, mit dem er zusammen wohnte. Dieser feine Herr ging jeden Sonntag zur Kirche und erging sich oft weitschweifig über die Liebe Gottes, aber

> »es gibt wohl keinen Bootsknecht bei der ostindischen Kompagnie, der besser fluchen und schwören konnte, als Freund Zutzel; Beten und Fluchen war bei ihm in einem Odem. Bei dieser Tugenden besaß er, wie manche seinesgleichen, eine große Fertigkeit im Branntweinsaufen, den er sich jedesmal selbst holte und mit seiner Eheliebsten — welche ein ganzes Nösel doch immer noch ein Tröpfchen nannte — in bona pace verzehrte. Nichts war possierlicher anzusehen, als wenn Freund Zutzel da saß mit dem Seitengewehr und einen blauen Mantel um hatte, eine schwarze Pudelmütze auf dem Kopf, die Brille auf der Nase, die Schnappspulle vor sich, und so Strümpfe stopfte oder strickte, welches beides er aus dem Fundament verstand.«[34]

FAHNENFLUCHT

War ein Soldat erst einmal das Opfer dieses Unterdrückungssystems geworden, standen ihm mehrere Möglichkeiten zu Gebot, um diesem zu entrinnen. So berichtet Bräker von einem Mecklenburger seines Regiments, der sich allabendlich vor seiner Unterkunft postierte und Verwünschungen gegen seine Offiziere, den König von Preußen, Berlin und die Brandenburger insgesamt, ausstieß. Bräker selber pflegte aus seinem Fenster den Mond anzustarren und sich in Gedanken in die Schweiz und sein geliebtes Tockenburg zu versetzen.

Eine Anzahl dieser Unglücklichen ließ sich in ihrer Verzweiflung zum Selbstmord hinreißen. Besonders Franzosen waren für diese Versuchung anfällig, aber auch die Grenadiere, welche im Ersten Gardebataillon unter dem sadistischen Oberstleutnant v. Scheelen dienten (1773—86).

Weit größer war indessen die Zahl derjenigen, die einfach auf und davon liefen. Interessanterweise hat Friedrich auch den ganzen ersten Artikel seiner *General Principia* den Maßnahmen gegen das Übel der Fahnenflucht gewidmet.

In Friedenszeiten traf es buchstäblich zu, daß die eine Hälfte der Armee auf die andere aufpaßte. In den Kasernen, Unterkünften oder auf Wache trafen die Offiziere Vorsorge, daß jeder unzuverlässige Typ stets von einem vertrauenswürdigen Kantonisten beschattet wurde.

Auswahl und Zusammenstellung eines derartigen Gespanns setzte eine gute Menschenkenntnis voraus, denn kamen die beiden nicht gut miteinander zurecht, so wirkte sich das störend auf das Leben in der Kompanie aus, verstanden sie sich indessen zu gut, konnte das leicht in einem gemeinsamen Fluchtversuch enden. Alles Kommen und Gehen war an den Stadttoren einer strengen Kontrolle unterworfen. In einer besonderen »Paroleanweisung« wurde den Posten eines Regiments auferlegt, »besonders Acht zu geben auf große Frauenzimmer«, und »wenn Handwerksburschen oder gemeine Leut aus dem Thore gehet und ungefähr die Größe oder Etwas von Soldatenwesen an sich haben, so soll der Gefreite einen solchen examinieren, wo er hin soll, was vor Profession er hat«.[35] Patrouillen und Postenketten überwachten den Umkreis der Garnison, damit sich niemand von der Stadtmauer herabließ. Gelang es dem unternehmungslustigen Deserteur auf das Land zu entweichen, so mußte er die Entdeckung machen, daß die eigentlichen Gefahren jetzt überhaupt erst begannen. Ein Kanonenschuß ertönte vom Stadtwall. Er löste früher oder später die Hatz aus. Ein Offizier, auf einem dafür eigens gesattelt gehaltenen Pferd, donnerte durchs Stadttor, um die Verfolgung aufzunehmen. Nachdem die Flucht jetzt bekannt war, konnte unser Deserteur von jedermann auf der Landstraße angehalten und nach seinen Papieren gefragt werden oder in eine der zwanzig- und mehrköpfigen Wachen hineinlaufen, welche achtundvierzig Stunden nach dem ersten Alarm jede Ortschaft zu durchstöbern hatten.

Da es sich um Friedrichs Preußen handelte, gab es niemanden, der sich für die Wiederergreifung des Flüchtlings nicht eingesetzt hätte. Wahrscheinlich war sein Unteroffizier und Lieutenant bereits zur Rechenschaft gezogen worden, nicht zuletzt deshalb, weil der Kompaniechef im Falle des Gelingens der Flucht aus eigener Tasche einen Ersatzmann beschaffen mußte.

Auch die Bauern waren ungemein daran interessiert, erhielten sie doch für jeden abgelieferten Deserteur eine Belohnung zwischen 6 und 12 Thalern, während andererseits eine Strafe von 100 Tha-

94

Dem Regiment von Bernburg wird erneut die Gunst des Königs zuteil.

lern auf jene Gemeinde wartete, die ihn durch die Finger rutschen ließ. Ein ausländischer Besucher erfuhr: »Nach den in Berlin gemachten Erfahrungen werden von hundert Deserteuren achtundneunzig wieder ergriffen«.[36]

Die militärischen Dienststellen fürchteten vor allem eine »Fahnenflucht-Verschwörung«, d. h. einen geplanten Massenausbruchsversuch, weshalb die Offiziere auch befugt waren, jede Ansammlung von Soldaten mit dem Stock aufzulösen. Die größte und scheußlichste Episode dieser Art ereignete sich nach dem Siebenjährigen Krieg in Halle, wo 360 in das Regiment von Bernburg gepreßte Sachsen versuchten, flüchtend die nahegelegene Grenze zu erreichen. Unglücklicherweise flog der Plan durch ein schwatzhaftes Mädchen vorzeitig auf, so daß die Grenadiere des Regiments in der Lage waren, die Flüchtlinge in einem mehrstündigen regelrechten Gefecht aufzuhalten, in dessen Verlauf eine Kugel den Hut des Fürsten von Bernburg durchlöcherte. Der Mann, welcher auf den Fürsten geschossen hatte, wurde auf das Rad geflochten, die

sechzehn Anführer gehenkt und der Rest entweder durch Spießrutenlaufen oder Auspeitschen bestraft. Insgesamt gesehen war es
wohl besser abzuwarten bis die Wechselfälle des Krieges eine reale
Chance boten, heil davonzukommen. Aber selbst auf den Feldzügen tat Friedrich sein Bestes, um aus seiner Armee ein wanderndes-
des Gefängnis zu machen: er sorgte für strenge Marschdisziplin —
beidseits und am Ende der Kolonne von Husaren überwacht —
traf besondere Vorsichtsmaßnahmen, wenn die Truppe durch
Wälder oder Ortschaften zog und ließ die Außenbezirke der Lager
durch Posten und Patrouillen sorgfältig kontrollieren.

Alle diese vorbeugenden Anordnungen nutzten indessen nichts
mehr, sobald sich die Bande der Manneszucht einmal lockerten. So
fiel 1760 die Festung Glatz dem österreichischen General Laudon
nur deshalb in die Hände, weil das Regiment von Quadt »en
masse« überlief.

Desertion war ein wirkliches Gift in der preußischen Armee. Das
Regiment von Jung-Braunschweig (Nr. 39) verlor im Siebenjährigen Krieg durch sie allein 1650 Mann, was seiner Gesamtstärke
entsprach, und das Potsdamer Garderegiment — das feinste und
bevorzugteste von allen — verlor in der Zeit von 1740—1800
3 Offiziere, 93 Unteroffiziere, 32 Musiker und 1525 Mann durch
Fahnenflucht, nicht eingerechnet die 130 Selbstmorde und 29 Hin-
richtungen.

FRIEDRICH UND SEINE SOLDATEN

Es besteht keine Veranlassung General v. Warnery — einem von
Friedrichs eigenen Offizieren — zu widersprechen, wenn er behauptet, der König habe seine Soldaten gemeinhin als »Zitronen«
betrachtet, »die man ausspreßt und dann wegwirft«.[37] Aber Unter-
drückung und Ausnutzung geben nicht das volle Bild wieder. Es
gab eine Verständigungsebene, auf der es Friedrich mit seinen
Soldaten sehr gut konnte.

Auf dem Marsch begleitete er die Regimenter zu Pferd, teilte gelegentlich Schläge mit seinem Krückstock aus und sprach sie häufig mit einem aufmunternden »Guten Tag, Kinder!« an, worauf
die Antwort für gewöhnlich »Wiederum so viel, Fritz! Guten Tag,
Fritz!« lautete. Vor allem die Garde nahm sich besondere Frei-

heiten heraus, indem sie laute und kritische Bemerkungen über den zerlumpten Zustand von Friedrichs Rock machte. Im Lager gestattete Friedrich seinen Soldaten im Zelt zu bleiben, während er durch die Gassen ritt, um sich so gut wie möglich zu erholen. »Dicht bei seinem Hauptquartier standen mehrentheils Marketender Zelter, wo Tag und Nacht, Spiel, Musik und Lärm von aller Art war. Gleich nach Tafel gieng er mehrentheils ganz allein daherum spazieren und freuete sich des frohen Getümmels«.[38]

Das gleiche Maß von Anerkennung oder Verdammung, das Friedrich einzelnen Generalen oder Soldaten gegenüber an den Tag legte, bezeigte er auch ganzen Regimentern. Ein Regiment, das im Gefecht versagt hatte, mußte plötzlich anstelle der Metallknöpfe solche aus Stoff anlegen und fand sich des Rechts beraubt, den Grenadiermarsch zu spielen. In einem besonders gravierenden Fall konnte es geschehen, daß es von der Armeeliste gänzlich gestrichen wurde, wie es dem Husarenregiment von Gersdorff nach Maxen passierte. Friedrich hegte einen ständigen Groll gegen die *Maxen Regimenter* insgesamt. Die beiden ostpreußischen Regimenter, welche sich bei Zorndorf schlecht geschlagen hatten, ärgerten ihn: »mein Herz im Leibe wendet sich um, wenn ich die verfluchte Montirung sehe«.[39]

Umgekehrt erwies Friedrich die verschiedenartigsten Gunstbezeigungen aber jenen Regimentern, welche ihm oder seinen Vorfahren angenehm aufgefallen waren. Fiel sein Auge auf die pommerschen Regimenter von Bevern und von Manteuffel, rief er mehr als einmal aus: »Die Leute haben dem Hause Brandenburg alle Ehre gemacht und machen sie ihm noch«.[40]

Auch das Regiment von Forcade erfreute sich zeitweilig einer ähnlich hohen Einschätzung. Mitunter empfingen Regimenter, denen es gelungen war feindliche Fahnen oder Kanonen zu erbeuten, Geldgeschenke —, so das Regiment Prinz von Preußen, welches sich in dieser Beziehung bei Liegnitz besonders ausgezeichnet hatte. Indessen war Friedrich beständig in seiner Unbeständigkeit. Ein Regiment konnte ein ganzes Jahr über den anderen als Vorbild hingestellt, im darauffolgenden jedoch als das schlechteste von allen heruntergemacht werden. Ein Regiment wußte immer erst nach dem ersten Tag der Frühjahrsbesichtigung woran es war. Grüßte Friedrich den *Chef* freundlich und bestellte ihn anschließend zu sich, konnte das Regiment aufatmen, wurde es hingegen vom König übersehen, und richtete dieser sein Fernrohr lediglich auf die dahinter angetretene Einheit, dann sah es böse aus, selbst dann, »wäre jeder Reiter ein Seydlitz und jeder Musketier ein Saldern«.[41]

Es wäre jedoch historisch falsch, wollte man all diese Vorgänge aus der Sicht eines heutigen Zivilisten betrachten. Darum gehört noch einmal festgehalten, daß die Sitten jener Zeit brutal bis zum Äußersten waren. Die damalige britische Flotte erzwang eine Disziplin, welche in jeder Hinsicht genauso drakonisch war, wie die preußische, nur daß es dafür weniger Entschuldigungsgründe gab, da das Fortlaufen auf hoher See schwieriger war, als von der kö-

niglich preußischen Armee. Hinzu kommt ferner (darauf hat General von Lossow hingewiesen): »Der gemeine Soldat sah ihn als den Stellvertreter Gottes an, den man furchten, ehren und lieben müsse. Eben so betrachtet der Soldat die hohern und niedern Offiziere, denen er, von welchem Regiment oder von welcher Waffe sie auch waren, eine gleich Unterwürfigkeit, wie dies express in den Kriegsartikeln stand, bezeugen mußte«.[42]

Es ist bemerkenswert, daß Fahnenflüchtige, die in fremde Armeen eingetreten waren, sich oft kritisch über die dort herrschenden schlampigen Verhältnisse äußerten und sich nach der alten Disziplin zurücksehnten. Als in einer Freien Deutschen Stadt einer von Friedrichs früheren Unteroffizieren einmal ein kleiner Fehler beim Exerzieren unterlief, wollte ihn der Oberst der Stadtmiliz vor der Front tadeln. Der Unteroffizier trat vor und verkündete mit lauter Stimme: »Herr Oberst vergessen sie nicht, daß ich dem Könige von Preußen gedient habe!«[43] Dann machte er eine straffe Rechtsum-Wendung und marschierte an seinen Platz zurück. Der Oberst wagte nichts zu erwidern.

4

Die Infanterie

'⸗ ORGANISATION

Musketierregimenter

Das Infanterieregiment zu Friedrichs Zeiten umfaßte rund 1700 Seelen. Es setzte sich aus etwa 50 Offizieren, 160 Unteroffizieren, 40 Spielleuten, einem Dutzend Sanitätssoldaten und dem Personal des *Unterstab* (Schreiber, Zahlmeister, Almosenpfleger, Auditeur und Provoß) sowie ungefähr 1430 gemeinen Soldaten zusammen.
Das Regiment bestand aus zwei Bataillonen gleicher Stärke, welche sich aufgrund einer absurden und unlogischen Weisung ihrerseits wieder in zwei völlig verschiedenartige Organisationen aufgliederten, von denen die eine verwaltungstechnischer, die andere taktischer Natur war.
Die administrative Organisation des Bataillons sah sechs Kompanien vor (fünf Musketier- und eine Grenadierkompanie). Die jeweilige Kompanie wurde von einem Hauptmann geführt, dem ein Oberlieutenant, ein oder zwei Lieutenante, ein Fähnrich und bis zu sechzehn Unteroffiziere und Junker zur Seite standen. Ihre Mannschaftsstärke betrug den ganzen Schlesischen und Siebenjährigen Krieg hindurch 114 Mann (drei Glieder zu je achtunddreißig). Zu der Gesamtstärke müssen allerdings noch die für gewöhnlich vorhandenen sieben oder acht *Überkompletten* und, ab 1755, eine schwankende Zahl von zusätzlichen *Überkompletten, Extraüberkompletten* oder *Ausrangierten* hinzugerechnet werden. Die letztere Kategorie bestand aus ausgebildeten alten Soldaten, welche man als Reservisten in ihren Kanton entlassen hatte und die auf

diese Weise Platz für eine entsprechende Anzahl junger Kantonisten machen sollte. Eine Verfügung über die Heeresvermehrung
aus dem Jahre 1768 sah eine Verstärkung der Kompanien um
einen weiteren Unteroffizier und dreißig bis vierzig Mann vor.

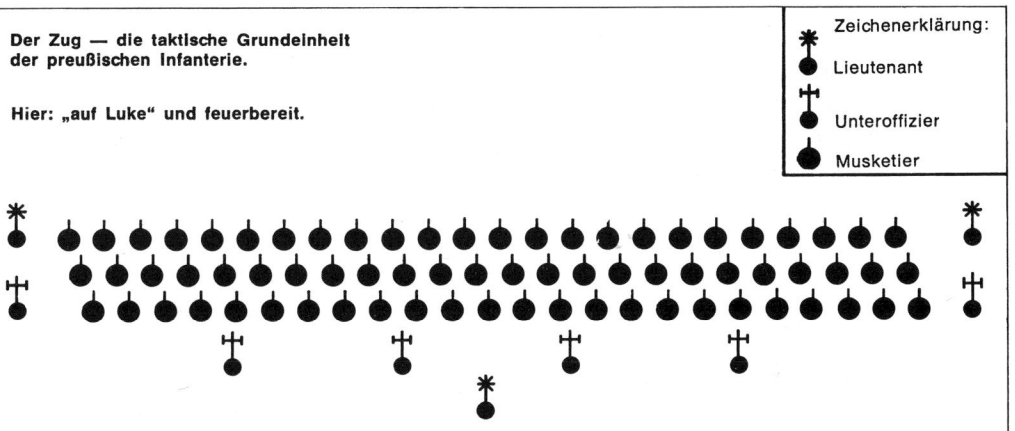

**Der Zug — die taktische Grundeinheit
der preußischen Infanterie.**

Hier: „auf Luke" und feuerbereit.

Zeichenerklärung:

Lieutenant

Unteroffizier

Musketier

Die taktische Organisation des Bataillons (fünf Musketierkompanien) erfolgte in vier Abteilungen zu je zwei Zügen, d. h. acht
Züge insgesamt. Die Umgruppierung des Bataillons in einen
derartigen taktischen Verband nahm der Adjutant vor, indem er
die Kompanien aufschließen und acht Züge abzählen ließ: sechs
in Linie zu drei Gliedern à vierundzwanzig Mann und zwei (den
sechsten und siebten) in Linie zu drei Gliedern à dreiundzwanzig.
Während dies geschah, teilte der Bataillonskommandeur (ein Major)
die Offiziere und Unteroffiziere für die neugeschaffenen Abteilungen ein — je ein Hauptmann zu der ersten und dritten und je
ein Oberlieutenant zu der zweiten und vierten. Viele Soldaten
sahen sich daher im Einsatz einem Offizier unterstellt, den sie kaum
kannten.

Friedrich legte Wert darauf, auf dem Schlachtfeld einige besonders zuverlässige und angriffsfreudige Verbände zur Hand zu haben. Diese setzten sich aus sorgfältig ausgewählten Leuten zusammen, die man jeweils in den beiden Grenadierkompanien eines Regiments konzentrierte. Sobald sich die Armee für ein Manöver oder den Krieg fertigmachte, schieden diese Grenadierkompanien aus ihren Stammregimentern aus und bildeten, zusammen mit den zwei Grenadierkompanien eines anderen Regiments, ein aus rund 700 Offizieren und Mannschaften bestehendes Grenadierbataillon. Einem glücklichen Zufall war es zu danken, daß bei dem Grenadierbataillon die administrative und taktische Gliederung einander entsprachen, da jede Kompanie wie eine Abteilung aus zwei Zügen bestand.

Trotzdem blieb die Herauslösung des Grenadierbataillons aus seinen Stammregimentern eine unglückliche Lösung und war auch seiner späteren Auffrischung keineswegs zuträglich (was häufig erforderlich war), kehrte es doch meist mit sehr hohen Ausfällen zurück. Mitunter ließ sich die Einsatzbereitschaft nur dadurch aufrechterhalten, daß man mehrere angeschlagene Grenadierbataillone zu einem »vereinten Grenadierbataillon« zusammenlegte.

Die einzelnen Grenadiere wurden nicht nach ihrer Größe ausgesucht (tatsächlich waren sie eher kleiner), sondern weil sie »zuverlässige und widerstandsfähige Männer reifer Jahrgänge und gute Marschierer« waren.[1] Was ihr Äußeres anbelangte, so hatten sie einer alten Anordnung zufolge nicht verweichlicht auszusehen. Vielmehr mußten sie einen furchterregenden Eindruck machen, mit dunkelbraun gebranntem Gesicht, schwarzem Haar und einem kräftigen Schnauzbart: »Der Grenadier darf nicht leicht lachen oder freundlich thun«.[2]

Die Grenadiere waren ungemein stolz auf ihre hohe, messingblechbeschlagene Grenadiermütze, welche auf das XVII. Jahrhundert und die Zeit zurückging, in der die Grenadiere tatsächlich noch Granaten warfen und daher eine Kopfbedeckung brauchten, die die Bewegung der Arme nicht störte. Die »Grenadier-Märsche« waren ein weiteres wichtiges Unterscheidungsmerkmal und wurden lediglich von Pfeifern und Trommeln gespielt. Letztere rührten die Trommel hierbei in einer charakteristischen Weise, indem sie

102

Grenadiere des Infanterieregiments Nr. 27. Blauer Rock, rote Ärmel- und Rockaufschläge, weiße Schlangenmusterborte, weiße Weste und Kniehose, Grenadiermütze mit Messingschild, rotem Mützensack, weißem Rand und rotem Pompon mit gelbem Fleck. Die Fahne muß einer anderen Einheit gehört haben, da Grenadiere keine eigene besaßen.

abwechselnd rhythmische Schläge auf das Kalbfell und den Trommelrand taten.

Für Friedrich war es immer schwierig, die richtigen Kommandeure für die Grenadierbataillone zu finden, sobald diese zu Beginn eines jeden Krieges plötzlich in großer Zahl zur Verfügung standen.

Die Garde

Die Grenadiere waren zwar hervorragende Kämpfer, mußten aber in bezug auf äußere Erscheinung, Drill und gesellschaftliches Ansehen hinter der königlichen Leibgarde zu Fuß zurücktreten. Den Kern der Garde — die crème de la crème — bildete das eintausend Mann starke Erste Bataillon, welches der König im Juni 1740 aus den tauglichsten Männern von Friedrich Wilhelms Leibregiment aufgestellt hatte. Die Offiziere gefielen sich mit weißen Federbüschen an den Hüten und trugen reiche Goldstickerei an der Vorderseite ihrer Uniformröcke, während die Monturen der Gardisten derartig aufwendig waren, daß diese sie alle zwei Jahre, wenn neue empfangen wurden, für zwanzig Thaler an die Juden verkaufen konnten.

Die Einheiten des Ersten Bataillons waren auf Lebenszeit in einer der erbärmlichsten Straßen Potsdams kaserniert. Der tägliche Dienst war als überaus leicht bekannt, was den Haß und Neid der übrigen Garnison erweckte, doch konnte niemand leugnen, daß die Garde in ihrem ureigensten Element schon großartig war, wenn es galt, in Potsdam zu paradieren.

> »Der Ernst ihres langsamen, wenig durch Trommel und Musik unterbrochenen, Daherschreitens gab einem solchen Schauspiel ein Pathos, welches, weit entfernt, einem theatralischen Aufzuge zu gleichen, vielmehr eine so originelle Würde sich führte, daß jeder Nebengedanke an bloßes Schaugepräge verschwinden mußte«.[3]

Zu dem eigentlichen Regiment Garde gehörten noch das Zweite und Dritte Bataillon. Eine gesonderte Einheit, das Garde-Grenadierbataillon (Infanterieregiment Nr. 6) wurde, zur Erinnerung an Friedrich-Wilhelms alte Potsdamer Grenadiere, im Jahre 1740 aufgestellt und behielt auch die alten Uniformen und Waffen bei.

104

Füsilierregimenter

Die preußischen Füsiliere waren reguläre leichte Infanteristen, welche genauso in geschlossenen Formationen kämpften wie die übrige Infanterie, nur daß sie aus den neu gewonnenen Provinzen stammten und weder die Loyalität noch die körperliche Statur ihrer pommerschen oder brandenburgischen Kameraden besaßen. So sah zumindest Friedrich die Dinge. Er übernahm bei seinem Regierungsantritt vier recht gute Füsilierregimenter, welche er auch prompt in Linieninfanterie-Regimenter umwandelte. Zu Füsilierregimentern machte er dann jene rund sechzehn Einheiten, die nach der Eroberung Schlesiens aufgestellt wurden. Da sie einen kleineren körperlichen Wuchs aufwiesen, stattete Friedrich sie mit kürzeren Musketen aus und gab ihnen Grenadiermützen mit einem niedrigerem Messingschild, welche sie im Kampf furchterregender aussehen lassen sollten. ». . . daß sie einen imposanten Anblick gewährten, wenn die Sonne auf ein solches Bataillon schien, welches einer Reihe feuriger Palisaden ähnlich war. Selbst von hinten betrachtet, gaben die farbigen Hinterklappen dem Ganzen ein lebhaftes Ansehen.«[4]

Garnisonstruppen

Die ständige Bewachung der Festungen war in Preußen einer besonderen Kategorie von zweitklassigen Soldaten übertragen, und zwar den Bataillonen der Garnisonsinfanterie und den Kompanien der Garnisonsartillerie. Friedrich fand bei seiner Thronbesteigung vier derartige Bataillone vor und stellte im Verlauf des Ersten Schlesischen Krieges fünf weitere Bataillone und eine Artillerie-Kompanie zum Schutz der den Österreichern abgenommenen Festungen auf.

Gegen Ende seiner Regierungszeit setzte sich die Garnisonsinfanterie aus zwölf Bataillonen zusammen, die von einem Generallieutenant und sechs Generalmajoren befehligt wurden. Warnery zufolge bestanden die Garnisonsbataillone »aus Invaliden oder anderen Offizieren, welche im Felde nichts taugen, und die Soldaten stellen gleichfalls den Ausschuß der Armee dar und dienen nur höchst unwillig«.[5]

Während des Siebenjährigen Krieges mangelte es Friedrich jedoch

Füsiliere des Regiments Nr. 48. Blauer Rock, rote Manschetten, Ärmel- und Rockaufschläge — letztere mit sechs weißen Brandenbourgs nebst orangefarbenen Quasten geschmückt — strohgelbe Weste und Kniehosen, Füsiliermütze mit Messingschild und dunkelblauer Kappe. Die Patronentasche, der Brotbeutel und Tornister sind deutlich abgebildet, doch war die Wasserflasche in Wirklichkeit etwas größer.

an Truppen, so daß er Garnisonsbataillone in die selbständigen Armeen eingliedern mußte, welche auf »Nebenkriegsschauplätzen« der *Reichsarmee* und den Russen gegenüberstanden (Feldmarschall Lehwaldt hatte bei der Schlacht von Groß-Jägerndorf, im Jahre 1757, 6000 Mann davon).

Die neuen Garnisonsregimenter oder Landregimenter lagen in ihrem Kampfwert noch unter der Festungsinfanterie, sofern das überhaupt möglich war. Es gab ihrer vier, welche lediglich im Kriegsfall aufgestellt wurden. Auf ihre Qualität lassen die Äußerungen der Königin schließen, die diese über das Garnisonsregiment des Generalmajor v. Kraatz machte, welches Berlin im April 1745 »schützte«. Die Mannschaften, sagte sie, »setzen sich nicht mehr aus altgedienten Soldaten zusammen, sondern aus Bauern, welche man in den benachbarten Dörfern gerade eingefangen hat. Sie machen einen höchst lächerlichen Eindruck, wenn sie auf Wache ziehen, denn sie tragen ihre eigenen Röcke und mitunter auch bloß Arbeitskittel«.[6]

Miliz

Die Miliz war eine örtliche und zeitweilige Einrichtung, welche im Siebenjährigen Krieg ins Leben gerufen wurde, als die Gefahr eines Russeneinfalls in die Ostprovinzen bestand. Die Aufstellung dieser zwischen Mai und August 1757 entstandenen Provinzeinheiten, hatte weniger eine Anhebung des örtlichen Patriotismus zum Ziel, sondern sollte die männliche Bevölkerung dem Zugriff des Feindes entziehen. Vom Geist des *Landsturms* des Freiheitskrieges von 1813—14 war man noch weit entfernt.

Insgesamt wurden zwölf Bataillone, zehn Grenadierkompanien und verschiedene kleinere aber gute Husaren- und Jägereinheiten in Pommern aufgestellt, ein Bataillon in Ostpreußen und je drei Bataillone in der Neumark, der Kurmark und im Bezirk Magdeburg — in einer Totalstärke von etwa 17 000 Mann.

Das Feldjägerkorps zu Fuß

Für den Dienst bei der leichten Infanterie wurden flinke und lebhafte Leute benötigt, mit Intelligenz und guten Kenntnissen in der Geländekunde. Sie mußten so zuverlässig sein, daß man sie in aufgelöster Ordnung kämpfen lassen konnte. Wie so viele andere Herrscher seiner Zeit, übertrug auch Friedrich diese Aufgabe seinen Förstern und Wildhütern, den *Jägern*.

Die Geburtsstunde der preußischen Jäger zu Fuß fällt in das Jahr 1740 und begann mit einem Verband von sechzig *Guiden*, deren Aufgabe es war, Aufklärungsvorstöße zu begleiten und die regulären Truppen durch schwieriges Gelände zu führen. Sie trugen eine praktische Uniform, bestehend aus einem grünen Rock, Lederweste und Kniehosen. Bewaffnet waren sie mit der charakteristischen deutschen *Büchse* — einem großkalibrigen Karabiner mit gezogenem, abgeschrägtem Lauf, dessen Genauigkeit und Bremskraft einen angreifenden Keiler auf die Decke legen konnte. Während die Jäger sich feindliche Infanteristen nach Gutdünken herauspicken konnten, waren sie doch Kavallerie gegenüber ungemein empfindlich, denn ihrer Waffe fehlte das Bajonett. Das Hinunterstoßen der Kugel durch den gezogenen Lauf vermochte nur mit äußerster Kraft bewerkstelligt zu werden.

Im Juli 1744 befahl Friedrich eine Vergrößerung der Einheit auf zwei Kompanien zu je 100 Mann, eine Maßnahme, welche die Entstehung der preußischen *Jäger* als eigentliche Leichte Infanterie markiert. Im Verlauf des Siebenjährigen Krieges wuchs die Stärke der *Jäger* allmählich weiter an, so daß im schicksalschweren Jahr 1760 schließlich ein Bataillon zu 800 Mann vorhanden war.

Das erste Mißgeschick begegnete ihnen in Gestalt ihres Kommandeurs Major v. Baader. Dieser war so korrupt und unfähig, daß Seydlitz ihm anläßlich einer Parade vor versammelter Front den Degen zerbrach und die Achselschnur herunterriß. Am 10. Oktober des gleichen Jahres, aber bereits unter ihrem neuen Kommandeur Major des Granges, wurden die Jäger in der Nähe von Spandau in offenem Gelände von einer Kosakeneinheit überrascht und buchstäblich ausgelöscht. Die Überlebenden faßte man im darauffolgenden Winter zu drei Kompanien zusammen, doch wurde mit Beginn des Friedens eine Kompanie wieder aufgelöst, so daß die Zahl der Männer auf 300 herabsank.

Oben links: Offizier und Musketier des Regiments von Wedell, 1759 (IR Nr. 26).
Blauer Rock, rote Ärmelaufschläge und Kragen, goldene (Offizier) oder gelbe
(Musketier) Brandenbourgs, weiße Weste und Kniehosen. — Oben rechts: Füsi-
lier und Offizier des Regiments von Grabow, 1759 (IR Nr. 47). Blauer Rock,
zitronengelbe Ärmelaufschläge, Rockaufschläge und Kragen, weiße Weste und
Kniehosen, Füsiliermütze mit zitronengelber Kappe. — Unten links: Offizier
und Reiter des Kürassierregiments Baron von Schönaich, 1759 (CR Nr. 6).
Kollett und Kniehosen strohgelb, Ärmelaufschläge, Säbeltasche und Zierein-
fassung ziegelfarben und rot-weiß. — Unten rechts: Offizier und Husar der
Schwarzen Husaren, 1759 (HR Nr. 5). Schwarzer Dolman und schwarze Pelzjacke mit weißem Rand und Stickerei sowie rot-weiße Bauchschärpe.

1773 wurden drei weitere Kompanien hinzugefügt und eine sechste Kompanie folgte zu Beginn des Bayerischen Erbfolgekrieges. Aus den verschiedensten Gründen machten sich die Jäger in dem neuen Krieg einen schlechten Namen, was aber nichts an Friedrichs Entschluß änderte, jetzt eine starke und tüchtige Leichte Infanterie zu schaffen. 1784 baute er die Jägereinheiten zu einem vollen Regiment zu zehn Kompanien aus, und in dem darauffolgenden Jahr spielte er mit dem Gedanken, noch zwei weitere Regimenter Leichte Infanterie hinzuzufügen, doch geschah bis zu seinem Tode in dieser Richtung nichts mehr.

Freibataillone

Da ihm eine eigene, bodenständige Leichte Infanterie fehlte, griff Friedrich im Verlauf des Siebenjährigen Krieges zu einem verzweifelten Hilfsmittel, indem er *Freibataillone* aufstellte, d. h. räuberische Söldnerbanden, die sich aus dem Abschaum der Menschheit rekrutierten.

Der sich ankündigende Siebenjährige Krieg führte auch drei ausländische Glücksritter nach Preußen, den Oberstlieutenant le Noble aus der Pfalz, Oberstlieutenant Mayr aus Sachsen und Oberst d'Angelelli aus Holland, welche alle drei am 18. August 1756 die Erlaubnis erhielten, ihre eigenen Freibataillone aufzustellen.

Rechnet man noch das Bataillon von Kalben hinzu, so standen zu Beginn des Feldzuges von 1757 insgesamt vier Freibataillone einsatzbereit zur Verfügung. Weitere Bataillone schossen in rascher Folge aus dem Boden, doch machte sich sehr bald ein Nachlassen der Qualität bemerkbar. Das Bataillon mit dem passenden Namen von Rapin zum Beispiel (rapin = Raub, Plünderung), setzte sich vornehmlich aus Franzosen zusammen, die bei Rossbach in Gefangenschaft geraten waren. Gegen Ende 1758 stellte Friedrich mit Bedauern fest: »Unsre aus Deserteuren zusammengeschafften, schwachen Freibataillone wagen oft nicht, sich vor dem Feind sehen zu lassen«.[7] Ein weiterer Zerfall war nach dem November 1759 zu beobachten, als der einzige wirklich tüchtige Kommandeur, General Wunsch, bei Maxen gefangengenommen wurde.

Die einzelnen Freibataillone zeichneten sich in mehrfacher und nicht gerade beneidenswerter Weise aus. Am 6. September 1757 gelang es dem Bataillon von Chossignon, bei dem Schloß Bautzen

Angehörige eines Freibataillons »bei der Arbeit«.

völlig unversehrt in österreichische Hände zu fallen. Die *Etrangers Prusses,* ein anderes Bataillon französischer Desperados, löste sich am 2. September 1761 auf und lief mitsamt der Kriegskasse und einer Kanone zur *Reichsarmee* über, nachdem man zuvor noch den befehlshabenden Major erschossen hatte. Zahlenmäßig am bedeutendsten waren die von Friedrich Wilhelm v. Kleist (dem »Grünen Kleist«) aufgestellten freien Banden. Er begann damit 1759 und gebot schließlich über zehn Schwadronen *Freihusaren,* drei Schwadronen *Freidragoner* und ein Freibataillon *Jäger* oder *Preussische Kroaten.* Allerdings war der Ruf der Kleistschen Banden durch ihr räuberisches Verhalten befleckt, was sie beim Einfall Prinz Heinrichs in Franken, im Jahre 1759, an den Tag legten.

Bei Beendigung des Siebenjährigen Krieges ließ Friedrich alle Freibataillone in die Festungen, zu Oberst Bauwers neu angeworbenem Hannoveranerkorps nach Wesel, den Rest nach Magdeburg abrücken.

»Als sie sich dem Glacis dieser Festungen näherten, sahen sie sich der kampfbereiten Garnison gegenüber. Sie wurden umringt und gezwungen, die Waffen niederzulegen«.[8] Die Unteroffiziere und Männer wurden in Linienregimenter gepreßt oder in Garnisonsregimenter umgewandelt, die Offiziere entlassen (wie Lessings Tellheim), nachdem sie zuvor die Uniformen und Waffen ihrer Kompanien hatten kostenlos herausrücken müssen.

Diese Erfahrungen schreckten Friedrich aber nicht ab, zu Beginn des Bayerischen Erbfolgekrieges erneut zwölf Freibataillone aufstellen zu lassen. Von diesen gelangten jedoch nur drei zum Einsatz.

Abgesehen von einigen Ausnahmen, trugen die Freibataillone blaue Röcke nach Art der Infanterie, mit hell- oder dunkelblauem Besatz, woher auch der Spitzname *„Die Zweimalblauen"* rührt. Der besseren Beweglichkeit halber verzichteten sie auf Zelte und beschränkten sich mit der Bagage auf ein Minimum. Ihre Artillerie entsprach der der Leichten Infanterieregimenter und wurde von eigenen Leuten bedient. Die volle Stärke eines Freibataillons schwankte zwischen fünf- und siebenhundert Mann, sank im Verlauf des Siebenjährigen Krieges aber häufig auf ein Drittel, bzw. ein Viertel dieser Zahlen herab.

UNIFORMEN, WAFFEN UND AUSRÜSTUNG

Friedrich nahm sich kaum die Mühe, die Uniformen von irgend-
einem der Regimenter zu ändern, die er von seinem Vater übernommen hatte. Wie Kaltenborn hierzu bemerkte: »Er scheute alle
Neuerungen; Veränderungen an Montirungen und andern kleinen
Formalitäten, waren weit unter seiner Würde«.[9] Das war auch der
Grund, weshalb der französische Berichterstatter Guibert bei den
preußischen Uniformen eine derartige Vielzahl an Farben und
Ausführungen antraf; eine Mannigfaltigkeit, die um so mehr über-
raschte, als sich die Franzosen gerade mit allem Eifer bemühten,
die angebliche Uniformität der preußischen Kleidung nachzuahmen.
»Sie können sich gar nicht vorstellen, mit welcher weisen Gleichgültigkeit der König von Preußen all diesen Äußerlichkeiten gegen-
übersteht.«[10]
In den alten Regimentern trugen die Soldaten rote Halsbinden
und glänzten auf der Vorderseite der Uniformröcke mit teuren
Borten und Knöpfen. Die Ausgaben für derartigen Putz drückten
die Offiziere ganz erheblich, besonders die Lieutenante und Fähnriche, aber »sowohl die Offiziere als auch die Mannschaften befrie-
digte es ungemein, gut angezogen zu sein«.[11] Die schmucklosesten
Uniformen trugen die neuen Infanterieregimenter — die Füsiliere — welche Friedrich im Lauf seiner Regierungszeit aufgestellt
hatte.
Die Kopfbedeckungen der Infanterie gab es in drei unterschiedlichen Ausführungen: die hohe, messingblechbeschlagene Grenadiermütze, die ähnliche, aber niedrigere Füsiliermütze und den
kleinen Dreispitz der alten Linienregimenter. Alle drei waren sie
irgendwie unpraktisch. Der Dreispitz besaß ein nur flaches Oberteil und flog daher leicht auf und davon, während die Grenadier-
und Füsiliermütze durch den schweren Messingschild immer nach
vorne gezogen wurde, so daß ihr Träger alle Augenblick den
Kopf nach hinten werfen mußte, um das Gleichgewicht wieder-
herzustellen.
Das Haar wurde in einem langen Militärzopf getragen, welcher bis
zum Rocksaum reichte. War das eigene Haar hierfür nicht lang
genug, mußte der Mann ein Stück anflechten. Der Kopf war gepudert und an den Schläfen rollte sich eine Reihe von Locken.
Bei den Regimentern der Linieninfanterie fehlte auf der rechten

Kopfseite eine Locke, da der Platz für den Dreispitz benötigt wurde, den man etwas schief nach rechts trug.

Vielleicht sollte man an dieser Stelle auch noch einmal erwähnen, daß der bekannteste Illustrator der friderizianischen Armee, der im XIX. Jahrhundert lebende Maler Adolf v. Menzel, den Dreispitz stets mit einer senkrecht aufgerichteten vorderen Spitze dargestellt hat — eine Form, wie sie erst gegen Ende von Friedrichs Regierungszeit eingeführt wurde. Der Hut von 1740 besaß eine Vorderspitze, welche ausgesprochen nach vorne ragte, und der des Siebenjährigen Krieges war vorne auch nur wenig steiler.

Die Grundfarbe des Infanterierocks war das berühmte Preußisch-Blau. Seine Länge war etwas knapp bemessen (denn Friedrich wollte Stoff sparen), und der Saum hörte gerade da auf, wo ihn der Mittelfinger eines herunterhängenden Armes erreichen konnte. Tatsächlich war von dem blauen Rock nur wenig zu sehen. Abgesehen von den engen Ärmeln, wurde das Auge voll und ganz von den kontrastierenden Aufschlägen, Manschetten und umgeschlagenen Rockschößen gefangengenommen, welche oft in einem stumpfem Ponceaurot gehalten waren.

Am Ende der friderizianischen Ära war der Rock so eng geschnitten, daß die Soldaten ihn bei kaltem Wetter nicht mehr zuknöpfen konnten. Außerdem war das Material grob und dünn und nur auf zweijährige Haltbarkeit ausgelegt; im Laufe der Jahre wurde es immer schlechter. 1740 schaffte Friedrich auch noch den Mantel ab. »Es ist allerdings zu verwundern«, so vermerkte Lossow, »daß die Soldaten ohne dieses schützende Bekleidungsstück langwierige Kriege geführt haben«.[12] Zuweilen teilten die Soldaten ihre Überzieher untereinander, wie es bei den Schildwachen in Breslau anfangs 1741 geschah, und mitunter schlangen sie auch ein Stück Fell um ihre Mitte, wozu sich das Material der österreichischen Grenadiermützen besonders anbot.

Unter dem Uniformrock trug der Soldat eine gelbe oder weiße Weste, dann eine Hemdbrust aus Leinen (Kolleret) und schließlich ein grobes Leinenhemd. Bei Paraden wurden unten an den Ärmeln zusätzlich Leinenmanschetten befestigt.

Die Kniehosen bestanden aus grober Wolle; sie waren in der gleichen Farbe gehalten wie die Weste, nämlich weiß, gelb oder strohfarben.

Friedrich legte fest: »die Gamaschen« (Stiefeletten) . . . »sollen nicht enge, sondern vollkommen und weit gemacht, und auf das glatt sitzen soll nicht gesehen werden, weil die Stiefeletten nicht zum Staat, sondern dem Soldaten zur commodité seyn«.[13] Während der ersten beiden Jahrzehnte seiner Regierungszeit waren die Gamaschen für den gewöhnlichen Dienst zumeist aus Drell gefertigt, die für Paraden aus Leinen. Nach dem Siebenjährigen Krieg wurde der Drell durch gewöhnliches Tuch ersetzt, das haltbarer ist. Ursprünglich waren die Gamaschen in der ganzen Armee weiß, doch nachdem im Jahre 1741 der Oberst Fouqué dem Klerus einer mährischen Stadt eine Steuer auferlegt hatte, benutzte er diese Mittel, um sein Grenadierbataillon mit haltbaren schwarzen Gamaschen auszustatten. Friedrich führte 1744 die schwarze Gamasche als Winterbekleidung für die ganze Armee ein, und nach dem Siebenjährigen Krieg verschwand die weiße Gamasche vollends, ausgenommen im Ersten Gardebataillon. Die Gamasche wurde an der Seite durch eine über ihre ganze Länge laufende Knopfreihe geschlossen und unterhalb des Knies mit einem Band gesichert. Trotz allem, was Friedrich über die Bequemlichkeit des Soldaten gesagt hatte, saßen die Gamaschen doch recht eng, auch mußte gelegentlich eine falsche Wade eingearbeitet werden, um die Falten zum Verschwinden zu bringen.

Die Schuhe waren aus gutem schwarzem Leder und in dem charakteristischen preußischen Stil gearbeitet, d. h. vorne rechteckig, hinten mit hohen Hacken.

Schuhe und Gamaschen dienten gemeinsam zum Verdecken des schrecklichen Anblicks der darunter befindlichen durchgeschwitzten Wollstrümpfe. Viele Soldaten schnitten den Fuß der Strümpfe überhaupt ganz ab und trugen stattdessen mit Talg behandelte Fußlappen. Es überrascht daher nicht, daß die marschierenden Soldaten in eine markante Duftwolke gehüllt waren, und der Gestank an windstillen Tagen noch minutenlang über einer Ortschaft lagerte, nachdem ein Regiment sie passiert hatte.

Ein breites Band aus weißgefärbtem Leder war über die linke Schulter geschlungen. An ihm hing hinter der rechten Hüfte die Patronentasche. Diese war ein recht umfangreicher schwarzer Behälter aus dickem, ausgekochtem Leder. Sie enthielt einen Lederbeutel mit einer Innentasche, der sogenannten *Cartouche*. Die *Cartouche* war oben offen und besaß eine Einteilung für etwa achtzig Patronen. Im Jahre 1741 wurde die Munitionsausstattung von dreißig auf sechzig Patronen erhöht. Da jedoch noch immer viele Fächer frei waren, empfahl Friedrich, daß die Patronen in die Löcher nach der Mitte zu gesteckt werden sollten, damit der Soldat nicht lange umherzutasten brauchte.

Die Patrone selbst bestand aus einem Röhrchen aus Kartusch-pappe, welches mit Schwarzpulver gestopft war und an einem Ende die Musketenkugel aus Blei trug. Diese Kugel wog 31,3 und die Pulverladung 15,6 Gramm, die jedoch 1755 auf 19,53 Gramm erhöht wurde.

Über der rechten Schulter hing an einem schmalen weißen Leder-riemen die Wasserflasche aus Zinn. Der große Feldkessel wurde ursprünglich von den Männern einer jeden Zelt-Kameradschaft abwechselnd getragen, aber dann, ab 1748, zusammen mit den Zelten auf den Packpferden des Regiments befördert.

Der Tornister war ein Sack aus ungegerbtem Kalbfell, wurde auf der linken Rückenseite getragen, direkt hinter dem Säbel, und hing an einem dünnen weißen Lederriemen über der rechten Schulter.

Tief und geräumig wie er war, enthielt er eigentlich alles: die Reserve-Hemdbrust, Hemden, Gamaschenknöpfe, Kniehose, lange Strümpfe, Fußbänder und Feuersteine sowie Handschuhe, Binden und Aderpressen, Untermanschetten, Haarpuder, Messer, Gabel, Löffel, Salz, Spiegel, Bürsten, Kämme, Wachs für Schuhe und Patronentasche, Büffelleder-Politur, Gamaschenhaken, Schrauben-zieher, Gewehröl und Ladestock-Gewinde. Als wäre dies noch nicht genug, waren an dem Stützgurt auch noch drei Zeltpflöcke befestigt, und an einem eigenen kleinen Band, direkt unterhalb des Tornisters, hing ein leinener Brotbeutel.

Im Frühjahr 1744 hatte Friedrich in Potsdam Versuche durch-führen lassen, um die Beweglichkeit der Truppe mit und ohne Tornister zu untersuchen. Das Ergebnis war eine Anordnung, in der es hieß: ». . . vor der Action allemahl, wenn man die Zeit hat, den Burschen die Tornister und alles was ihnen beschwerlich fällt, abgenommen werden muß«.[14]

Das Degengehenk aus weißem Leder trug der Mann um den Bauch geschnallt, direkt auf der Weste. Der Degen selbst blieb seit 1716 in seiner Form unverändert, lediglich daß er 1744 um 15 cm auf 61 cm verkürzt wurde. Um den Messinggriff war ein Faustriemen geschlungen, dessen herunterhängende Troddel sich je nach Regiment und Kompanie in der Farbe vielgestaltig unterschied. Die Scheide bestand aus dickem Leder oder lederüberzogenem Holz und hing an der linken Seite des Koppels in einem Winkel von dreißig Grad. Als Kriegswaffe war der Degen wahrscheinlich nutzlos, »allein der Soldat verband mit diesen Seitengewehren einen gewissen Ehrbegriff, und fand es schimpflich, keines tragen zu dürfen«.[15] Das Bajonett war eine schmale Dreikantklinge, verlötet mit einer Metallhülse, welche auf die Mündung der Muskete aufgeschoben werden konnte.

In Ruhestellung hing es in einer Scheide am Koppel gleich neben dem Degen, obwohl Friedrich nach der Schlacht von Mollwitz verfügte, daß das Bajonett stets aufgepflanzt zu bleiben hätte, solange sich der Soldat im Dienst befände.

Was die Konstruktion anbelangt, so handelte es sich bei der preußischen Muskete um eine plumpere und ausgefallenere Version der typischen militärischen Steinschloßflinte jener Tage. Das Modell war zu Anfang von Friedrich Wilhelms Regierungszeit von einem Lütticher Büchsenmacher entwickelt worden. Der Lauf besaß eine Länge von 105,25 cm (bei den Füsilierregimentern war er etwas kürzer) und das Kaliber gute 19 mm. Das Schloß war nur roh bearbeitet, dafür aber solide.

Der Schaft, fein verarbeitet, war ursprünglich aus Walnußholz geschnitzt, doch stellte das Regiment von Fouqué, noch vor Beginn des Siebenjährigen Krieges, fest, daß die Ahornbäume der Grafschaft Glatz einen billigen Ersatz lieferten, was Friedrich veranlaßte, den Herstellern dieses neue Material vorzuschreiben. Während Friedrichs gesamter Regierungszeit behielten die Garde, das Gardegrenadier-Bataillon sowie das Infanterieregiment Nr. 3 die für sie typischen hellbraunen Musketenschäfte. In den anderen Regimentern waren sie bis zum Ende des Siebenjährigen Krieges rot oder rotbraun lackiert, später schwarz. Der Gewehrriemen bestand aus rotem Juchtenleder.

Der Ladestock war eine höchst solide Arbeit aus Eisen. Er ging direkt auf jenen zurück, den Leopold von Anhalt-Dessau 1698 in seinem Regiment eingeführt hatte. Mit ihm besaßen die Preußen einen klaren Vorteil gegenüber den Österreichern, die ihre zerbrechlichen Holzladestöcke bis 1744 beibehielten. Einen weiteren Vorsprung in der Entwicklung des Ladestocks gewannen die Preußen dreißig Jahre später.

Prinz Ferdinand von Braunschweig entwarf eine dicke »zylindrische« — oder besser beidseitige — Ausführung, welche oben und unten ein dickes Ende besaß und so dem Musketier die Mühe ersparte, sie jedesmal erst umdrehen zu müssen, nachdem er sie aus der Öffnung unterhalb des Laufs herausgezogen hatte. Bis zum Jahre 1777 hatte die Spandauer Fabrik 140 000 Musketen mit »zylindrischem« Ladestock umgebaut oder gefertigt. Der neue Ladestock war etwa 450 Gramm schwerer als der alte, weshalb man zum Ausgleich des Gewichts die Läufe bei den Musketierregimentern auf die gleiche Länge sägte, wie bei den Musketen der Füsiliere.

Eine weitere zeitsparende Erfindung war das »konische« Zündloch, welches aufgrund eines Vorschlages des Lieutenant v. Freytag im Jahre 1781 eingeführt wurde. Der Verschlußkeil und die beidseitigen Enden des Zündlochs waren dergestalt abgerundet, daß ein Teil der eigentlichen Pulverladung durch diese trichterförmige Öffnung des Zündlochs von sich aus auf die Pfanne gelangte, ohne daß man sie erst von oben durch den Lauf nach unten stoßen mußte.

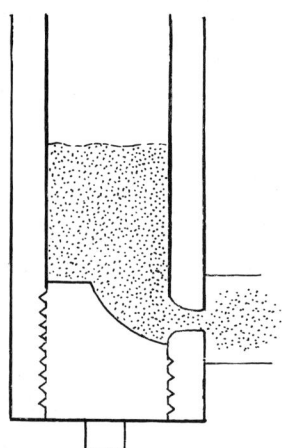

1776 wurde ein schon längst fälliger Regenschutz für das Schloß eingeführt, und zwar in Gestalt einer abnehmbaren roten Ledertasche, welche nach hinten zu offen war, um das Spannen des Hammers und das Aufschütten des Pulvers auf die Pfanne sowie deren Verschließen zu ermöglichen. Die Soldaten übten jedes Jahr mehrmals mit aufgesetztem Schloßschutz, doch hing dieser für gewöhnlich an der Patronentasche.

Trotz all dieser sinnreichen Einrichtungen blieb die preußische Muskete eine der schlechtesten in Europa. Das Abfeuern der Waffe war ganz entschieden eine höchst unbequeme Angelegenheit, denn der Abzug lag im Abzugsbügel zu weit vorne, die Schaftnase ragte zu weit nach oben und — am schlimmsten von allem — der lange Lauf, das Bajonett und der zylindrische Ladestock ergaben an der Mündung eine Kopflastigkeit von drei Pfund, wodurch der Soldat zum tiefen Anhalten verführt wurde.

Guibert beobachtete, wie »ganze Bataillone, selbst solche der Garde, die am besten ausgebildeten von allen, auf ganz kurze Entfernung Salven auf Holzscheiben mit aufgemalten Soldaten-Silhouetten abgaben und dabei nur sehr wenig Treffer erzielten — und diese obendrein ausschließlich in die Beine. Alle übrigen Schüsse lagen zu kurz.«[16]

Aufgrund ihres Gewichts war die Muskete den Anforderungen nicht übermäßig gut gewachsen. Der schmale Hals des Schafts brach leicht ab, wenn die Waffe beim Exerzieren zu hart auf den Boden gestoßen wurde, und durch das ständige Polieren von außen und die Schmirgelwirkung des schweren Ladestocks innen, wurde der Lauf innerhalb weniger Jahre beängstigend dünnwandig.

Die Pflege und das Tragen der Infanterieausrüstung

Alles in allem litt der preußische Soldat mehr unter den Unbequemlichkeiten seiner Berufskleidung als unter den Kampfhandlungen. Kam er vom Dienst zurück, mußte er jedesmal den Lauf seiner Muskete mit einem Stück Wildleder spiegelblank polieren und den Schaft mit Schutzpaste, Öl und Wachs behandeln. Die Patronentasche verlangte ebenfalls ein häufiges Einwachsen, um wasserdicht zu bleiben.

Danach war es unserem Soldaten anheimgestellt, nach Wunsch und Laune durch die Straßen zu schlendern — auch ohne Kniehosen, wenn ihm der Sinn danach stand. Er war aber gezwungen, sich in seiner Freizeit für die Parade oder den Wachdienst vorzubereiten. Allein für das Anlegen der Gamaschen rechnete man bis zu einer halben Stunde, mußten doch die Knöpfe eigens mit einem Haken geschlossen werden. Das Frisieren nahm eine weitere Stunde in Anspruch. Die Haare wurden oben und hinten mit Wachs eingeschmiert und am Hinterkopf mit einem Band derart fest eingebunden, daß sich einzelne Haare, fast hörbar, leicht wieder selbständig machten. Schließlich mußte der Kopf noch ausgiebig gepudert (bei einer monatlichen Puderzuteilung von zwei Pfund) und die Schläfenlocken von einem Kameraden, oder dem Kompaniefriseur im Quartier des Hauptmanns, gewickelt werden. Die Grenadiere hatten überdies noch Befehl, ihre Schnurrbärte mit schwarzem Wachs steif und glatt zu halten, weshalb sie vor dem Schlafengehen die Enden auch mit einem Faden hochbanden.

Draußen im Felde beschäftigte den Soldaten vor allem das Gewicht seiner Ausrüstung und die Strangulation durch dieselbe. Als Ulrich Bräker und seine Kameraden vom Regiment von Itzenplitz 1756 zum Einmarsch in Sachsen ausrückten:

»Jeder war bebündelt wie ein Esel, erst mit einem Degengurt umschnallt, dann die Patrontasche über der Schulter mit einem fünf Zoll langen Riemen; über die andre Achsel der Tornister, mit Wäsche und so weiter bepackt; item der Habersack mit Brod und andrer Fourage gestopf. Hiernächst mußte jeder noch ein Stück Feldgeräth tragen; Flasche, Kessel, Haken, oder so was, alles an Riemen; dann erst noch eine Flinte, auch an einem solchen. So waren wir alle fünfmal kreuzweis über die Brust geschlossen, daß anfangs jeder glaubte, unter solcher Last ersticken zu müssen. Dazu kam die enge gepreßte Montur, und eine solche Hundstagshitze daß mir's manchmal däuchte, ich geh' auf glühenden Kohlen. Wenn ich meiner Brust ein wenig Luft machte, kam ein Dampf heraus wie aus einem siedenden Kessel«.[17]

Bräker muß nach allem eine Ausrüstung von ungefähr 27 kg mit sich herumgetragen haben.

TAKTISCHE FORMATIONEN UND SCHWENKUNGEN

Die ersten gedruckten Richtlinien für den preußischen Miltärdienst wurden 1714 durch Friedrich Wilhelm I. in seiner Infanterie-Vorschrift herausgegeben. Ein weiteres *Reglement* wurde 1726 veröffentlicht, und am 20. Juni 1742 erließ Friedrich seine eigene *Instruction*. Diese neue Weisung bildete auch die Grundlage für das *Reglement* von 1743, welches mit geringfügigen Änderungen 1766 und 1773 von neuem aufgelegt wurde. Es ist eigenartig, daß wir trotz aller dieser zu Gebote stehenden Informationen so große Schwierigkeiten haben, die Schlachten der preußischen Armee nachzuvollziehen. Auf der einen Seite gab es wohl eine Reihe von brauchbaren taktischen Formveränderungen, welche man für zu wertvoll hielt, als daß man sie der ganzen Welt hätte mitteilen wollen, und auf der anderen Seite kamen viele Übungen hauptsächlich nur auf dem Exerzierplatz und bei der Rekrutenausbildung vor, nur ganz selten im Gefecht. Hierunter fallen vor allem die neununddreißig *Handgriffe* der Vorschrift für das Exerzieren mit der Waffe, die Linie zu vier Gliedern, die verschiedenen Formen des Karrees, das Schießen der Züge und die Entwicklung aus der Marschkolonne in die rechtwinklige Schlachtordnung.

Es läßt sich auf alle Fälle feststellen, daß die Leichte Infanterie äußerst eng aufgeschlossen zu marschieren hatte. Nach dem *Reglement* von 1743 mußte dies so dicht gedrängt erfolgen, daß sich der rechte Arm des einen Mannes hinter das Gewehr tragenden linken Arm des rechten Nachbarn zu befinden hatte. Diese lästige Bestimmung wurde 1748 zugunsten einer etwas vernünftigeren aber noch immer unpraktischen Regelung abgeändert, derzufolge sich jetzt die Ellenbogen berühren mußten und jedem ein Platz von 55 cm Breite bewilligt wurde. Der Abstand von Linie zu Linie variierte zwischen zwei Schritten und einem Fuß (30,5 cm), von denen man später den letzteren bevorzugte.

Tiefgestaffelte Formationen hatten sich im XVII. Jahrhundert noch als ein Vorteil erwiesen, als die Mehrzahl der Infanterie mit Piken ausgerüstet war, doch der wirkungsvolle Einsatz von Feuerwaffen verlangte jetzt nach weniger kompakten Verbänden. Die Armeen paßten sich diesen neuen Erfordernissen nur allmählich an, und Preußen behielt die viergliedrige Formation bis zum 29. November 1740 bei. Erst dann befahl Friedrich allen nach Schlesien ab-

Bataillon zu acht Zügen in Kampfaufstellung

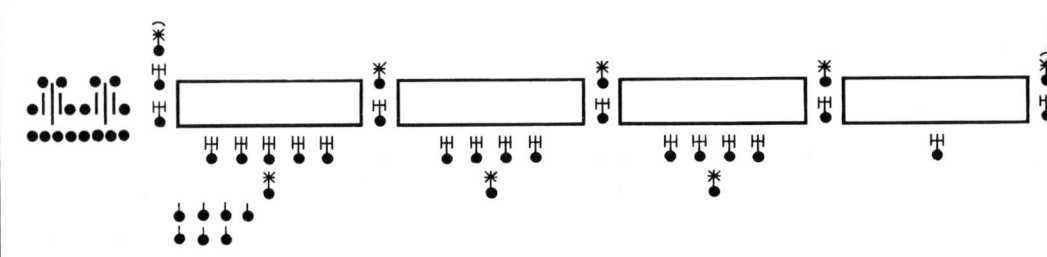

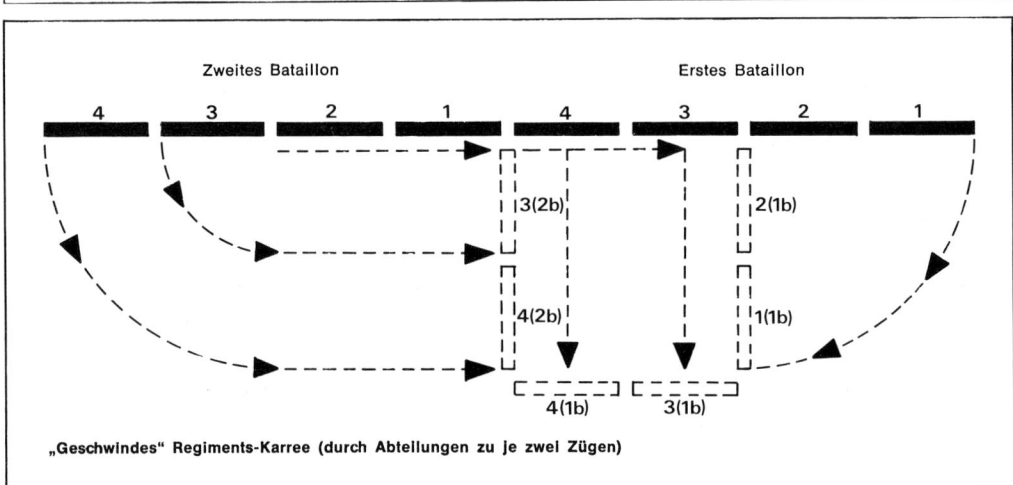

„Geschwindes" Regiments-Karree (durch Abteilungen zu je zwei Zügen)

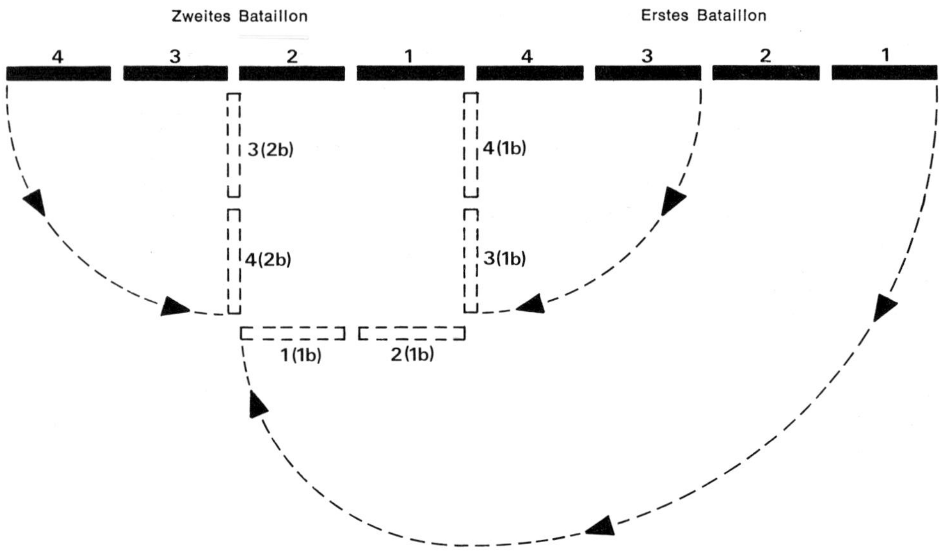

„Langsames" Regiments-Karree (durch Abteilungen zu je zwei Zügen)

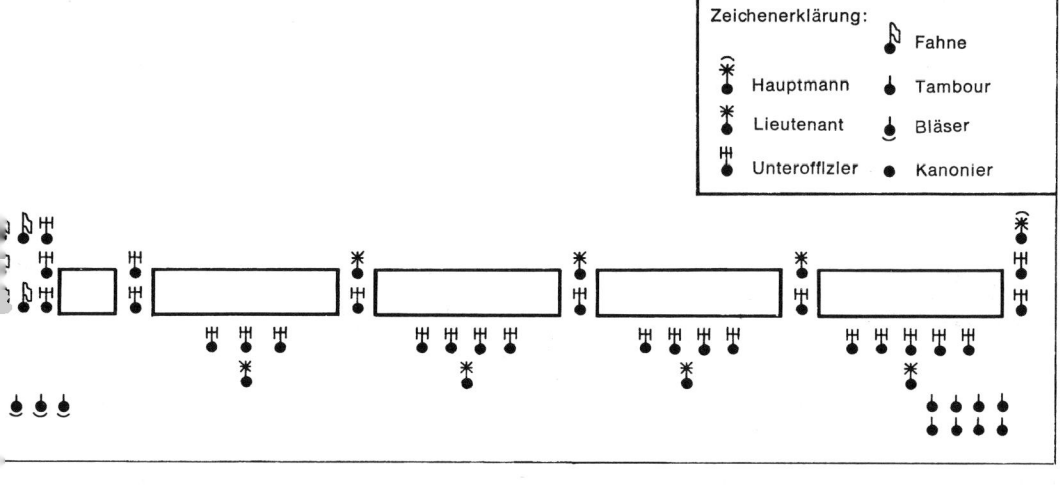

rückenden Regimentern die Umgruppierung in drei Glieder. Diese Anweisung wurde dann am 20. Juni 1742 auch auf die gesamte Armee ausgedehnt. Durch den Mangel an wehrfähigen Männern war Friedrich im Verlauf des Siebenjährigen Krieges sogar gezwungen, seine Verbände auf zwei Glieder zu reduzieren, um die Schlachtlinie verlängern zu können. Nachdem diese Zwangslage sich besserte, ging Friedrich aber wieder so bald wie möglich auf den vernünftigen Kompromiß mit drei Gliedern zurück, denn das hinterste steigerte nicht nur die Feuerkraft der beiden vorderen, sondern diente zugleich auch als Reserve für die großen Leute aus dem ersten Glied, welche im Kampf stets die meisten Kugeln aufzufangen hatten.

Der erste dokumentarisch belegte Nachweis bezüglich des von Friedrich befohlenen Marschtempos geht auf den 2. Mai 1747 zurück, wo in einem Rundschreiben 90—95 Schritte pro Minute für das Vorrücken empfohlen werden, und im späteren Stadium 70 oder 75, »welches geschwind genug ist«. Gegen Ende von Friedrichs Regierungszeit war die Schrittlänge von 72 cm und das Tempo von 75 Schritt pro Minute genauso feste Begriffe wie der »Kompanieschritt« in Britisch-Indien, dem man beim Exerzieren, im Felde, auf dem Marsch, außerdienstlich, und sogar beim Tragen von Lasten, ganz automatisch verfiel. »Das Schrittmaß hat sich dem Gehirn des Soldaten eingeprägt und seine Beine sind daran so gewöhnt, daß alles mit der Genauigkeit eines Uhrwerks abläuft«.[18]

Tempo 120 wurde beim Herumschwenken oder bei der Entwicklung von der Marschkolonne zur Linie verwandt, wenn es auf Geschwindigkeit ankam.

Während des Marsches wurden die Beine steif durchgezogen, mit der Fußspitze dicht am Boden. Das geschah ohne Anstrengung und ermüdete nicht; es sah wie der normale Schritt eines Mannes aus, »der bedächtlich und gravitätisch auf einen Gegenstand losgehet«.[19]

Die Muskete (mit dem ständig aufgepflanztem Bajonett) wurde so senkrecht wie möglich gehalten, und der Lauf zeigte nach vorne. Hierbei unterstützte entweder der linke Unterarm die Waffe direkt unter dem Schlaghammer oder der voll ausgestreckte linke Arm umfaßte den Kolbenboden mit den Fingern.

Lud der Soldat seine Muskete während des Marsches, verfiel er in einen eigenartig hüpfende Gangart, wobei er ein Knie beugte und den Hacken des anderen Fußes sprungweise auf die Höhe der Fußspitze des ersteren setzte. Die Wirkung war dem heutigen amerikanischen Marsch nicht unähnlich, nur sehr viel kürzer und langsamer. Der scheußliche Stechschritt wurde — wie andere Unsitten — während der Herrschaft Napoleons von den Russen übernommen.

Die taktischen Grundeinheiten der preußischen Armee waren das Bataillon (Frontbreite 150—200 Schritt), die Abteilung (40—50 Schritt) und der Zug (20—25 Schritt).

Während des Marsches bewegten sich die beiden Marschsäulen der Armee für gewöhnlich in Zugkolonnen vorwärts, das heißt in der Breite eines Zuges, dem alle anderen Züge folgten. Die Zugkolonne gab es in zweierlei Form: die aufgeschlossene, bei der die Züge so eng aufgeschlossen wie möglich marschierten oder, für gewöhnlich, die offene Kolonne, bei welcher die Marschtiefe der Frontbreite entsprach und bei welcher die Züge auch genügend Platz hatten, um auf Kommando in Linie einzuschwenken.

Das Einschwenken ganzer Bataillone war noch vor dem Siebenjährigen Krieg üblich und vollzog sich innerhalb von etwa zwei Minuten. Nach dem Kriege lernten Saldern und andere, wie man ein Bataillon um seine Achse drehen konnte, für viele eine auf dem Exerzierplatz gern vorgeführte Schwenkung. Zweckmäßiger als diese »tours de force« war aber das Vorrücken aufeinanderfolgender Bataillone in Staffeln (en échelon), eine Gliederung, die man mit bemerkenswertem Erfolg 1757 bei Rossbach und Leuthen anwendete.

Engstirnige Militärs rieben sich bei dem Gedanken an die Formierung eines Karrees vor Freude die Hände, sahen sie doch darin noch immer die klassische Reaktion der Infanterie auf Kavallerieangriffe. Es gab ein »geschwindes« und ein »langsames« Regiments-Karree. Ersteres wurde bis 1743 bevorzugt, dann aber weitgehend von dem letzteren abgelöst. Bei kleineren Einheiten gelangte das normale Bataillons-Karree zur Anwendung (es wurde 1743 abgeschafft und 1752 wieder eingeführt) sowie ein geschlossenes Karree, welches dadurch zustande kam, daß die an den Flügeln des Bataillons eingesetzten Züge geschlossen hinter den beiden mittleren Zügen einschwenkten (Colonne nach der Mitte).

Trotz des beeindruckenden Bildes blieb das Karree eine Formation, »welche beim König hoch im Kurs stand und von den Generalen verachtet wurde«.[20] Wurde ein Bataillon nicht gerade ganz allein in offenem Gelände überrascht, war es immer noch unendlich viel einfacher, die schwärmende Kavallerie dadurch abzuwehren, daß das hinterste Glied kehrtmachte und das Feuer eröffnete.

In gewisser Weise war das Bataillon eine überraschend schwerfällige Einheit. Seine acht Züge waren dem Dienstalter nach von rechts nach links durchnumeriert, und von den drei Gliedern wies das vorderste die größten und besten Leute auf.

Es würde völlig wider den militärischen Geist verstoßen haben, hätte man eine Bataillonsfront lediglich durch eine Kehrtwendung verändert, wären doch auf solche Weise die dienstjüngeren Züge an den rechten Flügel, d. h. an die Ehrenposition gerückt. Das erste Glied hätte dann nur noch aus häßlichen Zwergen bestanden. Um das Dekorum zu wahren, führte Friedrich 1755 in der ganzen Armee das ausgefeilte Verfahren des Gegen- oder Rückmarsches ein.

Die wichtigsten Formveränderungen waren indessen jene, bei denen es galt, die Armee von der Marschkolonne in Schlachtordnung aufmarschieren zu lassen. Für gewöhnlich pflegte Friedrich die Armee in einer oder in mehreren offenen Zugkolonnen auf das Schlachtfeld zu führen, wobei die Annäherung an das feindliche Heer parallel erfolgte. Erreichten die Spitzen dann die bezeichnete Stelle, brauchten die einzelnen Züge nur zur Linie einzuschwenken und waren kampfbereit.

Erwies sich der parallele Annäherungsmarsch als nicht praktikabel, mußten die Kolonnen die Kampfaufstellung durch senkrechten Anmarsch auf das Schlachtfeld einnehmen. Hierbei rückten die

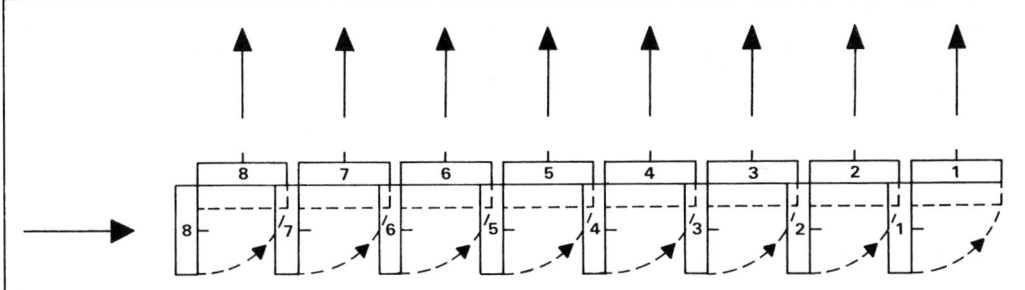

Entfaltung einer offenen Zugkolonne aus dem „parallelen" Annäherungsmarsch, hier dargestellt durch ein einzelnes Bataillon zu acht Zügen.
Bei einem richtigen Einsatz bestand die Linie aus einem oder zwei Flügeln Infanterie; sie konnte die zwanzigfache Länge betragen. Die Tiefe der jeweiligen Züge ist der Deutlichkeit halber übertrieben worden.

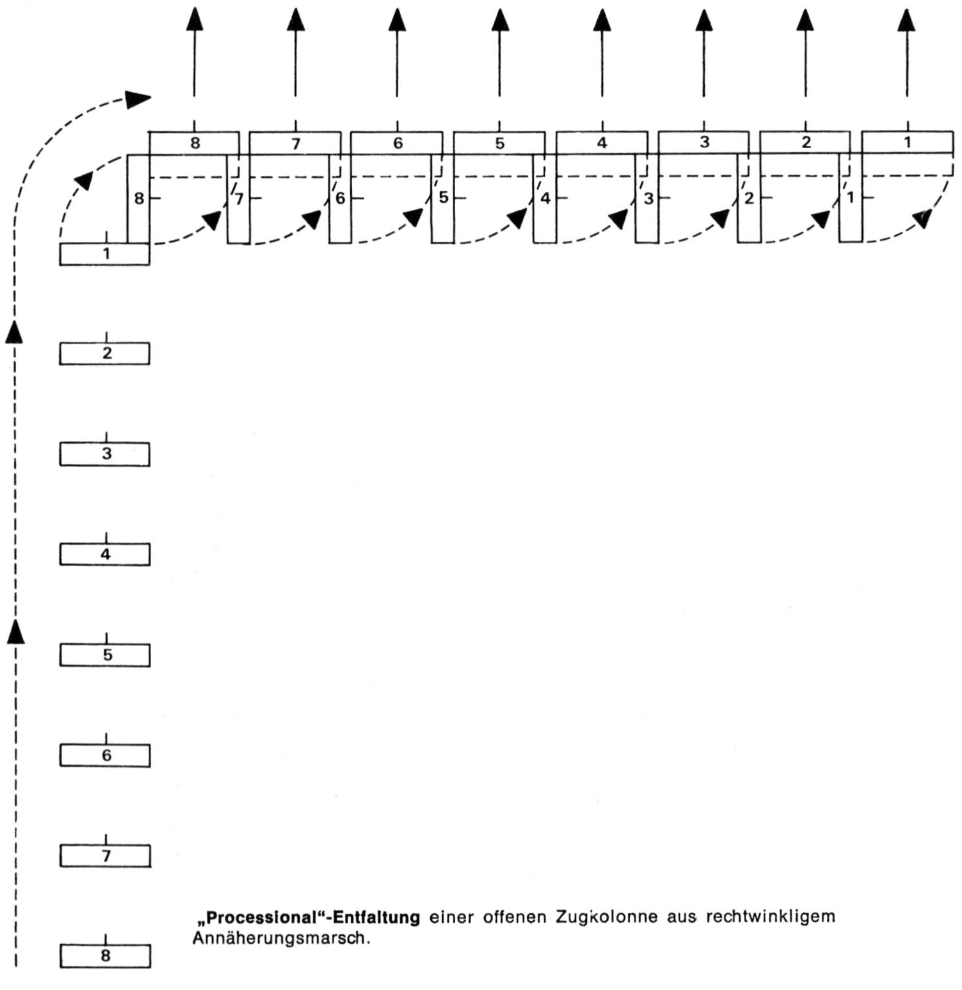

„Processional"-Entfaltung einer offenen Zugkolonne aus rechtwinkligem Annäherungsmarsch.

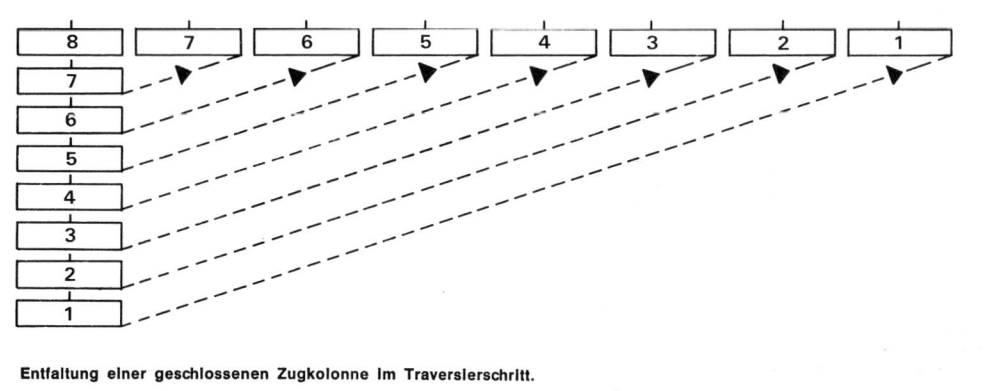

Entfaltung einer geschlossenen Zugkolonne im Traversierschritt.

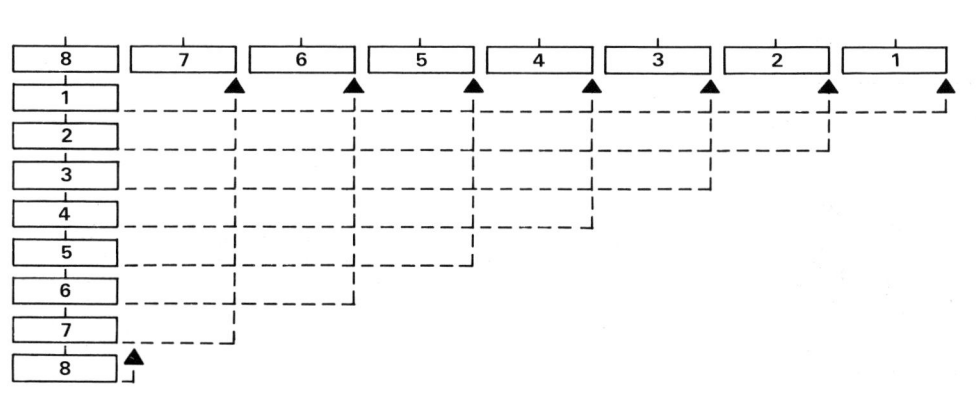

Entfaltung einer geschlossenen Zugkolonne En Tiroir.

Züge in offener Marschkolonne am linken Flügel des Schlachtfelds
entlang und schwenkten an vorher festgelegten Punkten dann
nacheinander nach rechts ein. Die Züge setzten daraufhin ihren
Weg in der neugewonnenen Richtung fort, bis der Befehl zum
Aufmarschieren in Linie erfolgte, und zwar in der gleichen Weise,
wie beim Parallelmarsch. Dieses Verfahren nannte man »Prozes-
sional«-Entfaltung.

Das mehr direkte System des senkrechten Abbrechens aus der »geschlossenen« Kolonne durch Züge oder Abteilungen wurde erstmals 1745 praktiziert und 1748 in die Vorschriften aufgenommen.
Hierbei klappten die einzelnen Unterabteilungen der geschlossenen Marschkolonne nach rechts oder links ab (manchmal in beide

127

Richtungen gleichzeitig), und bewegten sich in schräger Richtung auf ihre Plätze in der Schlachtordnung zu.

Die Ausführung war etwas kompliziert. In der ersten Version sah dieses Manöver einen eigentümlichen *Traversierschritt* oder auch *Schrägmarsch* vor, bei welchem die Schultern in Linie ausgerichtet blieben, während die Füße einen tanzähnlichen Schritt vollführten. Erfolgte die Verschiebung zum Beispiel nach rechts, dann wurde zunächst der rechte Fuß vorgesetzt und der linke überkreuz vor diesem nachgezogen. Dieser Vorgang wiederholte sich ständig und ergab eine schräge Marschrichtung.

1752 ersetzte man den komplizierten *Traversierschritt* durch die Entfaltung »en tiroir«. Bei dem neuen Verfahren brachen der Spitzenzug oder die vorausmarschierende Abteilung in Reihe rechts ab, und die rückwärtigen Unterabteilungen führten die gleiche Bewegung aus, sobald die Front vor ihnen frei war. Hatten die einzelnen Marschgruppen dann die Stelle erreicht, die in Höhe ihres jeweiligen Platzes in der künftigen Linie lag, machten die Soldaten linksum, und die Unterabteilungen rückten in die sich nunmehr formierende neue Linie ein.

Vier Anlässe sind einigermaßen authentisch belegt, bei denen die Preußen die senkrechte Entfaltung anwendeten: 1741 bei Mollwitz, 1756 bei Lobositz, bei Reichenberg im Jahre 1757, und 1757 bei Groß-Jägersdorf. Bei allen anderen Anlässen trafen sie auf dem Schlachtfeld im Parallelmarsch ein.

In seinem *Politischen Testament* von 1752 schrieb Friedrich, daß er seine Offiziere und Soldaten mit einem derartigen Maß an Sorgfalt nur ausgebildet habe, »um ihnen zu ermöglichen, sich schneller zu formieren, als irgendeine andere Truppe auf der Erde«.[21] Die ausländischen Beobachter waren in der Tat auch beeindruckt. Für Mirabeau schien die Vortrefflichkeit des preußischen Drills nur darin zu bestehen, daß man bei einigen im Grunde einfachen Bewegungen Perfektion erreichte,[22] wohingegen David Dundas feststellte:

»Obwohl die allgemeinen Bewegungen der preußischen Infanterie langsam und schwerfällig erscheinen, werden sie doch derart präzise ausgeführt, daß keinerlei Zeit durch Ausrichten oder Entfernungskorrekturen vergeht. Früher als jede andere trifft sie am Bestimmungsort ein und befindet sich auch dort allsogleich in perfekter Angriffsformation«.[23]

Aber die Preußen selber wußten nur zu gut, daß der Schein mitunter auch trog:

> »Wer muß nicht gestehen, daß es schön läßt, wann die Sache zuweilen gelingt, und ein Bataillon von zwei bis drittelhalb hundert Rotten, auf den Dilettanten, der gerad gegenüber hält, in langer Fronte anschreitet. Die zierlich bestiefletteten und knapp behoseten Schenkel arbeiten welchselweis durch einander, wie die Aufzüge der Fäden an den Geschirren eines Weberstuhls. Von den polierten Flinten, von dem kreideweißen Lederzeuge, prallt der Sonnenstrahl blendend zurück; in wenig Minuten ist der wandelnde Wall da. Die prächtige Evoluzionen gewährt aber doch nur einen frohen Genuß des Exerzierfeldes, und selbst den nicht immer. Ein umgepflügter Acker, ein zerwühlter Anger hindern mächtig; aus der Harmonie wird Dissonanz. Jeder aus dem Gleichtritt haschet darnach, ihn wieder zu gewinnen; hierzu muß er ein paarmal hinken, wodurch er zurück bleibt. Wann die Einen den Tritt wieder haben, verlieren ihn die Andern, der Anmarsch stockt, die Front schwankt.«[24]

Keine andere Armee übertraf die preußische in bezug auf die Feuergeschwindigkeit. Scharnhorst zufolge[25], benötigte die alte preußische Muskete elf Sekunden zum Laden und die neuere Ausführung mit dem »konischen« Zündloch und dem »zylindrischen« Ladestock sogar nur acht oder neun.

Drei weitere Sekunden mußten für die Feuerkommandos hinzugerechnet werden: »Machet euch fertig!«, »Schlaget an!« und »Feuer!«, wodurch man bei der alten Muskete auf etwa vier Schuß pro Minute, bei der neuen auf fünf oder sechs kam. Friedrich legte nach dem Siebenjährigen Krieg besonderes Gewicht auf die Schießausbildung; da er deren Ergebnis nach der Feuergeschwindigkeit bemaß, kontrollierte er bei Besichtigungen die Leistung seiner Regimenter häufig mit der Uhr. Auf dem Exerzierplatz mochte ein Elite-Bataillon wohl bis zu sieben Übungspatronen abfeuern, aber unter Einsatzbedingungen und mit scharfer Munition wurden selten mehr als drei Schuß pro Minute abgefeuert. Gaudi klagte: »Bei diesem verdammten Minutenfeuer sind die Leute nach einigen übereilten Feuerungen so erschöpft, daß sie nicht mehr können und man sie mit einem Finger umstoßen würde«.[26]

Friedrich zog 1740 mit einer Armee in den Krieg, welche in der komplizierten Taktik des Zug-Feuers geübt war, einer Ausbildungstechnik, die Marlborough und Leopold von Anhalt-Dessau im Spanischen Erbfolgekrieg entwickelt hatten und bei der es darum ging, ein ständiges Dauerfeuer zu unterhalten und geladene Musketen stets verfügbar zu haben. Das Zug-Feuer wurde von den Zügen eines Bataillons in der Reihenfolge 1., 8., 2., 7., 3., 6., 4. und 5. Zug abgegeben und das Abteilungs-Feuer analogerweise in der Reihenfolge 1., 4., 2. und 3. Abteilung (von rechts nach links gezählt), d. h. die rollenden Salven bewegten sich von den beiden Flügeln des Bataillons nach der Mitte zu. Das Bataillon konnte sowohl aus dem Halt als auch aus der Bewegung schießen. Im letzteren Fall hoppelte das Bataillon feindwärts und lud die Musketen bei einem Tempo von fünfundvierzig Schritt pro Minute. Die nachfolgenden Züge machten drei große Schritte vorwärts, feuerten und warteten auf das Aufschließen der nachfolgenden Einheiten.

Die Erfahrung lehrte jedoch, daß das ausgeklügelte System des Zug-Feuers im Einsatz recht unpraktisch war.

»Man fing an, mit Pelotons zu schießen, zwei, drei feuerten ordentlich; dann folgte ein allgemeines Losbrennen und das gewöhnliche rollende Feuer, wo jeder, der geladen hat, abdrückt, Rotten und Glieder sich mischen, die vordersten gar nicht dazu gelangen, sich aufs Knie niederzulassen, wenn sie auch wollten, und die Offiziere von unten an bis zu den Generalen hinauf mit der Masse nichts mehr anfangen können, sondern erwarten müssen ob sie sich endlich vorwärts oder rückwärts in Bewegung setzen werde«.[27]

Sogar noch vor Beginn des Siebenjährigen Krieges mußte Friedrich fast dem gesamten ersten Glied des in Schlachtordnung aufmarschierten Bataillons gestatten, im Kampf zusammengefaßte Salven abzugeben, weshalb er das Zugfeuer auf die zwei oder drei Bataillone an den Flügeln beschränkte. Das änderte jedoch nichts daran, daß das Zug- oder Abteilungs-Feuer bis zum Ende seiner Regierungszeit ein integraler Teil der Taktik auf dem Paradeplatz blieb, sehr zum Kummer seiner Generale. Toulongeon machte die Feststellung, daß man in der Armee durchweg für das Bataillons-Feuer war, und alte Kommandeure versicherten ihm, daß »sie im Verlauf eines langen und heißen Kampfes, bei dem viele Soldaten getötet werden, außerstande seien, das eigenmächtige Schießen ihrer Leute zu verhindern«.[28]

130

Hin und wieder mochte es vorkommen, daß ein Bataillon von Kroaten oder Husaren belästigt wurde, die eine volle Salve nicht wert waren. In solch einem Falle befahl der Major *Heckenfeuer*, was eine Art kontrolliertes Schützenfeuer bedeutete. Zwei Rotten traten in wechselnder Reihenfolge von den Zügen oder Halbzügen fünf Schritt vorwärts, formierten sich in zwei Glieder, schossen und traten daraufhin wieder an ihren alten Platz zurück, um den nächsten zwei Rotten Platz zu machen. Obwohl sich das alles sehr kompliziert anhört, kennen wir doch ein authentisches Beispiel aus der Schlacht von Kunersdorf, wo das Regiment von Bredow die österreichische und russische Kavallerie durch *Heckenfeuer* vertrieb.

Unter normalen Kampfbedingungen war es für die Männer im dritten bzw. letzten Glied schwierig, einen gezielten Schuß auf den Feind abzugeben. Das war auch der Grund, weshalb das erste Glied nach dem Laden auf das rechte Knie zu fallen hatte, während die beiden hinteren Glieder nach rechts »auf Lücke« traten, das zweite Glied 20 cm und das dritte 33 cm. Aber selbst unter günstigen Verhältnissen war das Feuer ungenau. Im Oktober 1755 ließ Winterfeld zwei Grenadierzüge auf ein Ziel von zehn Schritt Breite und 3,50 m Höhe schießen. Auf 300 Schritt erzielten die Grenadiere auf dieser nicht unbeträchtlichen Scheibe zwischen 10 und 13% Treffer. Bei 200 Schritt erhöhte sich die Trefferrate lediglich auf 16,6% und auf 150 Schritt erreichte man schließlich 46%.

Der Vormarsch der Hieb- und Stichwaffen

Während der ersten beiden Jahrzehnte seiner Regierungszeit ließ sich Friedrich überwiegend von der falschen Vorstellung leiten, daß der furchteinflößende Anblick vorrückender Truppen eine wirkungsvollere Waffe sei als die Kugel. Diese Fehleinschätzung kann als sein größter Irrtum als Militärtechniker angesehen werden.

Zu Beginn war Friedrich wahrscheinlich von dem weitverbreiteten Wiederaufleben des Interesses an klassischer Militärgeschichte beeinflußt, welches gegen die Mitte des XVIII. Jahrhunderts zu einer Neueinschätzung der Taktik führte. Daher wurde Friedrichs Vorliebe für Hieb- und Stichwaffen auch von Autoritäten wie den Franzosen Saxe und Folard sowie den österreichischen Generalen

Thüngen und Khevenhüller geteilt. Der erste Hinweis auf einen Wandel der preußischen Taktik erfolgte im April 1741, als Friedrich anordnete, daß seine Infanterie im Dienst ständig das Bajonett aufgepflanzt zu tragen hätte. Die »Selowitzer« Dispositionen für die Infanterie vom 25. März 1742 gaben weiteren Aufschluß, in welcher Richtung seine Gedanken gingen, und in dem *Reglement* von 1743 gab er der Armee die kühne Versicherung, daß kein feindliches Heer ihren Bajonetten je standhalten würde.

Die neue Taktik schien in dem Feldzug von 1745 eine blutige Bestätigung zu finden. Da war bei Hohenfriedberg der entscheidende Augenblick, als der Erbprinz Leopold von Anhalt-Dessau dem Regiment von Anhalt befahl, die sächsische Stellung ohne einen Schuß und ohne Marschänderung anzugreifen. Dem Regiment gelang ein eindrucksvoller Durchbruch, doch legte sich niemand darüber Rechenschaft ab, daß der Erfolg dem Unterstützungsfeuer zu danken war, welches von den beiden links und rechts eingesetzten Bataillonen kam.

Bei Soor und Kesselsdorf gerieten die Preußen im gleichen Jahr in eine üble Situation, als sie Batterien frontal angriffen. Aber in beiden Fällen verließ der Feind seine feste Stellung, um zur Verfolgung anzutreten, wodurch sich den Preußen die Gelegenheit bot, sie im offenen Feld zu schlagen und anschließend, in der allgemeinen Verwirrung die Kanonen zu überrennen. In seinen *General Principia* regt Friedrich daher an, den Feind durch einen einleitenden Angriff zunächst einmal zu fesseln, wenn es gilt ihn aus seinen Batteriestellungen zu locken, dann in gespielter Unordnung zurückzufallen und schließlich dem nachstoßenden Gegner mit dem Bajonett den Fangstoß zu geben.

Er trat weiter voll und ganz dafür ein, Willenskraft über Feuerkraft zu setzen, »denn es ist die kühne Front, welche den Gegner schlägt, nicht Feuer . . . Sie entscheiden das Treffen schneller, indem Sie geradewegs auf den Feind zumarschieren und nicht erst mit den Musketen losknallen. Je eher das Gefecht beendet ist, desto weniger Männer verlieren Sie«.

In dem Bemühen, die Hieb- und Stichwaffen noch wirkungsvoller zu gestalten, führte Friedrich für das erste Glied ein noch längeres und widerstandsfähigeres Bajonett ein und ließ im Februar 1755 an die Unteroffiziere und verschiedene Männer des dritten Gliedes ein monströses, 3,96 m langes *Kurzgewehr* ausgeben (siehe vorn).

132

Hierbei handelte es sich buchstäblich um den Versuch, die Pike von neuem als Kriegswaffe einzuführen und die Entwicklung der Taktik um sechzig Jahre zurückzuwerfen.

Die zusammenhanglosen Kämpfe bei Lobositz (1. Oktober 1756), zu Beginn des Siebenjährigen Krieges boten Friedrich wenig Gelegenheit, seine neuen Methoden zu erproben. Doch im darauffolgenden Jahr, bei Prag am 6. Mai 1757, gelangte das Vorrücken ohne Schuß auf breiter Front zur Anwendung; es führte zu einem Blutbad bei verschiedenen friderizianischen Regimentern, die von österreichischer Artillerie zusammenkartätscht wurden. In seinen Erinnerungen macht General v. Warnery allein die neuartigen Methoden für dieses Massaker verantwortlich.[29]

Friedrich sah sich in der Folgezeit gezwungen, seine Vorstellungen zu revidieren und zur Taktik der Feuerkraft zurückzukehren. Die Schlacht von Rossbach (5. November 1757) wurde weitgehend von der preußischen Kavallerie entschieden, bevor noch die Infanterie in Aktion treten konnte, aber einen Monat später, bei Leuthen, war das preußische Gewehrfeuer von ausschlaggebender Bedeutung. Und dabei blieb es auch bis zum Kriegsende.

»In früheren Zeiten«, schrieb Friedrich 1768, »war es ein Vorteil, für den Einsatz der Bajonette große Kerle zu haben«, ». . . aber heutzutage besorgt das alles die Kanone, und der Infanterist mit seiner Hieb- oder Stoßwaffe kommt an den Gegner gar nicht mehr heran . . . Schlachten werden durch Feuerüberlegenheit entschieden. Außer beim Angriff auf verteidigte Stellungen, wird die Infanterie, welche schneller zu Laden versteht, stets der langsamer ladenden überlegen sein«.[30]

Man erwartete daher in der letzten Dekade seiner Regierungszeit von der Infanterie, daß sie überwiegend mit Feuer kämpfte. Als General d'Hullin 1786 auf einer Rundreise die Armee besuchte berichteten ihm Möllendorff und mehrere andere alte Kommandeure, »daß sie nie näher als auf einhundert Schritt an den Feind herangekommen seien.«[31]

Die Bedrohung durch die Kroaten

Friedrich ging davon aus, daß die preußische Infanterie bei einer Begegnung mit regulären österreichischen Truppen stets den Sieg davontragen würde — aber die Dinge lagen erheblich anders, wenn die Preußen in durchschnittenem Gelände auf Kroaten stießen, die die Österreicher als Leichte Infanterie verwendeten. Diese Leute rekrutierten sich aus der Bevölkerung christlicher Flüchtlinge, welche die österreichischen Behörden entlang der türkischen Grenze angesiedelt hatten. Sie waren wendig, hart und ungemein zuverlässig und taten sich besonders beim Kampf in aufgelöster Ordnung hervor — ein wenig auf Indianerart — wobei sie sich ein schwieriges Gelände aussuchten, in dem die geschlossene Kampfweise der Preußen diesen zum Nachteil gereichte. Fast in jedem Regiment zirkulierte eine Schreckensgeschichte, in der es um irgendeine Episode ging bei der man von den Kroaten in einer ungünstigen Situation erwischt worden war.

In seinen *General Principia* warnte Friedrich seine Generale vor der Kroatengefahr in einem Gelände, welches deren Kampfesweise entgegenkam, er war sonst aber bemüht, die übrige Armee den ganzen Umfang der Bedrohung nicht erkennen zu lassen. Im April 1758 hörte General Philip Yorke ihn über die Kroaten sagen, daß er vor ihnen mehr auf der Hut sei als vor irgendwelchen anderen Truppen und daß Yorke die Verachtung, die er ihnen zolle, hoffentlich nicht für bare Münze nähme; aber er wüßte sich keinen anderen Rat, seine Soldaten mit Selbstvertrauen zu erfüllen, als sie als *Kanaillen,* als die übelste Soldateska zu behandeln, und daß es für sie (die Preußen), unmöglich sei, ihnen etwas Gleichwertiges gegenüberzustellen und er es durchaus nicht liebe, einer solchen Kriegführung immer wieder seine reguläre Infanterie zu opfern.[32]

Immer wieder fiel es Friedrich ein, daß er eigentlich etwas unternehmen müsse, um eine Antwort auf die Herausforderung der Kroaten zu finden, aber das Übel war, daß er kaum über Männer verfügte, die anders als in massierten Verbänden, und unter den Augen ihrer Offiziere, zu fechten verstanden. Die Experimente mit den »Freibataillonen« zeitigten alle katastrophale Ergebnisse. Erst gegen sein Lebensende begann Friedrich an etwas so Unpreußisches zu denken, wie eine bodenständige Leichte Infanterie.

5

Die Kavallerie

Friedrichs schöpferischer Einfluß auf die verschiedenen Waffengattungen zeigte sich wahrscheinlich bei der Kavallerie am deutlichsten. Nach einem nicht gerade überwältigenden Debüt (im Jahre 1740) wuchs die Tüchtigkeit und Moral der preußischen Reiterei ständig weiter, bis sie schließlich im Siebenjährigen Krieg, bei den Schlachten von Rossbach, Leuthen und Freiberg, die Entscheidung herbeiführte. Das Verdienst hierfür gebührte zum Teil dem König selbst, der von der berittenen Kriegführung eine äußerst klare Vorstellung besaß, zum anderen der Arbeit seiner beiden Gehilfen — des »Husarenkönigs« Hans Joachim v. Zieten und des ausschweifenden Friedrich Wilhelm v. Seydlitz, mit den stets verschlafenen Augen, dem vermutlich begnadetsten Menschenführers im Preußen des XVIII. Jahrhunderts.

DAS MATERIAL

Die Struktur der friderizianischen Kavallerie zeigt wenig von der jener geprügelten und mehr an Leibeigene erinnernden Massen der Infanterieregimenter. Die Reiter der Kürassiere (schwere Kavallerie) und der Dragoner (mittlere Kavallerie) wurden grundsätzlich aus dem besten Material der Regiments-Kantone ausgewählt. Sie bestanden aus den Söhnen wohlhabender Bauern, die anläßlich eines Urlaubs, oder ihrer Entlassung, ihre Pferde wieder mit nach Hause zu nehmen pflegten. Auch die ausländischen Elemente stammten für gewöhnlich aus besseren Schichten als ihre Kameraden von der Infanterie. Die Sicherheit der Armee und

Reiter des Kürassierregiments Nr. 22. Offenkundig handelt es sich um eine Übung, da der Karabiner sonst nicht mit dem Lagerpfahl zusammengeschnallt wäre, sondern an der Schlinge des Karabinergurts hängen würde. Strohgelbes oder zitronenfarbenes Kollett, karminrote Aufschläge, Kragen und Chemisette, schwarzer Küraß mit karminrot lackiertem Rand, karminrote Pistolenhalfterklappen, Satteldecke und Säbeltasche, strohgelbe oder zitronenfarbene Reithosen, weiße Lederhandschuhe und Lederzeug. Dreispitz mit schmaler Goldborte.

die Wirksamkeit der Maßnahmen gegen Desertion hingen weitgehend von der Loyalität von Friedrichs Kavallerie ab.

Ausgesuchte Männer dieser Art sprachen auch am besten auf die »modernen« Führungsgrundsätze an. Jemand, der zeitlebens Seydlitz' Freund war, schrieb hierzu: »Er war der festen Überzeugung, daß der Offizier alles das, was er von dem gemeinen Mann fordert, bis auf alle Kleinigkeiten herab in größerer Vollkommenheit als dieser wissen und verstehen müsse.«

Nur durch eine derartige Überlegenheit konnte seinen Befehlen auch die erforderliche Autorität innewohnen. Er hielt es nicht für genug, »daß dieser blos gebiete, was jener zu machen hat; er muß es ihm auch mustergültig vorzumachen im Stande sein«.[1]

Bei den Husaren lagen die Dinge ein wenig anders, denn zum einen konnten sie sich nicht auf zugewiesene Kantone stützen, zum anderen waren die gebürtigen Preußen die Kampfweise der leichten Kavallerie zunächst nicht gewohnt. Anfangs hatte Friedrich noch Ausschau nach ungarischen Renegaten und sonstigen ungezähmten Völkerschaften halten müssen, bis dann die Erfahrung lehrte, daß die Möglichkeiten zur Plünderung, und die sonstigen Verlockungen des Dienstes als Anreiz ausreichten, um genügend Leute für die Husaren zu bekommen.

Friedrich erweckte gern den Anschein, als ginge es ihm darum, einen wesentlich leichteren und beweglicheren Kürassier und Dragoner heranzuziehen, als jene Kolosse es waren, die noch sein Vater verwendet hatte. Tatsächlich aber bedurfte es schon einer beträchtlichen Statur, wollte man den schweren eisernen Küraß tragen und sich ohne fremde Hilfe in den Sattel eines großen Pferdes schwingen. Friedrich setzte daher für seine Kürassiere und Dragoner auch ein Mindestmaß von 1,65 m fest, welches allerdings für gewöhnlich erheblich überschritten wurde.

Bei den Husaren befand sich jedoch ein großer Mann entschieden im Nachteil, weshalb Rekruten mit einer Größe von über 1,65 m nicht angenommen wurden.

Die Kavalleriepferde wurden teils von den einzelnen Regimentern selbst eingekauft, teils stammten sie aber auch von großen Herden, welche die Militärverwaltung erworben hatte und sie dann an die Kavallerie weitergab. Spätestens in der zweiten Hälfte von Friedrichs Regierungszeit standen die körperlichen Ausmaße der Remonten in einem angemessenen Verhältnis zu denen ihrer Reiter.

Für die Kürassierpferde legte der König eine Mindesthöhe von 1,60 m, für die der Dragoner 1,57 m fest; lediglich die Husarenpferde durften kleiner sein. Als Friedrich 1757 an der Spitze der Meinicke-Dragoner in die Stadt Gotha einritt, veranlaßte dies einen Augenzeugen zu der folgenden Bemerkung: »Mann und Pferd preußisch, das ist: groß, stark und schön«.[2]

Für die Kürassiere und Dragoner war das Reitpferd »par excellence« das einheimische Pferd aus Norddeutschland, vor allem der ausdauernde Holsteiner — ein Tier von einem etwas leichteren Gebäude als das gleichnamige im XIX. Jahrhundert. Dieser Ausdauer des Holsteinischen Pferdes war es zu danken, daß sechsundzwanzig preußische Schwadronen, 1745 bei Soor, erst eine Schlucht zu überwinden vermochten, dann die steilen Hänge der Graner Koppe bezwangen, auf der die österreichischen Stellungen lagen, und schließlich bis in die jenseitigen Täler vordrangen.

Da die Dunkelfärbung des Fells als Zeichen von Qualität galt, verfügte Friedrich 1751, daß die echten Rappen zu den Kürassieren zu gehen hätten und die hinreichend schwarzen und schwarzbraunen Rosse zu den Dragonern. Für die feingliedrigen »polnischen« Pferde der Husaren bestanden indessen keine farblichen Bestimmungen. Sie wurden in Südpolen, Rußland, an der Moldau und in der Wallachei eingekauft, für die ihnen zugewiesenen Aufgaben eigneten sie sich ganz ausgezeichnet. Besonders gut demonstrierten sie ihre Geschwindigkeit und ihr Stehvermögen im Jahre 1760, als General v. Warnery mit seinen 800 Husaren das österreichische Dragonerregiment des Erzherzog Joseph ständig belästigte und schließlich derart an den Rand der Erschöpfung brachte, daß ihm die Einbringung von 400 Gefangenen gelang.

Durch eine Vielfalt von Hilfsmaßnahmen gelang es Friedrich, die schrecklichen Pferdeverluste des Siebenjährigen Krieges immer wieder einigermaßen aufzufüllen.

Allein in dem Feldzug von 1759 verlor er 20 000 Pferde, konnte aber im darauffolgenden Winter durch General Werner in Mecklenburg 2 000 und im nächsten Frühjahr in Thüringen ebenfalls zahlreiche Pferde aufbringen lassen. Was dann noch fehlte, wurde durch die Requisitionen in Sachsen und durch die große Anzahl von »polnischen« Pferden gedeckt, welche die jüdischen Händler, ungeachtet des Krieges, stets zu liefern verstanden.

Mit Beginn des Jahres 1763 tauchten »polnische« Pferde auch in

139

den hinteren Gliedern der Dragonerregimenter auf, und schließlich machte man ganze Regimenter mit diesen Tieren beritten, obwohl die meisten Mannschaften und Offiziere eindeutig deutsche Pferde bevorzugten. Die Kürassiere behielten auf alle Fälle ihre einheimischen Pferde, auch wenn deren Qualität allmählich unter den Standard der 1750er Jahre sank.

Friedrich selbst hielt besonders viel von der »alten englischen Pferderasse«, wie er sie nannte, — stark gebaute und große Tiere mit leichten Gängen — für die er den Händlern einen Stückpreis bis zu 75 Pfund zahlte. Die Generale seiner Suite ritten Pferde des gleichen Schlages. Die Dienstanweisungen für die Armee wiesen deshalb auch darauf hin, daß man an ihnen das königliche Gefolge erkennen könne.

KAVALLERIEARTEN

Die Kürassiere

Die Kürassiere waren die direkten Nachfahren der gepanzerten Ritter des Mittelalters. Man stattete sie mit eisernen Brustharnischen und mächtigen Pferden aus, wobei ihnen die althergebrachte Aufgabe zuteil wurde, den Widerstand der gegnerischen Reiterei zu brechen und die Flanken der Infanterie einzudrücken.

Friedrich besaß dreizehn Kürassierregimenter (einschließlich des Regiments Garde du Corps, welches im Jahre 1740 aufgestellt worden war), wodurch er insgesamt auf dreiundsechzig Schwadronen kam.

Die zwölf ältesten Regimenter bestanden aus je fünf Schwadronen, das Garde du Corps dagegen besaß nur drei. Die Verwaltungsabteilung der Schwadronen setzte sich aus zwei Kompanien zusammen, welche aus taktischen Gründen allerdings in vier Züge aufgeteilt war.

Rechnet man die zwölf Supernumerare pro Schwadron hinzu, so zogen die Kürassier- und Dragonerregimenter mit einer Stärke von ungefähr 37 Offizieren, 70 Unteroffizieren, 5 Hufschmieden, 10 Sanitätern, rund 20 Trompetern und Trommlern sowie dem Personal des Regimentsstabs in den Krieg. Insgesamt kam man so auf etwa 872 Mann. Diese Zahl stieg durch Erhöhung der überzähligen Stellen im Februar 1755 allerdings auf 890 an. Die Kürassier- und Dragonerschwadron des Siebenjährigen Krieges zählte an die 185 Mann, welche sich aus 6 Offizieren, einem Dutzend Unteroffizieren, 150—160 Reitern, 2 Trompetern, 3 Trommlern, 1 oder 2 Hufschmieden und einem Schwadronstrupp zusammensetzte. Während der gleichen Zeit verfügte ein Regiment über etwa 740 Dienstpferde, zu welchen aber noch die ca. achtzig Reitpferde der Offiziere (einschließlich Ersatzpferden) hinzugerechnet werden müssen.

Die Kürassieruniform war schmuck und praktisch. Sie wurde gekrönt von einem großen schwarzen Dreispitz, welcher sich bei dem einzelnen Reiter zwar etwas komisch ausmachte, insgesamt aber recht eindrucksvoll wirkte. Streifen aus Eisen durchzogen das Oberteil, sie sollten gegen Säbelhiebe schützen. 1762 führte Friedrich für die Kopfbedeckung seiner Kürassiere weiße Federbüsche ein, um sie so von den österreichischen Kürassieren besser abzuheben, die eine ähnliche Uniform trugen. Bedauerlicherweise wurde diese Mode aber von fast allen übrigen europäischen Ländern nachgeahmt, so daß der eigentliche Zweck nicht erreicht werden konnte.

Über seinem Hemd trug der Kürassier ein Kamisol, welches ab 1735 »chemisette« genannt wurde, und ein »Kollett« (ein kurzer Umhang mit engen Ärmeln) aus strohgelbem Tuch, oder ein »Kirsey«, welches gegen Ende des Zweiten Schlesischen Krieges den ursprünglichen Lederkoller der preußischen Reiterei völlig verdrängt hatte.

War es angeschmutzt, wurde es mit Leimfarbe übermalt. Nachdem es sich aber als schwierig erwies, innerhalb der Regimenter immer den richtigen Farbton zu treffen, verwendete man später statt der gelben nur noch weiße Farbe. Etwa ab 1780 ging man zu Kollern aus weißem Stoff über. Die Reithosen waren aus weichem Leder gearbeitet, die Strümpfe reichten bis zwei Finger breit oberhalb der Stulpen der gewichtigen Reitstiefel. Die steife Halsbinde war aus schwarzem oder rotem Tuch.

Der Küraß bestand aus einer schweren eisernen Brustplatte. Er wurde mittels zweier kreuzweise über den Rücken laufenden gelben Lederriemen gehalten (nach dem Siebenjährigen Krieg wurden diese weiß). »Sie mußten sehr fest geschnallt werden, weil sie sonst bei dem Stürzen mit dem Pferd leicht in die Höhe fahren, und die Leute stark beschädigen konnten«.[4] Dem Garde du Corps wurde die Auszeichnung zuteil, Brustpanzer aus blankpoliertem Metall tragen zu dürfen, die der übrigen Regimenter waren schwarz. Die Kürasse der Offiziere wiesen einen breiten goldenen Rand sowie eine gekräuselte Stoffeinfassung in den Regimentsfarben auf, die der Reiter hingegen nur eine dünne Paspelierung. Über der rechten Schulter hing an einem schmalen Ledergurt, oberhalb der linken Hüfte, die kleine Patronentasche, welche achtzehn Patronen für den Karabiner und zwölf für die beiden Pistolen enthielt. Der Karabiner wurde an der rechten Seite getragen und war mittels eines Hakens oder einer Schlinge in einen separaten Karabinerriemen eingehängt, einem breiten, mit buntem Stoff gefütterten Ledergurt, der über die linke Schulter lief. Mußte der Karabiner nicht sofort griffbereit sein, war er in der Regel mit dem Lagerpfahl zusammengeschnallt, und zwar an der rechten Seite des Sattels, mit der in einem Lederfutteral steckenden Mündung nach vorne. Die Kürassiere und Dragoner aller Grade waren mit je zwei Pistolen ausgestattet, die in schweren Lederhalftern vorne am Sattel steckten und gestickte Tuchabdeckungen aufwiesen.

Offiziere und Unteroffiziere führten hingegen keine Karabiner. Bei sämtlichen Kavallerie-Arten wurde der Säbel an einem Koppel auf der linken Seite getragen. Die Klinge besaß eine Länge

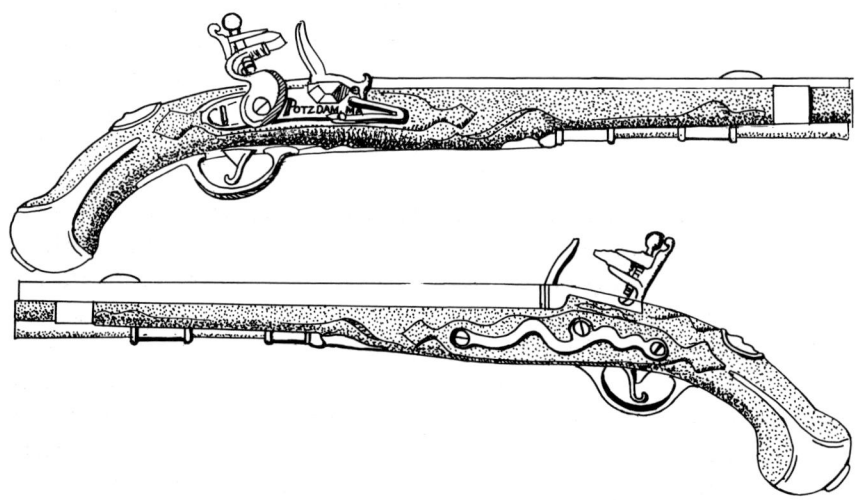

von 1,00 bis 1,05 m, war breit, gerade und zweischneidig, bog sich aber leicht, wenn man sie zum Stechen statt zum Hauen verwendete. Der Handschutz war eine massive Angelegenheit und der Zugang zum Griff so eng, daß sich beim raschen Zupacken mitunter Schwierigkeiten ergaben.

Das gestickte königliche Monogramm sowie der unterschiedliche Besatz in den Regimentsfarben erschienen auf der Satteldecke, den Klappen der beiden Pistolenhalfter und auf den Säbeltaschen der Kürassiere und Husaren.

Zu den weniger schmucken Uniformstücken der Kürassiere und Dragoner gehörten das Krätzchen und der Kittel aus Leinen oder Drell, welche beim Füttern und während der Stallarbeit getragen wurden, sowie die Reitjacke aus ungefärbter grauer Wolle (an deren Stelle die Mannschaften 1756 einen ärmellosen dunkelblauen Rock empfingen).

Jeweils am Ende von zwei Jahren erhielt der Reiter einen neuen Hut, Rock, Chemisette, Reitstiefel und zwei Paar Strümpfe. Zwei Hemden, zwei Haarbänder und zwei Halsbinden wurden alljährlich ausgegeben. Der Mantel hatte fünf Jahre zu halten.

Die Dragoner

Dragoner traten erstmals während des Dreißigjährigen Krieges in Erscheinung, als sich die Kommandeure nach einer Waffengattung umsahen, welche die Geschwindigkeit der Reiterei mit der Feuerkraft der Infanterie in sich vereinen sollte. Aber da im Laufe der Jahre die Dragoner zu hoch bewertet wurden, hat man sie im Preußen des alten Friedrich Wilhelm zu einer Truppe umgestaltet, die befähigt war, zusammen mit den gepanzerten Kürassieren in den offenen Reiterkampf einzugreifen.

Friedrich übernahm zehn Dragonerregimenter von seinem Vater. Ein elftes stellte er 1744 auf, ein zwölftes sieben Jahre später. Die in der Rangfolge an fünfter und sechster Stelle stehenden Regimenter fielen mit ihren zehn Schwadronen stärkemäßig aus dem Rahmen, während alle übrigen — genau wie die Kürassiere — lediglich über fünf Schwadronen verfügten. Im Gegensatz zu den Kürassieren besaßen die Dragoner keinen Brustpanzer, sie trugen stattdessen einen langen Uniformrock nach Art der Infanterie (ursprünglich weiß, ab Juni 1745 hellblau). Der Karabiner des

Dragoners, zu dem ein Bajonett gehörte, war längenmäßig ein Kompromiß zwischen der Muskete der Infanterie und dem eigentlichen Karabiner der Kürassiere und Husaren. Sowohl der Karabiner als auch die Patronentasche aus schwarzem Leder hingen an einem Bandelier — bis zum Ende des Siebenjährigen Krieges aus gelbem Leder, später weiß — welches der Reiter über die linke Schulter schlang. Der Messing-Handschutz des Pallasch war leichter zugänglich als der der Kürassiere, und trug einen Knauf in Gestalt eines Adlerkopfes.

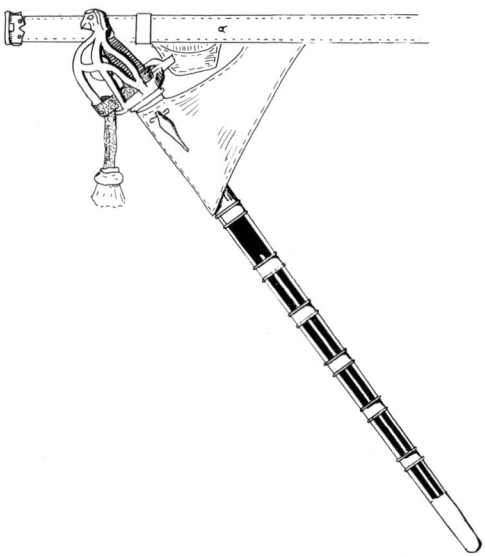

Da die Gliederung der Dragoner bereits erwähnt wurde, wollen wir uns später nur noch einmal mit ihrem Einsatz beschäftigen. Im Augenblick genügt es hinzuzufügen, daß eines ihrer Regimenter, die Bayreuther Dragoner Nr. 5, den berechtigten Ruf besaßen, eine der schlagkräftigsten Einheiten der gesamten friderizianischen Armee zu sein.

Die Husaren

Die Husaren waren ein Typ von leichten Reitern, die ursprünglich aus Ungarn stammten. Man verwendete sie in ganz Europa, und

144

zwar für solche Aufgaben, die Schnelligkeit und Beweglichkeit voraussetzten: vor allem für Patrouillen- und Aufklärungstätigkeit, Überfälle, Verfolgungen sowie für die Sicherung von Flanke und Rücken der schweren Kavallerie auf dem Schlachtfeld.

Die ersten Husaren in preußischen Diensten wurden 1721 durch den Dragonergeneral v. Wuthenow aufgestellt. Friedrich Wilhelm trieb dieses Experiment zunächst nicht weiter voran, bis er dann, 1729, beim Besuch seiner Tochter, der Markgräfin von Bayreuth, mit den dortigen Husaren in Berührung kam. Sie begleiteten seine Kutsche, beleuchteten den Weg mit Fackeln und haben ihn insgesamt stark beeindruckt. Die erste Formation der Leibkorps-Husaren entstand 1731, doch gab es bereits sechs Jahre später ein unabhängiges Korps von fünf Schwadronen.

Lange Zeit stellten die preußischen Husaren Friedrich Wilhelms eigentlich nur eine weitere Kaprice des Monarchen dar — etwas aufgeputzter vielleicht als die riesigen Grenadiere, aber nicht halb so kostspielig.

Der König gab zu, daß »ein deutscher Kerl sich nicht so gut zum Husaren schicke wie ein Ungar oder Pole . . .«[5] Zu dem Offizierkorps zählten auch wunderliche Typen wie der kleine Hans v. Zieten. Er wurde 1699 geboren, entstammte dem niederen Brandenburger Landadel und war vom Soldatenberuf derart besessen, daß er seit seinem neunten Lebensjahr jeden Sonntag nach Ruppin wanderte, um sich dort von einem Grenadier das Haar richten und pudern zu lassen. Seiner anfänglichen Neigung zur Infanterie folgend, trat er in das Regiment von Schwerin ein. Dort aber blieb er bald wegen »seiner kleinen Statur und schwachen Stimme« an der Fähnrichsecke hängen. 1724 beschwerte er sich bei Friedrich Wilhelm über die »mannigfachen Ungerechtigkeiten, die er zu erdulden habe«, doch der König wies das Regiment lediglich schriftlich an, ihn zu entlassen. Nachdem er es daraufhin in dem Dragonerregiment von Wuthenow versuchte, stieß er prompt mit dem Stabskapitän zusammen. Dies führte zu einer heftigen Auseinandersetzung, die ihm zunächst einige Zeit in den Kasematten der Festung Königsberg, anschließend ein Duell und die Kassation eintrug.

Der streitsüchtige, im Grunde seines Herzens aber gutmütige Zieten fand seine eigentliche Berufung erst 1731, als er durch Fürsprache des General v. Buddenbrock reaktiviert und Chef einer neuen Schwadron Leibkorps-Husaren wurde. 1735 wurde er mit einem Detachment von 120 Reitern an den Rhein geschickt, um im Krieg des Kaisers gegen die Franzosen ». . . die Ordre und Gewohnheiten der Kaiserlichen Husaren abzusehen«.[7] Er empfing viele wertvollen Lehren von dem Chef der österreichischen Husaren, Oberstlieutenant v. Baranyay, und wurde nach seiner Heimkehr zum Major befördert.

Neun Husarenschwadronen erwarteten Friedrich 1740 bei seiner Thronbesteigung: die Leibkorps-Husaren, inzwischen auf drei Schwadronen angewachsen, und die sechs Schwadronen der preußischen Husaren. Diese Einheiten bildeten den Stamm von vier der fünf neuen Husarenregimenter, welche Friedrich 1741 aufstellte: Nr. 1 die Grünen Husaren, Nr. 2 die Roten Husaren, Nr. 3 die Blauen Husaren und Nr. 5 die Schwarzen Husaren. Das Regiment Nr. 4, die Weißen Husaren, hatte eine andere Entstehungsgeschichte und rekrutierte sich vorwiegend aus polnischen Deserteuren. Drei weitere Husarenregimenter wurden zwischen 1742 und 1745 aufgestellt, ein neuntes Regiment folgte 1760 (Bosniaken), und 1773 noch ein zehntes.

Die Husarenregimenter erhielten die beträchtliche Stärke von zehn Schwadronen, wodurch sie einen Personalbestand von 1 100 bis über 1 500 Mann aufwiesen.

Die Uniformen ahmten das ausgefallene Beispiel der »echten« ungarischen Husaren in österreichischen Diensten nach, nämlich den Dolman, die mit Pelz gefütterte Jacke, enge Lederhosen und Reitstiefel nebst Überziehhosen aus Stoff, welche sowohl im preußischen Heer als auch anderswo »Schalawary« genannt wurden. Die ursprüngliche Pelzmütze aus Bären- oder Wolfsfell wurde 1756 durch eine Filzmütze in Form eines umgekehrten Blumentopfs ersetzt, welche sich *Filzmütze, Mirliton, Flügelmütze* oder auch *Schackelhaube* nannte.

Diese war mit einem flatternden Zipfel versehen, der normalerweise jedoch um die Mütze gewickelt und nur bei Paraden und im Kampf frei hängend getragen wurde.

Die meisten Husaren waren mit einem kurzen Karabiner mit glattem Lauf bewaffnet. Nach Beendigung des Zweiten Schlesischen Krieges wurden die jeweils zehn besten Männer einer Schwadron jedoch mit Karabinern mit gezogenem Lauf ausgerüstet und erhielten eine Spezialausbildung im Schießen und in der Aufklä-

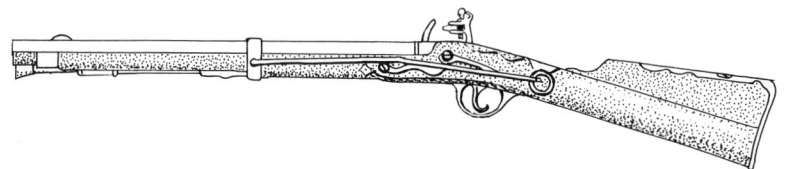

rungstätigkeit. Der Husarensäbel besaß eine gebogene Klinge von 102,5 cm Länge, die zwar leicht aber trotzdem sehr gut war.

Der Eindruck, den die preußischen Husaren bei ihrem ersten Auftreten im Ersten Schlesischen Krieg machten, war alles andere als weltbewegend. Sie konnten nur tatenlos zusehen, wie sich die österreichischen Husaren in dem umliegenden hügelreichen Gelände tummelten, und den Weißen Husaren blieb nichts als die kalte Wut, wenn der Feind angesichts ihrer weißen Pelzjacken stets nur in ein höhnisches »Blä! Blä!« ausbrach. Einzig bei Mollwitz zeichneten sich die Husaren aus, als sie die Bagage ihrer eigenen Armee visitierten, weshalb Friedrich nach der Schlacht auch eine verächtliche Weisung erließ: »Weiber, Husaren und Packknechte sollen, wenn sie beim Plündern betroffen werden, sogleich gehängt werden«.[8]

Wenn die Husaren sich dennoch einen guten Ruf erwarben, so haben sie dies allein dem kleinen Zieten zu verdanken, der sich inzwischen gefangen hatte. Eingedenk seines aufbrausenden Temperaments faßte er »den entscheidenden Entschluß, nie wieder Alkohol anzurühren, und im weiteren Verlauf seiner Feldzüge trank er, dieser erste Husar seines Zeitalters, nur noch Wasser«.[9]

Als Führernatur vom Schlag eines Seydlitz (der übrigens auch einmal Husar war), hielt Zieten nichts von der körperlichen Züchtigung, obwohl »nur ein böses Wort von ihm machte mehr Eindruck, als fünfzig Prügel«.[10] Er gewann Friedrichs Vertrauen als »mein braver Zieten. Energisch und kühn macht der Erfolg ihn nicht hochmütig noch der Mißerfolg niedergeschlagen. Er ist glücklich, kommt es zum Handgemenge mit dem Gegner«.[11] Der Überfall auf Rothschloß am 22. Juli 1741 war vermutlich die Kampfhandlung, die mehr als jede andere die Moral der Husaren rettete. Mit sechs Schwadronen attackierend, jagte der Major die Österreicher kurzerhand in die Flucht und zwang seinen alten Mentor Baranyay, sich mittels einer Planke über einen Flußlauf in Sicherheit zu bringen. Anschließend schickte dieser einen Trompeter zurück und ließ ausrichten, daß er glücklich sei, einem so gefährlichen Schüler durch die Flucht entkommen zu sein.

Das erste eigentliche *Reglement* für die Husaren trägt das Datum vom 1. Dezember 1743. Eine Vorrangstellung nimmt in ihm die Weisung an die Offiziere ein, für tägliche Reitübungen zu sorgen, denn »seine Majestät verlangen, daß ein Husar zu Pferde so adroit sei, daß er, wenn das Pferd in vollem Lauf ist, mit der Hand von der Erde etwas aufheben und einer dem andern in vollem Jagen die Mütze abnehmen kann«.[12] Die Husaren mußten dann lernen, wie man in aufgelöster Ordnung kämpfte und wie man am besten mit dem Säbel und dem Karabiner umging. Mit das Wichtigste war hierbei das Ausschwärmen in Verbänden von 2 000 bis 4 000 Mann in der Rolle »einer Spinne in der Spinnwebe, welche man nicht anrühren kann, ohne daß sie es nicht fühlet«.[13] Aus der ungewöhnlichen Stärke dieser »Patrouillen« darf wohl gefolgert werden, daß sich die preußischen Husaren ihren österreichischen Gegnern noch nicht ebenbürtig fühlten.

Für die Husaren wirkte sich nachteilig aus, daß Zietens Einfluß in der Zeit zwischen dem Frieden von 1745 und dem Ausbruch des Siebenjährigen Krieges ein wenig zurückging.

Bei den Friedensmanövern beging er einige läppische Fehler, die Friedrichs Vertrauen erschütterten, und außerdem enttäuschte er den König durch seine Weigerung, sich bei Kriegsspielen an hypothetischen Lagebesprechungen zu beteiligen. »Mein Kopf kann sich nicht mit dem leeren Raum beschäftigen — ich muß den Gegenstand tatsächlich vor mir haben. Mich inspirieren und beeindrucken nur Tatsachen. Dann weiß ich was zu tun ist und tue es«.[14]

Durch diese zeitweilige Abkühlung des Verhältnisses zwischen Zieten und seinem König, war die Bahn für den General v. Winterfeld frei, dessen Ehrgeiz darauf hinauslief, aus den Husaren eine wirksame Waffe auf dem offenen Schlachtfeld zu machen. In seinen Instruktionen an die Husarenregimenter, vom 27. September 1747, gab er eine Anzahl von Anregungen, durch die sich die Husaren der Infanterie und schweren Reiterei des Feindes überlegen zeigen sollten. Friedrich war von den Fortschritten sehr angetan, welche die Husaren unter Winterfelds Dienstaufsicht machten; er konnte anläßlich der verschiedenen Besichtigungen feststellen, daß zumindest ein Regiment so gut beritten und diszipli-

Oben links: Fürst Leopold von Anhalt-Dessau, »Der Alte Dessauer«. Der Eichenzweig am Hut wurde von einigen der älteren Generale getragen, die noch zur Zeit Prinz Eugens auf österreichischer Seite gekämpft hatten. — Oben rechts: Generallieutenant Herzog Friedrich-Eugen von Württemberg. Tatkräftig und intelligent war er einer der besten Reichsfürsten in preußischem Dienst. — Unten links: Hans Joachim v. Zieten, »Der Husarenkönig«, in der Offiziersuniform des Husarenregiments Nr. 2: Pelzmütze mit rotem Flügel und Adlerschwinge sowie roter Dolman mit Tigerfell. — Unten rechts: Friedrich Wilhelm v. Seydlitz in der Uniform des Kürassierregiments Nr. 8 mit dem orangefarbenen Band des Schwarzen Adlerordens.

niert war wie die Dragoner. Die Rechtfertigung der preußischen Husaren als Waffengattung erfolgte am 6. Mai 1757 bei Prag, wo sie in einem kritischen Augenblick eingriffen und die Kavallerie des rechten österreichischen Flügels warfen. Und wenige Jahre später konnte man bei Torgau (1760) beobachten, wie Unteroffiziere und Mannschaften des Zieten-Regiments zurückweichende Kürassiere und Dragoner auffingen und zurück in den Kampf führten.

Dennoch muß man sich die Frage vorlegen, ob Winterfelds Ausbildung die Husaren nicht in eine falsche Richtung gedrängt hat, da er eine Art Ersatz der schweren Reiterei aus ihnen zu machen suchte, statt den Schwerpunkt der Ausbildung darauf zu legen, die Österreicher mit ihren eigenen Waffen zu schlagen.

Friedrichs Wohlgefallen an den Husaren hielt indessen die ganzen sechziger und siebziger Jahre über an, weshalb er auch nicht auf ihr Versagen als leichte Reiterei im Bayerischen Erbfolgekrieg vorbereitet war.

Die Bosniaken

Wenn es bei unserer Darstellung nicht um Menschenleben ginge, wäre es durchaus möglich, die Geschichte von Friedrichs Bosniaken als eine reine Komödie zu schildern. Der Gründer dieses seltsamen Korps war ein albanischer Juwelier namens Serkis, der sich 1744 — im Alter von fünfundsiebzig Jahren — nach der Ukraine aufmachte, um dort im Auftrag der sächsischen Regierung 4 000 Rekruten einzufangen. Er kehrte mit einem kleinen, buntscheckigen Aufgebot zurück, zu dem so illustre Figuren wie der Lieutenant Osman und der Kornett Ali gehörten. Als er den Haufen schließlich vorführte, mußte er erkennen, daß sein Auftraggeber inzwischen kein Geld mehr hatte und nun er die Verantwortung trug. Er wandte sich an Friedrich, auf den solche Tricks von jeher eine große Anziehungskraft ausgeübt hatten. So ging die Herde in preußische Dienste über. Im Jahre 1745 wurde sie dann dem Husarenregiment Nr. 5 angegliedert.

Die Bosniaken waren mit der Lanze bewaffnet, »eine Waffe, wenn sie in der Hand eines Meisters ist, diesen fast unüberwindlich macht«.[15] Ihre Künste »bestehen jedoch nur darin, daß sie mit fürchterlichem Geschrei und mit völlig losgelassenem Zügel (denn,

Bosniak in Winteruniform, dem langen schwarzen, pelzbesetzten Rock, dem Schubban.

soll der Stoß recht gut angebracht werden, so muß man die Lanze mit beiden Händen führen) auf den Feind losjagen und die Pferde durch das Flattern des an der Lanze befindlichen Fähnchens scheu zu machen und dadurch zum Steigen oder gar zum Umkehren zu bringen suchen«.[16]

Die Bosniaken traten im Siebenjährigen Krieg auch tatsächlich in Erscheinung, mit Turbanen geschmückt und lanzenschwingend. Anfänglich war der Feind durch ihre seltsame Aufmachung beeindruckt, stellte dann aber bald fest, daß es sich bei den meisten dieser Kavaliere um Bauern und Deserteure handelte. Und nur wenige von ihnen waren Osteuropäer. Obwohl sie sich keineswegs mit Ruhm bedeckten, brachten sie es bis 1763 immerhin auf zehn Schwadronen. Doch schon nach Kriegsende fielen sie erneut zu der Bedeutungslosigkeit einer Schwadron zurück.

Der neue *Chef* der Bosniaken, der Husarengeneral Daniel v. Lossow, setzte in den Nachkriegsjahren alles daran, um aus diesem Räuberhaufen eine anständige Truppe zu machen. Ein symptomatischer Zwischenfall ereignete sich anläßlich einer schlesischen Kavalleriebesichtigung: Einer der Bosniaken versuchte, eine Übung einfach abzubrechen, welche von Lossows altem Gegner, dem bärbeißigen General v. Dalwig, geleitet wurde. Dalwig schlug auch prompt auf den Übeltäter ein und säbelte sein Pferd zu Boden. All dies spielte sich unter den Augen des Königs ab, der Dalwig daraufhin von der Revue ausschloß. Die übrigen Husaren waren ob dieser Ungerechtigkeit derart aufgebracht, daß sie androhten, die Bosniaken zu töten, sofern sie es wagen sollten, noch einmal bei einer Truppenschau zu erscheinen. Durch Vorkommnisse dieser Art keineswegs beeindruckt, rückten die Bosniaken in den Krieg von 1778 mit einem vollen Regiment zu zehn Schwadronen aus. Die österreichischen Husaren fanden schnell heraus, daß sie den donnernden Attacken der Bosniaken leicht ausweichen konnten, indem sie kurz vor dem Zusammenprall ihre Pferde einfach auf die Seite warfen. Diese Taktik wurde von den Husarenregimentern Esterhazy und Wurmser auch bei Trautenau angewendet. Man ließ vier Bosniakenschwadronen in Gestalt eines großen Keils auf sich zubrausen, öffnete kurz vor dem Zusammenstoß die eigenen Reihen und fiel dann von rückwärts über den Gegner her. Die Bosniaken wurden niedergemacht und hörten buchstäblich auf, als Kampfeinheit weiter zu bestehen.

Das Feldjäger-Korps zu Pferde

Von den verrufenen Bosniaken wenden wir uns jetzt der sehr viel stärker gesiebten Truppe der berittenen *Feldjäger* zu. Friedrich stellte diese Einheit am 24. November 1740 auf, indem er seinen *Oberjäger* Joachim Schenk zu seinem *Capitain des Guides* ernannte, »dessen Funktion es ist, wenn die Armee in fremden Landen kommet und marchiret, vor gute Wegweiser zu sorgen und solche an die Hand zu haben, damit wenn marchiret wird oder Commandos geschickt werden, ihnen jederzeit gute Wegweisers, die alle Wege und Stege kennen, mitgegeben werden können«.[17] Noch bevor das Jahr zu Ende ging, standen die ersten sechs Offiziere und fünfzig Mann. 1744 war die Einheit bereits auf sechs Offiziere und 112 Unteroffiziere und Mannschaften erweitert. Gegen Ende von Friedrichs Regierungszeit bestand das Korps aus insgesamt 162 Reitern — Söhne von Oberförstern. Sie trugen Reitstiefel, waren im übrigen aber wie ihre Kameraden von den Jägern zu Fuß uniformiert.

Während des Feldzugs fanden die berittenen *Feldjäger* Verwendung als Kuriere und Wegweiser. Sie unterstanden dem ersten Generaladjutanten des Königs. In Friedenszeiten waren sie in Potsdam stationiert, wo immer die eine Hälfte die Pferde gesattelt haben und sich als Überbringer königlicher Botschaften bereithalten mußte.

KAVALLERIEDIENST IM FRIEDEN

Anders als die in den Festungsstädten zusammengedrängte Infanterie, war die Kavallerie schwadronsweise über die Ortschaften verteilt, wo Stallungen zur Verfügung standen und sie die benötigten großen Futtermengen auftreiben konnte. Ein Drittel der Reiterregimenter stand in Schlesien, ein Viertel in Ostpreußen, der Rest verteilte sich auf die weniger geplagten übrigen Provinzen.

Die Schwadronen kamen für die Frühjahrsbesichtigungen und die Herbstmanöver zusammen. Doch waren diese erst einmal vorüber, wurden viele Reiter samt ihren Pferden nach Hause beurlaubt. Der Dienst im Winter war nicht übermäßig anstrengend und in erster Linie der Pflege der Pferde und der Rekrutenausbildung gewidmet.

Während der Blütezeit der preußischen Kavallerie wurden die Pferde der Kürassiere und Dragoner täglich mit 8 Pfund Hafer, 11 Pfund Heu und 14—15 Pfund Häcksel gefüttert, was aus heutiger Sicht etwas wenig Hafer, dafür aber viel Heu und Stroh ist. Diese Futterrationen wurden nach dem Siebenjährigen Krieg aus wirtschaftlichen Gründen reduziert. Eine weitere Senkung erfolgte nach dem Bayerischen Erbfolgekrieg, und vom 1. Juni bis zum 1. September schickte man die Pferde heim, wo sie auf Kosten der örtlichen Bauern grasen sollten. Selbst ein Eliteregiment wie die Bayreuther Dragoner wagte es 1780 nicht, seine geschwächten Pferde öfter als jeden zweiten Tag, und während der festgelegten Ausbildungszeit, zu benutzen. An den übrigen Tagen mußten die Reiter die Bewegungen zu Fuß ausführen.

Die preußische Kavallerie besaß keine schriftliche Reitvorschrift, wohl aber scheint eine allgemeine Bestimmung bestanden zu haben, derzufolge für die Ausbildung eines Rekruten zwei Jahre zugrunde gelegt wurden. Seydlitz ließ die jungen Soldaten seines Regiments zunächst zu Fuß üben, dann auf hölzernen Pferden; durften sie dann schließlich ein lebendes Tier besteigen, »soll solches so lange ohne Bügel geschehen, bis sie eine untadelhafte Positur haben.«[18]

Das Gebiet seines Regimentsdepots in Trebnitz bei Breslau war der Schauplatz einer immerwährenden Geschäftigkeit. Die Ausbildung mit der blanken Waffe erfolgte gegen Strohpuppen (in Übereinstimmung mit dem Reglement von 1743), das Laden der Pistolen wurde hoch zu Roß geübt, und beim Reiten über Felder, Gräben und Hecken wurde immer wieder der Sitz verbessert.

Allmorgendlich, wenn Seydlitz sein Haus in Ohlau verließ, pflegte er mit seinem Pferd zunächst über den dortigen Wassertrog und dann über die geschlossene Eingangspforte zu seinem Besitz zu setzen. Von seinem Gefolge verlangte er das gleiche.

Obwohl man gewiß davon ausgehen konnte, daß die Offiziere zugleich auch tüchtige Reiter waren, setzte Seydlitz die Bewerber für sein Regiment vorsichtshalber zunächst einmal auf ein rohes Pferd und überließ sie ihrem Schicksal. Gelang es dem Kandidaten, sich im Sattel zu halten, hatte er den ersten Teil der Aufnahmeprüfung bestanden. Ein britischer Beobachter machte die folgende

Bemerkung: »Die Offiziere reiten gut, schneidig und in einheitlichem Stil. Ihre Pferde sind gut durchgearbeitet und bei dieser Waffengattung mit Absicht etwas kleiner und leichter gehalten als die der Mannschaften, da von ihnen mehr Aktivität verlangt wird.«[19] Der Adel erwarb sich den reiterlichen Schliff auf verschiedene Weise, so vielleicht auf einer Reitakademie, wie sie den Höfen und Universitäten angegliedert waren, oder — und das war der Normalfall — im täglichen Leben auf dem Lande. Seydlitz selber hatte von 1734 an, fünf lehrreiche Jahre als Page des »Tollen Markgrafen« Friedrich von Brandenburg-Schwedt verbracht. Hier lernte er, wie man im vollen Galopp einen Hut mit der Degenspitze vom Boden aufnahm, aus dem Sattel einen in die Luft geschleuderten Hut mit der Pistole durchlöcherte und in Karriere durch die rotierenden Flügel einer Windmühle ritt.

In den Regimentern bemühten sich die *Stallmeister,* den Offizieren die Geheimnisse der »haut école« beizubringen, eine Kunst, welche die Vorschriften jener Zeit als durchaus kampfbezogen betrachtete (siehe Zehentner's »Kurzer und deutlicher Unterricht zur Anweisung eines jungen Kavaliers im Reiten«, Frankfurt/Oder, 1753).

Seydlitz war ein Meister der Hohen Schule. Einmal erregte er großes Aufsehen, als er — als Escadronchef — sein Pferd drei staunenswerte Kapriolen zu Ehren des Königs vollführen ließ.

Die Jagd auf den Hirsch und das Wildschwein war ein bevorzugter Zeitvertreib jener Epoche. Da hierbei durch Wald und Dickicht geritten werden mußte, behielten die preußischen Offiziere auch den veralteten kontinentalen Stil — lange Steigbügel, hohe Schaftstiefel sowie den dick gepolsterten *Pauschensattel,* welcher den Reiter nach vorne, fast bis auf den Widerrist des Pferdes drückte — bei. Die Vorschriften von 1742 und 1743 besagten, daß zwischen dem Gesäß und dem Sattel eine Handbreit Luft sein sollte (bei den Husaren zwei), wenn der Reiter in den Bügeln stand.

Friedrich galt als exzentrisch, weil er den kurzen Steigbügel und den flachen Sattel bevorzugte, den die Engländer für die Rennreiterei und die Fuchsjagd entwickelt hatten. Tatsächlich kaufte er sich 1764 auch ein englisches Rennpferd, scheint mit ihm aber nichts angefangen zu haben. Seydlitz wußte, daß er gegen die Instruktionen seines Herrn verstieß, als er 1766 seinem Regiment befahl, so »lang« zu reiten, daß Bein und Fuß eine annähernd gerade Linie bildeten. Dieses Verfahren fiel Friedrich 1770 bei einer Besichtigung auf, weshalb er zu Seydlitz bemerkte: »Ich dachte, sein Regiment ritte viel länger als meine übrige Reiterei«, worauf Seydlitz erwiderte: »Euer Majestät, das Regiment reitet heute noch ebenso wie bei Rossbach«.[20]

EVOLUTIONEN UND TAKTIK

Die taktische Grundeinheit der Kürassiere und Dragoner war die Schwadron. Die Kriegsstärke einer Schwadron lag zwischen 140 und 190 Offizieren und Mannschaften. Gegliedert war sie in vier Züge zu je etwa 40 Mann. Für gewöhnlich nahmen der Schwadronchef und vier seiner Offiziere vor der Schwadron Aufstellung. Der Standartenträger hielt in der Mitte des zweiten Gliedes und hatte vor sich einen Unteroffizier; ein weiterer Unteroffizier rangierte jeweils an den Flügeln der Schwadron, in der Nähe des Trompeters, während alle übrigen Offiziere und Unteroffiziere hinter der Schwadron zu finden waren.

Die Kavallerie marschierte normalerweise in offener Zug- oder Schwadronskolonne, ging aber auf schmalen Straßen gelegentlich auch in eine Kolonne zu fünf oder sogar zwei Reihen über. Die alte Gefechtsformation der Linie zu drei Gliedern wurde bis gegen Ende des Jahres 1757 beibehalten, dann aber durch die Linie zu zwei Gliedern abgelöst, um den Mangel an Kavallerie auszugleichen. Diese verdünnte Formation bewährte sich so gut, daß sie 1760 schließlich bei fast der gesamten preußischen Reiterei anzutreffen war (die Husaren hatten sie von Anfang an). Wie üblich spiegelten die Ausbildungsbestimmungen das von der Armee im Kriege geübte Verfahren nicht wider, weshalb auch im Kavallerie-Reglement der Jahre 1764, 1774 und 1779 die Paradeaufstellung zu drei Gliedern als die Norm beschrieben wird.

Die Reiterei bediente sich im Grunde der gleichen Manöver wie die Infanterie, um von der Marsch- in die Gefechtsordnung überzugehen. Im Mai 1756 hatte Friedrich ein neues Verfahren ersonnen, um eine Marschkolonne aus elf Schwadronen zu einer Angriffsformation im rechten Winkel zur seitherigen Marschrichtung aufmarschieren zu lassen: lediglich die 6. Schwadron behielt ihre alte Marschrichtung bei, während die nachfolgenden fünf Schwadronen, eine nach der anderen, nach rechts abbrachen und im Trab soviel Boden gewannen, bis sie wieder nach links in eine durchgehende Kampflinie einschwenken konnten. Die weiter hinten folgenden fünf Schwadronskolonnen vollführten die gleiche Bewegung, nur daß sie nach links abbrachen. Diese Form der Entfaltung wurde mit Sicherheit bei Groß-Jägersdorf angewendet, möglicherweise auch bei Lobositz und Reichenberg.

Aber genau wie bei der Infanterie, so zog Friedrich auch hier die einfachere Lösung des Annäherungsmarsches parallel zum Feinde vor, d. h. Anrücken in offener Kolonne und dann beidseitiges Einschwenken zur Schlachtordnung. Die »Parallel«-Entfaltung besaß obendrein den Vorteil, daß die Rangfolge der Schwadronen nicht gestört wurde, während die Entfaltung durch rechtwinkliges Abbrechen hier eine Umkehrung schuf, die durch eine gegenläufige Bewegung später wieder in Ordnung gebracht werden mußte.

Friedrich erholte sich nie mehr ganz von dem Schock, den der Anblick der bei Mollwitz (11. April 1741) so nachhaltig geschlagenen schwerfälligen preußischen Reiterei bei ihm ausgelöst hatte.

»Mein Vater«, behauptete er, »hat mir eine schlechte Kavallerie hinterlassen, in der kaum ein Offizier seine Sache verstand. Die Reiter hatten Angst vor ihren Pferden und saßen kaum im Sattel, und exerzieren konnten sie eigentlich nur zu Fuß, wie die Infanterie. Die Kavallerie war zu schwerfällig mit ihren großen Kerlen und großen Pferden, und die Auswirkungen in unseren ersten Kriegen war so schlecht, daß ich das gesamte Korps umgestalten mußte.«[21]

Mit dieser Äußerung wird Friedrich der Aufbauarbeit seines Vaters aber ganz und gar nicht gerecht. Friedrich Wilhelm hatte die Reiterschwadronen von 54 auf 114 vermehrt, die Dragoner aufgewertet und die ersten preußischen Husaren geschaffen. Gewiß, Friedrich Wilhelms Reiterei war schwerfällig, aber der alte König war sich durchaus bewußt, daß eine mit dem Degen in der Faust attackierende Kavallerie mehr leistete als eine herumstehende, die nur mit ihren Karabinern und Pistolen ballerte.

1734 war er sogar so weit gegangen, seinen Dragonern unter Androhung der Todesstrafe zu verbieten, eine andere Waffe zu benutzen als den Pallasch.

Selbst wenn der Gegensatz zwischen den beiden Monarchen ein wenig überzeichnet sein sollte, besteht doch kein Zweifel, daß es Friedrich in bewundernswerter Weise gelang, die preußische Reiterei dahin zu bringen, daß sie so schnell atackierte, wie es physisch überhaupt nur möglich war. Seine Gründe hierfür erklärte er dem Comte de Gisors wie folgt:

>Ich lasse die Schwadronen in schnellem Gallop attackieren, weil die Furcht dann die Feigen mitreißt — sie wissen, daß das geringste Zögern inmitten dieses Ansturms sie unweigerlich unter die Hufe der nachfolgenden Teile der Schwadron bringt. Meine Absicht ist hierbei auch, den Gegner zum Weichen zu bringen, bevor es zum Handgemenge kommt, Offiziere sind im Nahkampf nicht wertvoller als einfache Reiter, und Ordnung sowie Zusammenhang gehen verloren<.[22]

Die nachfolgenden Entwicklungsstadien des friderizianischen Kavallerieangriffs lassen sich zurückverfolgen:

1. Am 3. Juni 1741, kurz nach der Schlacht von Mollwitz, findet sich in einem Bericht des Fürsten Leopold von Anhalt-Dessau erstmalig ein Hinweis auf das Vorgehen der preußischen Reiterei im Galopp. Friedrich instruierte die Kavallerie in der darauffolgenden Zeit, die letzten 30 Schritt während eines Angriffs in Galopp zu fallen und >sich mit nichts anderem als dem Degen einzulassen<.

2. Am 17. März 1742 legten die >Selowitzer< Kavallerie-Instruktionen fest, daß die letzten 100 m im Galopp zurückzulegen seien.

3. In dem Kavallerie-Reglement von 1743 heißt es: >Wenn der Feind attaquird wird, so soll solches geschehen . . . erstlich in einem starken Trabe und zuletzt in vollem Galop, jedoch wohl geschlossen . . . Sobald das erste Treffen . . . geworfen ist, so müssen die Commandeurs . . . die Esquadrons geschwinde wie möglich wieder formiren und ohne Zeit zu verlieren das zweite . . . attaquiren.<

Dieser Artikel wurde durch die in der Schlacht von Chotusitz (17. Mai 1742) gewonnenen Erfahrungen inspiriert, die gezeigt hatten, wie falsch es ist, sich nach dem Werfen des ersten feindlichen Treffens erst einmal neu zu formieren.

4. In der >Disposition, wie sich die Officiere von der Cavallerie . . . in einem Treffen gegen den Feind zu verhalten haben<, wurde am 25. Juli 1744 die Aufstellung der Reiterei auf dem Gefechtsfeld festgelegt. Das jeweils erste Treffen eines Kavallerieflügels sollte aus den Kürassierregimentern bestehen, aufgeschlossen >en

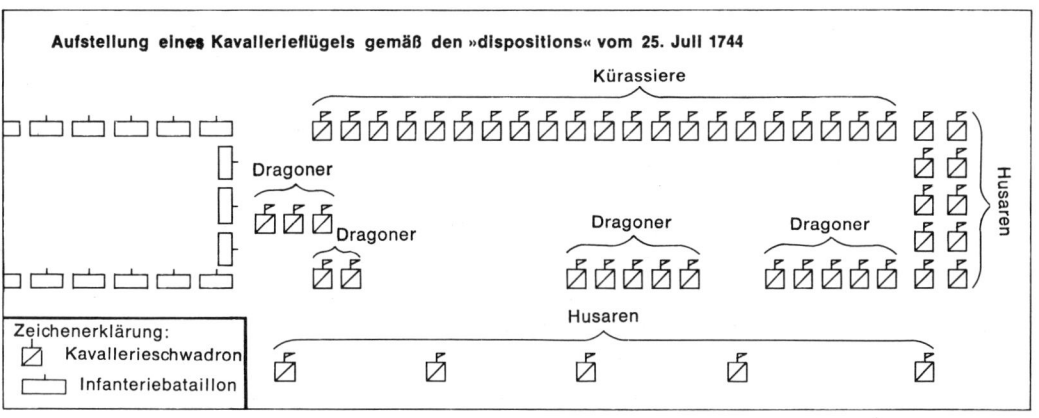

Aufstellung eines Kavallerieflügels gemäß den »dispositions« vom 25. Juli 1744

muraille« mit Knieberührung und einem Höchstabstand von zehn Schritt zwischen den Schwadronen. Dreihundert Schritt dahinter folgte das Haupttreffen der Dragoner, allerdings mit größeren Zwischenräumen, um die Bewegungsfähigkeit zu erhalten. Weitere Dragonerschwadronen folgten den Kürassieren im Mittelfeld, um Nahunterstützung leisten zu können, während die Husaren an den Flanken und im Rücken der schweren Reiterei umherschwärmten. Den Kürassieren und Dragonern war dieser Umstand vor jeder Feindbegegnung erneut ins Gedächtnis zu rufen, »damit, wenn etwa hinter ihnen ein Geschieße sein sollte, sie sich nicht kehren sollen«.[23]

Der Galopp hatte zweihundert Schritt vor dem Feind einzusetzen, und auf dem letzten Stück sollten den Pferden die Köpfe freigegeben werden.

In einem Zusatz wurde jedem Reiterführer die »infame Cassation« angedroht, der sich vom Gegner attackieren ließ. Stets hatten die Preußen zuerst anzugreifen.

5. Am 4. Juni 1745 demonstrierte die Attacke der Bayreuther Dragoner bei Hohenfriedberg in eindrucksvoller Weise die Wirksamkeit der Stoßtaktik.

6. 1747 legte der König auf Anregung des Rittmeisters v. Seydlitz fest, daß künftig die Neugliederung eines durcheinandergeratenen Kavallerieverbandes stets in Richtung auf den Feind zu erfolgen habe — das »Sammeln nach vorn« —. Es handelte sich hier um eine bei dem Gefecht von Landshut (22. Mai 1745) gelernte

Lektion, wo eine Husareneinheit den Anfangserfolg dadurch verschenkte, daß von hinten zum Sammeln geblasen wurde.

7. In der *Instruction für die Generalmajors von der Cavallerie* heißt es am 14. August 1748: »sollte . . . es an einem oder anderen Ort des ersten Treffens schwer halten, so muß das zweite Treffen, sonder Befehl noch Ordre dazu erwarten, sogleich secundieren«.[24] In der Schlacht von Lobositz (1. Oktober 1756) wurde diese Anweisung buchstabengetreu ausgeführt.

8. Am 16. März 1759 wies eine neue *Instruction für die Generalmajors der Cavallerie* die Kommandeure an, den ersten Einbruch in die feindlichen Stellungen der Infanterie zu überlassen, danach »muß der General seine Brigade rasch gegen die Stelle führen, wo er einbrechen soll, und in Schwadronskolonne attackieren, um die Verwirrung des Feindes auszunutzen, wie es bei Rossbach die Regimenter Garde du Corps, Gensd'armes und Seydlitz, bei Zorndorf der Kavallerieflügel des Generals Seydlitz, und bei Hochkirch das Regiment Gensd'armes machten«.[25] In seinem politischen Testament von 1768 beschreibt Friedrich die Kavalleriekolonne als ein wervolles Staatsgeheimnis, und zwei Jahre später läßt er sich in seinen »Elements de Castramétie« erneut darüber aus.

Nach dem Siebenjährigen Krieg widmete die Kavallerie im Manöver auch weiterhin die meiste Zeit dem Reiten geschlossener Attacken — »en muraille« — unter den Augen des Königs. Seydlitz und auch andere Kommandeure vertraten jedoch die Auffassung, daß diese langanhaltenden und dicht gedrängten Reiterangriffe eine zu große Beanspruchung für Reiter und Pferd darstellten, und in dem letzten Jahrzehnt von Friedrichs Regierung waren die unzureichend gefütterten, überbeladenen Tiere einer derartigen Belastung auch nicht mehr gewachsen.

Die preußische Gewohnheit während einer Attacke war es, aufgerichtet in den Bügeln zu stehen, mit hochgerecktem Degen, um diesen in einem Bogen auf den Kopf des Feindes niedersausen zu lassen. Genauigkeitsfanatiker mögen dem entgegenhalten, daß es theoretisch besser gewesen wäre, sich mit ausgestrecktem Degen nach vorne zu legen, doch zeigte die Praxis, daß die Degenhaltung eigentlich ziemlich unwichtig war. Mirabeau schreibt darüber: »Erfahrene und intelligente Kavallerieoffiziere haben uns erzählt, daß von zwei einander attackierenden Kavallerieverbänden meist einer die Flucht ergreift, bevor es zum Zusammenprall kommt. Degenhiebe werden lediglich bei der Verfolgung ausgeteilt«.[26] Als Relikt ihrer ursprünglichen Bedeutung als aufgesessene Infanterie, erwartete man von den Dragonern, daß sie bei der Ausbildung zu Fuß, mit Muskete und aufgepflanztem Bajonett, nahezu die gleichen Leistungen erreichten, wie die eigentliche Infanterie. Karabiner erwiesen sich bei den verschiedenen Kampfformen der Husaren als brauchbar, aber die Kürassiere wurden angewiesen, zu Fuß zu kämpfen, allerdings mit der Maßgabe, jederzeit aufsitzen zu können, wenn ein unerwarteter Angriff ihren Posten oder dem Quartier galt.

6

Die Artillerie

DIE STELLUNG DER TECHNIKER

Wenden wir uns jetzt dem etwas unglücklichen Verhältnis Friedrichs zu den technischen Waffen zu. Der König ließ als Artillerist ganz ohne Zweifel geniale Züge erkennen, wenn es sich auf diesem Gebiet um Neuerungen handelte, und niemand wird leugnen, daß er als Stratege hervorragenden Gebrauch von seinen Festungen machte. Doch nie zeigte er sich willkürlicher, gleichgültiger und schlechter informiert, als dann, wenn es um seine Artilleristen und Ingenieure ging. Woher kam dieses gestörte Verhältnis?

Zunächst war da einmal der Umstand, daß Artillerie- und Ingenieurwesen gemeinhin als schmutzige, bürgerliche Künste galten, die eine harte und wenig spektakuläre Arbeit verlangten: Viel Geduld und Genauigkeit bei der Berechnung der physikalischen Kräfte. — Und das war dem Temperament der alten europäischen Militäraristokratie völlig fremd.

Friedrich bestärkte seinen Adel auch noch in seinem Vorurteil. So schickte er 1784 drei bürgerliche Kadetten mit der Bemerkung zur Artillerie: »Da können sie wohl seyn«.[1] In seinen Gefechtsberichten erwähnte er die Artillerie nur höchst selten, wenn überhaupt. Es ist unbekannt, ob er sich jemals einen Artillerieoffizier für eine Ehrung oder Auszeichnung herausgriff. So blieb denn auch die Artillerie fast seine gesamte Regierungszeit hindurch ohne einen eigentlichen Chef. Am ehesten kann man diese Funktion noch dem General Christian v. Linger zuerkennen, der unter Friedrich Wilhelm die Rüstungsindustrie aufbaute. In stark senilem Zustand war er später noch immer dabei, bis er schließlich 1755 im Alter

162

von sechsundachzig Jahren starb. Der Oberstleutnant v. Dieskau wurde daraufhin zum Generalinspekteur der Artillerie ernannt, übernahm dadurch zugleich auch einen Teil von Lingers Funktionen und empfing 1762 seine Beförderung zum Generalmajor.

Die ganze Zeit über behielt Friedrich sich jedoch die wichtigen Entscheidungen selber vor und überließ Dieskau kaum mehr als deren Ausführung. Ein Historiker bemerkt daher auch sehr richtig: »Ein Oberstleutnant Inspekteur der gesamten Artillerie einer Armee, die mit fünf Siebentel von ganz Europa im Kriege begriffen ist!«[2]

Friedrichs Einstellung fand in der übrigen Armee denn auch nur zu rasch Nachahmer.

»Wenn man mit den preußischen Offizieren zusammenlebt« schrieb Mirabeau, »erkennt man bald, wie sich die Offiziere der Infanterie, Kavallerie und Husaren denen der Artillerie überlegen fühlen. Die Verhaltensweise der letzteren deutet darauf hin, daß sie ihre untergeordnete Stellung anerkennen. Die anderen Offiziere verkehren miteinander, egal von welchem Regiment oder welcher Waffengattung sie stammen, aber eine Freundschaft zwischen einem Artillerieoffizier und einem Offizier einer anderen Truppe ist höchst ungewöhnlich«.[3]

So geschah es denn auch anläßlich der Rückkehr aus dem Feldzug gegen Frankreich, im Jahre 1790, daß die Kanoniere der bespannten Artillerie die Federbüsche von ihren Hüten entfernen mußten, bevor sie durch die Tore von Berlin einrückten, damit ja nicht der Eindruck entstünde, als erhöben sie ebenfalls Anspruch auf die »cachets« der Kürassiere. Trug ein Artillerist eine Muskete, so galt dies ebenfalls als anmaßend, es sei denn, dies geschah im Wachdienst unter den ungewöhnlichen Verhältnissen des Siebenjährigen Krieges. Am 4. Oktober 1766 wurden jedoch einige Gewehre an Artilleristen ausgegeben, und zwar an diejenigen, die bei der Hochzeit des Prinzen von Oranien mit einer preußischen Prinzessin als Ehrenwache aufziehen sollten. Kaum war die Zeremonie aber vorbei, wurden sie rasch wieder eingezogen.

Im materiellen Sinne ging es dem Artilleriehauptmann nicht schlechter als seinen gleichrangigen Kameraden bei den übrigen Waffengattungen, doch blieb die Moral der Artilleristen insgesamt erschreckend niedrig.

Friedrich schloß sie nicht nur aus der vornehmen Gesellschaft aus, sondern bewilligte ihnen auch nur höchst ungern Urlaub für Auslandsreisen, befürchtete er doch, sie könnten einem potentiellen Gegner gegenüber Geheimnisverrat begehen. Solcherart auf sich selbst beschränkt, verloren die Artilleristen nur zu bald die Gelegenheit und auch den Wunsch zur Weiterbildung auf den Gebieten der Ballistik und Entwicklung. Der einzige preußische Theoretiker von internationalem Rang war Major v. Tempelhoff, der Verfasser von »Le Bombardier Prussien« der durch Friedrichs besondere Fürsprache vom Hauptmann befördert worden war und 1783 den Befehl über das 3. Artillerieregiment übernahm.

Die wachsende Komplexität der Artilleriewissenschaft bewirkte des weiteren, daß sich das Verhältnis zwischen dem König und seinen Artilleristen weiter verschärfte. Gewohnt, mit wirklicher Autorität bei den übrigen Waffengattungen jederzeit eingreifen zu können, erzürnte es Friedrich, wenn die Artilleristen seine Anweisungen nicht in der gleichen widerspruchslosen Art prompt aufnahmen, wie die Offiziere der Infanterie und Kavallerie. Er beklagte sich über »den Eigensinn, welcher überall in Europa bei den Artilleristen anzutreffen ist und sie dazu führt, ständig Schwierigkeiten zu machen«[4], sobald er auch nur an die wachsende Kluft zwischen dem militärischen Führer und dem Waffentechniker rührte.

ORGANISATION

Im Verlauf von Friedrichs Regierung wuchs die Stärke der Artillerie von 789 auf 8 600 Mann an. Dieser Ausbau erfolgte in den folgenden Phasen:

1740 Friedrich übernimmt von seinem Vater eine Feldartillerie-Abteilung zu sechs Kompanien.

1741 Bereits zu Anfang des Jahres stellt er eine weitere Abteilung auf.

1744 Aus den beiden Abteilungen wird ein Feldartillerie-Regiment gemacht. Dieses Regiment verfügte bei Ausbruch des Siebenjährigen Krieges über 72 Offiziere und 2 402 Unteroffiziere und Mannschaften.

1758 Die Stärke einer jeden Kompanie wird auf 300 erhöht, zwei neue Kompanien aufgestellt und das Regiment in drei Abteilungen gegliedert.

1759 In Landshut wird die erste pferdebespannte Batterie aufgestellt.

1762 Im Zuge einer Umorganisation werden zwei Regimenter zu drei Abteilungen mit jeweils fünf Kompanien geschaffen.

1763 Nach Beendigung des Siebenjährigen Krieges werden die beiden vorhandenen Regimenter in drei kleinere zu je zwei Abteilungen umgegliedert. Das erste und das dritte Regiment werden in Berlin stationiert, das zweite in Königsberg. Die Kompaniestärke wird auf 194 Kanoniere reduziert, alles Einheimische, von denen 94 ständig abwesend sind.

1772 Ein viertes Regiment wird in Königsberg aufgestellt.

1783/84 Die Truppe wird um drei »Augmentation«-Kompanien erweitert. Gegen Ende von Friedrichs Regierung bestand die Artillerie aus 43 Kompanien zu je etwa 200 Offizieren, Unteroffizieren und Mannschaften, was jedoch zur Bedienung der riesigen Anzahl preußischer Geschütze keineswegs ausreichte.

Jede Kanone oder auch deren zwei, unterstanden dem taktischen Befehl eines Lieutenants oder Unteroffiziers. Bei der normalen Geschützbedienung (acht bei einem Bataillonsgeschütz) stammte lediglich die Hälfte von der Artillerie, während sich der Rest aus Infanteristen zusammensetzte, die man als Gehilfen abkommandiert hatte. Der gewöhnliche Kanonier wurde meist aus den kleineren und schwächlicheren Männern des Kantons ausgesucht. Einem intelligenten Kanonier bot sich durchaus die Chance, zum Offizier aufzusteigen, zumindest aber zum »Bombardier«, von denen es in jeder Abteilung zwischen sechzig und neunzig gab.

Die Bombardiers trugen vor allem die Verantwortung für den Einsatz der Haubitzen und Belagerungs-Mörser. Es waren tüchtige, wichtige und gutsituierte Leute, wie zum Beispiel der Bombardier Kretschmer, der sich bei Liegnitz auszeichnete. Er bewältigte die ihm übertragenen Aufgaben mit dem Berufsstolz eines Handwerkers und war so wohlhabend, daß er ein eigenes Haus in Berlin besaß.

Die Festungsgeschütze wurden von einer speziellen Garnisonsartillerie betreut, welche sich aus Offizieren und Mannschaften zusammensetzte, die man physisch und moralisch für nicht feldverwendungsfähig hielt. Friedrich übernahm 1740 vier Kompanien Garnisonsartillerie mit einem Personal von rund 400 Mann. Er machte aus ihnen eine Abteilung und verfügte die Neuaufstellung einer zweiten bzw. starken Kompanie, welche die Festungsartillerie in der kürzlich eroberten Provinz Schlesien übernehmen sollte. Gegen Ende von Friedrichs Regierungszeit umfaßte die Garnisonsartillerie vierzehn Kompanien unterschiedlicher Stärke, die in den Festungen Wesel, Magdeburg, Schweidnitz, Neisse, Silberberg, Glatz, Glogau, Brieg, Kosel, Breslau, Stettin, Kolberg, Königsberg und Graudenz standen.

Die Artillerie trug einen blauen Rock nach Art der Infanterie, mit roten Aufschlägen. Die Offiziere durften gestickte Westen tragen, wie dies einer »gelehrten« und halb-zivilen Waffengattung zustand. Die bespannte Artillerie trug weiße Federbüsche an den Hüten und hatte anstelle der schwarzen Gamaschen, wie die übrige Artillerie, lange Reitstiefel.

DIE GESCHÜTZE

Bataillons-Geschütze

1731 reduzierte General v. Linger, der Begründer der preußischen Artillerie, die Zahl der Kaliber auf vier, nämlich auf 3-, 6-, 12- und 24-Pfünder, wobei sich die Bezeichnung von dem Gewicht der verschossenen Stückkugel herleitet.

Nach dem damaligen Brauch wurden die 3- und 6-Pfünder »Bataillons«- oder »Regiments«-Geschütze genannt. Zu Beginn eines jeden Feldzuges wurden sie unter den Infanterie-Bataillonen aufgeteilt, wo es ihre Aufgabe war, auf dem Gefechtsfeld Feuerunterstützung auf kurze Entfernung zu geben, ähnlich den Maschinengewehren und Granatwerfern der beiden Weltkriege. Bei Friedrichs ersten Kriegszügen erwiesen sich die 6-Pfünder indessen als zu schwer für diese Aufgabe, weshalb der König am 11. August 1741 in einem Brief an den Fürsten Leopold von Anhalt-Dessau anregte, alle 6-Pfünder in eine leichte Dreipfünderversion mit Kammerverschluß umgießen zu lassen, mit einem unterkalibrigen Kartuschraum also, der weniger Pulver benötigte, als bei einem Modell mit voll aufgebohrtem Verschluß. Leopold antwortete, daß der 3-Pfünder zweifelsohne sehr beweglich sei, er aber seiner

Meinung nach in bezug auf Auftreffwucht und Reichweite nicht
an den 6-Pfünder heranreiche. Friedrich zögerte zunächst, ließ
dann aber im Frühjahr 1742 den leichten 3-Pfünder in der ganzen
Armee einführen, wobei im Durchschnitt auf jedes Regiment zwei
Kanonen entfielen. Das Rohr des neuen Geschützes wies die Kaliberlänge sechzehn auf (111,5 cm) und wog etwa 425 Pfund.
Die Bedienung bestand aus acht Mann, und zum Ziehen wurden
drei Pferde benötigt.

Von den Vorzügen einer Kanone mit separatem Kartuschraum
nach wie vor überzeugt, ließ Friedrich nach den Plänen des Oberst-
leutnants v. Dieskau im Jahre 1755 vierundachtzig leichte 6-
Pfünder in Berlin gießen. Die neuen Rohre besaßen die Kaliberlänge sechzehn und hatten ein Gewicht von rund 5½ Zentnern,
konnten mithin also von vier Pferden gezogen werden: einem
mehr als bei den 3-Pfündern, einem weniger als bei den herkömmlichen 6-Pfündern. Mit seiner schwachen Pulverladung von 675 g
feuerte der 6-Pfünder im direkten Schuß 1 000 Schritt weit, im
Steilfeuer 1 500 und mit Kartätschen 400. Im gleichen Jahr erfolgte die Einführung eines weiteren leichten 3-Pfünders mit Kaliberlänge achtzehn und gut vier Zentner Gewicht.

Friedrichs Absicht war es, den neuen 6-Pfünder an die Bataillone
der ersten Welle auszugeben, gewissermaßen als Schwerpunktwaffe,
und die 3-Pfünder in die zweite Welle zu verbannen.

Indessen bewährten sich die neuen Kanonen im Siebenjährigen

Krieg nicht besonders. Die Kanoniere hatten Schwierigkeiten beim Einlegen der Pulverbeutel in den engen Verbrennungsraum, und die österreichische Artillerie erwies sich in bezug auf Wirkungsreichweite und Genauigkeit weit überlegen. Ab 1758 sah sich Friedrich daher gezwungen, die vorhandenen 3- und 6-Pfündermodelle mit längeren Rohren und voll aufgebohrten Kartuschräumen zu versehen, um auf diese Weise zu größeren Schußentfernungen zu kommen. Den 3-Pfünder mit langem Rohr sowie die beiden 6-Pfünderversionen behielt er bis 1770 bei, dann ließ er sie erneut umgießen, und zwar in einen 3-Pfünder mit der Kaliberlänge zwanzig sowie in einen leichten und einen schweren 6-Pfünder mit den Kaliberlängen achtzehn bzw. zweiundzwanzig. Kein Wunder also, daß sich der König ständig über die ruinösen Kosten der Artillerie beklagte.

Batteriegeschütze

Der 12-Pfünder rechnete zu den »Batteriegeschützen«, d. h. zu den schweren Kanonen, die in massiertem Einsatz auf überragenden Punkten in Stellung zu gehen hatten, von denen aus sie das Schlachtfeld beherrschten. Auch ihre Entwicklungsgeschichte verlief ähnlich qualvoll, wie die der leichten Kanonen. Genau wie im Falle der Bataillons-Geschütze ließ Friedrich gegen Mitte der 50er Jahre auch hier die alten Modelle verschrotten, um zu einem neuen mit Kammerverschluß zu kommen. Das Ergebnis war Dieskaus neues Geschütz, Modell 1754, mit einem Rohrgewicht von nur 7¹/₂ Zentnern, für dessen Fortbewegung ein Gespann von acht Pferden benötigt wurde. Ein großer Teil dieser Dieskauschen Kanonen ging 1757, nach der Schlacht von Breslau, verloren, was vermutlich als Glücksfall betrachtet werden muß, so daß Friedrich sich gezwungen sah, seine schwere Artillerie unter Zuhilfenahme einiger vorzüglicher alter 12-Pfünder wieder aufzubauen, die Zieten aus der Festung Glogau mitbrachte. Diese 12-Pfünder Festungsgeschütze zeigten bei Leuthen ihre verheerende Wirkung; sie blieben unter dem passenden Namen »Brummer« bis zum Ende von Friedrichs Regierung die Hauptstütze der preußischen Artillerie. Aber noch eine dritte 12-Pfündervariante trat in Erscheinung, um die Lücke zwischen dem schweren »Brummer« und dem unzulänglichen Geschütz mit Kammerverschluß zu überbrücken. Unter der

168

Bezeichnung »der österreichische 12-Pfünder« handelte es sich um einen Nachbau der ausgezeichneten Geschütze des Gegners, von dem achtzig Stück im Winter 1759/60 gegossen wurden.

An der Spitze der schweren Kanonen stand der 24-Pfünder mit einem Rohrgewicht von rund 16 Zentnern. Zwar redete er bei Hohenfriedberg und Leuthen ein gewichtiges Wort mit, war als Feldgeschütz aber dennoch zu schwerfällig. Friedrich teilte ihn 1759 daher auch der Belagerungsartillerie zu, wo die Auftreffwucht der schweren Geschosse zum Niederlegen der Festungswälle benutzt werden konnte.

Haubitzen und Mörser

Die Haubitze war eine gedrungene, großkalibrige Kanone mit separatem Verbrennungsraum, eigens konstruiert zum Verschießen von Sprenggranaten, ohne daß hierbei deren schwacher Gußeisenmantel zerbrach. Im Jahre 1740 besaß die preußische Artillerie lediglich ein einziges Haubitzmodell, nämlich den 18-Pfünder, und Friedrich setzte alles daran, um sowohl die Typenvielfalt als auch die Stückzahl dieser vielseitig verwendbaren Waffe zu erhöhen. Oberstleutnant v. Holtzmann stellte 1743 eine 10-Pfünder-Haubitze vor, und 1744 folgte eine verbesserte Ausführung der 18-Pfünder. Hierzu gesellte sich 1758 eine 7-Pfünder-»Bataillons«-Haubitze, deren Fertigung in solchen Mengen erfolgte, daß bis zum Jahre 1762 jedes Bataillon der Armee mit einem Exemplar ausgerüstet werden konnte.

Siebzig Haubitzen neuer Art, die 10-Pfünder-»Batterie«-Haubitze, wurden nach dem Siebenjährigen Krieg gebaut. Sie vermochte ihre Granaten auf die phänomenale Entfernung von 4 000 Schritt zu schleudern und wurde von Friedrich als Eingreifreserve bestimmt. Als solche unterstand sie dem kommandierenden General und konnte von diesem eingesetzt werden, wenn es galt, den Gegner von einem Berg oder aus einer starken Stellung zu vertreiben.

Der Mörser entsprach in seiner Bauweise einer großen Haubitze, stand auf einer soliden hölzernen Bettung und wurde fast ausschließlich bei Belagerungen verwendet. Eine Zeitlang begnügte sich Friedrich mit den drei Mörservariationen, welche noch unter seinem Vater von Linger eingeführt worden waren — dem 10-Pfünder (2,8 Zentner), dem 24-Pfünder (6,8 Zentner) und dem 50-Pfünder

(13,1 Zentner). 1755 stellte Dieskau einen 24-Pfünder leichterer Bauart auf Kanonenlafette vor, mit dessen Einführung dann auch der 10-Pfünder aus dem Train verschwand.

AUSSTATTUNG UND MUNITION

Der stets geschäftige Oberstleutnant Ernst v. Holtzmann, *Chef* der Zweiten Feldartillerie-Abteilung, zeichnete für einige technische Neuerungen verantwortlich, welche überall in Europa ihre Nachahmer fanden. Bereits kurz nach Friedrichs Regierungsantritt entwickelte er — aus eigener Tasche — das Modell einer Munitionsprotze: ein Geschütz-Vorderwagen in Verbindung mit einem Munitionsbehälter, der der Kanone eine beträchtliche Unabhängigkeit von den Munitionswagen sicherte. (Die Protze war das kleine zweirädrige Fahrzeug, welches auf dem Marsch den Lafettenschwanz unterstützte).

Die Idee erwies sich in der Praxis als so gut, daß Friedrich 1742 die Einführung der Munitionsprotze in allen Artillerie-Abteilungen befahl.

1747 wandte sich Holtzmann dem Problem der Höhenrichtung des Kanonenrohrs zu. Bisher war die Erhöhung bzw. Senkung dadurch erfolgt, daß man mit einem Hammer einen Keil unter das Rohrende trieb, respektive herauszog. Da dies eine mühselige und ungenaue Angelegenheit war, besonders bei den schweren Geschützen, entwickelte Holtzmann eine neue Art von Keil, der mit einer Schraube vor- und zurückgedreht werden konnte. Von ihm stammt auch ein Schraubvisier, welches das Anrichten von Dieskaus neuem 12-Pfünder erleichterte.

Die Geschützlafetten wiesen weitgehend die gleichen Maße auf, wie die von Linger 1717 entworfenen. Das Holz war in Preußisch-Blau gehalten, die Eisenteile in Schwarz.

Die eiserne Rundkugel, ein Vollgeschoß, war die eigentliche Munition der Artillerie. Beim preußischen Heer war das Pulver in Wollsäcken verpackt, die im Falle des 3-Pfünders mit einem hölzernen Ladepfropfen zusammengebunden, bei allen anderen Kanonen aber separat geladen wurden. Um Gewicht zu sparen, ging Friedrich dazu über, für einige Kanonen Hohlkugeln gießen zu lassen, wobei der 12-Pfünder den Anfang machte.

170

Auf kurze Entfernung verwandelten die Artilleristen ihre Kanonen in Riesen-Schrotflinten, indem sie Kartätschen verschossen. Diese bestanden aus dünnwandigen Zylindern aus Blech oder Holz, welche eine große Anzahl walnußgroßer Bleikugeln enthielten. Nach Verlassen der Mündung zerlegte sich der Zylinder und verspritzte die Kugeln in weitem Halbkreis. Am bekanntesten war die *Büchsenkartätsche,* ein Kupfer- oder Holzbehälter, welcher Bleikugeln von 85 g enthielt (50 Stück beim 3-Pfünder, 80 beim 6-Pfünder, 150 beim 12-Pfünder und 300 beim 24-Pfünder).

Für den direkten Kartätschenschuß rechnete man 1748 550 Schritt beim 3-Pfünder, 650 beim 6-Pfünder, 800 beim 12-Pfünder und 1 000 beim 24-Pfünder, obwohl die Kugeln derart weit streuten, daß man als Wirkungsreichweite sehr viel weniger zugrunde legte — bei den Bataillons-Geschützen bloße 100 Schritt! Die gewöhnlichen Bleikugeln streuten weniger als die aus Eisen, schossen aber nur sehr kurz, da sie sich beim Abschuß leicht ineinander verkeilten. Aus diesem Grund kam gegen Ende von Friedrichs Regierungszeit auch die alte Kartätsche mit ihren Gußeisenkugeln wieder zu Ehren. Die *Traubenkartätsche* war von besonderer Größe und für weite Entfernungen entwickelt. Für den 24-Pfünder entwickelte Holtzmann die *Klemmkartätsche* — ein hölzerner Zylinder, der nicht weniger als neun 3-Pfündergranaten enthielt.

Das Geschoß »par excellence« der Haubitzen und Mörser war die pulvergefüllte Granate aus Gußeisen. Der Explosionszeitpunkt wurde mittels einer langsam glimmenden Zündschnur bestimmt, die der Bombardier der Länge nach zurechtschnitt und in einem Loch der Granate feststöpselte. Das Ganze geriet durch das Mündungsfeuer automatisch in Brand.

Haubitzen konnten ebenfalls Kartätschen verschießen, ferner Leuchtkugeln (Leinenbeutel mit einem Leuchtsatz) und Brandbomben (ein Korb aus Eisengeflecht in Form einer Ananas, der leicht entzündliches Material enthielt).

TRANSPORT

Friedrichs Sinn für Einsparungen zeigte sich nirgends deutlicher als bei den dürftigen Vorkehrungen, die er für den Transport der

Artillerie getroffen hatte. Anstatt eine gesonderte Transportorganisation aufzubauen, begnügte er sich damit, die erforderlichen Pferde, Wagen und Fahrer durch seine Kommissare in Friedenszeiten bestimmen zu lassen.

Von den bäuerlichen Besitzern der »registrierten« Pferde erwartete man, daß sie diese bei der Landarbeit gut in Form hielten und bereit waren, sie am Mobilisierungstag für einen Betrag bis zu vierzig Thalern dem Staat zu überlassen. Die Gespanne für die 12-Pfünder wurden einfach requiriert, ohne jede Bezahlung.

Die Fahrer stammten aus den Kavallerie-Kantonen, sie wurden unter den kleineren Leuten ausgewählt. Eine militärische Ausbildung erhielten sie überhaupt nicht, sondern wurden während der ersten Feldzüge lediglich von einigen ausgedienten Kavalleristen (*Artilleriebediente* oder *Schirrmeister*) beaufsichtigt. Auf diese Weise berief Friedrich im Krieg von 1756 lediglich einen *Oberwagenmeister*, 13 *Wagenmeister*, 50 *Schirrmeister* sowie 49 Schreiber, Schmiede und Stellmacher, um 1341 verängstigte und völlig unerfahrene Fuhrleute anzuleiten. In den darauffolgenden schrecklichen Kämpfen legten die Fahrer denn auch die deutliche Neigung an den Tag, mitsamt ihren Pferden und Protzen das Weite zu suchen. Friedrich sah sich daher 1760 gezwungen, jeder Batterie von etwa zehn Kanonen einen Kavallerietrupp zuzuteilen (einen Unteroffizier und vier Reiter), welche die Aufsicht über die Fahrer zu übernehmen hatten.

Der »Rattenschwanz«, den die Pferde und Fahrzeuge bildeten, war enorm. Der leichte 3-Pfünder nebst Munitionsprotze (mit 108 Schuß Vollkugeln und 22 Schuß Kartätschen) wurde von drei Pferden gezogen. Man benötigte dazu einen Fahrer.

Der leichte 6-Pfünder erforderte samt seiner Munitionsprotze (70 Schuß Vollkugeln und 20 Schuß Kartätschen) zwei Fahrer und vier Pferde. Der schwere 6-Pfünder erforderte mit Munitionsprotze zumindest genau so viel. Zuweilen führte man noch einen zusätzlichen Munitionswagen mit 120 Schuß mit.

Der *Brummer* und der »österreichische« 12-Pfünder wurden von Gespannen zu zwölf bzw. zehn Pferden gezogen.

Die Munitionsausstattung pro Geschütz betrug 70 Rundkugeln und 30 Kartätschen, welche jeweils auf zwei Wagen mit Dreiergespannen transportiert wurden. Der leichte 12-Pfünder mit dem unterkalibrigen Verbrennungsraum wurde zusammen mit seiner Mu-

nitionsprotze (für 44 Schuß) von acht Pferden gezogen, während ein zweispänniger Wagen weitere 66 Granaten transportierte. Alles in allem rechnete man bei einer durchschnittlichen 12-Pfünderbatterie mit einer Stärke von 1 Hauptmann, 4 Lieutenants, 10 Unteroffizieren, 120 Kanonieren, 1 Oberwagenmeister, 4 Wagenmeister, 5 zugeteilten Kavalleristen, 110 Fahrern und 226 Pferden.
Der Umfang des Artillerie-Trains schwoll außerdem noch weiter an, da er bis 1757 die Pontons, das Schanzzeug und die Reservemunition der Infanterie befördern mußte.
Die meisten Transportfahrzeuge und Geschütze wurden bei Kriegsende wieder in alle Winde zerstreut. Die Fahrer kehrten dankbar und erleichtert heim, und die überlebenden Pferde nahmen erneut ihre Arbeit vor dem Pflug oder dem Bauernwagen auf. Schwere Geschütze schickte man in die Festungen zurück und die Bataillonsgeschütze fanden Aufnahme in den Depots (Berlin und Breslau und — ab 1753 — auch in Magdeburg, Stettin und Königsberg). Bis zur nächsten Mobilmachung hörte damit die Artillerie als Waffengattung praktisch zu bestehen auf.
Die Artilleristen hockten inzwischen verloren in Berlin herum, von wo sie in jedem Frühjahr mit gemieteten Pferdegespannen auszogen, um außerhalb des Oranienburger Tors ihre vierwöchigen Schießübungen abzuhalten. Marschübungen fanden kaum statt, Zusammenarbeit mit anderen Waffengattungen schon gar nicht. Trat dann die Artillerie bei den großen Frühjahrsbesichtigungen und Herbstmanövern in Erscheinung, so lediglich mit einigen Salutgeschützen, welche den Beginn irgendwelcher spektakulärer Kavallerie- oder Infanteriebewegungen anzukündigen hatten.
Selbst im Felde vermochten nur die Bedienungen der schweren Geschütze einen »esprit de corps« zu entwickeln, waren doch die Kanoniere der Bataillons-Geschütze in kleine Gruppen zu jeweils vier Mann unter der Infanterie aufgeteilt.

GESCHÜTZEXERZIEREN

Das Geschützexerzieren der preußischen Artillerie richtete sich im Grunde nach dem gleichen Reglement, wie es für die Ausbildung am 3-Pfünder festgelegt war. Kanonier 1 stand rechts von der

Mündung, in der Hand einen Rammbär, der auf der anderen Seite als Reinigungsbürste ausgebildet war. Kanonier 2, auf der anderen Seite der Mündung, zog eine Granate (in diesem Fall einen mit dem Ladepfropfen und Geschoß zusammengebundenen Kartusch-beutel) aus seinem geräumigen Kartusch-Tornister und steckte sie in die Mündung, woraufhin Kanonier 1 das Ganze mit dem Rammbär nach unten stieß. Kanonier 4 stand rittlings über dem Lafettenschwanz, direkt hinter dem Bodenstück, und hielt mit dem Finger das Zündloch zu, um das Entweichen der Luft beim Rammen zu verhindern, damit nicht ein Funken im Rohr die Ladung vorzeitig zur Entzündung brächte. Aus Sicherheitsgründen war der Rammbär so konstruiert, daß sich dicht unterhalb der Reinigungsbürste ein Gelenk befand, etwa wie bei einem Dreschflegel, so daß Kanonier 1 seine Hände nicht vor der Mündung zu halten brauchte. Nachdem die Ladung festgerammt an ihrem Platz saß, stieß Kanonier 4 ein Zündröhrchen (ein Stück Schilfrohr oder ein Blechröhrchen mit Pulverfüllung) in das Zündloch und durchbohrte dabei den Kartuschbeutel. Um den Zündvorgang zu erleichtern, streute er sodann aus einem Fläschchen etwas Pulver auf das Zündröhrchen, dessen Oberkante nach der Einführung mit dem Zündloch abschloß. Zu guter Letzt stellte er den Keil für die Erhöhung auf die richtige Entfernung ein und korrigierte die Seitenrichtung, indem er seine Gehilfen am Seitenrichtsporn mit der Hand einwies. War dies geschehen, trat Kanonier 4 beiseite und Kanonier 3 (dessen Platz am rechten Rad war) führte auf das Kommando von Kanonier 1 eine brennende Lunte an das Zündloch, welche aus einem Flachsstengel bestand.

Unmittelbar nach dem Abschuß tauchte Kanonier 1 seine Stange mit dem Wischerende in einen Eimer und schrubbte das noch rauchende Rohrinnere. Dann wiederholte sich dieser Ablauf von neuem.

Kanonier 3 hatte für gewöhnlich einen Flachsstengel einsatzbereit in der Hand und eine Reservelunte (ein chemisch behandeltes Stück Seil) in einem langen Leder- oder Blechfutteral, welches an einem Gurt über seiner rechten Schulter hing. Die Kanoniere 5 bis 8 setzten sich aus abkommandierten Infanteristen zusammen. Kanonier 5 führte zwei zusätzliche Flachslunten bei sich; Kanonier 7 eine weitere Pulverflasche. Letzterer hatte die Aufgabe, den Deckel der Munitionskiste für Kanonier 8, der den Kartusch-Tornister trug und Kanonier 2 mit Munition versorgte, zu öffnen und zu schließen. Kanonier 6 war für den Seitenrichtsporn verantwortlich, doch bedurfte es mitunter der Kraft von drei Männern, um den Lafettenschwanz eines der schwereren Geschütze anzuheben.

Jede Kanone bzw. jedes Kanonenpaar stand unter dem Befehl eines Lieutenants oder Unteroffiziers. Das Geschützexerzieren war für eine erfahrene Bedienung eine Routineangelegenheit mit mechanischen Handgriffen, und selten waren mehr als drei Kommandos erforderlich. Diese lauteten: »Gebt Achtung!«, »Macht euch fertig und ladet!« und »Feuer!«.

Die Bataillonsgeschütze, die 7-Pfünder-Haubitzen und die leichten 12-Pfünder wurden etwa 1 200 Schritt vom Gegner abgeprotzt und das letzte Stück bis in die Feuerstellung im Mannschaftszug bewegt. Hierbei zogen die Kanoniere 1 bis 4 an »Avancir-Riemen«, welche mittels Haken an den Seiten der Lafette und den Achsenden befestigt und über die rechte Schulter geschlungen waren, während die Kanoniere 5 bis 8 ein Querholz durch ein Auge des Lafettenschwanzes führten und an ihm von hinten schoben.

Eine derartige Kanone konnte etwas schneller bewegt werden, als die Infanterie marschierte, und beim etappenweisen Vorgehen rechneten die Artilleristen damit, sie jeweils so weit vorzuziehen, daß zwei Schüsse aus dem Rohr waren, bevor die Infanterie sie wieder eingeholt hatte.

Die schwereren Geschütze wurden von Pferden bis in die Feuerstellungen gezogen.

TAKTISCHE ENTWICKLUNG

In den Schlachten der vierziger Jahre des 17. Jahrhunderts nahm die Artillerie eine untergeordnete Stellung ein, und Friedrich sah keinerlei Notwendigkeit, die Zahl seiner Geschütze zu erhöhen bzw. an dem herkömmlichen Artillerieeinsatz etwas zu ändern.

Nach den Erfahrungen von Mollwitz, wo einige leichte Kanonen verlorengegangen waren, erhielten die Bataillonsgeschütze die Anweisung, sich keinesfalls weiter als fünfzig Schritt vor die Front der eigenen Infanterie zu setzen. Trotzdem gab Friedrich erst 1754 ein *Manual* heraus, in welchem der Einsatz der Bataillonsgeschütze

genau festgelegt war. Danach hatte die Feuereröffnung mit Rundkugeln auf 1 200 Schritt Distanz zu erfolgen, auf vierhundert
Schritt war zu Kartätschen überzugehen und die ganze Zeit über
in der bereits beschriebenen Weise in Bewegung zu bleiben.
Bezüglich der Verwendung der schweren Geschütze vertrat Friedrich zweierlei Auffassungen. In einer *Disposition* vom 10. August
1744 legte er fest, daß die 25-Pfünder und ein Teil der Haubitzen
auf beiden Flanken der Schlachtordnung zusammenzufassen seien,
um so eine gute Feuerkonzentration zu ermöglichen, während die
12-Pfünder die Rolle der verherrlichten Bataillons-Geschütze übernehmen und (unter den Infanterie-Regimentern aufgeteilt) deren
Feuerunterstützung gewährleisten sollten.
Die gleiche Konzeptlosigkeit wird in den Instruktionen offenkundig, welche Friedrich im Lager von Alt-Jauernick am 2. Juni
1745 herausgab.
In diesem an Ereignissen reichen Jahr erfolgte der Einsatz der
schweren Artillerie mit unterschiedlichem Erfolg. Bei Hohenfriedberg schlug die Batterie auf dem Windmühlenberg die feindliche
Kavallerie zurück, nachdem diese bereits die vordere Linie der
Preußen durchbrochen hatte. Bei Soor eroberte die preußische Infanterie jedoch die schwere Batterie des Gegners ohne eigene Artil-
lerieunterstützung, während es bei Kesselsdorf den drei preußischen
Batterien in keiner Weise gelang, die feindlichen Kanonen zum
Schweigen zu bringen, die fortfuhren, den rechten Flügel und das
Zentrum der preußischen Infanterie zusammenzukartätschen. In
den kurzen Atempausen zwischen den aufeinanderfolgenden Kriegen wurde Friedrich die großen Fortschritte nicht gewahr, welche
die Österreicher mit ihrer Artillerie machten, indem sie sich nicht
nur eine Reserve an guten neuen Geschützen, sondern auch ein
Korps bestens ausgebildeter tüchtiger Artilleristen schufen. Daher
geschah es dann auch 1757, bei Prag und Kolin, daß die vorrückende preußische Infanterie im Feuer der feindlichen Batterien
zusammenbrach, während die eigene Artillerie in die Kämpfe kaum
eingriff.
Das Vertrauen kehrte eigentlich erst wieder mit Rossbach zurück,
wo sich die achtzehn schweren preußischen Kanonen dem französisch-deutschen Mob gegenüber glänzend bewährten — einem
Gegner allerdings, der nicht an die Österreicher heranreichte. Ein
überzeugender Leistungsvergleich fand bei Leuthen statt, wo sich

Bespannte Artillerie. Die Kanoniere tragen ihre typischen Federbüsche und Stulpenstiefel sowie rot eingefaßte blaue Röcke, strohfarbene Westen und Kniehosen. Kanonier 1 steht rechts vom Geschütz (der Rammbär sollte unterhalb der Reinigungsbürste eigentlich ein Gelenk haben) und Kanonier 2 links. Kanonier 4 visiert über das Rohr. Bei dem Geschütz handelt es sich um einen 6-Pfünder mit blau angemalten Holz- und schwarzen Eisenteilen.

177

die Preußen einer starken und schlagkräftigen österreichischen Armee gegenübersahen. Eine 12-Pfünder-Batterie begleitete die Vorhut ins Gefecht, machte schon gleich zu Beginn der Feindseligkeiten zwei gegnerische Kanonen kampfunfähig und stieß dann bis auf den Glanzberg vor.

Die schweren Geschütze des Zentrums und linken Flügels hatte man zur Unterstützung der Hauptarmee inzwischen auf dem Judenberg zusammengefaßt. Im Laufe des Kampfes wurden beide Geschützgruppen auf den ausgedehnten Kirchberg vorgezogen, von da aus rollten sie weiter auf die Südosthänge des Butterberg, von wo aus sie mit verheerender Wirkung gegen die dichtgedrängten Österreicher wirkten. Insgesamt gesehen, blieb der Einsatz der schweren Artillerie bei Leuthen in bezug auf Feuer und Bewegung fast ohne Beispiel im 18. Jahrhundert.

Höchst befriedigt legte Friedrich daraufhin fest, daß die schweren Kanonen stets nach vorne zu bringen seien — »beständig wie bei Leuthen«.[5] Von nun an hatten die Kanonen zunächst die feindliche Artillerie zum Schweigen zu bringen und dann flankierend — en écharpe — die gegnerische Infanterie und Kavallerie an der beabsichtigten Einbruchstelle zu erfassen. Die Schlacht von Zorndorf erwies sich in dieser Hinsicht aber als eine Enttäuschung, denn die Kanoniere hatten die Entfernung unterschätzt, so daß die Feuereröffnung nicht sehr wirkungsvoll war. Bei Kunersdorf war die schwere Artillerie jedoch in einem großen Halbkreis gruppiert, wodurch es ihr gelang, auf die vorspringende russische Verteidigungsstellung eine beachtliche Feuerkonzentration zum Tragen zu bringen.

Als Friedrich schließlich drauf und dran war, seine Artillerie in wahrhaft napoleonischer Weise einzusetzen, zwang ihn leider der stark angeschlagene Zustand seiner Infanterie, die Zusammenfassung seiner schweren Geschütze wieder aufzugeben. Bisher waren die 12-Pfünder als verbundene Waffe der mittleren Heeressäule zugeteilt. Doch auf dem Marsch von Dresden nach Liegnitz, 1760, wurden sie auseinandergerissen und jeweils eine Batterie zu zehn Geschützen einer Brigade zu Fuß zugeteilt (die aus vier bis sieben Bataillonen bestand). Aber auch in ihrer neuen und nicht sehr dankbaren Rolle bewährten sich die schweren Geschütze noch immer recht gut, wie z. B. am 15. August bei Liegnitz, als sie Laudons Grenadiere mit Kartätschen zusammenschossen.

Während Friedrichs Brigade-Batterien der Infanterie ständig zugeteilt waren, was sich auf dem Marsch als recht nachteilig herausstellte, zog Prinz Heinrich es vor, seine schweren Geschütze in kleinere Batterien zu vier bis acht Geschütze zusammenzufassen. Diese wurden lediglich fallweise den Brigaden unterstellt. Hierbei brachte er es zuwege, eine intakte Reserve an schweren Kanonen in seiner Hand zu behalten, so daß er zum Beispiel in der Entscheidungsschlacht von Freiberg, im Jahre 1762, noch mit einer Eingreifreserve von sechzehn Geschützen operieren konnte. Die Krise des Siebenjährigen Krieges verursachte bei der preußischen Artillerie aber auch noch zwei weitere Entwicklungen — den großzügigen Einsatz von Haubitzen und der ersten echten bespannten Artillerie. Schon 1690 hatten die Holländer die Haubitze gebaut, aber Friedrich war der erste Feldherr, der die Vielseitigkeit dieser Waffe im Felde voll zur Anwendung brachte. Um einen Gegner aus seinen festen Stellungen zu schießen, wurde für gewöhnlich mit Steilfeuer gearbeitet, im offenem Gelände hingegen mit niedriger Flugbahn, wo die Granate durch den Abpralleffekt und den Aufschlag wirkte. Überraschenderweise stellte sich jedoch heraus, daß die Haubitze zum Verschießen von Kartätschen besonders geeignet war, wog doch das große Kaliber (welches die Verwendung großer Kugeln zuließ) bei weitem die Kürze des Rohrs auf. Haubitzen fanden als Bataillons- und Batterie-Geschütze Verwendung und (in den 70er Jahren) auch als bespannte Artillerie.
Eine Haubitze war es auch, die in einem der seltenen Fälle die wir im 18. Jahrhundert finden, eine gegnerische Batterie zum Schweigen brachte.
Ort der Handlung war die Schlacht von Liegnitz, wo sich eine österreichische Batterie recht unangenehm bemerkbar machte, bis Generalmajor v. Saldern dem Bombardier Kretschmar befahl, sie mit seiner Haubitze zum Schweigen zu bringen.

»Als er die erste Haubitz-Granate nach denen Canons warf, schlug selbige kurtz vor diesen nieder, so daß die Kayserlichen, dadurch von Ihrem Geschütz zurückwichen, so daß wir so einen Schuß gewonnen. Bey dem zweiten Wurf warf Kretschmer in den Kayserlichen Patronenwagen, worauf ein Mann stand, so den Uebrigen die Ladung zureichte. Als die Granate den Wagen erreichte, fuhr dieser und ein anderer, so daneben stand, sogleich in die Luft. Zwei Artilleristen flogen mit in die Höhe und 8 andere wurden verstümmelt und getödtet. Nun ward die Batterie vom Feinde verlassen«.⁶

»Galoppierende Kanonen« hatte man in ausländischen Heeren schon seit mehr als einem Jahrhundert zum Einsatz gebracht. Es handelte sich bei ihnen um leichte Geschütze, die zusammen mit der Kavallerie in den Kampf zogen. Gegen Mitte des Siebenjährigen Krieges führte Friedrich jedoch etwas Neuartiges ein: eine schnell bewegliche Artillerie, welche nicht so sehr als Hilfstruppe der Reiterei gedacht war, als vielmehr »rasch wie der Wind« hierhin und dorthin geworfen werden konnte, wo immer der Befehlshaber sie einsetzen wollte.

Als geeignetste Waffe für seine neue reitende Artillerie wählte Friedrich den leichten 6-Pfünder. Er wurde von einem ausgesuchten Gespann gezogen, das notfalls auch in Galopp übergehen konnte. Die siebenköpfige Besatzung ritt auf eigenen Pferden auf gleicher Höhe mit. Friedrich glaubte fest an diese neue Form der Artillerie und ließ sich durch keine Rückschläge entmutigen. Die erste Brigade der »artillerie volante« wurde im Mai 1759 im Lager von Landshut vom Lieutenant Schwebs aufgestellt; sie ging jedoch drei Monate später bei Kunersdorf wieder verloren. Daraufhin wurde im August im Lager Fürstenwalde eine Ersatzbatterie aus zehn Geschützen aufgestellt, aber nur, um bei Maxen in Gefangenschaft zu geraten. Eine dritte derartige Batterie, die im Frühjahr 1760 aufgestellt wurde, überlebte jedoch den Krieg. Unabhängig davon hatte Prinz Heinrich am 1. Juni 1759 in Landsberg eine eigene Brigade dieses Typs auf die Beine gestellt.

Die Schwäche der reitenden Artillerie bestand in ihrer leichten Verletzlichkeit: sie konnte sich zwar ohne Schwierigkeiten vor die Infanterie setzen, nicht aber mit der Kavallerie Schritt halten. So behauptet auch Berenhorst, daß selbst die bemerkenswerten Erfolge der reitenden Artillerie (wahrscheinlich meint er Pretsch, am 29. Oktober 1759, und Reichenbach, am 16. August 1762) durchaus von konventioneller Artillerie hätten erreicht werden können.⁷ Obwohl die beiden noch vorhandenen reitenden Artillerie-Brigaden nach dem Friedensschluß von 1763 aufgelöst wurden, baute der König diese Waffengattung in den darauffolgenden Jahren dennoch weiter aus. 1768 bestand ein Verband aus zwanzig 6-Pfündern und vier Haubitzen, und im März 1773 stellte Friedrich in Potsdam eine Lehrbatterie auf, welche turnusmäßig abkommandierte Fußartilleristen auszubilden hatte. Auf diese Weise war es der reitenden Artillerie möglich, mit sechs Brigaden zu je neun Geschützen in den Bayerischen Erbfolgekrieg zu ziehen.

Rückblickend auf die Waffenentwicklung im letzten Viertel des 18. Jahrhunderts mußte Friedrich bestürzt erkennen, daß er in ein Wettrennen der Artillerie mit hineingezogen wurde, bei dem ihm seine österreichischen und russischen Rivalen überlegen waren. Nichts konnte ihm ungelegener kommen, bedenkt man seine spärlichen Hilfsquellen und seine Vorliebe für die bewegliche Kriegführung.

Er beklagte sich daher auch 1768, daß die Artillerie ein »abîme de dépense« — ein Faß ohne Boden würde.[8] So hatte er seit dem letzten Krieg allein für die Artillerie 1 450 000 Thaler ausgeben müssen, einschließlich der 300 000, welche im Juni des gleichen Jahres für den neuen Guß der ausgebrannten Rohre fällig waren. Er hatte eine Reserve von 100 Geschützen geschaffen, die neue Festung Silberberg bestückt und die Lager mit Kartuschen und Granaten frisch aufgefüllt.

Den 70 000 Mann, die 1756 in Sachsen einfielen, hatte Friedrich 222 Geschütze zugeteilt, was einem Verhältnis von drei Kanonen auf jeweils tausend Mann entsprach. In den folgenden Feldzügen war er gezwungen, noch mehr Artillerie einzusetzen, allein schon, um mit den Österreichern konkurrieren zu können, und in einem Fall (1760 bei Torgau) zog er sogar mit einem Verhältnis von sechzig Kanonen auf je tausend Mann ins Feld.

Unter dieser Masse von neuen und zusätzlichen Geschützen drohte das schwächliche Artillerie-Transportsystem nur zu bald zusammenzubrechen. Während 1756 noch 1 700 Pferde ausreichten, um den Artilleriefuhrpark in Magdeburg zu mobilisieren, benötigte Friedrich 1778 für den gleichen Zweck bereits 4 000 Pferde und außerdem mehrere Wochen Zeit.

Anfang der siebziger Jahre hatte der König auch die Grundsätze niedergelegt, nach denen er seine teure Artillerie auf dem Schlachtfeld eingesetzt sehen wollte (Instruction für die Artillerie vom 3. Mai 1768, Testament Politique 1768 und Grundsätze der Lagerkunst und Taktik 1770). Die Bataillons-Geschütze, die 7-Pfünder-Haubitzen und die 12-Pfünder-Batterien zu je zehn Geschützen mußten zur direkten Unterstützung der Infanterie aufgeteilt werden, wie es bereits im letzten Stadium des Siebenjährigen Krieges

üblich war. Gleichzeitig hatte jedoch eine entscheidende Feuerüberlegenheit an jenem Punkt sichergestellt zu werden, wo der
Befehlshaber die feindlichen Linien zu durchbrechen gedachte.
Deshalb empfahl Friedrich das Zurückhalten einer Reserve, die aus
12-Pfündern vom Typ »Brummer«, der reitenden Artillerie und
vierzig der neuen 10-Pfünder-Haubitzen bestehen sollte. »Diese
allgemeine Verteilung«, schrieb er, »bezweckt, daß man im Bedarfsfall Kanonen jeden Kalibers bei der Hand hat«.

1771 setzte Friedrich das Manuskript eines »Reglement« bei der
Artillerie in Umlauf. Weitere Instruktionen folgten 1778 und
1779, und schließlich erließ der König am 10. Mai 1872 noch eine
letzte und eingehende »Instruktion«. Er warnte die Artilleristen
vor einer zu frühen Feuereröffnung und verurteilte — im Gegensatz zu seiner Doktrin während des Siebenjährigen Krieges — die
Feuerzusammenfassung zum Zweck der Bekämpfung der gegnerischen Artillerie. Alles in allem waren seine Ratschläge jedoch von
zurückhaltender Art — mehr die Töne eines unter der Last seiner
Artillerie zu Boden gedrückten, als inspirierten Befehlshabers.

»Es fehlte an zwei Dingen, um die Waffe als solche in ihr tak-
tisches Recht einzuführen: sie hatte keinen Chef und kein Reglement; auch mangelte es in der nächsten Umgebung des Königs
an einem freundlichen, wohlwollenden Sprecher und tüchtigen
Verfechter. Für die Infanterie und Kavallerie sprachen viele, für
die Artillerie niemand!« (C. v. Deckerin »Die Schlachten und
Hauptgefechte des Siebenjährigen Krieges«, Berlin 1837).

7

Ingenieure und technische Einheiten

INGENIEUROFFIZIERE

1740 übernahm Friedrich ein kleines, aber wohlgeordnetes Korps von vierundfünfzig Militäringenieuren. Sein führender Kopf war ein in Holland geborener Katholik, Oberst Gerhardt Cornelius v. Walrave (1692—1773), der 1729 das preußische Ingenieurkorps auf eine feste Grundlage gestellt und praktisch den »preußischen« Stil in der Festungsbaukunst begründet hatte. Im Mai 1741 beförderte der König Walrave zum Generalmajor — »zu einiger Vergeltung seiner reellen Dienste« — und ernannte ihn im darauffolgenden Jahr zum Kommandeur eines in Neisse aufgestellten Pionierregiments.

Unseligerweise pochte Walrave ein bißchen zu sehr auf die königliche Gunst. Friedrich war willens, sich mit Walraves schamlosen Plünderungen in Böhmen abzufinden und nahm auch noch seine Pfuscherei bei der Wiederherstellung der Prager Befestigungsanlagen im Jahre 1744 hin, doch als Walrave noch nach 1745 mit den Österreichern über die Festungsausbauten von Wien weiterkorrespondierte und so unklug war, mit den russischen und sächsischen Gesandten Verhandlungen über den Kauf von Gemälden für seine Sammlung in Schloß Liliput aufzunehmen, ließ er ihn verhaften. Einen eigentlichen Verrat konnte der Untersuchungsrichter zwar nicht feststellen, doch war die Beweislast in bezug auf Betrügereien derart erdrückend, daß Walrave im Februar 1748 zu lebenslänglicher Haft in der Sternschanze zu Neisse verurteilt wurde, einem Fort, das er einst selber gebaut hatte. Als die Frau des Prinzen Heinrich diese Kasematten 1759 besuchte, forderte man sie auf, durch ein kleines Fenster zu blicken, und sie sah Walrave, der hier die ganzen Jahre als Staatsgefangener verbracht hatte. »Er stand an der Tür seiner Zelle, umgeben von einer ganzen Menagerie, welche er zu seiner Unterhaltung fütterte«.[2] Walrave blieb dort bis zu seinem Tode im Jahre 1773.

Walraves Sturz kennzeichnete viel mehr als das Ende einer persönlichen Laufbahn. Sein Pionierregiment wurde im Verlauf des Siebenjährigen Krieges in ein gewöhnliches Infanterieregiment umgegliedert, und das preußische Ingenieurkorps, für dessen Aufstellung er so viel getan hatte, fand praktisch mit ihm ein gemeinsames Ende. In der Folgezeit schmeichelte Friedrich einer ganzen Reihe von Ingenieuren, nutzte sie aus und warf sie schließlich in der gleichen Weise weg, wie es die weniger betriebsamen Monarchen seiner Zeit mit ihren Maitressen zu halten beliebten.

So war da der Generalmajor v. Seers, der 1757 die Festung Schweidnitz verlor und mit ihr seinen eigenen Ruf, dann Friedrichs persönlicher Freund Giovanni Balbi, dem man fälschlicherweise die Fehler bei der Belagerung von Olmütz im Jahre 1758 anlastete, ferner der Renegat Simon Lefèbvre, welcher 1762 beim Angriff auf Schweidnitz einen Nervenzusammenbruch erlitt, schließlich, nach dem Kriege, zwei weitere ausländische Techniker, der Piemonteser Pinto und der Franzose d'Heintze, welche sich mit dem König wegen ihrer diesbezüglichen Vorschläge für den Wiederaufbau von Glatz und die Konstruktion der neuen Festung Graudenz anlegten.

Alle diese Vorkommnisse erwiesen sich als äußerst nachteilig für das preußische Militäringenieurwesen. Für Friedrich hatte es als Waffengattung zu bestehen aufgehört. Er zog es daher vor, Festungsprojekte mit Festungskommandanten oder deren Untergebenen direkt zu besprechen. Auch erkannte er auf diesem Gebiet keine eigentliche Autorität an, selbst die nicht des ungemein geduldigen Oberst v. Regler, welcher während der letzten Regierungsjahre an der Spitze des Korps stand. Der übrige Teil des demoralisierten Personals bestand aus fünf Chef-Ingenieuren, einundzwanzig Hauptleuten, zwanzig Lieutenants und dreizehn »Conducteuren«, welche in kleinen Gruppen auf die Festungen verteilt waren.

Wir besitzen eine Beschreibung der Art, wie Friedrich vorzugehen pflegte:

Ingenieure. Ein Ingenieuroffizier in der Mitte und ein Conducteur zu seiner Rechten. Blaue Röcke; rote Kragen, Ärmel- und Rockaufschläge; rote Westen und Kniehosen. Der Offizier trägt silberne Rokokoschleifen sowie eine breite silberne Borte am Hut.

»Wenn er einige neuangelegte Werke in seinen Festungen besah, so forderte er oft die Zeichnungen an à propos beym Einsteigen in den Wagen, und fügte Verbesserungen und Zusätze, welche jedoch in den mehresten Fällen der Festigkeit des Platzes nachteilig waren. Legte man ihm den Anschlag eines Baues vor, der über 50 000 Thaler belief, und zwey Jahre zur Ausführung erforderte, so setzte er darunter: 'Gut! für 25 000 Thaler . . . muß in sechs Monaten fertig seyn!'«[3]

Zwangsläufig ergab sich daraus, daß die Ingenieure in Zukunft das Doppelte von dem anforderten, was sie wirklich brauchten, was wiederum zu einer Täuschungs- und Betrugsspirale führte.

PIONIERE

Gelegentlich führte Friedrich Klage über das Fehlen einer Sappeur-Truppe, d. h. einer Truppe von Spezialisten, die den Ingenieuren bei Belagerungen zur Hand gehen konnten. Er erkannte dabei nicht, daß ihm ja bereits ein wertvolles Potential in Gestalt des in Neisse stehenden Walraveschen Pionierregiments zur Verfügung stand, welches zum Bau und zum Unterhalt von Militärstraßen eingesetzt wurde. Er ignorierte auch die Lehren aus der fehlgeschlagenen Belagerung von Olmütz und wandelte ein wenig später — am 26. November 1758 — die zehn Musketierkompanien der Pioniere in ein herkömmliches Füsilierregiment um (Nr. 49).

MINEURE

Nach der Umgestaltung des Pionierregiments blieben lediglich noch zwei Mineur-Kompanien als eigenständige Truppe bestehen. 1761 kam noch eine weitere Kompanie hinzu, doch zeigten die Erfahrungen bei der Belagerung von Schweidnitz im darauffolgenden Jahr, daß es den preußischen Mineuren noch sehr an den erforderlichen Fertigkeiten fehlte. Nach dem Krieg holte sich der König einige Piemonteser Offiziere, die etwas zur Anhebung des Ausbildungsstandes beitragen sollten, und stellte 1783 eine vierte Kompanie auf.

Die Mannschaften rekrutierten sich zumeist aus den Bergbaugebie-

Offiziere und Mineure des Mineur-Korps. Blaue Röcke, dunkelorange Westen und Kniehosen, Füsiliermütze mit Blechschild und dunkelorangefarbener Mützensack. Von einem Festungsgraben aus wird gerade ein Gegenstollen betreten.

ten der Monarchie. In Friedenszeiten kehrten sie wieder zu ihrer zivilen Beschäftigung zurück. Die Uniform blieb die gleiche, wie die des Pionier-Stammregiments, d. h. ein rot eingefaßter blauer Rock sowie die etwas niedrigere Füsiliermütze mit Blechschild.

DAS PONTONIER-KORPS

Das kleinste Korps des preußischen Heeres, der Brückentrain, gehörte zur Artillerie und marschierte und kampierte mit den schweren Batterien. Die Friedenseinheit bestand während Friedrichs Regierungszeit aus siebenundzwanzig oder achtundzwanzig Offizieren und Mannschaften, wurde jedoch im Verlauf des Siebenjährigen Krieges auf dreiundfünfzig erhöht. Die Pontons lagerten in Berlin, Magdeburg und Neisse.

DAS MILITÄRINGENIEURWESEN IN DER PRAXIS

»Die Belagerungskunst«, schrieb Friedrich in den *General Principia,* »ist ein Handwerk geworden, genau wie das eines Zimmermanns oder Uhrmachers. Man hat einige untrügliche Regeln aufgestellt, nach denen wir unweigerlich verfahren, indem wir stets die gleiche Theorie auf die gleichen Fälle anwenden«.[4]
Die Praxis sah jedoch erheblich anders aus als die Theorie. Friedrichs ehrgeizigste Angriffe auf Festungen waren die zerstörerischen, sinnlosen Beschießungen von Prag (1757) und Dresden (1760) sowie die abgebrochenen formellen Belagerungen von Olmütz (1758) und Schweidnitz (1762). Dem König fehlten ganz einfach die Truppen — die Pioniere, die Ingenieure und vor allem die Zeit — um die Wirklichkeit nach seinen Vorstellungen zu gestalten.
Was die Anlage von Festungen betrifft, so machte Friedrich eine beträchtliche Anleihe bei Walrave und reicherte diese durch wichtige eigene Gedanken an.
Die Nahverteidigung der friderizianischen Befestigungsanlagen beruhte auf derartigen »motifs« wie z. B. einem sternförmigen Grundplan »en tenaille«, mehrfachen Wällen, tiefen und schmalen Gräben, flankierenden Kasematten und einer ausgedehnten Verwendung von Abwehr-Minen.

188

Die Fernverteidigung hingegen wurde durch eine epochemachende Verwendung von vorgelagerten Forts charakterisiert. Ingenieure aller Nationen hatten bereits seit langem damit begonnen, abgesonderte Forts im Vorfeld des eigentlichen Festungsgürtels zu errichten, um speziellen örtlichen Erfordernissen gerecht zu werden, wie zum Beispiel der Bewachung einer Überschwemmungs-Schleuse oder der Besetzung einer alleinstehenden Höhe. Friedrich setzte sich jedoch für etwas anderes ein, nämlich für den Bau von »großen detachierten Werken, es mögen Flechen, Redouten oder kleine Forts sein . . . so daß derselbe genöthigt ist diese erstlich wegzunehmen ehe er die Laufgraben gegen die Festung eröffnen kann«.[5] Mit anderen Worten: Friedrich setzte Forts ein, um die Abwehrtiefe zu erweitern. Worum es ihm ging, machte er deutlich, als er vor Ausbruch des Siebenjährigen Krieges um Schweidnitz einen Ring von fünf Forts und fünf »flèches« (pfeilförmige Werke) errichten ließ. Er schuf damit einen Festungsbaustil, der für das ganze 19. Jahrhundert richtungweisend werden sollte.

Die Anlage von Feldbefestigungen war wohl jener Zweig des Militäringenieurwesens, wo die Preußen die sichtbarsten Erfolge davontrugen, wahrscheinlich wegen der engen Beziehung zur Taktik. So hatte zum Beispiel das Lager von Neustadt Oberschlesien und Teile von Niederschlesien gegen die österreichischen Einfälle aus den Grenzgebirgen zu schützen, während der feste Platz Bunzelwitz dem König und seiner Armee im Feldzug von 1761 über eine kritische Phase hinweghalf. Selbst noch ein Vierteljahrhundert später galt Bunzelwitz als »das schönste Denkmal einer Feldbefestigung der damaligen Zeit«.[6]

DAS PREUSSISCHE FESTUNGSSYSTEM

Für Friedrich war die Festung ein vielseitiges Kriegsinstrument und nicht nur ein Sklave der Verteidigung.

In Kriegszeiten pflegten endlose Züge von Schleppkähnen Versorgungsgüter die Oder hinauf nach Breslau zu bringen, dem Herzen Schlesiens. Von dort aus wurde der Transport nach den Festungen Schweidnitz und Neisse fortgesetzt (während des Bayerischen Erbfolgekriegs auch nach Silberberg) und weiter zu der Kette von Depots, die Friedrich bei seinem Vormarsch nach Böhmen und

Mähren angelegt hatte. Bei den Operationen weiter westlich, d. h. entlang der Elbe nach Sachsen hinein, spielte Magdeburg die gleiche Rolle wie Breslau.

Als Friedrich gegen eine ständig wachsende Übermacht zu kämpfen hatte und seine staunenswerten Märsche durch die Norddeutsche Tiefebene bewerkstelligte, halfen ihm die gleichen Festungen bei der Sicherung seiner Flußübergänge und ersparten ihm außerdem die Mühe, ständig die schwere Artillerie mit sich herumschleppen zu müssen.

Hätte Friedrich sich nicht immer wieder an seine beiden wichtigsten Festungen klammern können, wäre er im Verlauf des Siebenjährigen Krieges wahrscheinlich untergegangen.

Einer dieser vitalen Stützpunkte war Stettin, am Unterlauf der Oder, der als Barriere gegen die Russen diente, der andere die große Schlüsselfestung Magdeburg, welche die mittlere Elbe beherrschte und die Basis für den Krieg in Sachsen darstellte.

Gleichzeitig war sich Friedrich aber darüber im klaren, daß der Bestand seines Staates von der Tapferkeit des Feldheeres abhing, weshalb er auch im Verlauf der ersten Feldzüge des Siebenjährigen Krieges jederzeit bereit war, entfernt liegende oder unhaltbare feste Plätze, wie Wesel (in Westfalen) und Königsberg (in Ostpreußen), ohne das geringste Zögern preiszugeben.

DIE FLOTTE FRIEDRICHS DES GROSSEN

Fast anderthalb Jahrhunderte vor der Ära Tirpitz lief eine preußische Flotte zu einer Unternehmung aus, die zweifelsohne zu einer der eigenartigsten der Seekriegsgeschichte zählen dürfte.

Die Initiative zu diesem höchst bemerkenswerten Unterfangen ging von dem genialen, dicken und lärmenden Herzog von Braunschweig-Bevern aus. Dieser war 1757 von den Österreichern bei Breslau entscheidend geschlagen worden, was ihn für jedes weitere Frontkommando abqualifizierte. Nach seiner Rückkehr aus der Gefangenschaft hatte man ihn zum Gouverneur von Stettin gemacht. Bevern haderte mit der erzwungenen Untätigkeit, und da sich die Russen nicht zu ihm hinwagten, entschloß er sich, seinerseits aktiv zu werden und einen Schlag gegen die Schweden zu führen, deren Flottillen den Bereich der Untiefen, Sandbänke, Inseln und Lagunen an der Einmündung der Oder in die Ostsee beherrschten.

Mit Hilfe von Daniel Schultze, einem Stettiner Kaufmann, verbrachte Bevern den Winter von 1758/59 damit, die Fischerboote (die örtlichen Zösekähne) sowie die Schiffe der Holzhändler (Kopenhagenfahrer) in Kriegsfahrzeuge umzubauen. Die Offiziere hierfür scheinen prinzipiell von den Land-Bataillonen genommen worden zu sein. Sie wurden schmuck in blaue Uniformröcke und Kniehosen eingekleidet und erhielten schwarze Hüte mit breiten goldenen Borten. Die Besatzungen beliefen sich auf 616 Mann und rekrutierten sich aus erstklassigen Seeleuten und Soldaten der Land-Bataillone. Prittwitz berichtet darüber:

»Uns Offizieren imponierte diese Flotte sehr, weil uns deren Erscheinung etwas Neues war. Wir begaben uns, als sie näher rückten, an Bord, um sie um so mehr betrachten zu können.

Da alles neu und sowohl Matrosen als Soldaten gut montiert waren, so hatte das Ganze kein schlechtes Aussehen. Die Matrosen erschienen, wenn sie Parade machten, weiß mit roten Binden um den Leib, worauf sich der schwarze Adler befand, und hatten Filzmützen, beinahe wie die Husaren, worauf gleichfalls ein Adler angebracht war«.[7]

Am 5. April 1759 lief die Haff-Flottille erstmals auf der Oder aus, begleitet von den Hurra-Rufen der Matrosen und dem Grußaustausch zwischen den Schiffen und den Festungswällen von Stettin. Im September war die kleine Flotte so weit ausgebaut, daß sie über vier Galeeren und vier Galeonen, mit einer Hauptbewaffnung von 12- und 6-Pfündern, sowie über einige kleinere Einheiten verfügte.

Der amtierende Admiral war ein Offizier der Land-Bataillone, ein gewisser Hauptmann Ernst v. Köller, welcher, in Anlehnung an die Landkriegführung, seine mächtige Armada in Höhe von Neuwarp in zwei Linien hintereinander ankern ließ, um auf diese Weise die mittlere Enge des Stettiner Haffs zu blockieren.

Die Schweden griffen am 10. September an und zerstörten den preußischen Verband innerhalb weniger Stunden. Erst machten sie sich ihre Überlegenheit an Zahl, Geschwindigkeit und Wendigkeit zunutze, und dann jagten und überrannten sie die flüchtenden Schiffe.

Die Preußen verloren zwei ihrer Galeeren und alle vier Galeonen.

Etwa dreißig Mann an Toten und Verwundeten waren zu beklagen. Dieses kleine Desaster von Neuwarp bestätigte Friedrich in seiner Zurückhaltung, sich auf See zu wagen. Selbst nachdem ihm 1772 noch Danzig und Westpreußen zugefallen waren, lehnte er den Aufbau einer eigenen Flotte mit der Begründung ab, daß eine solche in bezug auf die erforderlichen Ausgaben und Menschen zu kostspielig sei und Seeschlachten überdies selten entscheidend wären. Er zog es vor, »die erste Armee in Europa zu besitzen, anstatt die schlechteste Flotte unter den Seemächten«.[8]

8

Finanzen, Versorgung und Hilfsdienste

FINANZEN

»Drei Dinge sind für die Kriegführung erforderlich — Geld, Geld und noch mehr Geld«. Diese von Marschall Trivulzio 250 Jahre zuvor gesprochenen Worte hätten auch Friedrich in den Mund gelegt werden können. Die hervorstechendste Leistung des Königs als Kriegführender lag nicht so sehr darin, daß er den Kampf gegen den größten Teil Europas und dessen ungeheure Hilfsquellen überhaupt überlebte, sondern daß er aus dieser schrecklichen Prüfung sogar noch mit einem finanziellen Profit hervorging.

Wenn es zunächst so scheint, als ob Friedrich seine militärischen Finanzen in einer unnötig komplizierten Weise arrangiert hätte, so nur deshalb, weil er nach Art der Eichhörnchen an allen möglichen und unmöglichen Plätzen kleinere Beträge für kommende schlechte Zeiten versteckte. So stoßen wir auf Rücklagen, wie zum Beispiel die »*Königliche Dispositionskasse*« (für unvorhergesehene militärische Ausgaben welche aus den Überschüssen der *General-Domänenkasse* aufgefüllt wurde), oder den *Kleinen Schaatz,* durch welchen die Kosten der Mobilmachung gedeckt werden mußten. Das Grundkonzept sah indessen so aus, daß die Vielzahl der Einkünfte in das Sammelbecken aller militärischen Finanzen einmündete, in die *General-Kriegskasse*.

Die Hauptquellen, welche die *General-Kriegskasse* speisten, waren die Steuern der Grundbesitzer und Bauern, die Akzise, ein alljährlicher »eiserner Bestand« von 300 000 Thalern aus der *General-Domänenkasse* (welche die königlichen Güter und Monopole verwaltete) und die Kontributionen aus den besetzten Gebieten. Diese Gelder wurden durch die *General-Kriegskasse* zunächst einmal über die *Massow-Kasse* oder *Wartenberg-Kasse* zur Verteilung gebracht — aus denen 1751 der Vereinigte Bekleidungs- und Remonten-Fonds wurde — zum anderen durch die *Feldkriegs-Kommissariats*, welche zusammen mit ihren untergeordneten Gliederungen in Kriegszeiten aufgestellt wurde, d. h. mit der *Feld-Kriegskasse* (Besoldung), dem *Feld-Proviantamt* (Magazine und Transport), der *Feld-Bakerei* (Brot) und der *Lazarethkasse* (Hospitäler). Der eigentliche *Staatsschatz* war im Vergleich hierzu eine dürftige Angelegenheit. Als Friedrich den Thron bestieg, belief er sich auf 10 Millionen Thaler, überlebte aber die Kriege der vierziger Jahre, wenngleich auch stark gerupft. Als die Mobilmachung von 1756 ausgerufen wurde, standen 13 Millionen Thaler in ihm zur Verfügung. Dazu müssen aber noch 2 500 000 Thaler aus den Kriegsrücklagen gerechnet werden (siehe oben), so daß es insgesamt 15 500 000 Thaler waren. Diese Summe erwies sich zur Deckung der hohen Kriegsausgaben jedoch als völlig unzureichend. Gegen Ende des Feldzugs von 1756 (der gemessen an den Unkosten des Siebenjährigen Krieges, noch nicht einmal teuer war), fand sich der *Staatsschatz* auf die Hälfte eingeschrumpft und hatte am 19. März 1758 vollends zu bestehen aufgehört.

Die monströsen Kriegsunkosten aber wuchsen weiter. Allein der Feldzug von 1758 kostete Friedrich 20 046 779 Thaler. Als dann 1763 die Waffen schließlich schwiegen, stellte man fest, daß Preußen für seinen Überlebenskampf nicht weniger als 139 000 000 Thaler hatte aufbringen müssen.

Das Erstaunliche hieran ist nur, daß Friedrich nicht bloß jeden Thaler hierfür beschafft hat, sondern zum Schluß sogar noch über 30 250 000 Thaler verfügte. Wo aber kamen diese 169 250 000 Thaler her? — Lediglich 17 300 000 Thaler hatten aus Anleihen und dem inzwischen bankrotten *Staatsschatz* aufgebracht werden können, weitere 43 000 000 auf dem Wege über Besteuerungen und den Einkünften aus Staatsmonopolen. Den Restbetrag von 108 950 000 Thalern scheint der König aus der Luft gezaubert zu haben. Tatsächlich boten sich ihm aber drei ungewöhnliche Quellen an, die er auch allsogleich anzapfte:

Erstens versorgte Großbritannien Friedrich mit ausgesprochenen Subsidien, nachdem es erst einmal, von der Mitte des Krieges bis 1762, die ganze Versorgung »verräterisch« abgeschnitten hatte. Diese Großzügigkeit erfolgte in der durchaus begrüßten Form von

Gold- und Silberbarren, welche Friedrich jederzeit in bezug auf den Metallgehalt manipulieren konnte. Das machte 27 000 000 Thaler aus.

Zweitens nahm Friedrich im Verlauf des Krieges drei aufeinanderfolgende Abwertungen vor, welche den preußischen Münzwert um insgesamt $62^{1}/2^{0}/o$ senkten. Die Einnahmen für den Staat erwuchsen daraus, daß er seine Schulden mit abgewerteten »Ephraimiten« beglich (einschließlich der Besoldung der Soldaten und öffentlichen Angestellten), während alle Steuern und Kontributionen gemäß ihrem echten Wert eingetrieben wurden. Die Idee und die Abwicklung dieses Betruges lag in Händen des jüdischen Handelshauses Daniel Itzig und Ephraim & Söhne. Das regte einen Witzbold in Holland zur Prägung einer Falschmünze an, auf der man Friedrich und Ephraim Tête-à-tête sah, umgeben von der Inschrift: »Dies ist mein lieber Sohn, an dem ich Wohlgefallen habe«. Alles in allem brachte diese Abwertung dem König einen Gewinn von 29 000 000 Thalern.

Drittens — und getreu der Maxime, »daß der Krieg den Krieg ernähren muß«, plünderte Friedrich die Länder des Feindes systematisch in bezug auf Geld, Vieh, Pferde, Futtermittel und Rekruten aus. In Sachsen gab sich der König zunächst damit zufrieden, diese »contributions« den örtlichen *Ständen* zu überlassen, doch als sie dann merklich nachließen, setzte er 1760 eine Militärverwaltung ein, »Generale und Offiziere, welche strenger waren als die Inquisitoren von Goa«.[1] Sie ließen den Torgauer Wald abholzen, »den schönsten in Deutschland«[2], und verkauften die Stämme. Als weiteres Beispiel ihres barbarischen Benehmens warfen sie die führenden Bürger und Kaufleute Leipzigs ins Gefängnis, als Geisel für die Eintreibung ungeheurer Auflagen.

Jeden Morgen sah ein preußischer Beamter nach den verdreckten, unrasierten und hungernden Häftlingen und begrüßte sie mit den Worten: »Nun, ihr Hunde! Wollt ihr jetzt zahlen?«[3]

Falls ein Steigerung überhaupt noch möglich war, erwies sich die Bedrückung in Mecklenburg als noch grausamer, befanden sich die Preußen doch nicht in ständigem Besitz des Landes, sondern fielen periodisch immer wieder darüber her. Im Verlauf des Krieges wurden so aus Mecklenburg und Schwedisch-Pommern 4 950 000 Thaler herausgepreßt, aus Sachsen 48 000 000 Thaler. Hierin sind allerdings nicht die Ausbeutungen auf eigene Rechnung enthalten.

Ein Höfling beobachtete im Winter 1759, wie der Ingenieur Balbi mit einem Wagen voll mit Meissener Porzellan nach Berlin zurückkehrte, er bemerkte hierzu: »Es ist eine Art Heimfallsrecht, mit dem unsere Offiziere Meissen belegt haben; jeder, der durchkommt, versorgt sich für sein ganzes Leben mit Porzellan«.[4]

Gegen Mitte der siebziger Jahre hatten die jährlichen Staatseinkünfte eine Summe von etwa 21 700 000 Thaler erreicht, einschließlich der neuen Quellen, wie das staatliche Tabakmonopol aus dem Jahre 1765 und das Steueraufkommen aus der neuen Provinz Westpreußen. Hiervon gingen alljährlich mindestens 13 000 000 an die Armee, weitere 3 000 000 an die staatliche Verwaltung. Da der Überschuß dankenswerterweise von Jahr zu Jahr weiter anwuchs, konnte Friedrich während dieser Nachkriegsperiode 8 000 000 Thaler für den Festungsbau und nicht weniger als 1 500 000 für juwelenbesetzte Schnupftabakdosen — als Belohnung für verdiente Untertanen und die Pflege guter Beziehungen — verwenden. Und auch die Kosten des Bayerischen Erbfolgekrieges (29 000 000) konnten ohne große Schwierigkeiten getragen werden.

RÜSTUNGSINDUSTRIE

Das für Preußen charakteristische Band zwischen dem Militärapparat und der halb-monopolistischen Privatindustrie wurde von Friedrich Wilhelm I. geknüpft oder, genauer, durch Oberst Christian v. Linger, der 1722 die Leitung der neuen Fabrik für Handfeuerwaffen in Spandau übernahm. Auf seinen Rat hin vertraute der König das Unternehmen der Handelsfirma Splitgerber und Daum an. 1723, das heißt bereits im ersten Jahr ihres Bestehens, produzierten die Spandauer Werke 10 000 Musketen und versprachen, Preußen von den Einfuhren aus Lüttich unabhängig zu machen. Jede dieser Waffen — genau wie auch die unter Friedrichs Regierung erzeugten — trugen an der abgeschrägten Schloßunterkante die eingeschlagenen Initialen SD.

Linger überwachte auch die Arbeit der 1717 in der Jungfernheide bei Berlin errichteten Pulvermühle. Dort wurde ein derart feines und zugleich hochwirksames Pulver hergestellt, wie es damals in anderen Ländern nur zu Sportzwecken üblich war. Sowohl in den Anlagen von Spandau als auch in der Jungfernheide wurden die Maschinen mit Wasserkraft angetrieben.

196

Die Musketenkugeln wurden in Berlin aus dem verhältnismäßig billigen Blei gegossen, das man im Harz förderte. Die Königliche Kanonengießerei befand sich ebenfalls in Berlin. Sie bezog ihr Kupfer aus Rothenburg a. d. Saale, das Zinn aus Cornwall. Im übrigen aber steckte die preußische Industrie noch in den Kinderschuhen. Die einzigen einheimischen Quellen für Bomben und Granaten waren die Eisenwerke Zehdenick und die Fabrik in Schadow, am Oberlauf der Spree. Das hochwertige Eisen für die Musketen und Pistolen mußte aus Schweden importiert werden.

Bei der Erzeugung von Rohwolle war Preußen hingegen unabhängig. Friedrich Wilhelm förderte überdies die örtliche Textilindustrie, indem er jedes Regiment auf Zusammenarbeit mit einem individuellen Hersteller anwies, der es seinerseits auf sich nahm, blaues Uniformtuch zu einer festgelegten Qualität und einem vereinbarten Preis zu liefern. Ein englischer Reisender erfuhr bei einem Besuch in Magdeburg von einem preußischen Offizier: »Das hier und in anderen Teilen Preußens gewebte blaue Tuch ist wohl gröber, trägt sich aber besser und sieht nach langem Gebrauch ansehnlicher aus, als die feinsten Tuche aus England oder Frankreich«.[5]

Offiziersuniformen, andersfarbige Stoffe und Hüte, Knöpfe und verschiedene andere Gegenstände wurden durch das königliche Magazin geliefert, doch empfingen die Regimenter auch Geld, mit dem sie selbständig Hemden, Kniehosen, Schuhe, Haarbänder und dergleichen einkaufen konnten. Auf alle Fälle pflegten die Regimenter sämtliche kleineren Bekleidungsgegenstände auf einmal einzufärben, um sicherzugehen, daß einheitliche Farbtöne erzielt wurden. Jedes Jahr am 1. Mai empfingen die Unteroffiziere und Mannschaften der Infanterie einen neuen Rock, eine Weste, ein Paar Kniehosen, Schuhe, Strümpfe, Dienstgamaschen und einen Hut. Den alten Rock behielt der Soldat noch für ein weiteres Jahr für den Alltagsdienst, dann durfte er die Regimentsabzeichen abtrennen und das Gewand verkaufen. Die Garde empfing eine besondere »schlechte Uniform«, um die eigentliche Paradeuniform für besondere Anlässe zu schonen.

Die einheimische Industrie zeigte sich den Anforderungen der beiden Schlesischen Kriege durchaus gewachsen, ebenso den Bedürfnissen der Friedensarmee. Splitgerber und Daum warben Büchsenmacher aus Lüttich an und errichteten eine neue Waffenfabrik in Potsdam mit einer Jahreskapazität von 15 000 Musketen. Der

Oberst v. Holtzmann übernahm 1743 die städtische Kanonengießerei in Breslau und baute sie weiter aus. Insgesamt stellten die Preußen zwischen 1741 und 1745 444 Geschütze her.

Auch die neuen Pulvermühlen nahmen zur gleichen Zeit ihre Arbeit auf und erzeugten zusammen mit der bereits bestehenden, 402 000 Pfund Sprengstoff im Jahre 1746, und 504 000 Pfund im Jahre 1756. Eine Zeitlang hinkte die Eisenindustrie mit ihrer Kapazität nach, was Friedrich zur Einfuhr von Granaten und Bomben aus Schweden zwang (1752). Aber bis 1755 entstanden neue Eisenwerke in Schlesien, und zwar in Malapane, Kreuzburg, Gottow, Torgelow und Vietz.

Die dem Siebenjährigen Krieg folgenden Krisen machten sich auf allen Gebieten bemerkbar. Es ging ums Überleben der preußischen Armee auf dem Schlachtfeld und um die Fähigkeit des Staates, diese Armee auch weiterhin zu versorgen. Der ungeheure Verbrauch an Schießpulver (insgesamt 73 686 720 Pfund) überstieg bei weitem die Möglichkeiten der preußischen Pulvermühlen — selbst noch vor der Sprengung der Anlage in Jungfernheide durch die Russen im Jahre 1760 — so daß Friedrich in starkem Maße von Einkäufen in Holland und Großbritannien abhängig wurde. Außerdem mußten Splitgerber und Daum auch noch den Import großer Waffenmengen jeglicher Art sicherstellen — so eiserne Kanonen aus Schweden, bronzene Geschütze und Handfeuerwaffen aus Holland, Musketen aus Lüttich und Pistolen aus Solingen und Suhl.

Dank der Tüchtigkeit des Generalleutnants Hans v. Massow und seines Berliner Feldzeugamts gelang es jedoch, die Regimenter den ganzen Krieg hindurch ausreichend mit Waffen und Gerät zu versorgen. Alljährlich, wenn die Zeit zum Einrücken in die Winterquartiere herannahte, gab Massow an die Infanterie- und Kavallerie-Regimenter Formbogen heraus, auf welchen die Bedürfnisse für den kommenden Feldzug anzumelden waren. Seine Beamten begaben sich sodann mit diesen Listen in die Zeughäuser und gaben alle benötigten Dinge heraus, so daß, wie Friedrich schrieb, »es in der Armee nie an etwas mangelte, selbst nachdem wir einige Feldzüge hatten, die uns 40 000 Musketen und 20 000 Pferde kosteten«.[6] War es Massow dann gelungen, die unmittelbaren Wünsche zu befriedigen, schloß er Verträge mit der Industrie, um auch die Versorgung für den übernächsten Feldzug sicherzustellen.

Massow starb am 24. Juli 1761. Er wurde durch seinen erfahrenen

Stellvertreter, den Oberst Johann v. Stechow ersetzt. 1763 hatte dann der Oberst, und nachmalige Generalmajor, v. Wartenberg dieses wichtige Amt inne. Obwohl Wartenberg »unauffällig wirkte«[7], hinderte ihn dies doch nicht daran, im Verlauf seiner erfolgreichen Karriere ein Vermögen zu erwerben.

So ward denn durch den Siebenjährigen Krieg »Berlin, dies neue Palmyra, wo prachtvolle Werke der Baukunst in zahlloser Menge sich mitten aus einem Sandmeer erheben und unabsehbare Straßen anfüllen, die größte Manufacturstadt in Deutschland, der Mittelpunkt aller Kriegsbedürfnisse, ja die große Näherin der preußischen Heere. Hier befand sich ein ungeheurer Vorrath von Gepäck, Uniformen, Waffen und Kriegsgerät aller Art und viele Tausend Menschen waren unaufhörlich in ihren Werkstätten beschäftigt, diesen Vorrath zu vermehren, oder den Abgang zu ersetzen. Nie blühte der Handel in Berlin so sehr, als damals«.[8]

Der Kaufmann Gotzkowsky, »ein stattlicher Deutscher, dumm und herzlich«[9], übernahm es, die Armee anhand eines einzigen Vertrages mit Gütern im Wert von 7 500 000 Thalern zu beliefern, während Splitgerber und Daum allein an einem Tag 4 000 000 Thaler für Waffen und Ausrüstung erhalten haben sollen.

Gleichzeitig brachte der Krieg aber auch unendliches Leid über die Masse des Landvolks. Selbst in der Hauptstadt wurden der Adel und die höfischen Kreise durch die Inflation hart getroffen. Lehndorff berichtet:

»Man sieht Witwen aus besten Kreisen Almosen heischen und Kinder von Leuten von Stande ohne jede Erziehung aufwachsen . . . Bei der Bürgerschaft hingegen liegen die Dinge ganz anders; diese ist wohlhabend und lebt in großem Prunk, vor allem die Juden, die Paläste bauen und prachtvolle Gärten anlegen. Itzig und Ephraim sind Millionäre und saugen dem Staat das beste Blut aus«.[10]

VERSORGUNG

Die Unterhaltskosten für die Armee waren in Friedenszeiten erstaunlich gering. Die Provinzbehörden hatten die Kavallerie mit Trockenfutter zu Festpreisen zu beliefern, und die Bauern mußten im Laufe der Zeit feststellen, daß die Sommer immer länger wurden, während derer die Truppenpferde auf ihren Wiesen grasten. Die »registrierten« Artillerie- und Bagagepferde blieben im Frieden auf dem Land. Nur der bedauernswerte Soldat erhielt nichts gratis. Er mußte für seine tägliche Brotration von zwei Pfund zwölf Groschen im Monat entrichten, die ihm vom Sold einbehalten wurden. Auf diese Weise war Friedrich frei und ungebunden und konnte sein Geld für die Vorbereitung des nächsten Krieges verwenden. Mehl und Getreide wurden in Berlin, Breslau, Magdeburg und Stettin gelagert — wobei die Auswahl dieser Städte ihre verkehrsgünstige Lage bestimmte. 1752 beliefen sich die Vorräte in diesen Magazinen auf 53 000 Scheffel (1 Scheffel = 36 l), und 1776 lagen allein in Breslau und Berlin 72 000 Scheffel, was ausreichte, um eine Armee von 60 000 Mann zwei Jahre lang zu ernähren. Zwei Drittel dieser Bestände wurden stets in Form von Mehl gelagert (in 200-l-Fässern) — einesteils, um sich in Kriegszeiten die Arbeit des Mahlens zu ersparen, zum anderen, weil sich Mehl besser hielt als ungemahlenes Korn, welches dem Verderb durch Ratten, Insekten und Hitze ausgesetzt war und alle drei Jahre erneuert werden mußte. Während des Siebenjährigen Krieges wurde allerdings in Stettin Brot gebacken, dessen Mehl vierzig Jahre alt war.

Friedrich erhielt von seinem Landadel und den Bauern soviel Getreide wie möglich, das durch Steuernachlässe verrechnet wurde. Der Rest wurde auf dem Markt preisgünstig eingekauft. Da Preußen selbst über kein ausreichendes Getreidevorkommen verfügte, wurden beträchtliche Mengen aus Polen bezogen, dem Kornspeicher Europas, wo man für 1 Million Thaler etwa 60 000 Scheffel bekam.

So geschah es denn auch weitgehend zur Erleichterung dieser Getreidetransporte, daß Friedrich den seit langem nicht mehr gebrauchten Finow-Kanal (zwischen Oder und Havel) instandsetzen und den Plauer-Kanal (zwischen Havel und Elbe) bauen ließ, wodurch die Binnenschiffahrt eine Verbindung zwischen Ostsee und Elbe erhielt. — Trockenfutter konnte wegen seines Volumens nicht in der gleichen Weise wie Getreide deponiert werden. Dafür wurden 1752 die schlesischen Regierungsbezirke aber angewiesen, einen ständigen Vorrat an Hafer, Stroh und Heu bereitzuhalten, der ausreichte um ein im Felde stehendes Heer von 60 000 Mann einen Monat lang zu versorgen.

Alle diese Maßnahmen lagen in Händen des Heeresintendanten und seiner vier Assistenten. »Diese Offiziere«, schrieb Friedrich, »beschäftigen sich in Friedenszeiten mit nichts anderem: dadurch besitzen sie auf ihrem Fachgebiet eingehende Kenntnisse und können sie während des Krieges entsprechend einsetzen«.[11] Im Verlauf der von Friedrich geführten großen Kriege hatten das wichtige Amt des Intendanten nacheinander der Generalmajor G. v. d. Goltz, Oberst W. R. v. Retzow (1747—58) und Oberst E. L. v. Amstedt inne.

Auch die übrigen Ausrüstungsgegenstände der Armee waren stets greifbar. Gewehre, Sättel und sonstige Dinge lagerten im Berliner Arsenal, die Musketen- und Artilleriemunition in den Provinz-Hauptstädten, die Bataillons-Artillerie in Berlin, Breslau, Magdeburg, Stettin und Königsberg, die schweren Geschütze in den Festungen, die Pontons in Berlin, Magdeburg und Neisse, und die Fahrzeuge und das Baumaterial für die Backöfen in Berlin, Magdeburg, Stettin, Breslau, Glogau und Königsberg.

Während der beiden Schlesischen Kriege konfiszierte Friedrich zahlreiche Handelsschiffe, um für die Armee den Transport von Getreide und Futtermitteln sicherzustellen, was zu einer beträchtlichen Störung des Binnenhandels führte.

Er ließ daher vor Beginn des Siebenjährigen Krieges dreißig Schuten einfacher Konstruktion bauen und das Holz für eine weitere größere Zahl in Küstrin a. d. Oder bereitstellen, um im Bedarfsfall rasch Ersatz bei der Hand zu haben.

Der Ausbruch der Feindseligkeiten setzte indessen eine viel komplexere Maschinerie in Gang, die ständig überwacht und gesteuert werden wollte. »Nicht ich befehlige die Armee«, klagte Friedrich einmal, »sondern Mehl und Futtermittel sind jetzt die Herren«.[12]

Die Priorität lag jetzt bei der Mobilisierung des Trains für die Intendantur, d. h. bei der Requirierung zusätzlicher Wagen, Pferde und Fahrer, die benötigt wurden, um den Proviant von den zentralen Verpflegungsämtern (für gewöhnlich Breslau oder Magdeburg) zu den vorgeschobenen (»offensive«) Magazinen, wie Schweidnitz, zu transportieren, und von da aus weiter in Richtung der fortschreitenden Operationen.

Der Soldat, dem in Kriegszeiten das Brot kostenlos zustand, führte davon zwischen drei und sechs Tagesrationen (zwei Pfund pro Tag) in seinem Habersack mit sich. Friedrich wäre es lieber gewesen, hätte man Zwieback ausgeben können, nahm dieser doch weniger Platz ein, »aber anstatt Zwieback wie Brot zu essen, vermischen die Soldaten ihn mit Wasser und trinken ihn als Suppe, was als Nahrung jedoch nicht ausreicht«.[13] Die Brotration für weitere sechs Tage wurde auf dem Brotwagen der Kompanie befördert. Ging auch die zur Neige, konnte sich die Truppe auf die vierspännigen Intendanturwagen stützen, von denen jeder ausreichend Mehl geladen hatte, um die Brotversorgung einer Kompanie für nochmals neun bis zehn Tage sicherzustellen. Diese Intendanturwagen fuhren in »Kolonnen« zu jeweils einundfünfzig Fahrzeugen, und derer sechs waren imstande, das Mehl für 30 000 Soldaten und den Hafer für die Pferde zu transportieren.

Jedem Korps folgte eine Feldbäckerei-Kolonne, die aus dem Superintendenten (in der Regel einem Oberst), den dazugehörigen Bäckern und dem Material für den Bau der Öfen bestand. Über sie schrieb der Sohn des Intendanten v. Retzow: »Die preußischen Feldbacköfen bestehen aus Bügeln von Stabeisen, die auf einen ovalen breiten Rand von eben dem Metall angeschroben werden, und solchergestalt das Skelett eines gemeinen Backofens bilden. Der Raum zwischen den Bügeln, so wie der Heerd, werden mit Mauerziegeln ausgemauert, und so ist ein solcher Backofen in der größten Geschwindigkeit aufgebaut, wenn man voraussetzt, daß an allen Orten, wo man hinkommt, dergleichen Ziegel zu haben sind«.[14] Dohnas Korps traf es 1759 in dieser Hinsicht ziemlich schlecht in Polen, denn die Häuser bestanden aus Holz und Lehm, und selbst ein solider Schornstein war eine Seltenheit. Bezüglich der Qualität des Kommißbrots liegt uns das Zeugnis einer königlichen Prinzessin vor, die es 1759 einmal kostete und für »vorzüglich« befand.[15]

Ein einziger Ofen war in der Lage, alle vierundzwanzig Stunden maximal fünf 6-Pfundbrot-Serien auszustoßen. Veranschlagt man eine derartige Serie mit 150 bis 200 Broten, so kommt man auf eine Kapazität von 1 000 Broten beziehungsweise 3 000 Tagesrationen. 1752 schrieb Friedrich, er habe das Material für achtundvierzig Öfen bereitgestellt, »denn im Feldzug von 1744 besaßen wir nicht genug Öfen, was mich beträchtlich in Verlegenheit gebracht hat«. Trotzdem standen für den Feldzug von 1756 nur siebenunddreißig Öfen zur Verfügung, und in den späteren Jahren des großen Krieges waren es sogar noch weniger.

Eine allgemeine Regel besagte, daß die Backöfen einer Armee innerhalb von achtundvierzig Stunden immer nur eine Dreitagesration herstellen könnten. Hieraus erwuchs für die Intendanten und Kommandeure eine komplizierte Rechnerei.

Die Marschbewegungen fanden daher auch immer in Fünftagessprüngen statt — zumindest in der Theorie — wobei das Hin- und Herpendeln der beladenen bzw. leeren Intendanturfahrzeuge berücksichtigt werden mußte, die erforderliche Zeit für das Be- und Entladen, sowie gegebenenfalls auch die Notwendigkeit, auf halbem Weg einen zusätzlichen Bäckereistützpunkt errichten zu müssen. Man sprach deshalb auch ganz allgemein vom »Fünfer-Marschsystem«.

Die Bäcker waren sich ihrer Bedeutung voll bewußt, ließen es sich sogar einfallen, mitten im Feldzug zu streiken und füllten auch sonst ihre Taschen auf fragwürdige Weise. Retzows Nachfolger als Intendant, Oberst v. Arnstedt, klagte deshalb auch: »Es ist würklich eine rare Sache, einen ehrlichen Backmeister bei einer Feldbäckerei zu bekommen, und es erfordert viele Aufmerksamkeit, alle Betrügereien, so bei den Feldbäckereien vorgehen, zu entdecken«.[17]

Verschiedene Befehlshaber scheinen sich der Tyrannei dieses Systems gänzlich unterworfen zu haben. Bevern, zum Beispiel, benötigte volle drei Wochen (10. September — 1. Oktober), um die rund einhundert Kilometer von Bernstadt nach Breslau zu kriechen, eingerechnet allerdings die fünf Tage, die er zum Backen in Bunzlau verbrachte sowie die vier, die ihn aus dem gleichen Grunde in Liegnitz festhielten. Friedrich ließ seine Maßnahmen von derartigen Betrachtungen allerdings nie bestimmen, sondern behalf sich unterwegs mit dem Proviant und den Fahrzeugen, die er gerade aufzutreiben vermochte. War es erforderlich, legte er mit seiner Armee zwanzig Kilometer pro Tag zurück, was für die damalige Zeit beträchtlich war.

Da in Kriegszeiten die zuverlässige Lieferung großer Getreidemengen stärker ins Gewicht fiel als etwaige wirtschaftliche Bedenken, pflegte Friedrich umfangreiche und profitable Kontrakte auszuschreiben, welche die Kaufleute reizten, weite Teile Europas als Aufkäufer abzugrasen.

Schimmelmann und Hagen waren die wichtigsten Lieferanten während des Siebenjährigen Krieges. Sie kauften Getreide in Hamburg und Holland, sogar hoch oben in Schottland, und in Norwegen ein, und lieferten es dann — auf eigenes Risiko — an die von Intendant v. Retzow bestimmten Depots.

Die Intendanturbeamten waren gleichzeitig bemüht, alle Getreidevorräte des jeweiligen Kriegsschauplatzes zusammenzufassen — wenn möglich, mit Zustimmung der örtlichen Verwaltung (selbst in Feindesland).

Die winzige Intendanturabteilung der Friedensarmee war derartigen Aufgaben natürlich in keiner Weise gewachsen. Deshalb waren Retzow und seine Nachfolger gezwungen, eine große Anzahl von zeitweiligen Intendanturbeamten anzuwerben, ohne allerdings viel Rücksicht auf ihr Herkommen nehmen zu können. Ein beliebter Trick dieser Herren bestand darin, die örtlichen Behörden davon zu überzeugen, daß sie die Auflagen für die Getreideablieferung weder in bezug auf die Menge noch die Qualität erfüllt und dafür jetzt Schweigegelder zu zahlen hätten. Friedrich war zutiefst bewegt, als er im Verlauf des Siebenjährigen Krieges von einem Intendanturbeamten namens Rose erfuhr, der durch seine Ehrlichkeit aus der Art geschlagen war: er schlug die ihm zustehende Futterration für vier Pferde mit der Begründung aus, daß er nicht reiten könne. Dieses ungewöhnliche Vorkommnis blieb im Gedächtnis des Königs haften, so daß er 1764 den wackeren Rose zum ersten Präsidenten der neuen Staatsbank ernannte.

Das Einbringen des Pferdefutters war eine wichtige Kriegshandlung. Während starke Husareneskorten die Sicherung übernahmen, waren große Kommandos abgessener Reiter (in Arbeitsblusen) und Infanteristen damit beschäftigt, das Gras zu mähen, es zu bündeln und auf Pferde oder Wagen zu verladen.

Andere Detachments durchkämmten gleichzeitig die Ortschaften, auf der Suche nach Trockenfutter. Lief eine derartige Aktion, mußte ein Kommandeur stets auf der Hut sein — sei es, daß der Gegner ihn zum Kampf stellte, während beträchtliche Teile seiner Truppe sich auf den Wiesen bei der Heuernte befanden, sei es, daß der Feind die Fourage-Kommandos abfing, was gleichbedeutend mit Hunger für die ganze Armee war. Die Österreicher hatten derartige unliebsame Unterbrechungen zu einer hohen Kunst entwickelt.

Das Eintreiben von Bargeld war eine andere Form der Kontributionen. Es ging mit dem Fouragieren gelegentlich Hand in Hand. Am besten kann man es als eine Art autorisierter Erpressung bezeichnen: Den Städten und Ortschaften wurde die Tötung von Geiseln und die Zerstörung von Eigentum für den Fall angedroht, daß sie die geforderten Summen nicht aufzubringen vermochten. Für gewöhnlich war es die Aufgabe der Husaren, derartige »Kontributionen« sicherzustellen, weshalb der Dienst bei ihnen so populär war.

Die Fleischversorgung erfolgte durch Herden, welche die Regimenter begleiteten. In Kriegszeiten standen dem Soldaten wöchentlich bis zu zwei Pfund Fleisch zu, und der Kompaniechef war dafür verantwortlich, daß die Tiere von einem bestimmten *Fleischgeld* eingekauft, gehalten und geschlachtet wurden. Keine Kompanie durfte allerdings mehr als eine zehntägige Fleischration mit sich führen, alles übrige mußte an den Intendanten abgegeben werden.

Schnaps, Bier, Tabak und Eßwaren (manchmal auch Dienste persönlicher Art) wurden von den Marketendern verkauft, besonders von den weiblichen Vertretern dieses Berufs, den Marketenderinnen. Obwohl die Wirklichkeit meist nicht so farbenprächtig aussah wie in Donizettis Oper »Die Regimentstochter«, kam doch mit ihnen buntes Leben unter die Soldaten. Die Marketender trugen einen schmucken Rock, eine Uniformjacke und eine Bärenmütze bzw. einen Dreispitz.

Sowohl die männlichen als auch die weiblichen Marketender hatten Befehl, am Hut eine hellblaue Kokarde zu tragen. Ihre Vorräte führten sie am Sattel in Krügen und Behältern mit, oder in einem Wagen, zusammen mit einem Zelt und einer Bude.

Sie genossen einen halboffiziellen Status. Friedrich sorgte dafür, daß in Kriegszeiten ihre Flaschen nie leer wurden, indem er alle verfügbaren Brauereien und Destillen anhielt, sie mit dem Notwendigen zu versorgen; außerdem stellte er militärische Eskorten ab, damit sie ungestört die feindlichen Ortschaften ausplündern konnten. Umgekehrt mußten sie sich damit abfinden, daß allabendlich, wenn um acht Uhr der Zapfenstreich geschlagen wurde, alle Soldaten ihre Zelte oder Buden zu verlassen hatten. Auch alle übrigen Anweisungen galten für sie, die seitens des Kommandeurs oder seines Stabes herauskamen. Allerdings zeigten sich die Marketenderinnen derartigen Befehlen gegenüber weniger zugänglich als ihre männlichen Kollegen. Eines Tages, als der König anläßlich der Potsdamer Manöver einen kleinen Hügel erspähte, von dem er sich einen guten Überblick versprach, traf er dort oben die Buden zweier Marketenderinnen an. Für ihren Beruf sei diese Anhöhe ideal, erklärten sie ihm, er könne seine Spielzeugsoldaten auch von jeder beliebigen anderen Stelle aus betrachten. Friedrich blieb nichts anderes als der Rückzug übrig.

Dinge, die die Marketender nicht mit sich führten, wie Feuerholz, Stroh für das Nachtlager, Schweine und Geflügel, eignete sich die Truppe beim Durchmarsch einfach an.

Was alles an Viehzeug und Fahrzeugen zum Unterhalt der Armee beitragen mußte, war äußerst beeindruckend. Da war der Train der schweren Artillerie mit seinen Kanonen, Munitionswagen und Pontons. Da waren die Mehlwagen und Backöfen der Intendanten. Auf Kompanie-Ebene stieß man auf die Brot- und Bagagewagen, die Packpferde (mit Zelten und Zeltstangen, zweiundzwanzig Feldflaschen und — ab 1748 — auch noch die zwanzig Feldkessel) und die Offizierskutschen, -Wagen und -Packpferde. Jedes Bataillon führte zwei leichte Geschütze, eine Kutsche mit der Geldkassette (Kommandeur-Chaise) und, seit Ende 1757, drei oder vier Munitionswagen mit je 15 000 Schuß Gewehrmunition mit. Zu guter Letzt folgten die Viehherden sowie die Pferde und Karren der Marketender.

In der obigen Aufzählung sind jedoch die Spezialkolonnen nicht berücksichtigt, die man zum Transport großer zusätzlicher Proviant- und Munitionsmengen zusammenstellte. Konvois von 1 000 Fahrzeugen waren durchaus an der Tagesordnung, und selbst solche von drei- oder vierfacher Größe konnte man im Siebenjährigen Krieg gelegentlich antreffen. So zum Beispiel den Train, mit dem Schwerin 1757 nach Böhmen einrückte, oder die vom Pech verfolgte Kolonne, welche im darauffolgenden Jahr auszog, um Friedrichs Belagerungsartillerie vor Olmütz zu versorgen.

Um den Schutz einer solchen Kolonne mittlerer Größe zu gewährleisten, pflegte man acht bis zehn Bataillone, zwei Kavallerieregimenter und mehrere hundert Husaren einzusetzen. An der Spitze, in der Mitte und am Schluß marschierten kampfkräftige Infanterie- und Artillerieverbände. Weitere Infanteriezüge verteilten sich entlang den beiden Seiten, während Husaren und Dragoner, ausgeschwärmt nach vorne, hinten und an den Flanken, sicherten. Um die Kolonne so kurz wie möglich zu halten, fuhren jeweils so viele Wagen nebeneinander, wie es die Straßenbreite zuließ. Allabendlich formierten sich die Fahrzeuge zu einer *Wagenburg,* die mitunter durch leichte Erdarbeiten verstärkt werden konnte. Auf dem Gefechtsfeld rückte die Kolonne ebenfalls zu einer Wagenburg zusammen, welche für gewöhnlich auch als Verbandsplatz diente. Die bedauernswerten Bauern, die man als Fahrer eingezogen hatte, waren die einzigen, um deren Nöte sich niemand kümmerte. Saueracker schrieb darüber: »Niemand ist in der Kampagne mehr den Fatiguen unterworfen als ein Pack- oder Fuhrknecht, besonders bei der Artillerie, wozu noch kommt, daß deren Leben bei einer Aktion gleich eines jeden anderen Soldaten in Gefahr ist. Was aber mit daran schuld ist, daß schlechte Knechte davonlaufen und ein Teil der guten schlecht wird, ist, daß solche zu gering bezahlt und zu schlecht gekleidet und gehalten werden. Der Reuter hat seinen Mantel, der ihn gegen Kälte und Regen schützt, der Artillerieknecht hingegen nichts als einen Rock allein ohne Weste, tucherne Beinkleider, die nicht gefüttert sind und nicht vier Monate halten. Auf diese Weise waren sie im Feldzuge von 1778 versehen, und als die 2. Armee im Oktober aus Böhmen wieder in Sachsen einrückte, sah man bei gedachtem Proviantfuhrwesen Knechte ohne Beinkleider auf den Pferden sitzen. Die meisten liefen also weg, um dem Elend zu entkommen«.[18]

Das offenbare Übergewicht, das man in den Heeren des 18. Jahrhunderts der Kolonnenspitze gegenüber ihrem Schluß zumaß, scheint nach dem Vorhergesagten etwas irreführend zu sein, wenn man den Umfang der nicht-militärischen »logistischen Unterstützug« (Marketender, eingefangene Fuhrknechte, Tiere und Karren) sowie das Maß an Anstrengungen mitberücksichtigt welche allein der »kämpfende Soldat« aufzubringen hatte, um sich und seine Truppe zu ernähren.

Alles in allem gelang es Friedrich jedoch sehr gut, diese vielen unterschiedlichen Hilfsquellen zu mobilisieren. C. F. v. Barsewisch bezeugt hierzu über die Lage im Siebenjährigen Krieg: »An Brot haben wir niemals einen Mangel und an Fleisch sogar öfters einen Überfluß, aber höchst selten einen Mangel gehabt. Kaffee, Zucker und Bier waren ofte nicht vor vielem Gelde zu haben. In Mähren hat uns auch zuweilen der Wein gefehlt. In Böhmen dagegen, besonders 1757 im Lager bei Melnick, haben wir den Böhmschen Landwein im Überfluß gehabt. Im Kriege heißt es aber, wer gute Tage haben will, bleibt zu Hause«.

SANITÄTSDIENSTE

Friedrich kümmerte sich um das Wohl seiner Soldaten eigentlich nur so lange, wie diese in der Lage waren, sich dafür durch Einnahme eines Platzes in der Schlachtordnung erkenntlich zu zeigen. Für die Krüppel, die Alten oder die schwer verwundeten Soldaten war in des Königs Plänen kein Raum.

Friedrich gab sich daher auch damit zufrieden, daß die Sanitätsdienste noch genauso kümmerlich waren wie unter seinem Vorgänger. Er unternahm keinerlei Anstrengungen, um sie den Erfordernissen der neuen Kriege anzupassen. Zwei Funktionäre bildeten die Spitze der Hierarchie: der *General-Chirurgus* und der *General-Stabs-Medicus*. Bekanntester Inhaber des letzteren Amtes war Friedrichs Leibarzt, der fähige Dr. Christian Cothenius, welcher 1750 Stellvertreter von Dr. Johann Eller wurde und dann, von 1760 bis 1788, die Stelle als Chef übernahm.

Auf Regimentsebene lagen die Sanitätsangelegenheiten in Händen des *Regiments-Feldscheer,* eines Arztes, der sich auf einer der beiden Berliner Medizinschulen qualifiziert hatte. Zu Beginn eines jeden Feldzuges erhielt er 200 Thaler, von denen er die Anschaffungen für seine Sanitätskiste zu bestreiten hatte, und dann später eine monatliche Summe, für die er die Betten und sonstigen Erfordernisse für die Kranken und Verwundeten beschaffen sowie die angelernten Kompanie-Feldscheere anwerben mußte.

Eine *Feldapotheke* war für eine ins Feld rückende Armee die Dachorganisation. Sie bestand bei einem Korps von 30 000 Mann aus 160 Ärzten und Hospital-Feldscheeren, neun sechsspännigen Apothekerwagen und zwölf vierspännigen Nachschubwagen. Kam es zu einem Gefecht, wurde die erste Hilfe auf dem Verbandsplatz in der *Wagenburg* geleistet oder in dem *Feldlazarethe.* Von da aus wurden die Überlebenden dann zu den ortsfesten Hospitälern weitergeleitet, die man in den Ortschaften und Städten eingerichtet hatte.

Obzwar sich die Aufzählung dieser Einrichtungen samt ihres Personals auch recht eindrucksvoll ausnimmt, stand ihr doch eine erschreckende Wirklichkeit gegenüber. Schlechte Stellenbesetzung war die Wurzel des Übels. Gewiß gab es unter den Regiments-Feldscheeren auch Leute, die sich ihrer Mission verpflichtet fühlten — so den Chef-Feldscheer des Regiments von Mayerinck, der nach

der Schlacht von Leuthen täglich die Wunden von dreihundert bis
vierhundert Mann verband, doch war Friedrich in Kriegszeiten
bereit, sogar Barbiergehilfen mit dieser Aufgabe zu betrauen: »Rohe
junge Leute, die kaum erträglich den Bart putzen und selten ein
Pflaster streichen konnten, wollten bei Gelegenheit des Krieges in
die Freiheit. Sie verließen ihren Brotherrn, um die Welt zu sehen.
Das war ihr ganzer Beruf«.[20] 1744 unternahm es Friedrich, zwölf
Feldscheere in Paris anzuwerben, auf daß diese ihren preußischen
Kollegen ein gutes Beispiel geben sollten; doch kaum waren die
Herren an ihrem neuen Bestimmungsort eingetroffen, als sie auch
schon wieder entlassen werden mußten, da »sie seynd gar zu lider-
lich und machen lauter liderliche Sachen«.[21]
Was den Abtransport der Verwundeten anbelangt, so wurden sie
auf allen nur greifbaren Intendanturfahrzeugen zurückgekarrt.
Der Prediger Carl Daniel Küster hat uns eine schreckliche Schilde-
rung überliefert, wie die Verwundeten von Hochkirch in der zweiten Oktoberhälfte des Jahres 1758 nach Glogau geschafft wurden:
»Die gehfähigen Verwundeten plünderten die am Wege liegenden
Ortschaften, da für den Marsch auf dieser »via dolorosa« keinerlei
Verpflegung vorgesehen war, und warteten, bis auf den Karren
einer starb, damit sie sich dessen Sachen und Platz aneignen konnten.«[22]
Die größten Mißstände herrschten in den rückwärtigen Hospitälern,
wo Sanitäter und die eigens angeheuerten *Kommissarien* und *In-
spektoren* die Verwundeten nach Gutdünken ausraubten und ver-
nachlässigten. Der *Kommandant*, d. h. der nominelle Chef eines
solchen Hospitals, war aktiver Offizier und hatte von medizinischen
Dingen meist keine Ahnung.
Der junge Christian v. Prittwitz machte mit dieser übelsten Seite
des preußischen Dienstes persönlich Bekanntschaft, als ihn zu Beginn des Feldzuges von 1757 ein Fieber niederstreckte und er sich
im *Kadettenhaus* zu Dresden wiederfand, welches man als Hospital
beschlagnahmt hatte. Anfangs war er froh, eine Aufnahme gefunden zu haben, »aber wie erschrak ich, als ich in dieses Haus des
Elends eintrat und an dessen Seitenwänden einer Menge Leichname,
übereinander angetürmt, ansichtig wurde, deren starre Füße unter
dem über sie gelegten Stroh hervorragten . . . Überhaupt sah man
hier nichts als Jammer, man mocht hinblicken, wohin man wollte.
Ganze Säle waren schichtenweise mit Kranken von mancherlei

Gattung angefüllt und die Vorsorge für ihre Genesung sehr mä-
ßig«.[23]

Nach Dr. Cothenius' Angaben wurden im Verlauf des Siebenjährigen Krieges 220 000 Kranke und Verwundete als geheilt aus
den Lazaretten entlassen. Wir können nur hoffen, daß die Sterbe-
rate in diesen Einrichtungen niedriger war als im Bayerischen Erbfolgekrieg, wo von fünf in das Hospital von Neisse eingewiesenen
Fällen lediglich einer wieder lebend herauskam.

Aber nicht nur mangelnde Versorgung war an dieser schrecklich
hohen Sterblichkeitsquote schuld. So schreibt Warnery nach Torgau:

> »Die Kälte tötete die meisten Verwundeten, wie es in preußischen
> Diensten üblich ist, wo die Hospitäler derart schlecht geleitet und
> anrüchig sind, daß jeder Soldat sich für einen Todeskandidaten
> hält, sobald er dort eingeliefert wird. Kein Wunder daß man
> nach derart blutigen Kriegen im preußischen Staat kaum Krüppel
> sah. Wie ich aus guter Quelle sowie von den Hospitalleitern und
> Feldscheeren selber weiß, hatten sie Anweisung, all jene Männer
> sterben zu lassen, bei denen die Schwere der Verwundung eine
> neuerliche Dienstverwendung ausschloß«.[24]

Die Bezeichnung für diesen lizenzierten Mord war »konservative
Chirurgie«.

FELDPREDIGER

Friedrich, der nur an äußerst wenig glaubte, war vom fundamen-
talen Widersinn aller Religionen fest überzeugt. Er anerkannte aber
durchaus die bindende Kraft, welche die Religionsausübung für
das einfache Volk bedeutete, und erwartete von seinen Generalen,
daß sie zumindest der äußeren Erscheinungsform des Gottesdienstes
ihre volle Unterstützung angedeihen ließen. Selbst Seydlitz, der
notorische Wüstling, untersagte es seinen jungen Offizieren, mit der
Religion und den Geistlichen Scherze zu treiben; er unterstützte die
Arbeit seines ausgezeichneten Feldpredigers Balke, wo immer er
nur konnte.

Im Felde gewannen die Priesterworte natürlich eine besondere Bedeutung. So notierte Carl Küster im Hinblick auf die Unsterblich-
keit der Seele: »Die, welche in Friedenszeiten Zweifler gewesen,

es immer weniger wurden, je länger der Krieg dauerte. Denn nach der Bataille von Prag, fand ich noch viele, nach der Schlacht bei Leuthen wenige und unter denen bey dem Hochkircher Überfall verwundeten Officiers gar keine, welche meinten, daß mit dem Tode des Leibes auch die Seele stürbe, und kein Zustand der Vergeltung vorhanden sey«.[25]

Während einer Kampagne war es die Pflicht eines Predigers, allmorgendlich und jeden Abend eine Andacht von fünfzehn Minuten zu halten, jeden Sonntag zu predigen und jeden zweiten Sonntag die Kommunion zu feiern. Am 7. Juni 1758 beobachtete der Höfling Lehndorff ein Regiment beim Feldgottesdienst und vermerkte darüber: »Es gibt nichts Erbaulicheres, als eine solche Schaar von Helden, vor der Provinzen und Königreiche zittern, sich vor der göttlichen Allmacht beugen zu sehen. Die Generale, die anderen Offiziere und sämtliche Mannschaften stehen im Kreis um den Geistlichen, dem zwei Trommeln als Altar dienen, und alles betet entblößten Hauptes zum Herrn«.[26]

Siegesfeiern wurden durch ein »feu de joie« aus Musketen und Kanonen sowie durch das Singen des Chorals »Eine feste Burg ist unser Gott« eingeleitet. Einer der Feldprediger hielt dann eine angemessene Andacht und zum Abschluß des Gottesdienstes erklang das »Te Deum« aus den Trompeten und Trommeln der Kürassiere. An der Spitze der klerikalen Rangordnung stand ein *Feldprobst*, der zugleich auch Prediger im Ersten Gardebataillon war. Eine seiner wichtigsten Aufgaben bestand darin junge Anwärter für das Priesteramt zu weihen, von denen eine große Anzahl die Universität Halle absolviert hatte. Friedrich wünschte, daß diese »von gutem Ansehen wären, gute Studia hätten und womöglich eigene Haare trügen«.[27]

Insgesamt gesehen handelte es sich bei den Feldpredigern um junge und aktive Leute, weit entfernt von dem Bild des verdrießlichen alten Pastors, wie es uns Adolf von Menzels Stiche der friderizianischen Armee aus dem 19. Jahrhundert überliefern. So mußte denn auch Ortmann einen jungen Feldprediger aus seinem Bekanntenkreis warnen: »Anfangs zwar pflegen, sonderlich jüngere Officier, einem Prediger, der alles mitmacht, das Lob zu geben, daß er ein Mann sey, der zu leben wisse . . . Einige versuchen ihn und setzen ihn auf allerley Proben. Läßt sich nun ein gutherziges und noch nicht gesetztes Gemüth wanksam machen; so wird es nicht lange dauern, daß eben diese scheinbare Complimente, in lauter Hohn und Verachtung verwandet werden«.[28]

Die protestantischen Feldgeistlichen trugen bis zum Dezember 1742 Zivilanzüge. Anschließend schrieb Friedrich ihnen eine Uniform vor, welche von Samuel Benedikt Carstedt, seines Zeichens Prediger des Regiments von Kalckstein, wie folgt beschrieben wird:

»Ein dreikrempiger Hut. Eigene Haar oder eine kurze, allezeit wohl accomodirte Peruque, ein blauer Kragen mit einem schmalen weißen Rande, unter demselben eine schwarze samtne Binde, ein seidner Mantel, der aber nur über die Waden ging, kleine Manschetten, schwarze seidene Strümpfe und runde Schuhe — dies war die Tracht, die vieles, ja fast alles mit der Tracht der französischen Abbés gemeinsam hatte. Wir wurden anfänglich mit Verwunderung von jedermann betrachtet«.

Lutheraner, Calvinisten, Katholiken und selbst griechisch-orthodoxe Priester lebten in der toleranten Atmosphäre von Friedrichs Preußen freundschaftlich miteinander. Ein englischer Pamphletist bemerkt denn auch säuerlich, daß selbst der ärgste Feind der Reformation der protestantischen Sache nicht so viel Schaden hätte zufügen können wie Friedrich, der die neue katholische Kirche in Berlin gegründet und den Siebenjährigen Krieg mit dem Einmarsch in Sachsen begonnen hätte, dem ersten protestantischen Staat Deutschlands.

FELDMUSIK

Zur Sollstärke der Infanterie gehörte auch eine bestimmte Zahl von Trommlern und Pfeifern — etwa fünfzehn pro Bataillon — welche auf dem Gefechtsfeld die Kommandos und allabendlich den Zapfenstreich zu schlagen hatten, nachdem die Schenken und Zelte der Marketender zu räumen waren. Auch die Kürassiere vermochten mit ihren Trompeten und Kesselpauken einen beträchtlichen Lärm zu verursachen. Dennoch marschierte und paradierte die Armee zumeist völlig geräuschlos, waren die Preußen doch besonders stolz darauf, auch ohne Trommelschlag im Takt zu bleiben.

Die eigentliche »Musik« der Infanterie und Dragoner bestand aus »Kapellen« mit bis zu sechs Blasinstrumenten, welche eine zarte und wenig modulierte Weise erzeugten, die das Ohr eines heutigen

Zeitgenossen kaum als Miltärmusik bezeichnen würde. Um ein wenig Abwechslung und Frische in die Musik zu bringen, marschierte manchmal auch ein Trompeter vor den Bläsern, und ab 1770 wurden Hörner (die aus Polen stammten) sowie Klarinetten eingeführt.

Sonst äußerte sich eigentlich nur bei der preußischen Artillerie der Einfluß der »Janitscharen-Musik« mit ihren Trommeln, Tamtams, Triangeln, Zymbeln und Tamburinen, die überall in Europa in große Mode kam. Selbst charakteristische »preußische« Kennzeichen der Militärmusik, wie das Glockenspiel und der Schellenbaum, wurden erst nach Friedrichs Tod importiert. Die preußische »Musik« hatte einige historische Weisen zu spielen, auch wenn die Instrumentierung nicht gerade aufregend war. Der Name des Fürsten Leopold von Anhalt-Dessau ist unauflöslich mit dem »Dessauer-Marsch« verbunden, einer einfachen Melodie, die Leopold während des Italienfeldzugs von 1705 hörte. Friedrich selbst komponierte den »Mollwitzer-Marsch« wenige Tage nach seiner ersten Schlacht im Lager, und nach der Überlieferung schuf er auch den berühmten »Hohenfriedberger« (nach der großen Schlacht von 1745), den er den Bayreuther Dragonern verlieh.

Im Einsatz hatten sich die Bläser hinter den Kompaniefahnen einzuordnen, deren Platz zwischen dem vierten und fünften Zug des Bataillons war. Sobald die Artillerie und die Handfeuerwaffen beider Seiten zu schießen anhoben, wurde bei den Musikanten jedoch das Pflichtbewußtsein durch den Selbsterhaltungstrieb verdrängt. Prittwitz machte die Beobachtung, wie schon gleich zu Beginn der Schlacht von Zorndorf die »Hautboisten« seines Bataillons sich verdrückten. Er verglich sie mit dem Kommen und Gehen der Schwalben: »die ab- und zuziehenden Schwalben . . . die im Herbst bei angehender rauher Witterung verschwinden und im Frühjahr wohlbehalten wieder erscheinen, ohne daß man in Erfahrung bringt, in welchem Winkel der Erde sie sich in diesem Zwischenraum aufgehalten und geborgen haben«.[30]

Bei dem Rückzug von Kunersdorf war einer der »Hautboisten« so unvorsichtig, sich im Freien von einem Kosak erwischen zu lassen, der ihn über eine Wiese gejagt hatte. Friedrich lenkte die Aufmerksamkeit seines Stabes auf diesen seltenen Vorfall und bemerkte: »Mich soll doch wundern, ob Apoll und die Muse der Tonkunst ihren Zögling retten werden«.[31] Im letzten Augenblick und in letzter Not wendete sich der Musiker und hielt dem Kosak den riesigen Trichter seines Fagotts entgegen, der daraufhin auch prompt die Flucht ergriff.

9

Stabsarbeit und Heereskontrolle

STAB

Was die Stabsarbeit sowie die Kontrolle der Finanzen anbelangte, so geschah nichts in Friedrichs Namen, was er nicht selber angeordnet hatte oder persönlich überwachte. Aus diesem Grund waren auch die Titel der Beamten weit weniger wichtig als das Verhältnis, in welchem sie, als Individuen, zum König standen.

An der Spitze der Armeeführung standen der König und sein Erster Kabinettssekretär, der getreue Eichel, welcher die königlichen Befehle und Denkschriften ausfertigte. Eine Stufe tiefer fand sich eine kleine Gruppe von Adjutanten und Zeichnern sowie die etwa acht Sekretäre der »Geheime Kriegskanzlei«, welche die längeren Briefe kopierten.

Die Verantwortung für das, was wir heute Generalstabsarbeit nennen würden, lag vorwiegend in den Händen zweier Offiziere, denen des *Generalquartiermeisters* und des *Generaladjutanten*.

Die Stellung des *Generalquartiermeisters* geht auf das Jahr 1657 zurück, wo der Große Kurfürst nach schwedischem Muster einen Stab aufstellte, der ihm bei der Planung der Bewegungen seines Heeres helfen sollte. Der erste Träger dieses Amtes unter Friedrich dem Großen war Karl Christoph v. Schmettau. 1741 trat er aus österreichischen Diensten über, wurde Generalmajor und erhielt am 28. Mai 1743 den offiziellen Titel eines *Generalquartiermeisters*. Auf Schmettaus Drängen ernannte der König den Hauptmann Wilhelm v. d. Oelsnitz zu seinem Gehilfen bzw. *Quartiermeisterlieutenant* und 1752 zum *Generalquartiermeisterlieutenant*. Vier weitere *Quartiermeisterlieutenants* wurden 1756 eingesetzt.

Oelsnitz fiel 1757 bei der Belagerung von Prag, und Schmettau geriet in Ungnade, nachdem er zwei Jahre später Dresden aufgegeben hatte. Die Institution überlebte jedoch den Verlust ihres Gründers, und die Zahl der *Quartiermeisterlieutenants* stieg nach dem Krieg weiter an, bis sie schließlich 1783 mit neunundzwanzig ihren Höhepunkt erreichte.

Der *Generalquartiermeister* und sein Stab waren für alle Informationen über den Kriegsschauplatz verantwortlich, den Entwurf für den Aufmarsch, die Überwachung des Heeres, den Ansatz der Feindaufklärung, die Vorbereitung der Winterquartiere sowie die Festlegung der Marschrouten und Lager. Um ganz sicher zu gehen, daß die Armee den bestimmten Lagerplatz auch tatsächlich ohne ein großes Durcheinander bezog, pflegte er mit dem jeweiligen »Generalmajor des Tages« der Infanterie und Kavallerie und einer Husarenbedeckung vorauszureiten, um die Generale an Ort und Stelle genau einzuweisen. Daraufhin steckte er das Lager ab und schickte Offiziere mit genauen Marschanweisungen zurück, welche die Armee zum Lager zu führen hatten.

Bei dieser Arbeit standen dem Generalquartiermeister der Kommandeur des Stabsregiments der Dragoner zur Seite (welcher die Aufsicht über das Lager und die Marschkolonnen führte) sowie der Stabs-Auditeur, der für die Ordnung im Hauptquartier verantwortlich war, die Listen der Kriegsgefangenen und Arrestanten führte, den Gefangenenaustausch überwachte, Gewichte und Maße festlegte und die Marketender und ähnliches Volk kontrollierte.

Am 22. Oktober 1772 gab Friedrich auf Bitten der überlasteten *Quartiermeisterlieutenants* eine Anweisung heraus, in der es unter anderem hieß: »Ein Edelmann, der sich diesem Handwerk widmet, muß viel natürliche Regsamkeit haben, damit ihm die Arbeit nicht schwer fällt«.[1] Andererseits, fügte er jedoch hinzu, stünden einem guten Manne alle Türen offen, da seine Dienstgeschäfte ihn mit allen Pflichten eines Kommandeurs vertraut machen würden.

Die zweite Abteilung des »Generalstabs« umfaßte den *Generaladjutanten* nebst seinen Gehilfen, deren Hauptaufgabe darin bestand, die Armee als Einrichtung zu führen. Friedrich ernannte anläßlich seiner Thronbesteigung sieben *Generaladjutanten*, von denen der Dienstälteste für »das Detail von der Armee«, die Kriegsstärkelisten, das Pensionswesen, die Vorbereitung von Besichtigungen und Manövern und das Feldjägerkorps zuständig war.

Die nachgeordneten Generaladjutanten schaffte Friedrich 1758 wieder ab, wodurch die Stellung des verbleibenden *Generaladjutanten* gestärkt wurde. Eine weitere Zusammenfassung der Generalstabsarbeit erfolgte im Jahre 1765, als der amtierende *Generalquartiermeister,* der berüchtigte »Wilhelmi« Anhalt, die *Generaladjutantur* übernahm. Von da an, bis 1781, lagen beide Funktionen in der Hand dieser verhaßten Person vereint. Zum Ausgleich für die Reduzierung der *Generaladjutanten* erhöhte Friedrich die Zahl seiner Gehilfen oder *Flügeladjutanten* auf etwa zwanzig. Die jüngeren Adjutanten wurden auf dem Gefechtsfeld zur Befehlsübermittlung verwendet, die älteren erhielten ein Truppenkommando oder wurden mit der Führung eines Grenadierbataillons betraut.

Bevor wir die Generalstabszentrale verlassen, sollte man vielleicht noch erwähnen, daß die ganze Arbeit dort so unter der Hand verrichtet wurde, daß ein Mann wie Hans v. Winterfeld — die einflußreichste Gestalt in den mittleren 50er Jahren — im Generalstab nur den Rang eines *Generaladjutanten* bekleidete.

Brigademajore waren ausgesuchte Hauptleute, die einzelnen Befehlshabern bei der Übermittlung von Befehlen und bei der Überwachung von deren Ausführung halfen. Friedrich genügte dies jedoch nicht, vielmehr lag ihm an der Schaffung einer Kategorie von Offizieren, die es dem König ermöglichen sollten, eine direktere Kontrolle der Armee auf Brigade- bzw. Divisionsebene auszuüben. Zu diesem Zweck ernannte er nach dem Siebenjährigen Krieg zwölf besondere *Adjutanten bei den Generalen* und schuf 1759 die Einrichtung der *Officiers in der Königlichen Suite,* die man am besten als königliche Kommissare oder Aufseher bezeichnen kann, welche die Arbeit von betagten oder unfähigen Kommandeuren zu verrichten hatten.

Des weiteren schwoll der Haufen von Offizieren des Königlichen Gefolges durch das runde Dutzend Subalterner weiter an, die der König als Stabsoffiziere anlernte (siehe vorn), sowie durch die jungen Ordonnanzoffiziere, die ihre jeweiligen Regimenter im königlichen Hauptquartier vertraten, und schließlich durch die Führerreserve an Generalmajoren, Obersten und Majoren, die der König für das Kommando eines Detachments stets zur Hand hatte. Rechnet man nun noch die Intendantur, die Abteilung Massow-Wartenberg, den ganzen Stabsapparat und die getrennte Zivil- und Militärverwaltung in Schlesien hinzu, so muß es befremden, daß

Friedrich es für richtig befand, die Dinge noch mehr zu komplizieren, indem er 1746 eine weitere Einrichtung schuf: die sechste oder Militärabteilung, welche dem *General-Directorium* angegliedert wurde, dem Organ der Staatsverwaltung. Der Leiter dieser Abteilung erhielt 1761 den anspruchsvollen Titel »Kriegsminister«, doch seine Arbeit war in Wirklichkeit denkbar unattraktiv. Der betreffende Abteilungsleiter, Generallieutenant v. Wedell, überwachte lediglich die Rekrutierung, wies das »Servisgeld«, für die Einquartierung von Truppen an, sorgte für die Verpflegung der Regimenter beim An- und Abmarsch zu den Friedensbesichtigungen und -Manövern und leitete das Potsdamer Militärwaisenhaus. »Tatsächlich hat dieser Minister niemals jemanden befördert oder irgendwelche Leute unter sich gehabt. Man konnte mit dem Militär lange in engstem Kontakt leben, ohne daß im Gespräch je sein Name fiel«.[2]

Der Feindnachrichtendienst

Das System des preußischen Feindnachrichtendienstes war am eindrucksvollsten, oder zumindest am geschäftigsten, wenn es sich um die Beschaffung von Informationen über lange Zeiträume handelte. Unmittelbar nach Beendigung des Ersten Schlesischen Krieges brachen der Oberst v. Bornstedt und sechsundzwanzig weitere Offiziere als »Volontairs« auf, um die Österreicher auf ihrem Feldzug gegen die Bayern zu begleiten. Gleichzeitig benutzten Intendanturbeamte die Gelegenheit, um das österreichische Versorgungssystem zu studieren, und die Bäcker bemühten sich, dahinter zu kommen, wie die österreichischen Öfen es schafften, 50 000 Laib Brot an einem einzigen Tag zu backen.

Und auch nach dem Zweiten Schlesischen Krieg setzte Winterfeld die ehemaligen österreichischen Obersten Gellhorn und Rebentisch an, um sich Informationen über die militärische Entwicklung in den Gebieten der Habsburger zu beschaffen. Alle preußischen Offiziere, welche sich zu einer »Kur« nach Karlsbad begaben, wurden angehalten, unterwegs die Augen offenzuhalten und die Straßen, Pässe, Flüsse und Brücken in den böhmischen Grenzlanden zu erkunden. 1754 reiste Winterfeld selbst nach Karlsbad. Hierbei fertigte er eigenhändig eine Skizze der Gebirgspässe an und schloß aus dem, was er sah, daß die Straße über Aussig die besten Voraussetzungen für den Einmarsch bot. Auf dem Rückweg machte er kurz bei seinem alten Freund, General v. Pirsch, dem Kommandanten der sächsischen Festung Königstein, halt. »Von diesem in die Wolken sich erhebenden Felsen übersah er die ganze umliegende Gegend sehr genau«, vermerkte er und stellte des weiteren mit Interesse fest, daß die Sachsen am Rande des Plateaus starke neue Verteidigungsanlagen bauten. Friedrich pflegte Reisende bezüglich der Taktik und Bewaffnung seiner potentiellen Gegner und aller Beobachtungen auszuhorchen, sofern sie ihm dienlich schienen.

Ein besonders aktives Spionagenetz wurde von dem Juden Sabatky in Polen aufgebaut. Friedrich hoffte, über diesen Kanal Nachrichten von Oberst Tottleben und einigen anderen russischen Offizieren zu erhalten, welche im Frühjahr 1760 von Oberst de Pechlin, einem in St. Petersburg angesetzten Agenten in preußischen Diensten, korrumpiert worden waren.

Auf größere Schwierigkeiten stieß Friedrich bei der Beschaffung von Nachrichten während der Feldzüge. Anfänglich war es so, daß die Bevölkerung in Böhmen, Mähren, und in seinem eigenen Oberschlesien bei der Annäherung der preußischen Armee in die Berge flüchtete. Als weiteres Hindernis erwiesen sich die österreichischen Husaren und Kroaten, welche die preußischen Spione und Informanten abfingen. Ausschlaggebend war aber vor allem der Umstand, wie Mitchell notierte, »daß in dieser Armee die Spione zu kümmerlich bezahlt werden, weshalb die Ergebnisse keineswegs die besten sind«.[4] Winterfeld führte darüber oft ebenfalls Klage, desgleichen ein anderer Nachrichtenchef, der »Capitaine des Guides«, Gaudi, der hierzu bemerkte, es sei sehr schwierig, Informanten zu finden, die bereit wären, sich der Gefahr auszusetzen, »für höchstens 10 Reichsthaler gehenkt zu werden«.[5]

Anstatt gute Spione gut zu bezahlen, zog es Friedrich vor, die benötigten Nachrichten aus gut unterrichteten Zivilisten herauszupressen: aus Kutschern, Fuhrleuten, Viehtreibern, Förstern und örtlichen Beamten. »Nur mit Strenge und Gewalt«, schrieb er, »kann man die Böhmen und Mähren zu dergleichen Diensten zwingen«.[6] Als die Armee 1760 durch die Lausitz nach Schlesien einmarschierte, behaupteten die angeheuerten Führer aus den slawisch-wendischen Dörfern, keinen Ton Deutsch zu verstehen. Doch nachdem er sie hatte durchprügeln lassen, sangen sie nach des Königs eigenen Worten »wie die Papageien«.[7]

Da zuverlässige Informationen über den Feind im Feld nur selten zu erlangen waren, sah sich Friedrich oft gezwungen, dessen Spuren zu folgen. Ein solches Verfahren war aber nicht nur plump, sondern mitunter auch äußerst gefährlich, wie 1758 der Überfall von Hochkirch zeigt, wo die preußischen Beobachtungsposten unversehens angegriffen und überrannt wurden.

Man geht in der Annahme sicher nicht fehl, daß der Alte Fritz mit ungemeinem Genuß das ihm zu Gebote stehende Repertoire an Tricks und Listen anwandte, um seine eigenen Absichten zu verbergen. So ließ er Straßen reparieren, als gälte es der Vorbereitung eines Rückzugs (vor Hohenfriedberg), bedachte Regimenter mit fiktiven Namen (vor Rossbach). Einen Kurier ließ er mit einer irreführenden Meldung in Feindeshand geraten (wodurch er beim Rückzug von Olmütz, 1758, einen vollen Tagesmarsch gewann).

Das preußische Offizierkorps war äußerst wenig mitteilsam, und Friedrich gab sich die größte Mühe, ausländische Beobachter möglichst auf Distanz zu halten. Als einmal zwei fremde Offiziere eintrafen, um den wichtigen Spandauer Manövern von 1753 beizuwohnen, wies er Prinz Heinrich an, dafür Sorge zu tragen, daß »diese Leute lediglich eine Plaine bei Spandau zu Gesicht bekommen und sonst nichts«. Er unterzog sich sogar der Mühe, über das gleiche Manöver eine völlig irreführende Darstellung herauszugeben, in der Hoffnung, sich hierdurch Neugierige in Zukunft vom Leib zu halten.

Landkarten

Die unzulängliche Kartenausstattung trug zu den Schwierigkeiten bei, die der König auf seinen Feldzügen zu überwinden hatte. 1740 rückte er aus, ohne auch nur die geringste Vorstellung vom künftigen Kriegsschauplatz zu haben, weshalb er im darauffolgenden Jahr auch gleich die Anfertigung einer Übersichtskarte von Schlesien im Maßstab 1 : 200 000 in Auftrag gab. Da diese neue Karte seinen Ansprüchen jedoch nicht genügte, beauftragte er den Major v. Wrede, einen Ingenieur, unverzüglich die schlesischen Grenzgebiete mit Böhmen und Mähren genau kartographisch erfassen zu lassen. Wrede begann seine Arbeit 1747 und schloß sie 1753 ab. Lediglich zwei Gebiete um Strehlen und Neumarkt blieben unvermessen.

Weitere Projekte liefen in der Folge ebenfalls an, so daß die Tätigkeit der preußischen Militär-Kartographen schließlich einen sehr hohen Standard erreichte — den Höhepunkt wahrscheinlich unter Dietrich de Haas, der allein vom Kriegsschauplatz des russisch-türkischen Feldzugs von 1770 drei Karten zeichnete. Inspiriert durch die Arbeit Cassinis in Frankreich, begann Feldmarschall Samuel v. Schmettau (1750), auch Preußen mit einem Netz trigonometrischer Punkte überziehen zu lassen, wurde aber von Friedrich gebremst, der eine Gefahr darin sah, daß derart genaue Karten in den Besitz des Gegners gerieten.

Die Anstrengungen der preußischen Landkarten-Hersteller wurden durch planmäßige Einkäufe im Ausland ergänzt. So erwarb Winterfeld in Dresden die »magnifique Landkarten«, und der französische Gesandte besorgte für Friedrich gefälligkeitshalber in Prag weiteres Kartenmaterial. Ein Satz ausgesuchter Landkarten stand den Korpskommandeuren in den schlesischen Festungen zur Verfügung, und während des Siebenjährigen Krieges gehörte eine mobile *Plankammer* unter Leitung des Ingenieurmajors Griese zum Königlichen Hauptquartier.

Ungeachtet all dieser Bemühungen geschah es jedoch höchst selten, daß die Preußen mit wirklichen Geländekenntnissen ins Gefecht zogen, ein schwerwiegender Nachteil vor allem für eine Armee, die gewohnt war, über den Gegner kurzerhand herzufallen. Lediglich die Schlacht von Leuthen bildet hier eine bemerkenswerte Ausnahme, da der Kampfschauplatz in Friedenszeiten oft zu Manövern hatte herhalten müssen. Zieten kannte am rechten Angriffsflügel der Kavallerie jeden Quadratmeter.

Kolin hingegen war typischer. Als Friedrich am Morgen jenes fatalen Tages in der Schenke Slati Slunce die Befehlsausgabe vornahm, sagte er unter anderem: »Viele von Ihnen, meine Herrn, müssen sich noch dieser Gegend von 1742 her erinnern, wo wir da gestanden haben; ich habe auch ganz gewiß den Plan davon, allein Giese kann ihn nicht finden«.[8]

Wie sich jedoch herausstellte, war es um das Erinnerungsvermögen nicht besonders gut bestellt und die österreichische Stellung ausgedehnter, als angenommen. Zwei Jahre später, bei Kunersdorf, wurde Friedrich durch Unkenntnis des Geländes zu einer neuerlichen bösen Fehleinschätzung verführt, obwohl das Schlachtfeld direkt vor den Toren Frankfurts lag.

Die alleinige Schuld hierfür trifft Friedrich aber nicht. Die Kartographie jener Zeit gab Ortschaften und Straßen zwar in hinreichender Genauigkeit wieder, besaß aber vor Einführung der Konturdarstellung noch kein Mittel, um durchschnittenes und hügeliges Terrain zu kennzeichnen; auch Wälder und Sümpfe waren nur auf den allerbesten Karten zu finden. Eine Bresche von rund 200 m galt damals als »enges Defilee«, weil sie das Vorrücken der Infanterie in Linie behinderte.

Inspekteure

Die Provinzinspekteure gehörten zu den Königlichen Kommissaren. Sie wurden am 9. Februar 1763 eingesetzt, als Friedrich daranging, mit Beendigung des Siebenjährigen Krieges auch die Disziplin wieder zu festigen. Auch wenn sie kein Bestandteil seines eigentlichen Stabs waren, stellten sie doch eines der wichtigsten Kontrollinstrumente in den letzten Jahrzehnten seiner Regierung dar. Aus der anfänglichen Zahl von fünf für die Kavallerie und sechs für die Infanterie, waren beim Ableben des Monarchen sieben bzw. zehn geworden, was bedeutete, daß ein Inspekteur zwischen zwanzig bis fünfundsiebzig Kavallerieschwadronen, respektive zwischen fünf und einundzwanzig Infanteriebataillone, zu beaufsichtigen hatte.

Die Aufgabe des Inspekteurs bestand darin, seine Provinz oder »Inspection« zu bereisen, sicherzustellen, daß die Regimenter die befohlenen Stärken hatten, richtig und einheitlich ausgebildet wurden und die Namen derjenigen Offiziere festzuhalten, die sich besonders gut bzw. schlecht führten.

Die Einrichtung dieser Inspekteure stellte den lobenswerten und nahezu einmaligen Versuch Friedrichs dar, einen Teil seiner Autorität zu delegieren, weshalb er für diese Posten auch nur die allerbesten Leute aussuchte, ohne Rücksicht auf das Dienstalter.

Es war ein Jammer, daß trotzdem alles schief lief. Aber da war die herausragende Persönlichkeit eines Seydlitz, der mit der schlesischen Kavallerie Wunder bewirkte, da waren die Despoten Stutterheim und Ramin, die sich darin gefielen bei jeder Frühjahrsbesichtigung Offiziere zu den Garnisonsregimentern zu verbannen, und schließlich darf auch nicht der pedantische Saldern vergessen werden — der Tyrann der Magdeburger Infanterieinspektion —, der in Friedrichs letzten Regierungsjahren den Ton in der gesamten Armee angab. Zugegeben, dem König blieb es erspart, mit den Regimentskommandeuren direkt korrespondieren zu müssen, doch hatte dies andererseits zur Folge, daß die Verwaltung der Armee umständlicher und langsamer wurde.

Besichtigungen und Manöver

In Friedenszeiten hatten sich die Regimenter jeder Provinz zweimal im Jahr den kritischen Augen des Königs zu stellen oder (in der späteren Regierungszeit) denen eines Inspekteurs. Die erste Versammlung dieser Art war die Frühjahrs- oder Sommer-Revue — vier Tage konzentrierter Beschäftigung — die den Höhepunkt der zweimonatlichen »Exerzierzeit« bildete. Aus diesem Anlaß wurden die einheimischen Kantonisten der jeweiligen Provinz eingezogen, und die vollen Regimenter marschierten daraufhin zu dem festgelegten Bestimmungsort ab — die Berliner und Potsdamer Regimenter Mitte Mai, die Magdeburger, die pommerschen, ostpreußischen (und später auch die westpreußischen) Regimenter im Mai und Juni, die schlesischen Regimenter im Juli oder August. Auf ausländische Besucher machte dieses Ereignis stets einen tiefen Eindruck. Dr. Moore traf in Berlin ein, als die Vorbereitungen für die Besichtigungen gerade ihren Höhepunkt erreicht hatten:

> »Auf den Straßen sah man nichts anderes als paradierende Soldaten sowie hin- und hereilende Offiziere. Die Stadt glich mehr einem Heerlager als der Kapitale eines Königreichs in tiefstem Frieden. Bei Hofe sah es aus wie beim Morgenempfang eines Generals im Felde . . . jedermann (Frauen gab es nicht) trug Uniform«.[9]

Der Marquis de Toulongeon, seines Zeichens Berufsoffizier, war verblüfft, wie die 40 000 Mann starke Berliner Garnison in tadelloser Ordnung, und völlig ohne Lärm, zu den Besichtigungen abrückte. Von Frankreich her war er gewohnt, daß sich selbst beim Ausrücken einer kleinen Garnison tumultähnliche Zustände abspielten.[10]

Am frühen Morgen des ersten Besichtigungstages war es üblich, daß sämtliche Regimenter geschlossen am König vorbeimarschierten. Die Truppen kehrten dann ins Lager zurück, wo die Obristen die neuen Fähnriche, die neuen Unteroffiziere, die Rekruten sowie diejenigen Männer antreten ließen, die aufgrund ihres Alters, ihrer Verwundungen oder eines schlechten Gesundheitszustandes zur Entlassung heranstanden. Knesebeck erinnerte sich an solch eine Szene vor den Toren Magdeburgs, im Jahre 1783, der er als *Junker* im Regiment von Kalkstein beiwohnte:

»Die Regimenter standen in folgender Ordnung aufmarschiert: Vor dem ersten Zuge des ersten Bataillons zuerst der Kommandeur des Regiments zu Fuß mit Esponton (nur die Generale waren zu Pferde), hinter dem Kommandeur die Junker des Regiments, die ihm noch nicht vorgestellt waren, hinter den Junkern die Rekruten des Jahres nach der Größe in drei Gliedern aufmarschiert. Es war ein herrlicher Frühlingstag, die weite Heide mit Zuschauern zu Wagen und zu Pferde überdeckt, unter deren Hufestampfen der Kräuterduft des Thimians Wohlgeruch hauchte. Da sah man eine dicke Staubwolke in der Ferne, die sich uns nahete — und stiller und stiller ward es, je naher sie kam.

Es war Friedrichs Wagen; bei Körbelitz angelangt hielt er. Der König stieg zu Pferde. Es war ein ungeheuer großer Schimmel, ein Engländer, den er dies Jahr noch ritt . . . Sowie er zu Pferde war, setzte er es gleich in Galopp, so daß bei dem weitausgreifenden großen Tier das ganze Gefolge hinter ihm Karriere ritt.

So kam der 70jährige Greis. Ungefahr 30 Schritt vor der Linie parierte er zum Schritt, nahm das Augenglas, sah die Linie von Weitem hinunter, ob alles gut gerichtet war — und es hielt dicht vor uns Junkern ein kleiner alter Mann mit ungeheuren großen Augen und durchdringenden Blicken. Er sah uns an, wandte sich zu Saldern, der unweit vor ihm zu Pferde war, und sagte: »Saldern, was sollen die vielen Boucles da? eine Boucle ist genug!« (es waren ihm nämlich unsere vier mit Talg und Puder eingespritzten steifen Haarlocken aufgefallen, die wir an jeder Seite des Vorderkopfes trugen. Eine große Haarlocke zur Seite war damals gerade Mode, und jeder von uns dachte daher still bei sich: »das ist unser Mann!«). Den Krückstock auf den rechten Fuß im Steigbügel gestemmt, frug er nun jeden Fahnenjunker, und es kam folgendes Gespräch mit jedem der Reihe nach. Zu dem Ersten: »Wie heißt er?« — »Hilitan, Ew. Majestät!« »Wie heißt er?« — und ohne die Antwort abzuwarten

mit immersteigendem ungnädigen Ton ihm folgende Namen
gebend: »Kilian, Pelikan, Er ist nicht von Adel?« hob er schon
den Stock, um ihn auszustoßen, als dieser ihm zurief: »Ew. Majestät haben mich von den Cadets hergeschickt, ich bin ein West-
prusse«. »So!« und der Stock ward wieder auf den Fuß im
Steigbügel gesetzt . . . Nun kam die Reihe an mich. »Wie heißt
er?« — »Knesebeck, Ew. Majestät«. »Was ist sein Vater gewesen«? — »Lieutenant bei Ew. Majestät Garde«. Der König:
»Ach, der Knesebeck«. Und mit ganz veränderter teilnehmender
Stimme gleich zwei Fragen hintereinander an mich richtend
fuhr er fort: »Wie geht es denn Seinem Vater? Schmerzen ihn
seine Blessuren noch?« Mein Vater war nämlich bei Kolin schwer
blessirt und quer durch den Leib und Arm geschossen. Grüß' Er
doch Seinen Vater von mir!« Und als er sich schon wenden
wollte, noch einmal sich umsehend und den Zeigefinger der rechten Hand, an welcher der Stock baumelte, emporhebend und
mich noch einmal ansehend, sagte er mit gnädiger Stimme:
»Vergesse Er es mir auch nicht!« ein eigener Zauber lag in dem
Ton von Friedrichs Stimme, wenn er die Herzen gewinnen
wollte, sowie in dem großen Auge ein Blick, der, wenn er
zürnte, Alles in Schreck und Zittern versetzte. Nun sah der
König noch die Rekruten an, kommandierte dann selbst »Junker
und Rekruten links um, marsch!« und jeder trat in die Glieder
der Kompanie ein, wohin er gehörte. Er ritt dann im Schritt
die Front der verschiedenen Treffen entlang, zählte wohl hin
und wieder die Rotten eines Zuges (so hörte ich ihn auf dem
linken Flügel vor sich her sagen: »vingt-et-un«, sprach zuweilen
mit Saldern und als alles besehen war, ging es wieder im Galopp nach dem kleinen Haus in Körbelitz, wo er die Parole
ausgab«.[11]

Am darauffolgenden Tage mußte die Kavallerie einige Grund-
Evolutionen vorführen und alsdann ihre Remonten, Geschirre
und Sättel dem König zur Inspektion präsentieren. Danach marschierte die Infanterie in zwei oder drei Kolonnen auf und entwickelte sich zur Linie, um das zug- oder bataillonsweise Vorgehen zu zeigen. Zum Abschluß des Tages versammelten sich die
Regiments- und Bataillonskommandeure vor dem Stabsquartier
des Königs, um sich dessen Kritik anzuhören. Die Besichtigungen
schlossen in zweitägigen Übungen in großem Rahmen ab, Kalten-

born beschreibt die Anspannung im Offizierkorps, wenn es galt, achtzehn- oder zwanzigtausend Soldaten auf einmal in völliger Stille die vorgeschriebenen Bewegungen durchführen zu lassen, wobei jeder wußte, daß seine Karriere von dem Willen eines Mannes abhing.

»Das Schicksal ganzer Familien hing oft davon ab; die äußersten Wünsche stiegen von Frauen, Müttern, Kindern und Freunden in diesen drei fürchterlichen Tagen mit Inbrunst zum Himmel, daß ihre Männer, Väter, Söhne und Freunde nicht, wie es nur zu oft der Fall war, während desselben unglücklich werden möchten«.[12]

In militärischer Hinsicht hatten diese Besichtigungen nur einen sehr begrenzten Wert. Was ihnen hingegen Gewicht verlieh, war der zeremonielle Aspekt, die Abwicklung eines Stammesrituals, welches die preußische Armee an ihren König band.

Im Gegensatz hierzu dienten die großen Herbstmanöver nur rein militärischen Zwecken.

Das erste seiner Art veranstaltete Friedrich 1743 in Potsdam. Die beiden darauffolgenden Jahre verbrachte er im Felde, nahm aber anschließend die Manöver in noch größerem Rahmen wieder auf. Im August 1748 berichtete ein britischer Beobachter seiner Regierung: »Die Schlußfolgerungen, welche man aus dem häufigen Zusammenziehen großer Truppenverbände zu den Potsdamer Besichtigungen ziehen kann und welche Europa nicht übersehen sollte, sind, daß der König von Preußen entschlossen ist, seine Armee in steter Einsatzbereitschaft zu halten. Indem er für diese Besichtigungen immer wieder Befehle gibt, welche aber praktisch denen einer Mobilmachung gleichen, vermag niemand zu erkennen, wann es Seiner Preußischen Majestät wirklich ernst ist«.[13]

Für die Spandauer Manöver des Jahres 1753 wurden nicht weniger als 44 000 Soldaten auf die Beine gebracht, was einen Alarm in ganz Zentraleuropa auslöste. Ausländische Beobachter hielt man sich hierbei für gewöhnlich vom Hals, was das Mißtrauen nur noch vergrößerte und Burgoyne zu der Bemerkung veranlaßte: »Wenn Friedrich mit 10 000 Mann seine Privatmanöver abhält, schließt er das Land ab wie sein Schloß«.[14] Die übrigen europäischen Nationen folgten bald diesem Beispiel, weshalb während der folgenden zwei Jahrhunderte die Herbstmanöver allerorts eine erhöhte internationale Alarmbereitschaft auslösten.

Die Herbstmanöver stellten eine wesentlich realistischere Leistungs-schau dar, als die Frühjahrsdarbietung. Nicht nur daß der ein-heimische Kantonist für gewöhnlich zu Hause blieb und das Feld dem äußerst tüchtigen ausländischen Berufssoldaten in preußi-schen Diensten überließ — auch der Raum für die Truppenbewe-gungen war unendlich viel größer.

»Die Umgebung von Berlin und Potsdam scheint für diese Zwecke besonders ausgesucht zu sein, doch nimmt man sich sehr in acht, daß keine größeren Schäden angerichtet werden. Das ganze Gebiet ist Getreideland — ein leichter, trockener Boden — und die Manöver finden entweder vor der Aussaat oder nach der Ernte statt. Die Bewegungen der Truppenteile werden auf gepflügten Äckern oder Stoppelfeldern und stets unter einsatz-mäßigen Bedingungen durchgeführt«.[15]

Das Hauptanliegen der Manöver war die Erprobung neuer Tak-tiken sowie die Schulung der Kommandeure in der Planung und im Ansatz großer Verbände. Manöver zweier »gegnerischer« Armeen (im Gegensatz zu jenen, bei welchen man die feindliche Stellung nur durch Flaggen darstellte) wurden erstmalig vor dem Sieben-jährigen Krieg eingeführt.

10
Kriegführung

Wir haben unsere Armee nunmehr rekrutiert, uniformiert, ausgebildet und mit einer Intendantur ausgestattet. Bevor wir sie aber im Kampf sehen, sollten wir noch einen Augenblick innehalten und uns vor Augen führen, wie sie normalerweise im Felde lebte.

DIENSTBETRIEB IM LAGER UND IM FELDE

Wir beginnen mit der Armee in einem einfachen Ruhelager. Die Zelte der Infanterie standen ausgerichtet in zwei Reihen nebeneinander, und zwar direkt hinter der Stellung, die im Einsatzfall zu beziehen war. Die Kavallerie hatte ihre Zelte weiter hinten aufgeschlagen, tief gestaffelt und so angeordnet, daß die Gassen senkrecht auf die Infanterielinie zuführte.
Der Kompanie standen für gewöhnlich zwei Zelte für die Unteroffiziere und zweiundzwanzig für die Mannschaften zu. Die aufgestapelten Flinten lagerten unter zwei glockenförmigen *Gewehr-Mänteln*, geschmückt mit dem Regimentswappen.
Die Truppe schlief in *Kameradschaften* zu sechs oder sieben Mann in einfachen Firstzelten, die eine Höhe bis zu 1,83 m erreichten. Das Material bestand aus Segeltuch, dessen Nähte auf der Außenseite mit blauen Leinenstreifen abgedeckt waren. Die Zelte der Unteroffiziere wiesen etwas mehr Platz auf und hatten gerade Seitenwände. Das steigerte sich weiter vom Gemeinschaftszelt der Junker und Fähnriche, über das Einzelzelt der Lieutenants und das der Stabsoffiziere mit mehreren Räumen bis hin zum großen Zelt des Königs mit Vordach. Ausgenommen die Lieutenants-Zelte, scheinen alle Offizierszelte einen ovalen Grundriß gehabt zu haben.

Das Ganze war mit peinlicher Genauigkeit angelegt. Als der ehemalige österreichische General v. Schmettau 1741 in preußische Dienste überwechselte, war er überrascht:

»Die Lager wurden beständig in ununterbrochenen geraden Linien genommen. Vor jedem Bataillon und Eskadron belegte man mit mühsam zusammen gesuchten grünen Rasen die Stellen, auf welchen die drei Glieder der Gemeinen sowohl, als die Reihen der Ober- und Unteroffiziere beim Ausrücken zu stehen kamen. Zur Vermehrung dieser Arbeit mußte noch bei jedem Bataillon und Kavallerieregiment vor den Fahnen und Standarten der Name des Königs, gleichfalls mit grünen Rasen ausgelegt seyn, und der Boden dazwischen, wie in einem Garten, rein abgeschaufelt«.[1]

Der Sicherheitsgürtel hatte gleichermaßen zum Auffangen von Deserteuren als auch zur Abwehr des Gegners zu dienen. Zum sofortigen Einsatz stand ja dem Generalmajor des Tages die kampfstarke *Generalwache* zur Verfügung, welche die Kriegskasse und den Proviant bewachte. Die eigentliche Sicherung des Lagers lag in den Händen eines Lieutenants, zweier Unteroffiziere sowie von achtundvierzig Soldaten und einem Trommler von jedem Regiment der lagernden Armee. Diese Truppe war in kleine Piketts gegliedert, die ihrerseits jeweils auf der rechten Zeltflanke ihres Stammbataillons standen. Im Alarmfall konnten somit Piketts in einer Gesamtstärke von vier Regimentern, unter Führung eines Hauptmanns, sofort eingesetzt werden. *Feldwachen* der Infanterie oder Kavallerie — meist zwanzig bis dreißig Mann stark — sicherten etwas weiter abgesetzt vom Lager. Obwohl die *Feldwachen* stets abwehrbereit zu sein hatten, stellte Schmettau hier doch Einfallsarmut fest, denn die Preußen pflegten sie stets mit einem Abstand von 300 Schritt in die Landschaft zu postieren, und zwar so, daß sie sich in gerader Richtung zu der aufgepflanzten Fahne oder Standarte ihres Stammtruppenteils befanden.

Eine noch weiter abgesetzte Sicherung fand durch starke Reiter-Piketts statt, die an den Flanken der Armee Aufstellung nahmen, durch eine Postenkette vorgeschobener Husaren und durch kleine Garnisonen von Grenadierbataillonen in den umliegenden Ortschaften.

Reveille wurden geschlagen, sobald das anbrechende Tageslicht gestattete, einen Mann auf fünfzig Schritt zu erkennen. Angestimmt wurde der Trommelwirbel vom Ersten Gardebataillon, sodann von den übrigen Regimentstambouren aufgenommen. Die Männer kamen aus ihren Zelten gekrochen, die Anwesenheit wurde durch Namensaufruf festgestellt, Arbeitskommandos wurden eingeteilt. Die Unteroffiziere reichten dann die Anwesenheitslisten an die Subalternoffiziere weiter, die sie wiederum nach Vergleich, dem ältesten Lieutenant übergaben, zu dessen Obliegenheiten jetzt eine schriftliche Meldung an den Hauptmann gehörte. Sollte die Armee abrücken, hatten die Kompanien nunmehr mit Waffen und voller Ausrüstung anzutreten; im anderen Fall marschierten nur die Wachablösungen ab, während sich die Regimenter zu einer Andacht von fünfzehn Minuten im Kreise um ihre *Feldprediger* versammelten.

Etwa gegen neun Uhr morgens empfing der König, oder der jeweilige Oberbefehlshaber, einen Bericht über die militärische Lage seitens der beiden Generalmajore des Tages sowie eines Offiziers, den man zur Aufklärung ausgesandt hatte. Zwei Stunden später gab der König die *Parole* aus sowie die erforderlichen Instruktionen für die Generalmajore des Tages. Diese hielten die Befehle schriftlich fest, verließen das königliche Zelt und gaben nun ihrerseits den königlichen Adjutanten Kenntnis von den Absichten des Monarchen. Im Anschluß daran wurden die im Kreise angetretenen Majore des Tages, die Brigademajore und die Adjutanten der einzelnen Generale unterrichtet. Um Irrtümer auszuschließen, las der dienstälteste Adjutant des Königs diesem die Parole sowie die Befehle noch einmal vor, so wie sie ihm von den Generalmajoren übermittelt worden waren. War auch das geschehen, gingen die Offiziere auseinander, um die Truppe zu verständigen.

Diese verbrachte den Rest des Tages mit Exerzieren oder Arbeitseinsätzen, bzw. sie genoß die Freizeitvergnügungen, die das Lager zu bieten hatte.

Um sechs Uhr abends, nach einer nochmaligen Andacht, wurden die Regiments-Piketts aufgestellt. Zwei Stunden später ertönte der Zapfenstreich, und alle hatten die Marketender-Zelte zu verlassen. Nach Ablauf von weiteren zwei Stunden war es dann Zeit für die Generalmajore des Tages, ihre erste »große Runde« (Abgehen des äußeren Lagergürtels) zu machen. Kleinere »Runden« wurden von den Obristen, Obristlieutenants und Majoren des Tages absolviert.

MÄRSCHE

Drei hintereinander reitende wachsame Husaren waren die äußerst vorgeschobene Sicherung der preußischen Armee, während sich diese, vieltausendköpfige, durch die mitteleuropäischen Lande wälzte. Ihnen folgten elf Kameraden zur Nahunterstützung, dahinter — in allmählich wachsender Stärke — weitere Husarendetachments: erst ein Zug, dann eine Vorhut »en miniature« aus zwei- oder dreihundert Mann, und schließlich das Gros der Husaren. Die Infanterie der Vorhut rückte mit einem Abstand von etwa 1 000 Schritt nach.

Aufgabe der Vorhut war es ursprünglich, wichtige Geländepunkte zu sichern, dem *Generalquartiermeister* beim Abstecken des Lagers zu helfen und als erste die Nähe des Gegners zu melden. Im Verlauf des Siebenjährigen Krieges erweiterte Friedrich jedoch diese Pflichten und verstärkte zugleich die Vorhut, welche nunmehr auch die Spitze bei seinen *»Schrägangriffen«* zu bilden sowie die ständige Verbindung zum Gegner zu halten hatte.

Solange der Feind noch mindestens drei Tagesmärsche entfernt war, rückte die Armee in loser Formation von zeitweilig bis zu acht Kolonnen nebeneinander vor, die Kavallerie an den Flanken, Artillerie und Troß in der Mitte. Die Infanterie marschierte (wie fast immer) in Zugkolonne, wobei ihr zustatten kam, daß damals die Straßen nicht eigentlich begrenzt waren. Fußkranke Soldaten wurden auf die Bagagewagen gepackt; die Unteroffiziere hatten Anweisung, alle Soldaten zu begleiten, die einmal austreten mußten. Eine kleine Nachhut folgte der Armee und sammelte Deserteure und Nachzügler auf.

War bekannt, daß der Gegner nur noch drei bis vier Tagesmärsche weit weg war, fiel die Vorhut bis auf 1 1/2 km oder weniger auf das Gros zurück, welches nunmehr »treffenweise« oder »flügelweise« marschierte, wobei Bagage und Packpferde auf Nebenwegen weiterrückten, und zwar auf der dem Gegner am weitesten abgewandten Seite. Von den beiden Formationen war die »treffenweise« vorzuziehen, denn die einzelnen Züge brauchten hierbei nur rechts oder links einzuschwenken, um die Schlachtordnung einzunehmen. Zugegeben, Friedrich erreichte das Schlachtfeld von Leuthen im »flügelweisen« Annäherungsmarsch, aber durch geschickte Umgruppierungen gelang es ihm, zur Linie aufzumarschieren.

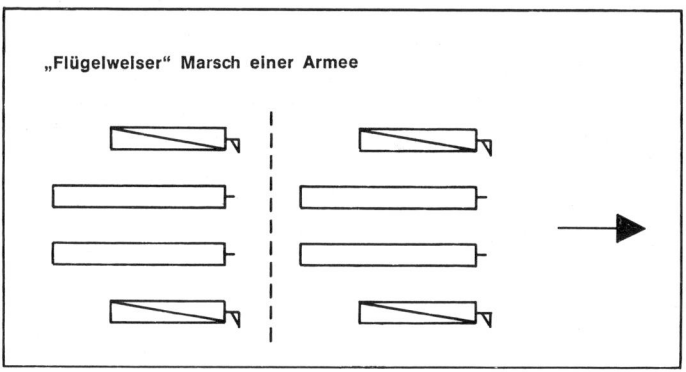

Friedrichs Armee war zeitweise imstande, eine oder zwei Wochen lang tagtäglich zwanzig Kilometer zurückzulegen. Zieht man die Versorgungsschwierigkeiten in Betracht und die Notwendigkeit, alle drei oder vier Tage einen Ruhetag einlegen zu müssen, war die Hälfte dieser Distanz aber der Normalfall. Mit den kurzen Frühjahrs- und Herbsttagen sowie den dann häufig vorherrschenden schweren Regenfällen konnte sich die Marschleistung jedoch noch verringern.

DIE SCHLACHT

Die *Normal-Schlachtordnung* jener Zeit fand die Armee auf dem Schlachtfeld in zwei Linien gegliedert: die Infanterie als Block in der Mitte und die Kavallerie an einem der Flügel, je nachdem, wo mehr Bewegungsraum war.

Leopold von Anhalt-Dessau war von dieser vorherrschenden Auffassung derart besessen, daß er 1745 bei Kesselsdorf, als der Zufall ihn in die Westflanke der sächsischen Linie brachte und ihm mithin die wundervolle Gelegenheit gab, den Gegner von links her

232

aufzurollen, seine Armee in großem Bogen wieder zurückführte, bis er den feindlichen Linien gegenüberstand und nach herkömmlicher Art frontal angreifen konnte. Hierbei handelte er allerdings keineswegs in Übereinstimmung mit Friedrichs Vorstellungen, der den Frontalkampf ablehnte und stets nach einer Möglichkeit Ausschau hielt, gegenüber einem Abschnitt des Gegners eine vernichtende Überlegenheit zum Tragen zu bringen.

Die »schiefe Schlachtordnung« des griechischen Feldherrn Epaminondas diente Friedrich hierbei als Vorbild für den »Schrägangriff«. Die Idee war bereits im 16. Jahrhundert von dem ersten Herzog von Preußen aufgegriffen worden, dann durch Montecuccoli im 17. Jahrhundert und, in jüngerer Zeit, durch die Fachleute Folard, Puységur und Khevenhüller. Friedrichs berühmte »Schrägangriffe« waren daher keineswegs etwas völlig Neues, sondern er verhalf vielmehr einer altehrwürdigen Erkenntnis zu neuem Durchbruch.

Ausgehend von den ersten zaghaften Experimenten in Friedenszeit, im Jahre 1747, machte Friedrichs »Schrägangriff« eine fortlaufende

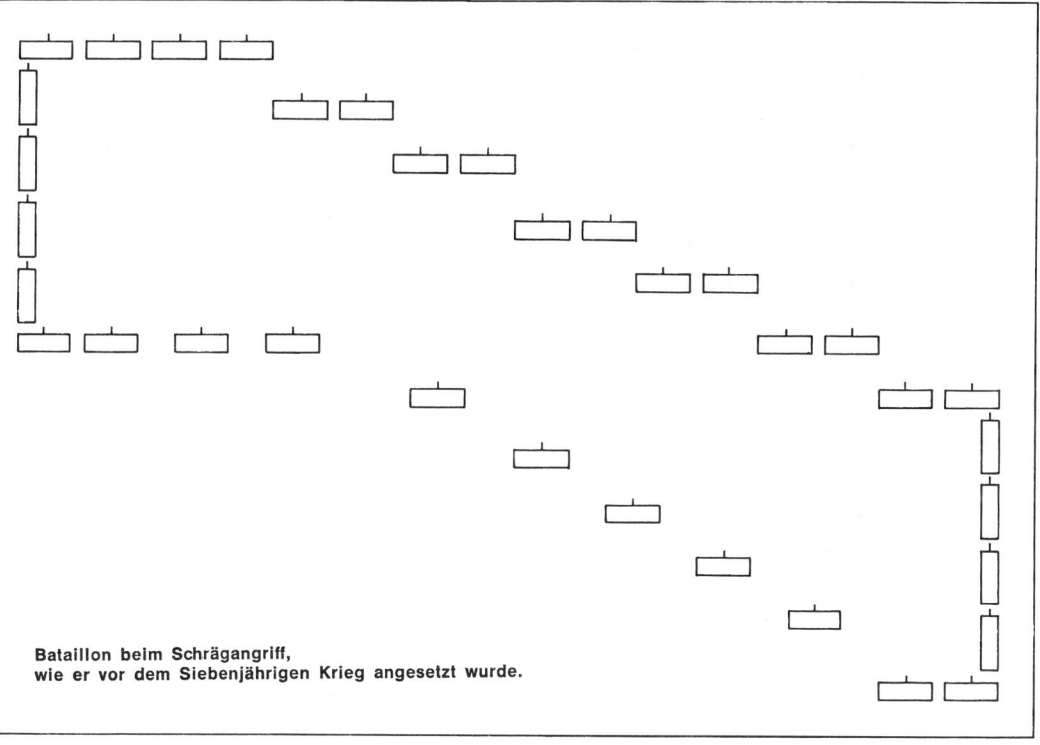

Bataillon beim Schrägangriff, wie er vor dem Siebenjährigen Krieg angesetzt wurde.

Entwicklung durch. Anfangs war Friedrichs Streben darauf gerichtet, einen ganzen Flügel zurückzuhalten oder aber die ganze Armee bei Annäherung an den Gegner eine teilweise Schwenkung durchführen zu lassen. Beide Lösungen erwiesen sich jedoch als schwach und unbeholfen. Vier Jahre später verfiel Friedrich auf eine weitaus vielversprechendere Methode, nämlich auf die gestaffelte (en échelon) Formierung der Armee, schon gleich zu Angriffsbeginn. Diese neue Technik wurde erstmalig am 19. August 1751 von der Potsdamer Garnison vorgeführt, dann bei der Berliner Revue des nächsten Jahres und den Spandauer Manövern der Jahre 1754 und 1755 weiter verbessert.

1756 war daher ein großer Teil der Armee mit den Grundprinzipien des »Schrägangriffs« vertraut. Das Gros des angreifenden Verbandes war in einer Vorhut zusammengefaßt, gleichgültig welcher der beiden Flügel sich auch auf den Gegner werfen sollte. Die übrigen Teile der Armee »verweigerten« sich in gestaffelter Regimentslinie, wobei jedes nachfolgende Regiment dem voranmarschierenden mit einem Abstand von zwanzig bis fünfzig Schritt, rechts bzw. links, folgte. Friedrich hoffte, auf diese Weise die Schlacht jederzeit abbrechen zu können, sofern die Entwicklung der Lage dieses verlangte. Natürlich hätte der »Schrägangriff« un-

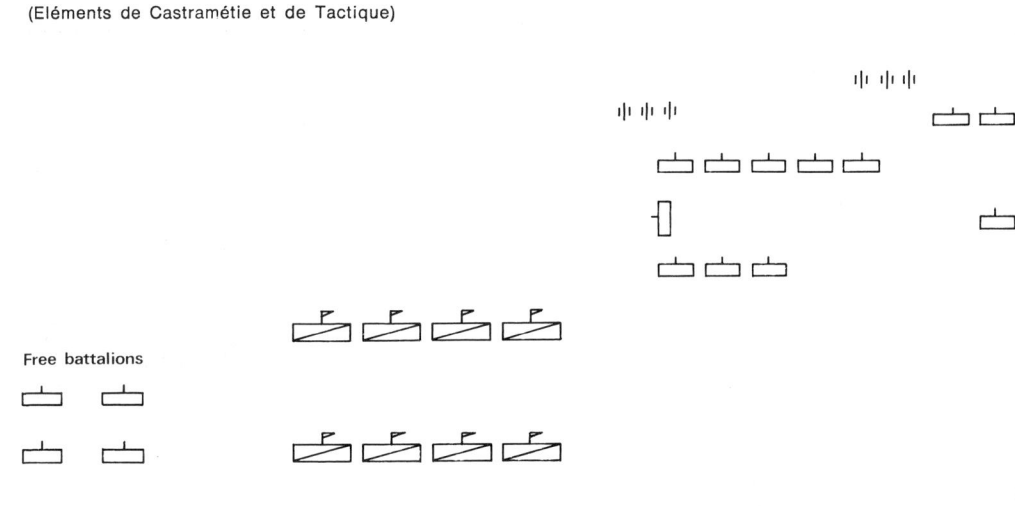

Schrägangriff 1770

(Eléments de Castramétie et de Tactique)

Free battalions

geheuer an Wirkung gewonnen, wäre es Friedrich je gelungen, noch vor Beginn des eigentlichen Angriffs dem Gegner mit der ganzen Armee die Flanke abzugewinnen.

Trotz mancherlei Schwierigkeiten, denen Friedrich im Lauf des Siebenjährigen Krieges begegnete, blieb sein Glaube an die Wirksamkeit des »Schrägangriffs« doch ungebrochen. Bei der Schlacht von Prag brachte das schwierige Gelände die prächtige Ordnung der vorrückenden Preußen durcheinander, und bei Kolin erlitt die Armee eine Niederlage, weil der Flügel, der sich »versagen« sollte, entgegen Friedrichs Befehlen, in den Kampf eingriff.

Der Glaube der Armee und ihr Vertrauen in den »Schrägangriff« wurde bei Rossbach schließlich wiederhergestellt, wo die Infanterie die deutsch-französischen Heerscharen nicht nur ausmarschierte, sondern zugleich auch ein schönes Vorrücken in *Staffeln* demonstrierte. Bei Leuthen, einen Monat später, wurde der »Schrägangriff« perfekt wie nach Vorschrift durchgeführt. »Dieser so gestellte Schlacht-Körper nimmt verhältnisweise nur einen geringen Raum ein, und zeigt in der Ferne wegen der vermischten Trachten und Fahnen einen höchst unordentlichen auf einander gehäuften Menschenklumpen. Allein es bedarf nur eines Winkes vom Heerführer, so entwickelt sich dieser lebendige Knäuel in der größten

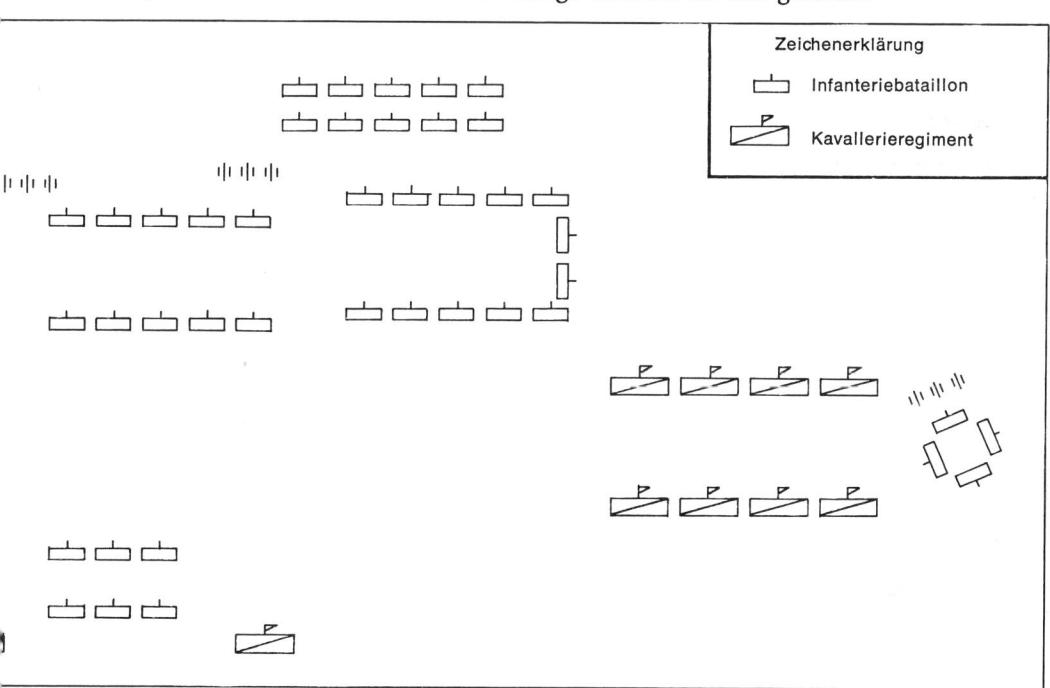

Ordnung, und mit einer Schnelligkeit, die einem reißenden Strom ähnlich«.[2]

1758 marschierte Friedrich los, um mit den Russen bei Zorndorf die Klingen zu kreuzen. Die Fehler von Kolin noch in Erinnerung, betonte er: »Mit einem Flügel wird nur attaquiret, der andere Flügel muß ganzlich refusieret werden«.[3] General v. Dohna legte die Worte des Königs buchstabengetreu aus, mit dem Ergebnis, daß der linke Flügel vernichtet wurde, ohne daß ihm der rechte zu Hilfe kam. Nach diesen unterschiedlichen Erfahrungen war es für Friedrich nicht ganz einfach, das richtige Maß zwischen den Extremen »Kolin« und »Zorndorf« zu finden. »Es scheint mir zweckmäßig«, schrieb er am 27. Dezember 1757, »den Teil des Heeres, den Ihr dem Feinde versagt, zur Demonstration zu benutzen und ihn fortwährend dem Feind zu zeigen, so daß er seine Stellung nicht zu verlassen wagt, um Verstärkung nach Eurer Durchbruchstelle zu schicken«.

Nach dem Siebenjährigen Krieg wandelte Friedrich die Form des »Schrägangriffs« ab, um der starken feindlichen Artillerie Rechnung zu tragen, mit der man in künftigen Kriegen zu tun haben würde. 1770 beschrieb er eine neue Angriffsformation, in der die »échelons« durch ganze Brigaden gebildet wurden, die sich in Abständen von 100 Schritt staffelten. Die Kavallerie des angreifenden Flügels wurde als Reserve zurückgehalten, außerhalb der feindlichen Schußweite, und vier Bataillone schied man zur Formierung eines Karrees und zur Unterstützung der Reiterei im Falle eines feindlichen Gegenangriffs aus.

Gleichzeitig mit der Perfektionierung des Schrägangriffs zeichnete sich jedoch auch die Suche nach einer flexibleren Angriffstaktik bei den Preußen ab. So trugen bei Burkersdorf und Freiberg, gegen Ende des Siebenjährigen Krieges nahezu selbstständig operierende Kolonnen den Angriff vor. Noch bemerkenswerter war aber der wahrhaft napoleonisch anmutende Ablauf der Kampfhandlungen, wie ihn Friedrich in seinem politischen Testament festlegte. Eröffnet wurden sie durch eine heftige Beschießung seitens der neuen weitreichenden Geschütze, dann rückten die Freibataillone in offener Ordnung vor, und erst ganz zum Schluß erfolgte der geschlossene Einsatz der Kavallerie, die den entscheidenden Durchbruch durch die gegnerischen Linien zu erzwingen hatte.

Ironischerweise befehligte Friedrich jedoch eine Armee, die dank

seiner eigenen rastlosen Bemühungen für eine derartige Kampfesweise völlig ungeeignet war, ein Heer, dessen Infanterie man
durch Prügel zum Kadavergehorsam erzogen hatte und dessen
Generalen die Fähigkeit zum selbständigen Führen verlorengegangen war.

11

Friedrichs Armee in Frieden und Krieg

DER ERSTE SCHLESISCHE KRIEG 1740—1742

Am 22. Juni 1740 hallten die Salven der »Langen Kerle« durch
die Gruft der Potsdamer Garnisonskirche, als man den alten König
zur Ruhe bettete. Kronprinz Friedrich — oder König Friedrich II.,
wie wir ihn jetzt nennen sollten — erbte ein Königreich aus un-
fruchtbaren und weitverstreuten Provinzen und eine Bevölkerung
von 2 500 000 Seelen. Die Armee setzte sich aus 83 000 Mann
zusammen, war mit Sicherheit die bestdisziplinierte Europas, aber
noch weitgehend kampfunerfahren.

Friedrich übernahm die Armee zu einem Zeitpunkt, als die Führungsprinzipien zwei starken und widerstreitenden Einflüssen ausgesetzt waren.

Auf der einen Seite wurde das strenge, nach innen gerichtete
Preußen des verstorbenen Königs durch den fürstlichen Klan derer
von Anhalt-Dessau repräsentiert. Chef der Familie war der
schnurrbärtige, dunkelhäutige Fürst Leopold von Anhalt-Dessau
(1676—1747). Obwohl nur von begrenztem Verstande, erwies sich
der Alte Dessauer durchaus als schöpferisch und kann als der eigentliche Gründer der preußischen Infanterie gelten. Während der
rauhen Jahre, die Friedrich zu Beginn der 30iger Jahre als Kronprinz durchstehen mußte, hatte sich Leopold ihm gegenüber ungemein redlich benommen, vermochte aber bei dem neuen König
nie das gleiche Maß an Freundschaft und Vertrauen zu gewinnen,
wie bei seinem alten Busenfreund Friedrich Wilhelm.

Drei von Leopolds Söhnen waren es im besonderen, die den Einfluß der Familie Anhalt-Dessau auch in der neuen Generation

238

fortsetzen sollten. Der älteste, Erbprinz Leopold Maximilian, galt als intelligenter und entschlossener Offizier; er hatte sich als Befehlshaber der preußischen Infanterie bei Prinz Eugens rheinischem Feldzug einen Namen gemacht. Er starb 1751. Der dritte Sohn, Prinz Dietrich, war mit Abstand der sympathischste von allen. Friedrich schätzte seine Freundschaft und soldatischen Qualitäten und machte ihn 1747 zum Feldmarschall. Dietrich war des Militärberufes jedoch überdrüssig. Er durfte sich 1750 schließlich in sein geliebtes Dessau zurückziehen, wo er die Tage damit zubrachte, in den Eichenwäldern entlang der Elbe den Hirsch zu jagen. Boswell begegnete ihm einmal 1764 und beschreibt ihn: »Ein typischer alter Deutscher — rauh aber herzlich«.[1]

Prinz Moritz, der fünfte Sohn, war ein aufbrausender aber gutmütiger Possenreißer, Liebling seines Vaters. Der alte Leopold pflegte ihn bereits als Kind zu den Jagden und Truppenparaden mitzunehmen, unterließ es aber, ihm eine angemessene Ausbildung zuteil werden zu lassen. Als Erwachsener vermochte der »prince sauvage« daher bestenfalls seinen Namen zu schreiben, war aber ansonsten des Schreibens völlig unkundig. Einem Zeitgenossen zufolge war er »ein Tölpel . . ., wie es kaum je einen gegeben hat. Er besitzt eine große Neigung zum Militärdienst; er liebt seine Soldaten wie ein Feldherr, liebt seine Pferde und seine Hunde. Er behandelt sie auch ungefähr nach demselben Stil«.[2] Sein militärisches Naturtalent brachte ihm auf dem Schlachtfeld von Kesselsdorf den Schwarzen Adlerorden und bei Leuthen die Beförderung zum Feldmarschall ein, doch für ein selbständiges Kommando blieb er ungeeignet, und ohne einen guten Stab war er völlig aufgeschmissen.

Für die preußische Armee war es eine glückliche Fügung, daß die Macht des Hauses Dessau zu einem gewissen Grad durch den humanen und zivilisierten Einfluß eines Kurt Christoph v. Schwerin (1685—1757) wieder aufgehoben wurde. Ein echter Vertreter der aufgeklärten Welt des 18. Jahrhunderts, war Schwerin im vormaligen Schwedisch-Pommern geboren. In seiner Jugend hatte er an der Universität von Leyden studiert. Es kam zu einem sehr engen Kontakt zwischen ihm und dem König, welcher ihn anläßlich seiner Thronbesteigung (1740) zum Feldmarschall machte.

Alles war dazu angetan, Schwerin und den Alten Dessauer auf einen Kollisionskurs zu bringen: »Der sanfte, menschenfreundliche

Charakter Schwerins, seine Humanität, das einnehmende Äußere, sein gebildeter gesellschaftlicher Umgang, stachen gegen das rauhe, bloß kriegerische, etwas harte Betragen des Fürsten zu dessen Mißfallen ab und machten ihm jeden Freund Schwerins verhaßt«.[3] Eigenartigerweise war es dennoch Schwerin, der in der Hitze des Gefechts herausragte, und Leopold lief nach Friedrichs eigenen Worten wie »eine nasse Henne« umher.

Leopold und Schwerin sammelten verwandte Geister um sich, die dazu beitrugen, daß der Streit zwischen den beiden Feldherrn auf Jahre hinaus in der preußischen Armee institutionalisiert wurde. Fürst Adolf von Bernburg und die Generale Fouqué und Goltz standen im Dessauer Lager, während Ferdinand von Braunschweig, Bevern, Herzog Friedrich Eugen von Württemberg, General Forcade und des Königs Brüder August Wilhelm, Heinrich und Ferdinand sich mehr von der Art Schwerins angezogen fühlten. Mit dieser Uneinigkeit in ihren eigenen Reihen, wurde die preußische Armee am 16. Dezember 1740 in einen Eroberungskrieg gestürzt.

Als Friedrich den Thron bestieg, war er entschlossen, nach all den Jahren, in denen sein Vater immer nur des Winks und Rufs der Habsburger gewärtig gewesen war, nunmehr das Gesicht Preußens zu verändern — corriger la figure de Prusse. Schon gleich zu Anfang bot sich ihm die Gelegenheit zum einträglichen und dramatischen Handeln, denn im Oktober war das Reich der Habsburger im Erbgang an eine völlig unerfahrene Herrscherin gegangen, an die dreiundzwanzig Jahre alte Maria Theresia. Nur zu bald bezeigten Mächte wie Frankreich, Bayern, Sachsen und Piemont Interesse, sich von dem ihrer Meinung nach vor dem Zerfall stehenden Riesenreich ein Stück anzueignen, wo das Heer demoralisiert und die zentrale Verwaltung schwach und abgewirtschaftet war.

Das anziehendste Objekt für Friedrichs Ambitionen war zweifellos der am nördlichsten gelegene Habsburger Besitz, die Provinz Schlesien: »Ein schönes, von arbeitsamen Einwohnern bevölkertes Land«.[4] Strategisch gesehen bildete Schlesien (jetzt zu Polen gehörig) einen Teil der großen nordeuropäischen Ebene, welche sich ohne Unterbrechung vom Ural bis nach Ypern erstreckt. Diese Ebene wird in ihrer Mitte von den beiden großen Strömen Oder und Elbe durchschnitten, welche vom Südosten nach Nordwesten quer durch preußisches Gebiet flossen, bevor sie das Meer erreichen. Friedrich kam dies sehr gelegen, konnte er doch mit gleicher Leichtigkeit ein Heer oderaufwärts nach Schlesien oder, weiter westlich entlang der Elbe, in das Herz von Sachsen und Böhmen entsenden.

Der Oder-Elbe-Ebene ist, entlang ihrer Südgrenze, eine lange Gebirgskette vorgelagert, die den nördlichen Kriegsschauplatz von den österreichischen Provinzen Böhmen und Mähren (jetzt ein Teil der Tschechoslowakei) trennte.

Böhmen, die Westprovinz, war ohne Schwierigkeiten zu erobern. Das Land besaß keine modernen Festungen, und die Preußen konnten ihren Nachschub elbaufwärts bis auf drei Tagesmärsche an die Hauptstadt Prag heranführen. Andererseits besaßen die Preußen in dieser Gegend aber auch keine Voraussetzungen für die Errichtung von Versorgungslagern, — und gut bevorratete Magazine waren nun einmal notwendig, wollte Friedrich der gewundenen und schwierigen Straße nach Südosten in Richtung auf Wien folgen.

Nach einigen schlechten Erfahrungen in Böhmen kam Friedrich in späteren Jahren zu der Erkenntnis, daß Österreich nur durch einen direkten Stoß auf Wien zu erledigen sei. Das hatte für ihn die Notwendigkeit, nach Süden durch Mähren vordringen zu müssen, sowie die Auseinandersetzung mit den beiden Festungen Olmütz und Brünn, zur Folge.

Da vor allem Olmütz als sehr stark galt, und die Preußen von Belagerungen nicht allzuviel verstanden, waren die Aussichten einer mährischen Kampagne nicht gerade verlockend.

In grober Verallgemeinerung könnte man sagen, daß es für Friedrich leicht und gewinnbringend war, Schlesien an sich zu reißen und in Sachsen einzufallen. Man konnte auch den Krieg ohne Schwierigkeiten nach Böhmen hineintragen, obwohl darin kein eigentlicher Sinn lag. Mähren zu überrennen, war hingegen schwierig, öffnete dafür aber Friedrich den direkten Weg zum Sitz der Habsburger Macht.

Im Dezember 1740 sammelten sich 27 000 Preußen für den Einmarsch in Schlesien. Friedrich war mit Leopold anwesend, als sie, Reihe um Reihe, antraten. Er bemerkte, daß es ihm seltsam schiene, daß dieser Heerbann aus grollenden Männern, die alle besser bewaffnet und stärker seien als der König und seine Generale, dennoch ob ihres Anblicks zu zittern begännen. Der Alte Dessauer

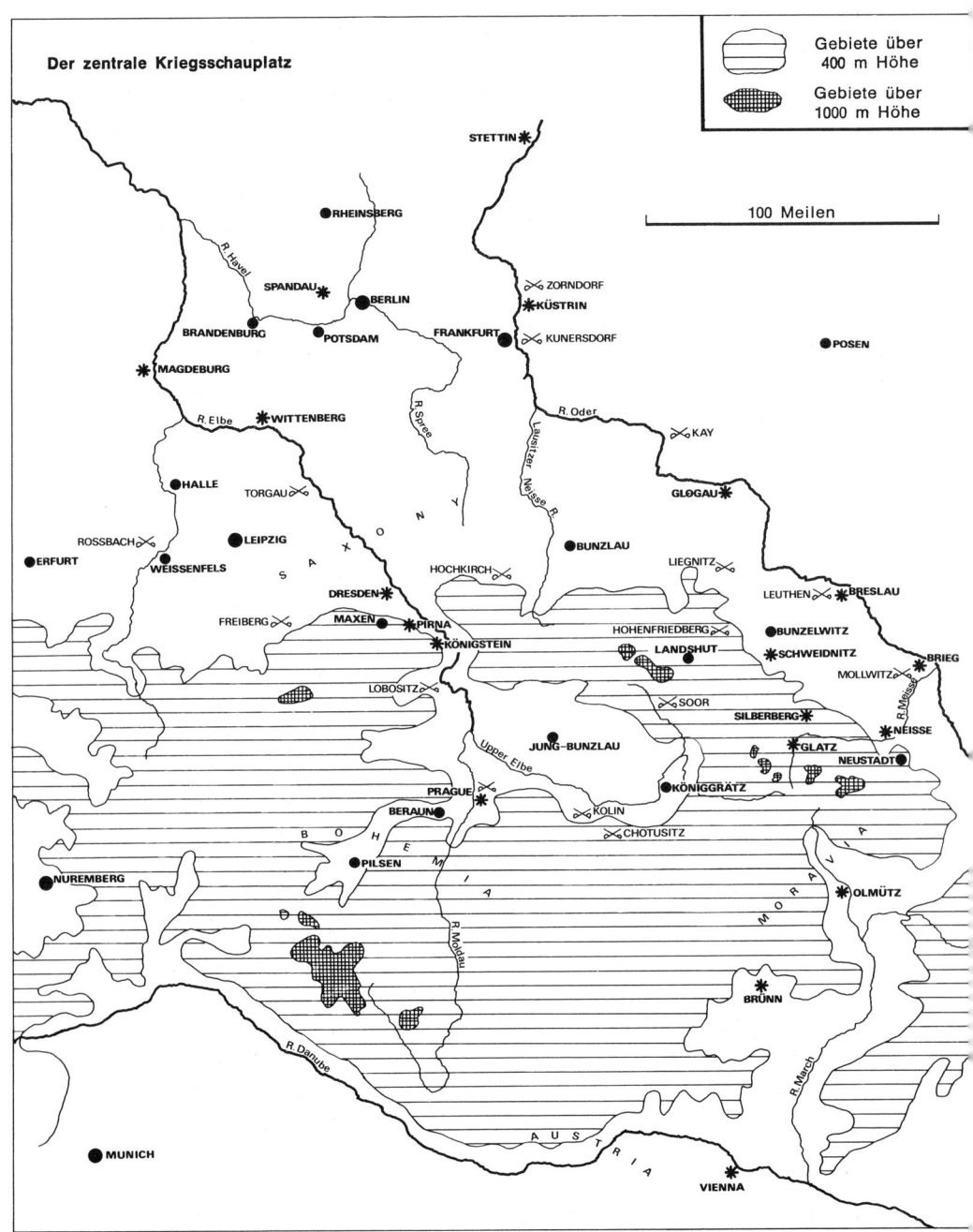

Der zentrale Kriegsschauplatz

Gebiete über 400 m Höhe

Gebiete über 1000 m Höhe

100 Meilen

STETTIN

RHEINSBERG

SPANDAU
BERLIN
BRANDENBURG
POTSDAM
MAGDEBURG

ZORNDORF
KÜSTRIN
FRANKFURT
KUNERSDORF
POSEN

R. Havel
R. Elbe
WITTENBERG
R. Spree

R. Oder
KAY

HALLE
TORGAU
LEIPZIG
ROSSBACH
ERFURT
WEISSENFELS

GLOGAU

BUNZLAU

Lausitzer Neisse R.

HOCHKIRCH
LIEGNITZ
LEUTHEN BRESLAU

DRESDEN
FREIBERG
MAXEN
PIRNA
KÖNIGSTEIN

HOHENFRIEDBERG
LANDSHUT
BUNZELWITZ
SCHWEIDNITZ
MOLLWITZ
BRIEG

LOBOSITZ
SOOR
SILBERBERG
NEISSE
R. Neisse

JUNG-BUNZLAU
GLATZ
NEUSTADT
KÖNIGGRÄTZ

Upper Elbe

B O H E M I A

PRAGUE
BERAUN
KOLIN
CHOTUSITZ

PILSEN

MORAVIA

NUREMBERG

OLMÜTZ

R. Moldau

BRÜNN

R. March

R. Danube

MUNICH

AUSTRIA

VIENNA

242

meinte darauf nur: »Das ist die wunderbare Wirkung der Ordnung, der Subordination und der genauen Aufsicht«.[5]

Die in Schlesien stehende österreichische Garnison war winzig, und so standen denn Ende Januar 1741 die Blauröcke bereits unten am Grenzgebirge nach Mähren. Schwerin führte den letzten Stoß. Nachdem ihm bei Jägerndorf wertvolle Lagerbestände in die Hand gefallen waren, meldete er frohlockend dem König: „Nun haben wir Brot für unsere Soldaten, Sire, und Hafer für unsere Pferde, Gott sei Dank; ohne diesen Zuschuß wäre ich in arge Verlegenheit gekommen! . . . Aber ich habe keinen Wein mehr, und bin ganz auf miserables Bier angewiesen; erweisen Sie mir die Gnade, Sire, und schicken Sie mir ein Faß Rheinwein, von dem Sie ja so viel haben, ohne danach zu fragen: Ich werde es mit unseren braven Officieren auf Ihr Wohl trinken«.[6]

Friedrich hatte inzwischen, am 3. Januar, seinen Einzug in die schlesische Hauptstadt Breslau gehalten. Ein Bürger hielt dies folgendermaßen fest:

»... wimmelte die gantze Stadt voller preußisch und brandenburgischer Officiers und Soldaten, lauter extra schöne wohl qualificirte, galant-mundirte Leute, die aller Augen mit Bewunderung an sich zogen, und bey unseren schlesischen Frauenzimmer starcken Liebreitz erweckten, so daß manche lieber heut noch einen jungen Brandenburger gehabt hätte, und also kam der Preußisch und Brandenburgische Saamen, nebst der Platt-Teutschen Sprache ins Land Schlesien. Beym Einmarsch auf dem Ring sagte ein Soldat, bei Anschauung des Elisabeth-Thurms, zu seinem Cameraden »Broder dat is eene schmuch Stadt, wann wy man dorfften hier blieven.« Im Schweidnizchen Keller war alles voll Brandenburger, und funkelte von Grenadier-Mutzen. Der Schenke kennte die Brandenburger 6 Pfenniger nicht, und stund an, solch Geldt zu nehmen, erhielt aber alßbald Ordre, es billig zu nehmen. Diese frembde Gäste rauchten Toback im Keller, welches sonst nicht erlaubt ist. Ein geistiger Grenadier zündete Mittags umb 2 Uhr schon alle Lichter im Keller an, die dann biß in die Nacht fort brandten«.[7]

Diesen Gelagen bereitete der österreichische Feldmarschall Neipperg mit Frühjahrsbeginn ein Ende, indem er an der Spitze eines Heeres das Gebirge überschritt und auf den schneebedeckten Feldern rund um die Ortschaft Mollwitz sein Lager aufschlug.

Friedrichs Antwort bestand darin, daß er am frühen Morgen des 10. April seine Armee zum Angriff vorrücken ließ. Unglücklicherweise trat jedoch bei der Einnahme der Schlachtordnung eine gewisse Verzögerung ein, und noch bevor die preußische Infanterie zum Einsatz gelangte, überrannte die österreichische Kavallerie die schwerfälligen Reiterverbände an Friedrichs rechtem Flügel. General v. d. Schulenburg, ihr Führer, unternahm zwar einen tapferen wenn auch hoffnungslosen Gegenangriff, wurde hierbei jedoch unter schrecklichen Begleitumständen getötet:

»Diesem ist anfänglich das Pferd untern Leibe erschossen worden, darauf bekommt er einen Hieb quer übers Gesichte, so daß ihn das eine Auge halb am Backen herunter gehangen, endlich als er auf ein frisches Pferd sich zu setzen in Begriff ist und mit dem Schnubtuch das Blut stillen wollte, dringt ihm eine fliegende Kugel durch den Kopf und streckt ihn Knall und Fall zu Boden nieder.«[8]

Die Lage entwickelte sich dermaßen ungünstig, daß Schwerin den König zum Verlassen des Schlachtfeldes aufforderte. Dieser brach denn auch ziemlich überstürzt auf, und die Armee sah ihn bis zum nächsten Abend nicht mehr wieder. Während dieser Zeit war er fünfzig Kilometer im Kreise umhergeritten. Nur die tief verwurzelte Disziplin der preußischen Infanterie rettete an diesem Tag noch die Situation. Sie eröffnete zugweise das Feuer und rückte stur weiter vor, bis sich die unerfahrenen österreichischen Truppen in verängstigten Trauben um ihre Fahnen zusammenballten. Feldmarschall v. Neipperg war daher erleichtert, als die Dunkelheit hereinbrach und er sein Heer aus der Gefahrenzone zurückziehen konnte.

Nach der Schlacht schlug Friedrich bei Mollwitz sein Lager auf und begann mit dem lange währenden Prozeß, die beim Kampf aufgetretenen Mängel allmählich zu beseitigen. Er lehrte die Kavallerie zu attackieren, versuchte die Artillerie beweglicher zu machen und er bemühte sich, den Offizieren ein Berufsethos einzuimpfen. Friedrich selbst setzte ein Beispiel an Fleiß. Schon um 4 Uhr morgens begann er seine Lagerrundgänge. Er war äußerst spartanisch in seiner Lebensweise. Über vierhundert Offiziere sollen deshalb um ihren Abschied nachgesucht haben. Der französische Marschall de Belle-Isle war beeindruckt, als er mitansah, wie der Monarch persönlich ein Gardebataillon exerzieren ließ:

»Das Wetter war schrecklich, und der Schnee fiel in großen Flocken, das hinderte dies Bataillon jedoch nicht, so zu exerziren, als ob das schönste Wetter gewesen wäre ... Mannzucht, Gehorsam und Genauigkeit sind bis zu einen solchen Grade getrieben, daß, wie sehr ich auch darauf vorbereitet worden war, ich doch nur eine unvollkommene Vorstellung davon hatte«.[9]

Im Augenblick war Friedrich nicht besonders darauf versessen, mit den Österreichern eine Entscheidung zu suchen. Der Krieg in Schlesien geriet daher in eine Sackgasse, bis es schließlich am 9. Oktober zu einer Übereinkunft mit den Österreichern kam, die den Preußen immerhin Niederschlesien als Beute einbrachte. Daß er hierbei einen mit den Franzosen und Bayern im Juni geschlossenen Angriffspakt verletzte, störte Friedrich nicht im geringsten.

Als das Jahr 1741 zu Ende ging, hatte Friedrich seine Armee um fünf neue Fußregimenter, fünf Dragoner- und fünf Husarenregimenter auf die stattliche Zahl von 117 600 Mann erweitert.

In der Annahme, daß den Österreichern durch den Krieg mit den Franzosen und Bayern die Hände gebunden sein würden, nahm Friedrich im Februar 1742 die Feindseligkeiten wieder auf und führte auf dem Weg über das nahezu ungeschützte Mähren einen Schlag direkt gegen Wien.

Tatsächlich drangen Zietens Husaren auch so weit vor, daß sie die Türme der Stadt erblicken konnten; allerdings waren da bereits die rückwärtigen Verbindungen der Hauptarmee durch einen Massenaufstand der mährischen Bauern und durch die Ausfälle der äußerst aktiven Garnison von Brünn ernsthaft bedroht. Friedrich entschloß sich daher zum Rückmarsch nach Böhmen, um dort seiner Armee ein wenig Ruhe zu gönnen.

Im Mai trafen unwillkommene Nachrichten ein, wonach sich die österreichische Hauptarmee im Anmarsch befand. Friedrich befahl das Zusammenziehen seiner weit verstreuten Truppen und begab sich selber mit zwei Gardebataillonen am 14. Mai auf die Spitze einer Anhöhe bei Chrudim.

»Das Wetter war wunderschön« — schrieb ein preußischer Offizier — »und von unserer Höhe hatten wir eine großartige Aussicht auf die Ebenen und Berge ... unsere Kolonnen rückten von allen Seiten herbei, wie man von unserem Standort aus gut beobachten konnte, da sie auf ihrem Marsch aber durch mehrere Schluchten und Täler hindurch mußten, schien es, als

kämen sie direkt aus den Bergen und unmittelbar aus dem Erd-
innern hervor. »Parturiunt montes« — es kreißen die Berge,
wie Horaz sagt. Doch anstelle der vom Dichter zitierten »Maus«
gebären sie starke und schöne Soldaten. Der König war von
diesem Anblick offenbar ebenfalls sehr angetan. Was mich anbelangt, so war ich außer mir vor Freude, wenngleich auch ein
Wermutstropfen durch den Gedanken hinzukam, daß von diesen
tapferen Männern in fünfzig Jahren nur noch Staub und Asche
vorhanden sein würden«.[10]

Drei Tage später gelang es den Österreichern beinahe, den Preußen ein »Mollwitz« mit umgekehrtem Vorzeichen zu bereiten, als
sie unerwartet über deren Lager bei Chotusitz herfielen. Die preußische Reiterei reagierte zwar mit Elan, dafür aber nicht unbedingt
wirkungsvoll: die Regimenter des linken Flügels durchbrachen
glatt die feindlichen Linien und entschwanden den Blicken, die
rechts eingesetzten warfen ebenfalls das erste gegnerische Treffen,
verhielten dann aber und wurden vertrieben. Gegen 09.30 Uhr
waren die Kavalleriegefechte schließlich beendet, und alles Interesse begann sich auf die Ortschaft Chotusitz zu konzentrieren. Die
preußischen Truppen fielen unter dem ersten Angriff zwar zurück,
doch gelang es Erbprinz Leopold von Anhalt-Dessau, den verlorenen Boden wieder zu gewinnen, worauf Friedrich — unerklärlich
spät — mit dem bisher noch zurückgehaltenen rechten Flügel der
preußischen Infanterie vorrückte. Die österreichischen Befehlshaber
erkannten, daß der anfängliche Vorteil des Überraschungsmoments
nicht mehr auf ihrer Seite war und räumten mit ihren Weißröcken
das Schlachtfeld.

Der lehrreiche kleine Sieg von Chotusitz zeigte Friedrich, daß
seine Kavallerie zwar hinzugelernt hatte, aber noch immer der
schwächste Teil seiner Armee blieb. Er erkannte die Notwendigkeit,
die Husaren weiter stärken zu müssen, damit derartige Über-
raschungen sich in Zukunft nicht wiederholten, und er wies seine
Kürassiere und Dragoner an, sich nach erfolgtem Durchbruch nicht
zu sehr um die Neuordnung ihrer Verbände, als vielmehr um das
Weitertreiben des Angriffs zu kümmern.

Um weiteren Unannehmlichkeiten aus dem Weg zu gehen, streckte
Friedrich Friedensfühler aus. Der Frieden zu Breslau vom 11. Juni
1742 beendete Friedrichs erstes militärisches Abenteuer. Es brachte
ihm den rechtmäßigen Besitz von ganz Schlesien und der benach-

barten Grafschaft Glatz sowie 1 300 000 neue Untertanen, die sich nunmehr der Segnungen preußischer Herrschaft erfreuen durften.

DER ZWEITE SCHLESISCHE KRIEG 1744—1745

Während sich die Österreicher nach Westen wandten, um dort gegen die Franzosen und Bayern weiterzukämpfen, schliff Friedrich mit einer ganzen Reihe von Besichtigungen seine Armee weiter zurecht. Er stellte neun Feld- und sieben Garnisonsbataillone, zwei Kompanien Jäger zu Fuß, eine Schwadron Jäger zu Pferde und zwanzig Husarenschwadronen auf.

Insgesamt standen ihm somit Ende Sommer 1744 94 500 Mann Infanterie und 29 200 Kavalleristen zur Verfügung.

Inzwischen war es den Österreichern gelungen, spektakuläre Erfolge gegenüber den Alliierten zu erringen, so daß Friedrich im August 1744 den Zeitpunkt für gekommen hielt, zu einem neuen Abenteuer über das Gebirge zu ziehen. Durch Einschüchterung erhielt er von den Sachsen das Durchmarschrecht und fiel nach einem Umgehungsmarsch, von Nordwesten her in Böhmen ein. Da sich ihm praktisch keinerlei Widerstand bot, unterwarf er Prag nach kurzer Belagerung am 16. September, wobei seine Ausfälle bis dahin lediglich 50 Tote und 110 Verwundete betrugen.

Nach diesem Anfangserfolg begannen jedoch die Schwierigkeiten für den König. Ein von Prag nach Süden geführter Stoß ging ins Leere, da man weder über den Aufenthalt der österreichischen Armee im Bilde war, geschweige sie zu stellen vermochte. Stattdessen schwärmten nunmehr von allen Seiten österreichische Husaren und Kroaten herbei, unterbrachen die preußischen Nachschublinien, fingen Kuriere ab und machten die lebenswichtigen Fouragekommandos nieder. Als sich die österreichische Armee sowie ein sächsisches Hilfskorps dann schließlich bei Beneschau stellten, mußte Friedrich erkennen, daß ihre Stellung durch Teiche, Wasserläufe und Sümpfe derart gut gedeckt war, daß jeder Angriff Selbstmord bedeutet hätte.

Die zweite Novemberhälfte sah die Preußen in vollem Rückzug in Schlesien. Der preußische Husarenoberst v. Lojewsky erinnerte sich:

»Das Wetter war schrecklich. Schnee, Regen, Sturm und Kälte
wechselten täglich mit einander ab. Die ausgefahrenen Wege
waren kaum für Reitpferde brauchbar und wurden bei jeder
Meile, die wir zurücklegten, durch die vielen Wagen und Geschütze immer grundloser. Nimmt man noch dazu, daß wir
in einem ausgezehrten Lande waren, so jedes Bund Stroh oder
Heu ein Scharmützel kostete, wo es dem Soldaten an Allem
fehlte, so wird man sich überzeugen, daß die Zahl der Erkrank-
ten sich mit jedem Tag mehren mußte. Die halbverhungerten
Pferde fielen vor den Wagen und vermehrten, daß sie in den
Hohlwegen des Gebirges den Weg versperrten, die Schwierigkeiten auf dem Marsche des Heeres.«[11]
Die Ausfälle vervielfachten sich durch eine galoppierende Fahnenflucht, welche sich besonders im Befehlsbereich des Generals v.
Einsiedel, beim Rückzug von Prag, bemerkbar machte. Szenen
völliger Anarchie spielten sich ab, bevor die Armee schließlich
Schlesien erreichte. Das böhmische Abenteuer kostete Friedrich
nach den vorliegenden Schätzungen zwischen 10 000 bis 30 000
Mann.
Der fast zu einer Katastrophe ausgeartete Feldzug von 1744 zeigte
erneut die Unfähigkeit der Preußen, mit den leichten Truppen
des Feindes fertig zu werden. Dieser Mißstand ließ sich jedoch mit
der Zeit und durch Anstrengungen ausbügeln. Viel alarmierender
war aber die Erkenntnis, welch ein zerbrechliches Instrument das
preußische Heer in Wahrheit war, sobald die Bande der Disziplin
einmal nachließen. Das Gespenst von 1744 sollte Friedrich bis an
das Ende seiner Tage begleiten.
In dem ereignisreichen Jahr 1745 trugen die Österreicher mit ihren
neugewonnenen sächsischen Freunden die Offensive dreimal in die
Grenzlande, wobei es Friedrich einmal gelang, die Initiative zu-
rückzuerlangen.
Die frische und sternklare Nacht vom 4. auf den 5. Juni fand
die Preußen auf dem Marsch quer durch Schlesien, um den Feind
bei Hohenfriedberg zu erwischen. Ohne Zwischenfall drangen die
Blauröcke durch die Außensicherungen des österreichischen Lagers
und warfen sich am frühen Morgen mit ihrem rechten Flügel auf
die Sachsen, die sich dort im Schutz von Teichen, Deichen und Büschen zur Ruhe begeben hatten. Hier wurde der entscheidende
Schlag durch das Regiment Alt-Anhalt geführt, welches mit ge-

schulterten Musketen vorging und die Sachsen aus ihren Stellungen warf. Gegen 7 Uhr waren diese geschlagen, und die Österreicher standen ohne Unterstützung durch ihren Verbündeten da.

Auf dem linken Flügel schickte General v. Kyau, unterstützt durch General v. Zieten, fünfundvierzig Reiterschwadronen gegen die sechsundsechzig Schwadronen der Österreicher vor und trieb sie zurück. Sowohl die preußische Kavallerie als auch der anschließende linke Flügel der Infanterie, stießen noch ein Stück nach, wodurch sie sich immer weiter vom rechten Flügel der Armee entfernten. Auf diese Weise wurde der preußische Angriff aufgespalten, was einer Anzahl alterprobter österreichischer Infanterieregimenter die Möglichkeit bot, ihre Stellung zwischen den Ortschaften Gunthersdorf und Thomaswaldau zu halten.

Glücklicherweise hatten jedoch General v. Gessler und Oberst Otto v. Schwerin, dessen Regiment, die besonders starken Bayreuther Dragoner, hinter die Lücke der preußischen Angriffslinie postiert. Als jetzt dem linken Flügel die Luft ausging, setzten die Bayreuther Dragoner zu einer schwungvollen Attacke an, und als der Pulverdampf sich hob, konnte man beobachten, wie sie sich mit dem Säbel einen Weg durch die fliehenden Massen der Weißröcke bahnten. Hierbei wurden zwanzig österreichische Bataillone niedergeritten und 2 500 Gefangene und 66 Fahnen eingebracht. Die Niederlage des gegnerischen Heeres war damit besiegelt.

Hohenfriedberg war der erste große Sieg Friedrichs und seiner Armee. Die Disziplin der Infanterie trug dazu bei (auch wenn man einige unheilvolle taktische Präzedensfälle schaffte). Noch erfreulicher war, daß die Kavallerie nun endlich auch all die Aufmerksamkeit rechtfertigte, die man ihr in den letzten Jahren hatte zuteil werden lassen. Nicht nur die Bayreuther Dragoner hatten mit einem erstaunlichen Erfolg attackiert; auch war man, insgesamt gesehen, der zahlenmäßig stärkeren österreichischen Reiterei überlegen gewesen. Zieten hatte sich bei seinem ersten Einsatz als Befehlshaber bewährt. Sein Regiment hatte nicht gezögert, zusammen mit den großen Brüdern von der schweren Kavallerie, kräftig mitzumischen.

Der österreichische General war wütend, daß Zietens Husaren ihn gefangengenommen hatten und rief aus: »Und von solchem Pack muß ich mich gefangen nehmen lassen? Von den lumpigen Preußischen Husaren, die bei Mollwitz durch die Lappen gingen, da sie den ersten Ungarn sahen«. Eine Warnung mißachtend, fuhr er in dieser Weise fort, bis ihm ein Husar schließlich einige Ohrfeigen verabreichte. Erst fiel der Hut, dann die Perücke und schließlich Berlichingen selbst zu Boden. Als er sich später bei Friedrich beschwerte, entgegnete dieser: »Sie sehen, Herr General, mit meinen Husaren ist nicht zu spassen«.[12]

Im September rückten die Österreicher und Sachsen erneut an und versuchten am 30. mit gänzlich ungewohntem Unternehmungsgeist Friedrich in dessen langgestrecktem Lager Soor in einer nachteiligen Situation zu fassen. Sie rechneten jedoch nicht mit der außergewöhnlichen Reaktionsgeschwindigkeit der preußischen Armee. Die sechsundzwanzig Schwadronen des rechten preußischen Flügels vertrieben fünfundvierzig österreichische Schwadronen von einer Anhöhe, während die preußische Infanterie weiter links unter vernichtendem Feuer die offenen Hänge erklomm. Um 1 Uhr mittags war es gelungen, den Gegner in die Wälder, und zurück in seine Ausgangsstellung zu treiben, ohne daß man ihm jedoch folgte. Friedrich erklärte später: »Meine Kavallerie machte nicht weit von der feindlichen Nachhut Halt; ich eilte hin und rief: »Marsch, vorwärts, drauf!« Ich wurde mit Vivat Victoria! und unaufhörlichem Rufen empfangen.«

Aber ich rief immer »Marsch!«, und niemand wollte marschieren. Ich ärgerte mich, ich prügelte, ich schlug, ich schalt, und ich denke, ich verstehe zu schelten, wenn ich ärgerlich bin, aber ich konnte diese Kavallerie keinen Schritt vorwärts bringen. Sie war trunken vor Freude und hörte mich nicht«.[13]

Kurz vor Jahresende unternahm der Feind noch einmal eine letzte Anstrengung, diesmal im Raum Dresden. Friedrich und die Hauptarmee standen zu weit ab, als daß sie hätten eingreifen können, aber Leopold von Anhalt-Dessau versammelte in aller Eile die in Sachsen liegenden Regimenter und trug den Sachsen am 15. Dezember bei Kesselsdorf eine Schlacht an. Mit dem Stoßseufzer: »In Jesu Namen Marsch!« ließ der Alte Dessauer die Blauröcke über den knirschenden Schnee zum Frontalangriff antreten, und zwei Stunden später befanden sich die Sachsen auf der Flucht.

Der Sieg von Kesselsdorf brachte dem Fürstenhaus Anhalt-Dessau einen unerhörten Ruf ein, und der Glaube setzte sich fest, daß nichts und niemand imstande sei, einer mit geschultertem Gewehr vorrückenden preußischen Infanterieeinheit zu widerstehen.

Siegel der Bayreuther Dragoner, verliehen in Anerkennung ihrer Attacke bei Hohenfriedberg.

Diesmal erholten sich die Alliierten von dem Schlag nicht mehr. Dresden, die sächsische Hauptstadt, bot zwei Tage später die Übergabe an, während sich das österreichische Heer und die Trümmer der sächsischen Verbände an die böhmische Grenze zurückzogen. Am Weihnachtstage unterzeichneten die kriegführenden Parteien den Friedensvertrag von Dresden. Die Sachsen verpflichteten sich zur Zahlung von Reparationen in Höhe von einer Million Thaler, die Österreicher anerkannten Friedrich als rechtmäßigen Herrscher Schlesiens. Nun konnte Friedrichs Preußen als eine der stärksten Militärmächte Europas gelten.

Friedrich brauchte kaum 7 000 preußische Söhne einzuziehen, um die durch den letzten Krieg gerissenen Löcher zu stopfen. Was darüber hinaus benötigt wurde, gewann er ganz einfach dadurch, daß er die besten österreichischen und sächsischen Kriegsgefangenen zurückhielt.

Als Friedrich elf Jahre später erneut in den Krieg zog, geschah dies mit einem Heer von 141 496 Infanteristen und Kavalleristen sowie rund 1 700 Artilleristen (84 770 Infanteristen, 29 466 Kavalleristen und 4 080 Supernumeraren bei der Infanterie bzw. 3 180 bei der Kavallerie; ferner 122 schwere Geschütze, 250 Bataillons-Geschütze und 20 000 Mann Garnisonstruppen). Diese 143 000 Mann zählende Armee war kaum stärker als jene Ende 1745 und nahm sich gegenüber der österreichischen keineswegs bedeutend aus, die sich immerhin auf 177 500 Mann belief — ganz zu schweigen von den zusätzlichen Verbänden, die Maria Theresias potentielle Verbündete noch zu stellen vermochten.

Zum Ausgleich dafür waren Friedrichs Soldaten während der Jahre zwischen den Kriegen aber zu höchster Vollkommenheit geschult und ausgebildet worden. Sowohl die Moral als auch die Qualität der Truppe galten als unübertroffen. In späteren Jahren sollte Friedrich noch oft an jene goldene Zeit mit Bedauern zurückdenken, wo »alle Bataillone und alle Kavallerieregimenter von erfahrenen Kommandeuren und bewährten Offizieren geführt wurden — tapferen und verdienstvollen Männern«.[14]

Was die höheren Führerstellen anbelangt, so riß der Tod des Fürsten Leopold von Anhalt-Dessau im Jahre 1747 eine Lücke. Zietens Friedensleistungen erwiesen sich während der Manöver als enttäuschend, aber Feldmarschall v. Schwerin gelangte nach den unglücklichen Vorfällen von 1744 (welche man ihm zu unrecht angelastet hatte) wieder zu Ehren, und als Neuerscheinung wußte Friedrich den Feldmarschall James Keith zu gewinnen, einen der hervorragendsten russischen Generale und »verständigen und liebenswürdigen Mann«.[15] Keith sprach nur gebrochen Deutsch, und es gelang ihm nie, das volle Vertrauen der preußischen Offiziere zu gewinnen, »da diese nur gewohnt waren, Anführern zu gehorchen, die als Eingeborene von ihrer Jugend an durch alle Stufen des Militärs emporgestiegen waren«.[16]

252

Dies hatte jedoch keinerlei Einfluß auf die Wertschätzung, die er beim König genoß, welcher sein Berufssoldatentum pries, seine Unterhaltungsgabe, Weltkenntnis und Bescheidenheit.

»Keith liebte keine Pracht und Herrlichkeit und gab fast seine gesamten Einkünfte seiner Mätresse, einer Finnländerin namens Eva. Sie hatte Figur, Geist und Benehmen, und lebte auf großem Fuß. Während sie sich seiner Pferde und seines Kochs bediente, fuhr er in einer Droschke und ließ sich das Essen aus einer kleinen Garküche holen«.[17]

Dennoch lebten die Feldmarschälle Keith und Schwerin, die jüngeren Sprößlinge des Alten Dessauers, sowie eigentlich die gesamte Generalität im Schatten der mysteriösen Figur des Generaladjutanten Hans Carl v. Winterfeldt, der »unter allen Feldherren, die Friedrich II. seines besonderen Zutrauens würdigte, unbestritten derjenige war, der es im eigentlichen Verstande besaß«.[18]

Winterfeldt wurde 1707 in der Nähe von Demmin geboren und nach typisch pommerscher Art aufgezogen, d. h., ohne jegliche Ausbildung, sieht man einmal von dem wenigen ab, was ihm ein armer Theologiestudent und ein alter Grenadier-Sergeant vermittelten. Anfang 1730 wurde er nach Rußland geschickt, um dort mitzuhelfen, das Heer nach preußischen Richtlinien auszubilden. Hierbei nahm er die Gelegenheit wahr und schloß einen nützlichen Ehebund mit Fräulein v. Maltzahn, der Stieftochter des russischen Feldmarschalls Münnich. Nach Deutschland zurückgekehrt, begleitete Winterfeldt den Kronprinzen Friedrich bei seinem Rheinlandfeldzug im Jahre 1734, woraus eine noch wichtigere Bindung erwachsen sollte.

Unter dem neuen Herrscher focht Winterfeldt mit Auszeichnung bei Mollwitz als Major, und während der Zweite Schlesische Krieg noch im Gange war, hatte er sich bereits fest das Vertrauen des Königs erworben. Nach dem Kriege wurde Winterfeldt zu einem militärischen Faktotum.

Er brachte die Husaren auf Vordermann, prüfte Neuerungen auf den Gebieten des Waffenwesens, der Taktik und der Vorschriften, lockte ausländische Offiziere in preußische Dienste und bereitete die Mobilisation von 1756 vor.

»Nur wenig Männer«, schrieb Warnery, »sind je mit so vielen glücklichen Gaben ausgestattet worden, mit einem so angenehmen Gesicht und einer zugleich so kriegerischen Ausstrahlung. Seine

Befehle waren kurz und prägnant«.[19] Er war ein harter und intelligenter Arbeiter, dabei tapfer, ungezwungen und großzügig zu seinen Freunden. Was viele Offiziere ihm jedoch nicht vergeben konnten, war »ein übertriebener Ehrgeiz, der, wenn er gereizt ward, ihn zuweilen rachsüchtig, wohl gar unversöhnlich machte«.[20] Man warf Winterfeldt vor, er hätte Unfrieden zwischen Friedrich und dessen jüngeren Brüdern gesät und — schlimmer noch — man sah in ihm den Schuldigen, der Preußen in den Siebenjährigen Krieg gestürzt hatte. Dies wurde verschiedentlich seinem tödlichen Haß gegen alles Französische zugeschrieben, aber auch einer persönlichen Feindschaft der Kaiserin Elisabeth von Rußland gegenüber, welche sich seiner Hochzeit mit dem Fräulein v. Maltzahn, einer ihrer Hofdamen, widersetzt haben soll.[21]

Durch seine im Ausland sitzenden Horchposten wurde Winterfeldt gewahr, daß sich eine ominöse Unruhe der internationalen Politik bemächtigt hatte. Unter dem Einfluß ihres Kanzlers Kaunitz hatte sich Maria Theresia bemüht, die Franzosen von ihrer althergebrachten Feindschaft gegenüber dem Hause Habsburg abzubringen. Die Franzosen reagierten zunächst nicht, bis sie 1756 schließlich davon Kenntnis erhielten, daß Friedrich ein Neutralitätsabkommen mit England geschlossen hatte. Daraufhin unterzeichneten die Franzosen am 17. Mai in Versailles ein Verteidigungsbündnis mit Österreich.

Kaunitz hegte zugleich auch die Hoffnung, Sachsen und Rußland in diese neue Kräftegruppierung hineinziehen zu können. Dennoch wäre es ihm kaum gelungen, diese Mächte für einen neuen Krieg zu gewinnen, hätte Friedrich nicht übereilt gehandelt und die Mobilmachung befohlen. Die Österreicher folgten diesem Beispiel, wenngleich auch verspätet, während die Sachsen zunächst einmal neutral blieben, ungeachtet der finsteren Wolken, die sich über preußischem Gebiet zusammenballten.

Der preußische Aufmarsch war in der letzten Augustwoche 1756 beendet, und am 29. überschritten die ersten Einheiten der 63 000 Mann starken Armee die sächsische Grenze. Ein europäischer Krieg war damit unvermeidbar geworden.

Vielleicht hätten sich Friedrich und Winterfeldt nicht so bereitwillig in ihr Abenteuer gestürzt, wäre ihnen das Kräfteverhältnis klarer gewesen. Gewiß, die Sachsen waren schwach und durch Verrat innerlich zerrissen und die Schweden (ein weiterer potentieller

Gegner) nur noch ein schwacher Abglanz von früher. Doch Friedrich wollte einfach nicht glauben, daß sein Hauptwidersacher, die österreichische Armee, durch die hart arbeitende Maria Theresia und ihre Generale in den vergangenen zehn Jahren umgeformt worden war. Was die Russen anlangte, so nahm Friedrich an, daß es sich bei ihnen noch immer um die gleichen schlecht ausgebildeten »Muschiks« handelte, wie Winterfeldt sie in den 1730er Jahren kennengelernt hatte. »Die Russen«, schrieb er noch am 27. Dezember 1758, »sind ebenso roh wie unfähig und verdienen deshalb überhaupt keine Erwähnung«.[22]

DER SIEBENJÄHRIGE KRIEG 1756—1763

Der Pirna-Lobositz-Feldzug von 1756

Friedrich erwartete von seiner ersten Kampagne, daß es sich bei ihr um eine kurze, scharfe Präventivaktion handeln würde, die ihn in den Besitz von Sachsen bringen, die potentielle Bedrohung Brandenburgs ausschalten (die sächsische Grenze reichte bis auf fünfzig Kilometer an Berlin heran) und ihm wertvolle Basen für künftige Operationen schaffen sollte. »Sachsen«, schrieb er, »ist wie ein Mehlsack. Man darf darauf schlagen, so oft man will, so kommt immer etwas heraus«.

Friedrich rückte ohne Widerstand in Dresden ein und schob von da aus das Gros der Armee weiter vor, um die sächsischen Truppen in ihrem Lager von Pirna und Königstein einzuschließen, von wo aus man die Sandsteinschlucht der Elbe südlich Dresden übersehen konnte.

Unterdessen führte Prinz Ferdinand von Braunschweig den rechten Flügel der Armee in das österreichische Gebiet von Böhmen, wo er Winterquartiere aufzuschlagen hoffte. Einer der achtzehnjährigen Lieutenants, Jakob v. Lemcke, benutzte die Gelegenheit, um die kleine Stadt Aussig zu besuchen, »um dort den in dieser Gegend berühmten Böhmerwein zu probieren. Aber kaum hatte ich einen Keller betreten, als ich auch schon von den konzentrierten Alkoholdämpfen umgeworfen wurde und herausgezerrt werden mußte . . . Ich taumelte zum Lager zurück, weil es überdem sehr gefährlich war, in Aussig zu bleiben, da jenseits der Elbe auf den hohen Bergen alles voller Panduren war, welche mit ihren Gewehren manchen in der Stadt erschossen«.[23] Schließlich wurde der österreichische Aufmarsch in Nordböhmen so bedrohlich, daß Friedrich Pirna verlassen mußte — unter Zurücklassung einer verkleinerten Belagerungstruppe —, um mit der Hauptarmee zu Ferdinand zu stoßen.

Am frühen Morgen des 1. Oktober 1756 tauchten die Preußen am Rande der nordböhmischen Ebene in der Nähe von Lobositz auf. Außer einigen Kroaten, die sich auf der Höhe zur Linken gemütlich niedergelassen hatten, war vom Feinde kaum etwas zu sehen. Da die vorgelagerte Ebene jedoch im Nebel lag, schickte Friedrich eine Kavalleriepatrouille vor, um den Weg zu erkunden. Die Reiter kamen in einiger Unordnung zurück, nachdem sie von überlegener österreichischer Kavallerie in die Flucht geschlagen worden waren. Nach dieser Herausforderung brauste die gesamte preußische Kavallerie, über 10 000 Reiter, ungestüm und ohne jeden Befehl, dem Feind entgegen. »Allein kaum währte es eine Viertelstunde, so kam unsere Reiterei, von der österreichischen geschlagen, und nahe bis an unsere Kanonen verfolgt, zurück. Da hätte man den Spektakel sehen sollen, Pferde, die ihren Mann im Steigbügel hängend, andere, die ihre Gedärme auf der Erde nachschleppten«.[24] Erst jetzt stellte sich heraus, daß die österreichische Hauptarmee da war — geschickt aufgestellt hinter einem Abschnitt aus Teichen, Sümpfen und Ortschaften. Die einzige Stelle, wo die Preußen dem Gegner zu Leibe rücken konnten, war der Berg zur Linken, wo die Österreicher ihre Kroaten eingesetzt hatten, und an dieser Stelle warfen beide Seiten nunmehr immer mehr Truppen in die Schlacht, welche sich schließlich zum Schwerpunkt entwickeln sollte. Beverns Sekretär Kistenmacher beschreibt den Wendepunkt:

»Aus den Gräben kam eine Salve nach der anderen, sie konnten vor den dick bewachsenen Weinstöcken und Gebüschen keinen Feind sehen, welcher beständig auf den Knien feuerte und das Gewehr wieder ladete . . . Unsere Burschen hatten sich verschossen, die Kartuschen ihrer todten und blessirten Kameraden waren auch schon geleert . . . Bei diesen betrübten Umständen galoppirte eben der Herzog von Bevern bei dero Regiment vorbei und sah die Burschen, welche bishero wegen des imprakti- kablen Terrain nicht geschlossen, sondern truppenweise fechten

256

Die Kapitulation der Sachsen bei Pirna.

mußten . . . »Kinder!« rief ihnen der Herzog zu, »schiesset doch um Gotteswillen, schiesset, avanciret!«

Die Männer antworteten, daß sie keine Munition mehr hätten. »Was«, rief der Herzog ihnen zu, »habt ihr denn keine Bajonetts, stecht die Hunde todt!« Sogleich den Augenblick fallen die Burschen mit den Bajonetts stürmend ganz blindlings auf den Feind los, jagen ihnen das Eisen in die Rippen, sogar einige nahmen das Gewehr verkehrt und schlugen die Feinde mit den Kolben auf die Köpfe.«[25]

Selbst Bräker war beeindruckt und berichtet: »Unsere geborenen Preußen und Brandenburger packten die Panduren wie Furien. Ich selber war in Hast und Hitze wie vertaumelt, und, mir weder Furcht noch Schrecken bewußt, schoß ich eines Schießens fast alle meine sechzig Patronen los, bis meine Flinte halb glühend war und ich sie am Riemen nachschleppen mußte. Indessen glaub' ich nicht, daß ich eine lebendige Seele traf, sondern alles ging in die freie Luft weg«.[26]

Preußen, Panduren und Österreicher miteinander vermischt, eilten

257

die Hänge hinab bis in die dem Ort Lobositz vorgelagerte Ebene. Hier wurde der Kampf von der Vorhut der österreichischen Hauptarmee aufgenommen. Und wieder war es Bevern, der die Situation meisterte. Er ließ die Häuser mit Haubitzen beschießen, wonach die Truppe mit einzelnen Bataillonen in die Ortschaft einbrach und die Österreicher vertrieb.

Am nächsten Morgen stellte sich heraus, daß der Gegner vom Kampfplatz gewichen war.

Auf diese Weise endete die erste und in mancher Hinsicht eigenartigste Begegnung dieses Krieges. Es handelte sich um ein zufälliges Begegnungsgefecht, das der König nicht gesucht hatte. Der siegreiche Ausgang war Keith und Bevern zu danken, während Friedrich — ähnlich wie bei Mollwitz — sich aus dem Staube gemacht hatte. Dies hinderte die preußische Armee jedoch nicht, ihre Sache gut zu machen. Die Infanterie stürmte den Loboschberg — und zwar unter schwierigsten Umständen, während die Kavallerie ihren Geist unter Beweis stellte — wenngleich auch noch ungezügelt.

Der Feind hatte erneut eine geschickte Verteidigungsstellung gewählt. Neu und Unheil verheißend waren hingegen die Zähigkeit, mit der er kämpfte, sowie die Zuversicht und die Genauigkeit seiner Bewegungen im Einsatz. Nach der Schlacht machte das Wort in Friedrichs Armee die Runde: »Dies sind nicht mehr die alten Österreicher!«[27]

Tatsächlich hatte der österreichische Befehlshaber, Feldmarschall v. Browne, den Kampf mit Absicht abgebrochen. Der Zweck seines Einsatzes bei Lobositz war gewesen, die Aufmerksamkeit der Preußen auf dem Westufer der Elbe zu fesseln, während er gleichzeitig einen ausgesuchten Verband an dem anderen Ufer stromaufwärts schickte, um die Sachsen beim Absetzen nach Böhmen zu unterstützen. Browne ließ denn auch ein kleines Korps bis auf Sichtweite an das sächsische Lager heranmarschieren, doch die sächsischen Generale wußten nichts Besseres zu tun, als ihre durchnäßten und halbverhungerten Soldaten auf dem wolkenverhangenen Lilienstein herumhocken zu lassen. Schließlich legte die gesamte sächsische Armee mit 16- oder 17 000 Mann die Waffen nieder.

Über die Szenen, welche sich danach abspielten, war das gesamte zivilisierte Europa schockiert. Es fing damit an, daß sich der Oberst

v. Katzler von den Gensd'armes einfach 100 Mann von der sächsischen Leibgardekavallerie schnappte, um mit ihnen die bei Lobositz entstandenen Lücken aufzufüllen. Doch dann erschien der König auf dem Schauplatz und verkündete seine Absicht, ganze sächsische Regimenter geschlossen der preußischen Armee einzuverleiben. Die protestierenden Soldaten wurden mit Stockschlägen zur Raison gebracht.

Die sächsischen Reiter wurden unter der preußischen Kavallerie aufgeteilt. Insgesamt hatte man zehn sächsische Infanterieregimenter komplett übernommen, »was ein gewaltiges Avancement bewirkt. Junge Leute, die sich glücklich geschätzt hätten, mit dreißig Jahren Lieutenant zu werden, werden es jetzt mit sechzehn«.[28] Friedrich hatte natürlich mit einem gewissen Prozentsatz von sächsischen Deserteuren gerechnet, aber nicht mit dem Abfall ganzer Bataillone. »Die meisten (bataillons) zogen regelmäßig, nachdem sie ihre Befehlshaber verjagt oder erschossen hatten, mit allen kriegerischen Ehrenzeichen ab; sie nahmen die Brot- und Munitionswagen, die Regiments-Cassen, kurz alles zum Troß gehörige mit, und marschirten entweder nach Polen oder stießen zur französischen Armee«.[29]

Am Ende des Jahres 1757 waren schließlich nur noch drei Infanterieregimenter und ein Grenadierbataillon vorhanden, und selbst diese setzten sich zumeist aus in Sachsen einzeln Angeworbenen zusammen.

Friedrich hätte besser daran getan, die sächsischen Einheiten aufzulösen und die Männer in seine alten zuverlässigen Regimenter zu stecken, wie Winterfeldt vorgeschlagen hatte. Es ist schwer begreiflich, weshalb der König nicht darauf einging. Vielleicht glaubte er, wie Fürst Moritz, daß die Sachsen ganz versessen darauf seien, für einen protestantischen König zu kämpfen. Vielleicht lag es auch daran, daß er für die Gefühle des einfachen Mannes nicht das geringste Verständnis aufbrachte, oder sein eingefleischter Haß allem Sächsischen gegenüber machte ihn einfach blind. Zuzeiten schien es, als trüge Friedrich nur eine persönliche Fehde mit den Sachsen aus, und nicht einen regulären Krieg. Zu Beginn des Feldzugs von 1757 war er mit dem Ersten Gardebataillon in einem Landhaus des Grafen Brühl in Krogwitz untergebracht, wo sie sich vierundzwanzig Stunden aufhielten. Anderntags, »beim Herausgehen aus dem Zimmer, zerschlug Friedrich mit eigener Hand eine auf dem Tisch stehende Singuhr. Er stieg zu Pferde, fand das Bataillon schon im Gewehr und kommandierte an desselbe: »das Gewehr ab!« Darauf sagte er: Allons Bursche, gehet hinauf in das Schloß und räumt auf. In dem Zimmer, worin ich geschlafen habe, werdet ihr sehen, wie man es machen muß! Die Leute stürzten sich ins Schloß und zertrümmerten alles, was sie konnten. Nach Verlauf einer Stunde ließ der König Appell schlagen. Die Leute kamen mit Stücken der abgerissenen Tapeten, mit ganzen Armen voll halb zerbrochenen Porzellains und mit zerbrochenen Meubles bepackt wieder zusammen«.[30]

Der Einfall in Böhmen — Prag und Kolin 1757

Im Verlauf des Winters und Frühlings 1756/57 waren die österreichischen Diplomaten nicht müßig und brachten den größten Teil Europas gegen Preußen auf, was angesichts der von Friedrich in Sachsen geschaffenen Atmosphäre nicht eben schwierig war. Schon nach kurzer Zeit fanden sich Frankreich, Rußland, Schweden und die südwestdeutschen Staaten in einer Liga mit den Österreichern und sächsischen Flüchtlingen zusammen, deren Ziel die Zerschlagung Preußens war.

Davon ausgehend, daß diese erst im Entstehen begriffene Koalition nur langsam Gestalt annehmen würde, entschloß sich Friedrich zu einem Vernichtungsschlag gegen Österreich, noch bevor die anderen Mächte intervenieren konnten.

Zwischen dem 18. und 22. April 1757 überschritten preußische Truppen, an vier weit auseinandergelegenen Stellen, die böhmische Grenze mit 113 000 Mann. Friedrich vereinigte sich mit Moritz von Anhalt-Dessau; gemeinsam erreichten sie am 25. April das Schlachtfeld von Lobositz: ». . . konnte man sich kaum für den üblen Geruch, so die in letzterer Schlacht gebliebenen verursachten, bergen. Die Gruben, so man gemacht, um die Todten zu begraben, zeigten die blutige Bataille, so die Preußische Armee zwar gewonnen aber theuer erkaufft hatte, genugsam an«.[31]

Die Österreicher wichen in Unordnung auf ihr direkt am Ostrand von Prag gelegenes Lager und trafen keinerlei Anstalten zum Eingreifen, als »notre vieux papa« Schwerin mit seinen 54 000 Mann aus Ostböhmen herbeieilte, um sich am frühen Morgen des 6. Mai mit Friedrichs Armee zu verbinden.

Friedrich ließ das versammelte Heer unverzüglich zu einem weit-ausholenden Marsch nach Südosten, dann nach Süden, abrücken, womit er die Absicht verfolgte, die österreichische Stellung vom rechten Flügel her aufzurollen. Eine Staubwolke wurde von der vieltausendköpfigen Heerschar und den ungezählten Pferdehufen aufgewirbelt, daß es aussah, »als wenn die Welt an diesem Tag ihr Ende erreichen sollte«.[32]

Die Reiterei des linken preußischen Flügels hatte die Spitze und fand sich bald mit der österreichischen Kavallerie in einen heißen Kampf verwickelt. Der Husarenoberst Warnery erinnerte sich an diesen als an

> »ein richtiges Handgemenge, so wie man es auf Schlachten-gemälden darstellt. Da ich meinen eigenen Trompeter verloren hatte, bediente ich mich anstattdessen eines gefangenen öster-reichischen Trompeters, dessen Pferd von einem meiner Husaren am Zügel gehalten wurde. Nachdem es mir gelungen war, eine Schwadron zu sammeln, mußte ich erkennen, daß mir ein großer Teil des feindlichen Heeres gegenüberstand, was der Staub bis-her verschleiert hatte, der eine Sicht nur bis auf vier Schritt zuließ. Schließlich zogen wir uns zurück oder — besser gesagt: flohen wir in Unordnung, um aus der Reichweite der feind-lichen Artillerie zu kommen.«[33]

In diesem kritischen Stadium führte General v. Zieten fünfund-zwanzig frische Husarenschwadronen aus der Reserve heran und warf sich mit ihnen auf die rechte Flanke der österreichischen Ka-vallerie, deren Widerstand hierauf zusammenbrach. Lediglich 3 000 Reiter bewahrten einigermaßen den Zusammenhalt, während sich der Rest über ganz Böhmen verstreute.

Inzwischen besetzten die österreichischen Befehlshaber in aller Eile den verbleibenden Ostrand des Plateaus mit Infanterie und Bat-terien. Winterfeldt erkannte die drängende Lageentwicklung und unternahm mit vierzehn Bataillonen einen improvisierten Angriff gegen sie. Das Ergebnis war ein Blutbad. Die Truppe hatte Befehl, mit geschultertem Gewehr anzugreifen, war aber gegenüber dem österreichischen Gewehr- und Kartätschenfeuer völlig wehrlos, als sie sich mühsam ihren Weg durch die sumpfigen Wiesen bahnte. Winterfeldt wurde von einer Gewehrkugel in den Hals getroffen und stürzte bewußtlos aus dem Sattel, worauf die ihm folgenden Regimenter zu weichen begannen.

Aus der Entfernung beobachtete der greise Feldmarschall v. Schwerin das Zurückgehen seines eigenen Regiments und erkannte, daß es höchste Zeit zum Eingreifen war. Vorwärtsreitend ergriff er eine grüne Regimentsfahne aus der Hand eines *Junkers* seines zweiten Bataillons und rief: »Heran meine Kinder!« Aber kaum hatte er zwölf Schritt zurückgelegt, als ihn auch schon eine volle Kartätschensalve erwischte. Eine Kugel traf ihn hinter dem Ohr, eine in das Herz und drei in den Bauch. Seine sterbende Hand ließ die Fahne zur Rechten fallen, während er nach links aus dem Sattel sank. Sein entsetztes Regiment ergriff daraufhin die Flucht. Mittlerweile hatte sich zwischen der weiterhin mit Front nach Norden stehenden österreichischen Hauptarmee und den im Südosten so erfolgreich gegen Winterfeldt und Schwerin eingesetzten Regimentern eine gefährliche Bresche geöffnet. Friedrich nutzte diese Schwäche des Gegners aus, warf achtzehn Bataillone in die so entstandene Lücke und riß die österreichische Phalanx auseinander — eine Bewegung übrigens, welche Napoleon ebenfalls, 1805 bei Austerlitz, vollführen sollte.

Nach dieser meisterlichen Ausnutzung der Lage packten die Preußen die österreichische Hauptarmee in der rechten Flanke und begannen damit, sie in Richtung Prag zurückzuwerfen. Die Österreicher leisteten den ganzen Weg über erbitterten Widerstand, und im Gefolge dieser Kämpfe erhielt auch der Lieutenant v. Lemcke (unser Freund von Aussig) eine Kugel ins Gesäß. »Ich kroch also auf allen Vieren hinter einen Berg, wo ich mit der größten Verwunderung viele Offiziers und Unteroffiziers antraf, welche teils blessirt waren und die mehrsten auch nur Schutz suchten. Unter anderen der Feldwebel von der Leibkompagnie, dessen Namen ich nicht nennen mag, weil er nachhero noch Kriegsrat geworden«.[34]

Prinz Heinrich, des Königs Bruder, erwies sich als ein echter Held. Er ritt in seiner durchweichten Uniform (er war in einem Wasserlauf untergetaucht) von einem Bataillon zum anderen und trieb die erschöpften Männer mit gezogenem Degen solange vorwärts, bis schließlich die österreichische Armee vor den Toren Prags in völliger Auflösung begriffen war.

Friedrich war es mithin gelungen, eine österreichische Streitmacht von annähernd gleicher Stärke aus vorbereiteten Stellungen zu vertreiben — und dies angesichts jedes auch nur denkbaren Hindernisses und der größten Schwierigkeiten. Die Schlacht von Prag stellte daher zu jener Zeit seinen bis dato bemerkenswertesten Sieg dar. Gleichzeitig hatten die Preußen aber auch allen Grund, sich Sorgen zu machen. Sie hatten über 14 000 Mann verloren (mehr als die Österreicher), unter ihnen den Feldmarschall v. Schwerin, den Friedrich als »die Säule der preußischen Infanterie« bezeichnete.

Nach diesem erstaunlichen, wenngleich auch kostspieligen Sieg hoffte Friedrich, die Österreicher friedensbereit zu finden. Allein, den geflohenen Feindtruppen in Stärke von 49 000 Mann gelang es, sich irgendwie zu fangen, so daß Friedrichs angeschlagene Verbände nur ohnmächtig gegen die Wälle der Stadt wüten konnten. Auf diese Weise ging die Initiative allmählich wieder an die Österreicher zurück. Unter einem neuen Oberkommandierenden, dem unerschütterlichen Feldmarschall v. Daun, bildeten sie aus Rekruten, Überlebenden der Schlacht von Prag sowie aus jenen Regimentern, welche dort zu spät eingetroffen waren, wieder eine Armee von 54 000 Mann. Mit ihr stand Daun unangenehm nah am Oberlauf der Elbe — höchstens fünfzig oder fünfundsechzig Kilometer von Prag entfernt —, was Friedrich derart beunruhigte, daß er sich mit dem Hauptheer nach ihm auf die Suche machte. Feldmarschall Keith wurde zur Bewachung Prags zurückgelassen.

In den Morgenstunden des 18. Juni ergab die Aufklärung, daß sich die Österreicher in den Besitz einer langgestreckten Hügelkette gesetzt hatten — »in fast unübersehbaren Linien« — welche südlich der *Kaiserstraße* unweit Kolin verlief. Im wesentlichen beabsichtigte der König, erneut das gleiche Verfahren anzuwenden wie bei Prag. Das bärbeißige *Naturkind*, Generalmajor v. Hülsen, sollte, mit einer Vorhut von sieben Bataillonen, die Spitze übernehmen und den Österreichern die rechte bzw. Ostflanke abgewinnen. Tresckow sollte mit neun Bataillonen des linken Flügels der Hauptarmee zur Nahunterstützung dichtauf folgen, während Fürst Moritz angewiesen wurde, mit den Resten dieses Flügels Tresckow nachzurücken. Alle übrigen Teile der Armee sollten sich »verweigern«.

Nach ermüdendem Warten traten Hülsen und der linke Flügel gegen Mittag endlich an, und den Österreichern schien es, als würde von den geschulterten Waffen plötzlich ein Blitz durch die Reihen der feindlichen Regimenter zucken. Hülsens Bataillone stürmten durch die brennenden Straßen der Ortschaft Krzechorz. Zusammen mit Tresckows Verband eroberten sie zwei Batterien schwerer Geschütze.

Infolge bis heute ungeklärter Umstände (wahrscheinlich hatte Friedrich die Hand dabei mit im Spiel) hing Moritz mit dem Rest des linken Flügels zurück, statt direkten Anschluß an die Vorhut zu halten.

Die Truppe mußte daher noch länger in der schrecklichen Hitze warten, während die Österreicher fortfuhren, sie mit einem Kartätschenhagel zu überschütten. Als dann der Vormarsch endlich aufgenommen wurde, avancierten die Regimenter direkt auf die Hügelkette zu, die nunmehr in ihrer gesamten Ausdehnung von österreichischen Truppen besetzt worden war.

Generalmajor v. Manstein, welcher die Division des zweiten Treffens führte, war während dieses Halts von dem Feuer der Kroaten belästigt worden, die durch die hohen Getreidefelder einsickerten. Die Äußerung eines Flügeladjutanten falsch auslegend, entsandte er daher jetzt ein Bataillon, welches die Kroaten vertreiben sollte. Kaum hatte sich dieses jedoch in Bewegung gesetzt, als sich auch schon vier weitere Bataillone anschlossen und frontal auf die österreichischen Stellungen vorrückten.

Die Vorhut blieb daher ohne Unterstützung, und aus der beabsichtigten Umfassung wurde ein Frontalangriff, bei welchem sich die starke Überlegenheit der Österreicher auswirken mußte.

Zuerst war alles froh, daß man endlich in Gang kam, wie der Lieutenant v. Prittwitz berichtet.

»Man nahm die Pferdedecken ab, die Kanonen wurden abgeprotzt, die Gewehre gehoben, die Säbel entblößt, das Treffen formiert, und dann erschallte von allen Seiten her mit brüllender Stimme das Donnerwort: »Marsch-Marsch!« Nachdem solches geschehen, ging es unter Trommelschlag und Musik, welche Letztere aber nicht lange dauerte, weil die Hautboisten sich bald in Sicherheit zu begeben verstehen, im starken Tritt gerade auf den Feind los, der uns erwartet und sich in die gehörige Fassung gesetzt hatte.

Kaum hatte das Regiment seine Linie gebildet und war einige Schritte vorgerückt, so empfingen wir auch schon die Wirkung der feindlichen Geschütze.

Es gingen zwar eine Menge Kugeln und Haubitzgranaten über uns weg, dem ungeachtet aber fielen deren noch genug in unsere

Glieder und zerschmetterten viele Menschen . . . Nur einmal schielte ich auf die Seite und sah, daß ein Unteroffizier in meiner Nähe von einer Granate zerrissen wurde, daher ich um so mehr abgeschreckt ward, neugierig zu sein . . . Wir mußten uns durch das lange Getreide, das bis an den Hals reichte, durchwinden und, als wir näher kamen, wurden wir mit Kartätschenkugeln dermaßen begrüßt, daß ganze Haufen der unseren zur Erde gestreckt hinfielen.

Noch hatten wir das Gewehr über der Schulter, und ich hörte die feindlichen Kartätschenkugeln in unseren Bajonetten klappern.«[35]

Während die Truppen von Moritz und Manstein noch hangaufwärts stürmten, war das Schicksal des Tages bereits am linken Flügel entschieden worden. Die hier eingesetzte preußische Reiterei wurde von dem achtzigjährigen General v. Pennavaire (genannt »Der Amboß«, weil er schon so oft geschlagen worden war) geführt. Sie legte eine derartige Zurückhaltung an den Tag, daß sie von der österreichischen und sächsischen Kavallerie einfach hinweggefegt wurde. Einzig die erprobten Normann-Dragoner und die Rochow-Kürassiere des Oberst v. Seydlitz bewiesen einen gewissen Kampfgeist. Nachdem die preußische Kavallerie auf diese Weise ausgeschaltet worden war, stürzten sich die feindlichen Reiter auf die preußische Infanterie und packten sie von vorne, im Rücken und an den Flanken.

Prittwitz glaubte, daß mit dem Herandonnern der Pferdehufe zugleich auch die Entscheidung gefallen war. »Ehe ich mich ihrer (der Kavallerie) noch recht versah, hatte ich sie schon auf dem Halse. Ich fühlte die Knie des in vollem Sprung begriffenen, mich treffenden Pferdes auf meinem Rücken, wurde dadurch zu Boden gestreckt und im Hinsinken über den Kopf gehauen, wobei zugleich eine Menge nachfolgender Pferde wie im Sturm über mich hingingen, ohne mich jedoch im geringsten zu beschädigen«.[36] Es war dies die Attacke der österreichischen Reiterei. Weiter rechts von ihm wurde das Regiment des Prinzen Heinrich von den Sachsen niedergeritten. »Den armen Junkern, welche zum Teil noch Kinder waren, wurden die Fahnen aus den Händen gerissen, sie selbst aber entweder niedergehauen oder blessiert.«[37] Die Katastrophe war jetzt allgemein. Neunzehn Bataillone des linken Flügels sowie der Vorhut wurden von den Kavalleristen niedergesäbelt, während Mansteins Verband im Artilleriefeuer verblutete. Die Reiterei des linken Flügels einschließlich der Reserve wurde ebenfalls durcheinandergewirbelt, und Zieten, der nicht gerade in bester Form war, lag bewußtlos am Boden, niedergestreckt durch eine Kartätschenkugel im Kopf. Er wurde von einem Ordonnanzoffizier der Kürassiere gerettet, dem Fähnrich v. Berge, der ihm den Hut eines gefallenen Österreichers über den Schädel zwängte und dadurch die Blutung stillte.

In diesem kritischen Augenblick erschien das Erste Gardebataillon in seinen makellosen Uniformen, allseitig begrüßt, denn außer ihm und den Gemmingen-Grenadieren gab es praktisch keine intakte Truppe mehr, um den Feind zum Stehen zu bringen. Während sie den Rückzug der Armee deckten, wurden die Gardisten dreimal von der gegnerischen Reiterei umringt. Aber jedesmal machte das dritte Glied kehrt und hielt sich mit disziplinierten Salven den Feind vom Leib. Bei dieser aufopferungsvollen Nachhutaufgabe ließ das Bataillon 24 Offiziere und 475 Unteroffiziere und Mannschaften an Toten und Verwundeten zurück.

Insgesamt beliefen sich die preußischen Verluste bei Kolin auf rund 10 000 Mann. 5 000 Gefangene wurden unter Kavalleriebedeckung abgeführt.

»Das war in jedem Betracht eine mitleiderregende Parade, die wir machten. Da gingen alle Stabsoffiziere, Kapitäns, Subalterns und Gemeine, alles durcheinander, zu Fuß dem Ort ihrer Bestimmung entgegen. Verschiedene hatten ihre Röcke eingebüßt und paradierten in weißen Unterkleidern, die zum Teil mit ihrem Blut gefärbt waren. Einer hinkte, ein anderer hatte seinen Arm in einer aus seinem Schnupftuch gefertigten Binde hängen, und ein dritter erschien mit einem auf gleiche Weise verbundenen Kopfe«.[38]

Die volle Bedeutung der Niederlage von Kolin machte sich in den nachfolgenden sechs oder sieben Wochen erst deutlich fühlbar. Die Preußen mußten die Blockade von Prag aufheben, Fürst Moritz bemühte sich auf seine Weise, die Ordnung in der Armee wieder einigermaßen zu restaurieren; Friedrich selbst gab die Hoffnung nicht auf, sich wenigstens in Nordböhmen halten zu können. Unseligerweise wurde jedoch auch Friedrichs zweiter Bruder, Prinz August Wilhelm, gezwungen, eine wichtige Stellung bei Jung-Bunzlau zu räumen, woraufhin, Ende Juli, alle preußischen Ver-

266

bände über die Grenze nach Sachsen zurückgenommen werden mußten.

Friedrich war außer sich und erschien am 29. Juli in Bautzen, um mit dem Prinzen und seinen Generalen abzurechnen. In wildem Ton befahl er August Wilhelm und General v. Schmettau, sich unverzüglich aus dem Staub zu machen und sich nie wieder bei ihm sehen zu lassen. Als der Prinz davonritt, liefen ihm die Tränen hinunter. »Das Heer bedauerte ihn, hatte ihn aber nach ein, zwei Tagen genauso vergessen, wie den Feldmarschall v. Schwerin, nachdem dieser gefallen war«.[39] Der unglückliche Prinz starb am 12. Juni 1758 an einem Gehirntumor.

Angesichts der vordrängenden Österreicher und der auf Sachsen zurückgeworfenen preußischen Armee konnte Friedrich nicht umhin, sich jetzt auch mit den übrigen Bedrohungen zu befassen, die sich aus der gewaltigen Koalition ergaben. Mitte September standen die Schweden in Pommern, die Russen waren in Ostpreußen eingefallen, und die Franzosen hatten die Kapitulation des einzigen auf dem Kontinent noch verbliebenen Freundes erzwungen — des Herzogs von Cumberland mit seiner von den Briten unterstützten Truppe aus deutschen Protestanten.

Das Desaster von Kolin, welches Friedrich in diese Krise gestürzt hatte, war die Folge einer ganzen Reihe von Mißverständnissen und Zwischenfällen, aber auch die Quittung für die gleiche passive und mörderische Kavallerie- und Infanterie-Taktik, die Friedrich bereits bei Prag so viele Menschen gekostet hatte. Von seinen Generalen waren jetzt Krosigk und Manstein tot, Zieten und Ingersleben verwundet, Tresckow und Pannwitz in Feindeshand.

Der einzige Trost, den Friedrich in dieser Situation finden konnte, war der Umstand, daß er den ersten Reiterführer entdeckt hatte, »der es verstand, die Möglichkeiten der Kavallerie in vollem Maße auszunutzen«.[40] Diese Ausnahmeerscheinung war der Oberst Friedrich Wilhelm v. Seydlitz.

Seydlitz war 1721 in Calcar, in der Grafschaft Cleve, als Sohn eines Dragoneroffiziers geboren worden. Die wichtigen Jugendjahre verbrachte er als Page des Markgrafen von Brandenburg-Schwedt, was ihn zwar zu einem hervorragenden Reiter machte, seiner Moral aber nicht sehr zugute kam. Er trat in die Armee ein und diente in allen drei Sparten der Kavallerie — als Husar (Rittmeister bei den Natzmer-Husaren 1743), als Dragoner (Kommandeur des Württembergischen Regiments 1752) und schließlich als Kürassier (Kommandeur des Regiment Rochow 1753).

Nachdem er der einzige Kavallerist gewesen war, der in der Schlacht so etwas wie Reitergeist an den Tag gelegt hatte, empfing er den Schwarzen Adlerorden und wurde zum Generalmajor befördert. Nur wenige Monate später war er bereits Generallieutenant — ein in der Tat sehr rascher Aufstieg, aber »niemand neidete ihm dieses Glück, da es ein sehr anständiger Mann ist, der bereitwillig jedermann einen Dienst erweist und von seiner Beförderung mit der größten Bescheidenheit spricht. Er behauptet, daß der König hundert andere in seiner Armee habe, die eher belohnt zu werden verdienten als er, und daß nur des Königs Güte ihm einen Namen gemacht habe«.[41]

In fast jedem Bericht kommt die allgemeine Wertschätzung zum Ausdruck, die er in der Armee genoß. So schrieb der junge Offizier J. A. v. Retzow:

»Persönliche Tapferkeit, richtiges Augenmaß, gut gewählte und schnell ausgeführte Manöver, zeichneten ihn vor anderen Feldherrn eben so aus, als seine Leutseligkeit, das Bestreben, niemand unglücklich zu machen, vielmehr das Verdienst in sein wahres Licht zu stellen, und so zu dessen Belohnung beizutragen, ihm die Herzen seiner Untergebenen gewannen«.[42]

Gleichermaßen ritterlich wie auch realistisch, bewunderte Seydlitz die Hartnäckigkeit der Russen und fand sogar auch ein gutes Wort über das Verhalten der Franzosen bei Rossbach, welche er als gute, aber schlecht geführte Soldaten bezeichnete. Auch des ausgefallenen Stils, dessen er sich befleißigte, muß noch Erwähnung getan werden. »Sein Hut, sein Kollet, seine Stiefel und Reithosen — alles wurde nachgeahmt. So viel Beyfall, Bewunderung und Freundschaft erwarb er sich, der bey der Gabe, einnehmend anzurede, noch überdem wohlgestaltet war, und mit Grazie daherritt«.[43]

Seydlitz' ärgster Gegner wohnte in seiner eigenen Brust. Nur selten konnte er sich zurückhalten, dem König seine Meinung zu sagen (was dieser nicht sehr schätzte), und durch sein Trinken und seine Weibergeschichten fiel er mitunter ganze Wochen hindurch aus.

In seiner verzweifelten Lage erkannte Friedrich, daß es für ihn
tödlich sein würde, sich an jeden Fußbreit Boden zu klammern.
Unter Ausnutzung seiner zentralen Lage bemühte er sich daher,
stattdessen eine Strategie der inneren Linie zu entwickeln, das
heißt, den Gegner nacheinander mit konzentrierten Schlägen einzeln anzugreifen, mit dem Ziel, ihn entweder zu vernichten oder
doch daran zu hindern, sich mit den übrigen gegnerischen Heeren
zu vereinigen.

So ließ Friedrich, im Spätsommer 1757, den Herzog von Bevern
in Schlesien zurück, um nach den Österreichern im Osten Ausschau
zu halten, während er selbst die Hauptarmee in Sachsen festhielt,
um mit ihr einem großen alliierten Heer den Empfang zu bereiten.
Was sich da heranwälzte, war ein derart bizarrer Haufen, wie er
selbst Friedrich noch nicht vorgekommen war. Das französische
Kontingent von 24 000 Mann wurde von Charles de Rohan,
Prince de Soubise, kommandiert, der zwar Europa mit dem Glanz
seiner Uniform zu blenden verstand, ansonsten sein Kommando
aber weitgehend dem Wohlwollen der Pompadour verdankte.
Als die Städter die durchziehenden französischen Truppen zu
Gesicht bekamen, waren sie schockiert ob deren Aufmachung.
Kein preußischer Offizier hätte je geduldet, daß während des
Marsches die Brote auf die Bajonette aufgespießt wurden. Und
über die Kommandeure wurde aus Gotha berichtet: »Die Pracht
und Üppigkeit, welche die französische Nation von allen Europäischen Völkern unterscheidet, folgen ihnen auch in ihren Feldzügen nach; da war kein General, kein hoher Offizier von der
Armee, der nicht auf Silber zu speisen, seine Tafel in größtem
Überfluß besetzt zu haben, und aller Bequemlichkeiten, wie in dem
weichlichen Paris zu genießen, vor eine Nothwendigkeit gehalten
hätte. Diejenigen, welche dieses Kriegsheer sahen und wußten,
wie ein preußisches mit Geräthschaft versehen zu seyn, ja wie der
König selbst im Feld zu leben pflegte, konnten sich ohnmöglich
enthalten, an den Unterschied zu denken, womit uns die Geschichte
die verschiedenen Ausrüstungen der Heere Alexanders und des
Darius beschreibt, und man weissagte sich jetzo gleich Folgen
von diesem Unterschied«.[44]

Die übrigen Verbände, das heißt die »Reichs-Truppen« oder »Reißaus-Truppen«, wie man sie richtiger nannte, standen unter dem Befehl des zwar intelligenten, aber nicht gerade vom Glück verfolgten österreichischen Feldmarschalls, des Prinzen zu Sachsen-Hildburghausen.

Die Soldaten waren bunt zusammengewürfelt, kamen aus einer Vielzahl kleiner deutscher Länder und spiegelten die Zerrissenheit des damaligen Reiches wider. Jedes Kontingent hatte seine eigene Ausrüstung und Uniform, sein besonderes Reglement und Versorgungssystem. Von einem Kampfwert war kaum zu reden. »Die Bayern, Pfälzer, Württemberger und einige andere Reichsstände ausgenommen, war der Rest des Heeres ein Zusammenfluß schlecht gezogener Horden, in Schaaren verteilt, die ein buntscheckiges Ganzes bildeten. In Schwaben und Franken gab es Reichsstände, welche nur einen Mann stellten. Auf manchen fiel allein die Lieferung eines Lieutenants ohne Soldaten, der oft ein vom Pfluge weggenommener Bauernkerl war; andere lieferten bloß einen Tambour, und gaben ihm eine Trommel aus ihren alten Rüstkammern«.[45]

Diese Einheiten französischer und deutscher Herkunft vereinigten sich im August, waren aber keineswegs gewillt, sich mit dem Alten Fritz anzulegen, obwohl sie sich immerhin auf 50 000 Mann beliefen. Angesichts der Bedrohung durch Friedrichs Hauptarmee gaben sie nicht nur Erfurt auf, sondern räumten am 19. September panikartig auch Gotha, nur weil Seydlitz mit 15 000 Reitern vor der Stadt erschien,

> »Nur wenige Soldaten wurden zu Gefangenen gemacht, aber desto mehr Kammerdiener, Lakeyen, Köche, Haarkräusler, Buhlerinnen, Feld-Pater und Schauspieler, die von einem französischen Heer unzertrennlich waren. Die Fuhrwerke vieler Feldherren fielen den Preußen in die Hände, worin man ganze Kisten von wohlriechenden Wassern und Duftsalben, desgleichen eine Menge Pudermäntel, Haarbeutel, Sonnenschirme, Schlafröcke und Papageien fand«.[46]

Nachdem es für Friedrich hier vorerst nichts mehr zu tun gab, fiel er auf eine mehr zentral gelegene Stellung bei Butstädt zurück und gewährte seinen Truppen eine kleine Ruhepause. Allerdings gab es Mitte Oktober noch einmal eine kurze Aufregung, als die Österreicher — welche mittlerweile mit beträchtlichen Kräften in Schlesien einmarschiert waren — den General Haddik mit 3 500

Mann leichter Truppen Berlin überfallen ließen. Haddik fegte über die sandigen Landstriche und erreichte am 16. Oktober die offene Stadt, wo er im königlichen Schloß eine beträchtliche Bestürzung auslöste.

Haddik begnügte sich jedoch mit einer »Kontribution« von 215 000 Thalern, erbat sich vom Magistrat »zwey Dutzend mit dem Staatswappen gestempelte Damen-Handschuhe, womit er seiner Kaiserin ein Geschenk machen wollte«[47] und stahl sich am 17. wieder heimlich davon, nachdem das Herannahen von Fürst Moritz mit 8 000 Preußen gemeldet worden war. Diese Episode ist insofern von besonderem Interesse, als sie zeigt, wie wenig das Überleben Preußens von der Hauptstadt abhing und wie alles nur auf den König und die Armee ankam.

Kühn geworden durch die Abwesenheit Friedrichs, marschierte die *kombinierte kaiserliche Reichs-Exekutions-Französische Armee* weiter nach Osten und wagte sich mit der Nase über die Saale. Diesmal wollte der König die Alliierten jedoch nicht entwischen lassen. Er vollführte eine rasche Kehrtwendung, jagte den Feind über die Saale zurück, erzwang einen Flußübergang bei Weissenfels und stand ihm am 4. November vor einem sumpfigen Tal in der Nähe der Ortschaft Rossbach gegenüber.

Das Selbstvertrauen der Alliierten begann zurückzukehren, da sie sich immerhin doppelt überlegen wußten. Die Befehlshaber brüteten einen Plan aus, nachdem sie Friedrichs Südflanke umgehen und ihn aus seiner Stellung verdrängen wollten. Hildburghausen hoffte, daß es zum Kampf kommen würde, doch Soubise hätte es schon genügt, wenn Friedrich lediglich abgezogen wäre. Am 5. November 1757, vormittags gegen 11.30 Uhr, setzte sich die alliierte Armee unter Trommelschlag und den schrillen Tönen von Hörnern und Pfeifen in Bewegung.

Friedrich reagierte auf diese Bedrohung zunächst nur langsam aber um 2.30 Uhr nachmittags wurden die Zelte des preußischen Lagers so urplötzlich abgebrochen, »als hätte man sie bei einer Theateraufführung mittels einer Schnur zum Einsturz gebracht«, und eine Dreiviertelstunde später eröffnete eine Batterie aus sechzehn schweren Geschützen und zwei Haubitzen, vom Janus-Berg aus, ein so heftiges Feuer, daß in dem acht Kilometer entfernten Neumarkt »die Erde so unter den Füßen zitterte, daß das schrecklichste Donnerwetter nichts dagegen war«.[48] Während die Reichsarmee in einem langen Heerwurm noch dahinkroch, fegte Seydlitz mit achtunddreißig Schwadronen über einen Hügelrücken und jagte die feindliche Kavalleriespitze auseinander. Die dichtauf folgende preußische Infanterie schwenkte wie eine Drehtür in die Marschbewegung des alliierten Heeres ein, und in noch nicht einmal fünfzehn Minuten war aus diesem jegliche Ordnung gewichen.

Jetzt setzte Seydlitz seine Reiterei zur letzten und vernichtenden Attacke an. Die preußischen Kürassiere hieben gnadenlos auf den verwirrten Gegner ein und streckten weitaus mehr bei der Verfolgung nieder, als im eigentlichen Kampf. »Die Straßen waren mit französischen Cürassen und großen Reuterstiefeln, in welche sie mit Schuhen und Strümpfen eintreten, die sie zur Erleichterung weggeworfen hatten, auch mit verlorenen Hüten, wie besäet, und der Hohlweg von Markwerben lag voll zerhauener Franzosen«.[49] Die Preußen büßten in dieser »bataille amusante« insgesamt 548 Mann ein, die alliierten Verluste dagegen, beliefen sich auf 5 000 Tote und Verwundete, zu denen noch weitere 5 000 kamen die anschließend gefangengenommen oder von Bauern abgeliefert wurden. Friedrichs Armee hatte sich fürwahr als ein schreckenerregendes Kriegsinstrument erwiesen.

Der König war sich jedoch bewußt, daß der Sieg nicht viel mehr bedeutete, als die Handlungsfreiheit, sich jetzt den Österreichern im Osten zuwenden zu können, wo die Dinge schlecht standen. Am 7. September war eine Streitmacht von 28 000 Österreichern über Moys hergefallen — in der Nähe von Görlitz —, wo Winterfeldt die Verbindungslinie zwischen Sachsen und Schlesien sicherte. Da sich Winterfeldt von seiner bei Prag erlittenen Verwundung nie ganz erholt hatte, ist es durchaus denkbar, daß dies auch die Leichtigkeit erklärt, mit der die Österreicher ihn am hellichten Tage überfallen und drei seiner Grenadier-Bataillone von dem wichtigen Jäckelsberg vertreiben konnten. Zwar führte Winterfeldt mit den Regimentern von Manteuffel und Tresckow einen verzweifelten Gegenangriff, doch wurde er hierbei aus dem Sattel geschossen, worauf der Angriff auch prompt zusammenbrach. Als die Österreicher ihn später fanden, stellten sie fest, daß er eine Kugel im Rücken hatte.

Der gleiche Verband, der Winterfeldt geschlagen hatte, nahm am 13. November nun auch die völlig neue Festung Schweidnitz, wodurch die 54 000 Mann starke österreichische Hauptarmee eine

sichere Verbindung mit ihrer böhmischen Versorgungsbasis gewann. Zu guter Letzt schloß das österreichische Heer dann auch
noch Breslau ein, wo dem unglücklichen Bevern Schach geboten
wurde, der seine 28 000 Soldaten westlich der Stadt in einem weiten Bogen eingesetzt hatte. Die Österreicher griffen am 22. November an. Anfänglich hielten zwar die preußischen Flanken, doch
nachdem am Nachmittag das Zentrum ihrer überdehnten Verteidigungslinie zusammenbrach, flutete alles nach Breslau zurück.
Bevern entschloß sich nunmehr, nach Nordosten in Richtung auf
Glogau auszuweichen, aber bevor die Absetzbewegung noch in
Gang kam, wurde er, am 24. November, bei einem Erkundungs-
ritt gefangengenommen. Die verwaiste Armee rückte dann dennoch
ab, »völlig durcheinander, ohne Ordnung oder Marschfolge, und
alle Ortschaften am Wege ausplündernd. Niemand wurde bestraft
—vielmehr machte man sich selber vor, auf diese Weise dem Feind
den Proviant wegzunehmen, aber in Wahrheit glaubte niemand
daran, hier jemals wieder vorbeizukommen«.[50] Breslau wurde
ihrem Schicksal überlassen und kapitulierte am 25. November.
Von den 132 Offizieren, 358 Unteroffizieren und 3 738 Mannschaften der Garnison, denen freier Abzug zugesichert worden
war, machten jedoch nur 120 Offiziere, 151 Unteroffiziere und
328 Soldaten davon Gebrauch, alle übrigen gingen zu den Siegern
über. Es mußte mithin schlimm um Friedrichs Sache stehen, wenn
bereits die eigenen Offiziere und Unteroffiziere die Fahnen verließen.
Der König war mit seinen Truppen am 13. Oktober aufgebrochen
und mit einer täglichen Marschleistung von zwanzig Kilometern
direkt nach Schlesien geeilt. Er kam jedoch zu spät, um die Bevern
zugestoßene Katastrophe zu verhindern. General v. Zieten sammelte lediglich die Versprengten ein und führte sie seinem Monarchen zu, so daß dieser nunmehr über 35 000 Mann gebot. Mit
dieser Armee erreichte er am 3. Dezember 1757 Neumarkt, welches
sich in Angriffsentfernung zu dem Lager befand, das die Österreicher unweit Breslau bezogen hatten.
Friedrich verkündete seinen versammelten Generälen, daß er die
dreimal stärkeren Österreicher anzugreifen gedenke, wo immer er
sie fände und bat sie, dies den Regimentern mitzuteilen. Er beschloß seine Ansprache mit der Androhung: »Das Regiment Kavallerie, das nicht gleich, wenn es befohlen wird, sich unaufhaltsam

auf den Feind stürzt, lasse ich gleich nach der Schlacht absitzen und mache es zu einem Garnison-Regiment. Das Bataillon Infanterie, das, es treffe worauf es wolle, nur zu stutzen anfängt, verliert die Fahnen und die Säbel, und ich lasse ihm die Borten von der Montierung abschneiden«.[51]

Diese zu Herzen gehenden Worte stellen wohl den äußersten Appell an den Geist seiner Soldaten dar, welchen man von dem König je gehört hat. Es verrät uns auch viel über die preußische Armee, daß sich nach diesen Worten Szenen der inneren Bewegung und äußeren Begeisterung im Lager abspielten. »Die alten Krieger, die so manche Schlacht unter Friedrich II. gewonnen hatten, reichten sich wechselseitig die Hände, versprachen einander treulich beizustehen, und beschworen die jungen Leute, den Feind nicht zu scheuen, vielmehr seines Widerstandes ungeachtet, ihm dreist unter die Augen zu treten. Man bemerkte seitdem bei jedem ein gewisses inneres Gefühl von Festigkeit und Zuversicht — gemeiniglich glückliche Vorboten eines nahen Sieges«.[52]

Selbst der zynische Kaltenborn, der erst viele Jahre nach dem Kriege in die Armee eintrat, versichert: »Ich habe diese Rede, so oft mir auch ist wiederholt worden, nie ohne Tränen anhören können, und nie ohne diejenigen, die sie mir vorsagten, wiewohl es meistens unter Waffen und Kriegsgeräusch etwas rauh und fühllos gewordene Soldaten waren, wie Kinder weinen zu sehen«.[53]

Nebel lagerte über dem schneebedeckten Boden, als sich die preußische Armee am 5. Dezember 1757 mit anbrechendem Tageslicht in Richtung auf das bei Leuthen gelegene österreichische Lager in Bewegung setzte. Die Kavalleriespitze eröffnete erfolgreich die Feindseligkeiten, indem sie einen feindlichen Reiterverband in der Nähe der Ortschaft Borne zurückwarf. Die Österreicher antworteten darauf, indem sie die neunhundert Meter vorgelagerte Kampfstellung bezogen, welche sich zwischen Nippern im Norden und Sagschütz im Süden, etwa 6$\frac{1}{2}$ Kilometer durch offenes Gelände, erstreckte. Die große Ortschaft Leuthen — nach der die Schlacht ihren Namen empfing — lag hinter der Mitte links. »Die Österreicher, die zum erstenmal das freye Feld zu einer Schlacht gewählt hatten, standen in unübersehbaren ungeheuren Linien, und konnten kaum ihren Sinnen trauen, als sie die kleine Schaar der Preußen zum Angriff daher rücken sahen«[54] »Die Berliner Wachparade« nannten sie spottend den Gegner.

Von Borne aus ritt Friedrich, begleitet von Fürst Moritz, ein Stück nach vorne. Nach dem hierbei gewonnenen Eindruck entschloß er sich daraufhin, seine Armee weit nach Süden ausholen zu lassen, um die Österreicher vom linken Flügel her aufzurollen.

Eine niedrige Hügelkette erstreckte sich in der gleichen Richtung, und so rechnete er damit, daß ein Teil dieser Bewegung gedeckt vorgenommen werden könnte. Es war jedoch wichtig, den Gegner zugleich auch eine Bedrohung seines rechten Flügels fühlen zu lassen, welcher rechts hinter Borne lag, weshalb Friedrich die erste und zweite Kolonne seiner Armee sich zur Schlachtordnung entfalten ließ. Das österreichische Oberkommando schluckte diesen Köder und verschob wunschgemäß die Kavallerie- und Infanteriereserve unter den Generälen Lucchese und Serbelloni nach rechts, hinter den augenscheinlich bedrohten Flügel. Inzwischen hatte die preußische Armee in und um Borne eine Rechtsschwenkung vollführt, und durch einige komplizierte Manöver gelang es dem König, sie so umzugruppieren, daß aus dem bisherigen »flügelweisen« Vorgehen von vier Kolonnen nunmehr ein »treffenweises« von zwei Kolonnen wurde. Als die Österreicher die nach Süden zielende Bewegung schließlich erkannten, nahmen sie lediglich an, daß Friedrich den Gedanken an eine Schlacht an diesem Tag aufgegeben hätte; doch kaum hatte die Mittagssonne die letzten Nebelreste verschluckt, als dieser seine Armee eine zweite Schwenkung ausführen ließ, diesmal nach halblinks, wodurch er in eine tödliche Angriffsposition gelangte, direkt im rechten Winkel in die linke Flanke der Österreicher.

Die Angriffsspitze wurde von sechs Bataillonen unter dem Herzog Karl von Bevern gebildet, dessen linke Flanke Zieten und der rechte Kavallerieflügel schützten. Dann kam Generalmajor v. Wedell mit drei weiteren Bataillonen und schließlich das Gros, dessen Bataillone mit fünfzig Schritt Abstand, linksrückwärts gestaffelt, folgten. Friedrich war entschlossen, nichts zu überhasten, nachdem ihm jetzt endlich der Erfolg winkte, der ihm bei Prag und Kolin versagt geblieben war. Langsam ritt er die Linien von rechts nach links entlang und wies den Offizieren Angriffsziele zu, bis schließlich, um 1 Uhr nachmittags, der etwas beunruhigte Fürst Moritz mit der Uhr in der Hand angesprengt kam und darauf hinwies, daß nur noch mit vier Stunden Helligkeit zu rechnen sei.

Ein Freikorporal des vorausrückenden Regiments von Meyerinck beschreibt die folgenden Augenblicke: »Man kann sich nichts Vortrefflicheres und Regulaires in der Welt vorstellen, als den Anblick von dieser kleinen Anhöhe; voran die ganze Kayserliche Armee, über deren Menge das forschende Auge ermüdet, und hinter uns, die Front gegen den Feind, die gantze preußische Armee in Schlachtordnung. Unsere Armee avancirte mit klingendem Spiele en Parade. Die Ordnung war ebenso vortrefflich als irgend bey einer Revue zu Berlin; die Armee bewegte sich unter den Augen Ihres großen Monarchen«.[55]

Wie das Glück es wollte, traf der preußische Stoß die am wenigsten zuverlässigen Truppen der Kaiserlichen Armee — vierzehn Bataillone Württemberger, verstärkt durch Bayern. Während die halblinks vorrückende Gruppe Wedell mit gefälltem Bajonett drei württembergische Bataillone vom Kiefenberg vertrieb, half rechts Karl v. Bevern Zietens dreiundfünfzig Schwadronen beim Auffangen des von dem österreichischen General Nádasti geführten entschlossenen Gegenangriffs. Die schwere Artillerie unterstützte die gesamte Operation, indem sie immer wieder rasch nachzog und batterieweise Stellungswechsel vornahm.

Die Österreicher wichen auf die Ortschaft Leuthen zurück, »hiezu kamen große Haufen Flüchtlinge, die alle Häuser, alle Gärten, alle Winkel des Orts anfüllten und sich verzweifelt wehrten«.[56] Jetzt erst begriff die österreichische Führung, wie sehr sie sich von Friedrich hatte täuschen lassen, und nacheinander verschob sie immer wieder Verbände nach links, um dort den völligen Zusammenbruch zu verhindern: zunächst vereinzelte Bataillone der zweiten Linie, dann die Reservekorps und schließlich die gesamte Armee. Infolge der Hast und Unordnung drängten sich diese Truppen stellenweise bis zu 100 Mann tief; dennoch gelang es den Offizieren endlich, so etwas wie eine neue Verteidigungslinie aufzubauen, welche beidseits Leuthen verlief und eine Frontbreite von 1 800 Schritt aufwies.

Nach einer kurzen Pause ging die preußische Armee um 3.30 Uhr erneut vor. Hierbei entstand ein besonders heißer Kampf um die Friedhofsmauer in Leuthen, wo sich das fränkische Regiment von Roth festgesetzt hatte. Das Dritte Gardebataillon unter Hauptmann v. Möllendorff, dem späteren Feldmarschall, brach schließlich aber auch diesen Widerstand. Nachdem Leuthen gesäubert worden war, geriet das preußische Vorrücken durch hef-

Die Österreicher rücken am 21. Dezember 1757 aus Breslau in die Gefangen-schaft ab. Auf dem Bild links sieht man, wie die Gewehre auf einen Haufen ge-worfen werden. Im Vordergrund erkennt man am linken Flügel der Preußen die Trommler sowie einen (Neger)-Pfeiffer.

tigen Beschuß aus der Gegend nördlich der Ortschaft erneut ins Stocken. Die Entscheidung fiel gegen 5 Uhr, als die untergehende Sonne sich bereits rot auf dem Schnee spiegelte. Der österreichische Kavalleriegeneral Lucchese raffte siebzig Schwadronen zusammen und stellte sie so auf, daß er in die linke Flanke der kämpfenden preußischen Infanterie fallen konnte. Diese gefährliche Entwick-lung wurde von Generallieutenant v. Driesen (dem Führer des linken preußischen Kavallerieflügels) jedoch rechtzeitig erkannt. Er packte nun mit fünfunddreißig Schwadronen der Kürassiere sowie der allgegenwärtigen Bayreuther Dragoner die Österreicher von rechts her, noch bevor diese überhaupt angeritten waren. Dreißig weitere Schwadronen der preußischen Reserve stürzten sich gleichfalls in den Kampf; gemeinsam fiel diese Reitermasse über die österreichische Infanterie her, die nicht mehr länger hielt und die Flucht ergriff.

Die Nacht brach herein, doch Friedrich entschloß sich noch zu einem letzten Vorstoß auf die Brücke von Lissa, um ein erneutes Festsetzen der Österreicher an der Weistritz zu verhindern. Er sammelte drei Grenadierbataillone und die Seydlitz-Kürassiere und hastete mit ihnen durch den fallenden Schnee nach Lissa, wo die Grenadiere um 7 Uhr abends die österreichischen Brückenposten aus ihren Häusern jagten. Die übrige Armee folgte unmittelbar.

»Dieser Marsch geschah mit einer Stille, die nur das Bewußtseyn, diesen großen blutigen Tag überlebt zu haben, dem Nachdenken einflößen konnte; plötzlich aber unterbrach solche ein Grenadier, indem er das bekannte Lied: »Nun danket alle Gott« anstimmte. Wie aus einem tiefen Schlaf erwacht, fühlte sich jeder zum Dank gegen die Vorsicht für seine Erhaltung hingerissen, und mehr als 25 000 Menschen sangen diesen Choral einstimmig bis zu Ende. Die Dunkelheit der Nacht, die Stimme derselben um das Grausende eines Schlachtfeldes, wo man fast bei jedem Schritt auf eine Leiche stieß, gaben dieser Handlung eine Feierlichkeit, die sich besser empfinden ließ, als sie beschrieben werden kann«.[57]

In seinem Hauptquartier zu Lissa versammelte der König Moritz von Dessau, Driesen, Zieten, Retzow, Wedell und seinen jüngeren Bruder Ferdinand um sich, gab die Parole sowie die Befehle für den kommenden Tag aus und fügte hinzu: »Dieser Tag wird den Ruhm Ihres Namens und den der Nation auf die späteste Nachwelt bringen«.[58]

Friedrichs Umgebung hielt Leuthen für seinen großartigsten Sieg. Historiker sind geneigt, dem zuzustimmen. Seine im Lauf der Jahre entwickelte »schiefe Schlachtordnung« gelangte hier zu voller Wirkung, und der geschlagene Gegner war keineswegs ein zusammengewürfelter Haufen wie bei Rossbach, sondern eine hochqualifizierte Berufsarmee, die noch kurz zuvor die Preußen dreimal besiegt hatte.

In Friedrichs Armee hatte jede Waffengattung ihr Bestes gegeben. Die Kavallerie konnte zwar für sich in Anspruch nehmen, den Ausgang zugunsten der Preußen entschieden zu haben, doch war die Bedeutung der Feuerkraft wichtiger, welche hier erstmals zum Tragen kam; (seit 1745 war sie im preußischen Heer sehr vernachlässigt worden). Die Infanteriebataillone hatten zum ersten Mal ihre Munitionswagen mit ins Gefecht genommen, was ihnen ermöglichte, einen so intensiven Feuerkampf zu führen, wie er wohl zu Zeiten Friedrichs nie mehr übertroffen werden sollte

(verschiedentlich feuerten die Soldaten bis zu 180 Schuß ab).
Was die Artilleristen anbelangt, so vollführten sie mit ihren *Brummern* und sonstigen schweren Geschützen äußerst wendige Stellungswechsel und unterstützten das Heer wirksam im Verlauf des gesamten Kampfgeschehens.

Schließlich und endlich aber war die preußische Armee mit einem ganz besonderen Geist in diese Schlacht gezogen, was wahrscheinlich darauf zurückzuführen war, daß die »Berliner Wachparade« aus den gesiebten und ausgewählten eigenen Landeskindern bestand, also nicht mehr aus jenen buntscheckigen Horden, die bei Kolin, Moys und Breslau geschlagen worden waren.

Die besiegten Österreicher wichen in Richtung auf die Grenzgebirge zurück, wobei ihr Oberkommandierender, Prinz Karl von Lothringen, in der allgemeinen Verwirrung versehentlich 17 000 Mann in Breslau zurückließ. Diese ergaben sich am 20. Dezember. Auf diese Weise endete das ereignisreiche Jahr 1757. Nach dem Triumph von Prag und dem Desaster von Kolin war es Friedrich gelungen, sowohl die französisch-deutschen als auch die österreichischen Heere aus der wichtigen norddeutschen Tiefebene zu vertreiben. Jetzt konnte er erneut darangehen, in österreichisches Gebiet einzurücken und sich erstmalig auch die Russen vorzuknöpfen, die im Osten auftauchten.

Der Einfall in Mähren 1758

Nach den schmerzlichen Erfahrungen des Jahres 1744 und des Frühsommers 1757 war Friedrich die Sinnlosigkeit klargeworden, weiterhin den leeren Raum von Böhmen mit Krieg zu überziehen. Er entschloß sich daher, über Mähren direkt in das Herz der österreichischen Monarchie vorzustoßen.

Schweidnitz, der letzte österreichische Stützpunkt in Schlesien, fiel nach mühsamer Belagerung am 18. April. Nachdem der Rücken frei war, überschritten die Preußen gegen Monatsende das mährische Grenzgebirge. Friedrich hatte dem feindlichen Oberbefehlshaber Daun eine ganze Woche abgewonnen, und so vereinigten sich am 3. Mai die blauen Marschkolonnen zu einem Heer von 55 000 Mann in der Ebene am Oberlauf der March. Friedrichs nächstes Angriffsziel war Olmütz, die stärkste österreichische Festung und zugleich Haupthindernis auf dem Weg nach Wien.

Am 20. Mai verhängte der König die Blockade über Olmütz und betraute den Oberst v. Balbi mit ihrer Durchführung, denselben Ingenieuroffizier, der sich auch kurz zuvor bei der Belagerung von Schweidnitz ausgezeichnet hatte. Leider vermochte der König seiner Neigung nicht zu widerstehen, sich in anderer Leute Geschäfte einzumischen: Er befahl der Artillerie, mit verringerter Ladung zu schießen (wodurch die Kanonen nicht bis zur Festung reichten) und legte einen Laufgraben in falscher Richtung fest (was seine bedauernswerten Soldaten dem flankierenden Feuer der österreichischen Geschütze aussetzte). Während dieser Zeit lauerte in der Nachbarschaft Feldmarschall v. Daun mit dem Entsatzheer.

Nachdem sich die Einschließung von Olmütz derart in die Länge zog, sah sich Friedrich gezwungen, neuen Munitionsnachschub aus Schlesien heranzubeordern. Der wendige Oberstleutnant v. d. Mosel wurde mit der Durchführung beauftragt. Es gelang ihm, 4 000 Wagen aufzutreiben, die er unter Bedeckung von 9 000 Soldaten, die allerdings zumeist aus Rekruten und Rekonvaleszenten der verschiedensten Regimenter bestanden, in Richtung Süden in Marsch setzte. Die Österreicher erhielten durch ihre schlesischen Vertrauensleute jedoch Wind von dieser Bewegung, und so überfielen am Morgen des 30. Juni zwei ihrer unternehmungslustigsten Kommandeure in der Nähe von Domstadtl den Transport — Laudon von Osten und Siskovics von Westen her. »Man feuerte mit Kanonen auf die Wagenburg, schoß die Pferde tot, sprengte die Pulverwagen in die Luft, und setzte alles in die schrecklichste Verwirrung«.[59] Die Begleittruppen wurden in zwei Teile gespalten. Sie verloren 2 386 Offiziere und Mannschaften. Sämtliche Fuhrwerke, ausgenommen hundert Wagen, die schon ein gut Teil voraus waren, wurden hochgejagt oder erbeutet.

Friedrich sah sich daraufhin gezwungen, die Belagerung von Olmütz unverzüglich einzustellen und die ganze umfassend geplante Offensive gegen Österreich aufzugeben. Nachdem es dem Gegner auch noch gelungen war, den Hauptverbindungsweg nach Schlesien zu unterbinden und das Magazin in Königgrätz zu zerstören, konnte er dankbar sein, daß er schließlich überhaupt noch ungeschoren nach Schlesien zurückgelangte.

Die abgebrochene Olmütz-Kampagne stellte Friedrichs letztes Abenteuer südlich des Grenzgebirges dar. Er war wieder daran erinnert worden, daß die Österreicher in dem Raum eigener strategischer Vorherrschaft ganz einfach nicht zu schlagen waren. Doch die Auseinandersetzung mit einem anderen Gegner konnte er nun nicht mehr aufschieben: mit der stark verbesserten Armee des russischen Reiches.

Bislang war Friedrich nicht geneigt gewesen, die Russen als eine ernst zu nehmende Bedrohung zu betrachten. Er bemerkte kurz vor Kriegsausbruch zu Keith: »Die Moskoviter sind ein zusammengebrachter Haufen Barbaren, die wohl disciplinirte Truppen mit leichter Mühe überwältigen können«. »Wahrscheinlich werden Ew. Majestät Gelegenheit erhalten, diese Barbaren näher kennenzulernen«,[60] erwiderte darauf kaltblütig der Feldmarschall.

Er sollte recht behalten. Die russische Infanterie war solid und ausdauernd, wenngleich auch nicht übermäßig beweglich. Die Kosaken stellten durch ihre Schnelligkeit — und auch zahlenmäßig — eine echte Bedrohung für die preußischen Husaren dar, und die schwere Artillerie konnte sich sehen lassen. Jedes Regiment besaß sechs Bataillons-Geschütze sowie ein »Einhorn«, d. h., eine erst jüngst von dem Stückmeister Peter Shuwalow entwickelte Haubitze mit langem Rohr. Die Russen liebten ihre schweren Geschütze. Die Rekruten wurden auf eine Kanone vereidigt und nicht auf die Fahne. Trat in der Schlacht eine Krise ein, so sammelten sich die Russen für gewöhnlich um ihre Artillerie.

Ende Juni des vorangegangenen Jahres war der russische Feldmarschall Apraksin mit einem Haufen von 55 000 Grünröcken in die abgelegene Provinz Ostpreußen eingefallen. Am 5. Juli nahm er die kleine Küstenfestung Memel und rückte von da, über Insterburg, auf die Provinzhauptstadt Königsberg vor. In der Nähe von Groß-Jägersdorf wurde ihm der Weg durch den Feldmarschall v. Lehwaldt mit seinem Korps von 26 000 Preußen verlegt.

Wie wir gesehen haben, hatte Friedrichs »Strategie der inneren Linie« zur Folge, daß der König selbst das Kommando über eine starke und schnellbewegliche Armee übernahm. Die negative Konsequenz dieses Systems bedeutete aber zugleich, daß kleine preußische Korps über den ganzen Kriegsschauplatz verstreut waren, wo ihre Befehlshaber nur darauf warteten, von überlegenen Feindkräften zermalmt zu werden — wie bei Moys und Breslau — oder sich in fast selbstmörderische Angriffe stürzen mußten, auf die sie gar nicht vorbereitet waren. So geschah es denn auch, daß sich am 30. August 1757 der greise und verdienstvolle Lehwaldt mit seinem kümmerlichen kleinen Heer gegen die russischen Massen zum Angriff wenden mußte.

Der Feind besaß mannschaftsmäßig eine zweifache, artilleristisch eine fast fünffache Überlegenheit, und bei dem Versuch, seine ausgedehnten Linien in den Griff zu bekommen, wurde Lehwaldts Verband in zwei Teile aufgespalten. Das Durcheinander im Wald von Norkitteln war so groß, daß sich die preußischen Bataillone zu guter Letzt selbst beschossen und einige Offiziere fest glaubten, in eine ausgebaute Stellung mit eingegrabenen Batterien gerannt zu sein (tatsächlich legten die Russen aber erst nach dem Gefecht von Kay, 1759, Feldbefestigungen an).

Lehwaldt räumte mit seiner angeschlagenen Armee das Schlachtfeld, doch stieß ihm Feldmarschall Apraksin aus mehrfachen Gründen nicht nach. Einmal war auch dessen Heer ganz erheblich gebeutelt worden und der Nachschub durcheinandergeraten, zum anderen wollte er die politische Entwicklung in Rußland abwarten, wo den Berichten zufolge die Kaiserin Elisabeth ernsthaft krank geworden sein sollte.

So räumten denn im Oktober 1757 beide kämpfenden Parteien Ostpreußen. Apraksin zog sich nach Polen zurück, während Lehwaldt sich nach Pommern und den Schweden zuwandte, die dort einen ihrer seltenen feindseligen Akte durchführten.

Im Januar 1758 fielen 34 000 Russen erneut in Ostpreußen ein, diesmal unter dem Kommando des aktiveren General Fermor. Am 22. nahm er in Königsberg im Namen seiner Kaiserin die keineswegs widerstrebend abgegebene Ergebenheitserklärung der ostpreußischen *Stände* entgegen. Die Kosaken und Kalmücken hatten sich durch ihre Greueltaten zwar einen üblen Ruf erworben, doch die Masse der regulären russischen Soldaten benahm sich einwandfrei.

»Königsberg wurde ein zeitvertreibreicher Ort, und die Liberalität, mit welcher die damaligen Gewalthaber alles, was schön und artig war und dafür gelten wollte, zu ihren Freundeskreisen zuließen, machte, daß das schöne Geschlecht sich ganz besonders für sie interessierte. Das Punschtrinken ward Mode, und zu den Bällen, die das Gouvernement stets auf eigene Kosten gab, wurden die Damen nicht frankenartig requirirt, sondern durch galante, flinke, wohlaussehende Adjutanten, zu denen auch eine zeitlang der hernach so famös gewordene Orlow gehörte, eingeladen, und auf selbigen der oft häßlichbreite Rain zwischen Adel und Bürger ziemlich platt und glatt abgetreten«.[61]

Friedrich war ob des Betragens der Ostpreußen derart aufgebracht, daß er sich vornahm, diese Provinz nie wieder zu besuchen. Er hätte aber auch ernsthaft beunruhigt sein sollen, denn die leichte Anpassung an die russische Herrschaft verriet einen Charakterzug, welcher es Napoleon 1806 ermöglichen sollte, ganz Preußen ohne Schwierigkeiten zu unterwerfen.

Es überrascht nicht, daß die Russen es mit dem Weiterrücken nicht besonders eilig hatten. Fermor versammelte im Februar 1758 66 000 Mann, um mit diesen über Westpreußen auf Pommern und Brandenburg vorzurücken, doch erst im Spätsommer bedrohte er ernsthaft die Oderlinie, die Dohna (Lehwaldts Nachfolger), durch sein Lager bei Frankfurt und die Garnison Küstrin halten wollte.

Da sich die Österreicher Zurückhaltung auferlegten, schien Friedrich der Augenblick günstig, um selbst im Nordosten einzugreifen. Am 11. August brach er in Landeshut in Schlesien auf und trieb seine 14 000 Mann starke Armee innerhalb von zehn Tagen bis zur Oder, die er unterhalb Küstrin überschritt. Die Husaren brachten ihm zwölf gefangene Kosaken, welche Friedrich sorgfältig in Augenschein nahm, bevor es ihm entfuhr: »Sehe er hier, mit solchem Gesindel muß ich mich herumschlagen«. (Archenholtz, I, 164). Der König verbrachte mehrere Tage mit der Erkundung der russischen Stellung, die mit Front nach Osten hinter einer von kleinen Anhöhen durchsetzten sumpfigen Niederung lag. Wie bereits zur Regel geworden, wollte er durch einen Umgehungsmarsch den Gegner wieder von der Flanke packen — diesmal von der rechten. Nachdem sie eine kurze Nacht unter Waffen verbracht hatte, brach die preußische Armee am 25. August 1758 um 3 Uhr morgens auf. Man bewegte sich »treffenweise« in westlicher Richtung, wobei Friedrich unterwegs der Versuchung widerstand, den russischen Train in seiner Wagenburg bei Klein-Kammin zu schnappen, da es ihm ausschließlich um die Vernichtung des russischen Heeres ging. Fermor reagierte auf die preußische Bewegung jedoch mit beachtlicher Geschwindigkeit und gruppierte so um, daß seine Armee schon bald in zwar eingeengter, aber wohlgeordneter Form mit Front nach Süden verteidigungsbereit war. Als abschließende Maßnahme ließ er dann auch noch die jetzt vor seiner Stellung gelegene Ortschaft Zorndorf in Brand setzen.

Friedrich ritt in das Höhengelände nördlich Zorndorf vor. Von hier aus erkannte er, daß er um einen Frontalangriff nicht herumkam. Er entschloß sich daher, den Kampf durch anhaltendes Artilleriefeuer zu eröffnen sowie durch einen zusammengefaßten Stoß gegen den rechten russischen Flügel. Dieser Angriff sollte von Generalleutnant v. Manteuffel mit acht besonders ausgewählten Bataillonen geführt werden. Ihm sollte dann Generalleutnant v. Kanitz mit dem Gros des linken Flügels folgen, während Generallieutenant v. Seydlitz sich mit sechsunddreißig Schwadronen ganz links verfügungsbereit zu halten hatte. Der rechte Flügel der Armee sollte sich dem Gegner jedoch vorerst »versagen«.

Nach einer zweistündigen Kanonade lief der preußische Angriff an. Ein protestantischer Pastor in russischen Diensten schilderte den Verlauf wie folgt:

»Majestätisch, schön, und dabei in stiller ruhiger Ordnung zogen die Preußen heran. Das entsetzliche Lärmen der preußischen Trommeln hörten wir schon, ihre Feldmusik konnten wir noch nicht unterscheiden. Aber in feierlichem Marsche kommen sie immer näher, jetzt hören wir ihre Hautboisten, sie spielen »Ich bin ja Herr in Deiner Macht!«. Wer fühlen kann, wird es nicht unglaublich finden, daß in meinem nachherigen Leben diese Melodie stets die innigsten Regungen der Wehmut hervorgebracht hat«.[62]

Ungestüm rückte die Avantgarde vor, während das Gros des linken Flügels um den Anschluß bemüht war. Doch dann riß plötzlich der Zusammenhalt. Der Kontakt mit der Gruppe Kanitz ging in Staub und Pulverdampf verloren; völlig ohne Unterstützung rannte die Spitze mitten in die Russen hinein. Noch bevor die russische Kavallerie zur Attacke ansetzte, war ein Drittel der Bataillone schon ausgefallen. Der Lieutenant v. Prittwitz, der zum nachfolgenden linken Flügel gehörte, beschreibt die jetzt einsetzende Flucht der Spitze, welche sich »unsinnig in unsere Glieder stürzten und unsere Leute in eine solche Verwirrung versetzten, daß sie ebenfalls zu feuern anfingen, wodurch aber ganz natürlich unseren eigenen Leuten mehr Schaden zugefügt wurde als den folgenden Russen. Indessen bedienten sie sich dabei aller nur möglichen Vorteile, um unserem Feuer auszuweichen, indem sie sich bückten und klein zu machen versuchten, daß die Kugeln über sie hingingen. Dennoch aber, dieser Vorsicht ungeachtet, waren viele dieser Grenadiers auf dem Platze geblieben und durch ihre eigenen Kameraden, freilich nur aus Unbesonnenheit, ihres Lebens beraubt worden«.[63]

Der linke Flügel begann nun nach halbrechts einzudrehen, wobei er direkt von vorne auf die Russen zukam. Das widersprach ganz eindeutig dem Plan des Königs, auch wenn Kanitz einige Anfangserfolge hatte und drei russische Linien durchbrach. Ein Lieutenant des Regiments v. Below erinnerte sich, wie ihm hierbei sein Sponton aus der Hand geschossen und sein Gesicht von den Gehirnteilen eines Soldaten getroffen wurde, dem es den Kopf abgerissen hatte, während eine Kugel seinen Hut, eine weitere seinen Rock durchschlug und eine dritte an seinem Ringkragen abprallte.

>Ich traf jetzt auf eine Batterie von zwölf Kanonen. Die Russen flohen, was sie konnten, und die Leute, die bei den Kanonen waren, krochen unter dieselben und ließen sich massakrieren.

Nur ein einziger schöner Kerl hielt eine mit dem russischen Adler gestickte Fahne in der Hand, und stand unbeweglich. Ich rief ihm »Pardon!« zu, und da er mit dem Kopfe schüttelte, hob ich meinen Säbel, um ihm einen gewaltigen Hieb zu versetzen, als er die Fahne stecken ließ, unter die Kanone kroch und nun auch massakriert wurde. Ich nahm jetzt die Fahne und rief: »Victoria, Bursche! Victoria! In Gottes Namen immer weiter. Es wird bald ein Ende haben!«[64]

Als nun auch die vierte russische Linie zu wanken begann, tauchten plötzlich frische russische Verbände in Rücken und Flanken auf und stürzten sich mit aufgepflanzten Bajonetten auf die Preußen. Die Blauröcke wandten sich daraufhin prompt zur Flucht und beschworen damit den Zusammenbruch des gesamten linken Infanterieflügels herauf.

General v. Dohna und der »verweigerte« Flügel hatten sich an den bisherigen Kämpfen nicht nur nicht beteiligt, sondern waren auch immer weiter nach rechts abgekommen. Friedrich ritt daher um 1 Uhr 30 nachmittags zu ihm, um diesen Teil seiner Armee neu anzusetzen. Seydlitz hatte mittlerweile von sich aus seine

Reiterei in den Raum nördlich Zorndorf verlegt und ritt von hier aus, gegen 3 Uhr 30, eine Entlastungsattacke. Aber ohne die Unterstützung durch Dohnas Infanterie vermochte er das sture russische Fußvolk nicht zu beeindrucken.

Dann endlich, gegen 4 Uhr, setzte sich Dohna mit dem rechten Flügel in Bewegung. Während Seydlitz die feindlichen Gegenattacken abwehrte, kämpfte sich die preußische Infanterie verbissen abschnittsweise vor. Als ihr schließlich nach vierstündigem Gefecht die Munition auszugehen drohte, hatte sie aber den größten Teil der russischen Stellung erobert. Lediglich die russischen Kanoniere wankten und wichen nicht und mußten einzeln mit der Kugel oder blanker Waffe erledigt werden, es sei denn, sie flogen mit ihren Munitionswagen in die Luft.

Beide Armeen lösten sich unter dem Schutz der Dunkelheit voneinander. Sowohl die Preußen als auch die Russen hatten erschreckende Verluste hinnehmen müssen und verharrten fast den ganzen nächsten Tag über bewegungslos in ihren Stellungen. Während dieser spannungsgeladenen Zeit wurde der Lieutenant v. Hülsen in das königliche Hauptquartier nach Neudamm beordert. »Ich fand den König vor seinem Zelte stehend, vor welches man die erbeuteten Fahnen aufgepflanzt hatte. Ein herrlicherer Anblick läßt sich nicht denken. Der König war mit dem General v. Seydlitz. Auf seinem Gesicht war noch der Staub und Schweiß des vorigen Tages. Er war fürchterlich schön, und seine Miene heiter. Ich werde diesen Anblick in meinem Leben nicht vergessen. Unweit von des Königs Zelte wurde in einem anderen mit den gefangenen Russischen Generälen traktirt, vermuthlich wegen der Greuel, welche die Truppen angerichtet hatten. Denn ich hörte verschiedene Male das Wort »Mordbrenner!« aussprechen, und wie heftig man disputirte«.[65]

Schließlich zwang am 27. August die mangelnde Nachschubplanung — die Schwäche der Russen — Fermor zur Aufgabe des Schlachtfeldes und zum Rückzug. Prittwitz suchte es anschließend auf und entdeckte, wie die preußischen Verwundeten hier zu Tausenden herumlagen.

»Sie kamen von allen Richtungen, teils auf Händen und Füßen gekrochen, teils mit Krücken unter den Armen, welches Musketen waren, deren Kolben sie unter die Schultern genommen hatten. Die hin und wieder existierenden, mit Wasser angefüll-

ten Schlammfänge dienten ihnen dazu, ihren Durst zu löschen . . .
Alle Augenblicke präsentierten sich mir neue Ansichten des Entsetzens. Ich sah Stellen, wo die Kavallerie gemetzelt hatte und Menschen und Pferde untereinander lagen, wobei mir die Wut, die in den Gesichtern der Gebliebenen noch zu bemerken war, am meisten auffiel. Weiterhin befanden sich Reste von verbrannten Munitions- und Pulverwagen und nebenher eine Menge halbgebratener Artilleristen, welche einen unangenehmen brandigen Gestank von sich gaben.
Dort lagen Blessierte in den letzten Zügen und hatten sich vor Angst und Schmerz mit Händen und Füßen tief in die Erde gegraben. An einem anderen Ort standen ein ganzer Train russischer zweirädriger Karren, an welchen die Pferde erschossen waren, und auf dem ganzen Champ de Bataille liefen Pferde herum, von denen manche die Därme hinter sich herschleppten und wieder andere, die auf drei Beinen herumsprangen«.[66]
Von den russischen Verwundeten wurden viele von den aufgebrachten preußischen Soldaten und Bauern lebendig begraben; andere wieder humpelten davon oder starben im Lauf der nächsten Tage und Wochen, wo man sie auf Feldern und Wegen verstreut oder gegen Bäume gelehnt fand. Alle einsatzfähigen Männer der Umgebung wurden zusammengetrommelt, um die Tausende von Leichen zu beerdigen, die allerorts herumlagen: »alle nackend, alle schwarz und scheußlich anzusehen — Zerstückte Leiber, abgehauene Arme und Gebeine, herunter gesäbelte Köpfe, herausgerissene Eingeweide — Pferde und Menschen durcheinander«.[67]
Bei dem heißen Wetter war die Verwesung bereits so weit fortgeschritten, daß sich teilweise die Arme und Beine von den in Auflösung befindlichen Körpern lösten, während man sie zu den ausgehobenen Gruben schleifte.
So also sah das erste Kräftemessen zwischen Preußen und Russen aus. »Nie hatten Truppen ihr Leben teurer verkauft, als die Russen an diesem Tage. In einem Anfall von guter Laune fragte Friedrich Seydlitz anderntags: »Alles in allem sind die Russen doch eigentlich nur Gesindel, finden Sie nicht?« »Sire«, erwiderte der General, »ich weiß nicht, ob man eine Infanterie wie die russische so bezeichnen kann, welche derart gekämpft und unsere eigenen Truppen abgewiesen hat.«[68]
Friedrich setzte den General v. Dohna mit 17 000 Mann zur Ver-

folgung der Russen an, die sich im November über die Weichsel in ihre Winterquartiere zurückzogen. Im nördlichen Teil des baltischen Kriegsschauplatzes unternahmen die Schweden ihren alljährlichen Ausflug nach Pommern, zogen sich aber im darauffolgenden Januar wieder hinter die schützenden Mauern ihrer Festung Stralsund zurück.

Der große Rückschlag — Hochkirch 1758

Mit einem kleinen Kern der »Zorndorf«-Armee marschierte Friedrich wieder nach Süden, um sich mit dem Markgraf Karl von Brandenburg-Schwedt zu vereinigen, welcher dort mit 33 000 Mann Schlesien gegen die Österreicher gedeckt hatte. Nach Eintreffen des Königs verhielten sich beide Seiten zunächst einmal fünf Wochen lang völlig inaktiv, wobei Friedrich von der Hoffnung geleitet wurde, die Österreicher aus der Südostecke Sachsens hinausmanövrieren zu können, während es Daun offenbar genügte, die Preußen zu binden.

In der zweiten Oktoberwoche entschied sich der König für das Beziehen einer Stellung in den Hügeln und Wäldern nahe der Ortschaft Hochkirch. Dieses Lager war ungemein exponiert. Als der Feldprediger Karl Küster am Abend des 13. Oktober auf der Höhe von Hochkirch umherwanderte, um einen Platz für sein müdes Haupt zu suchen, war er überrascht, den linken Flügel der Österreicher kaum sechshundert Schritt entfernt zu entdecken. »Indessen war es dunkel, und die Wachtfeuer bey der Armee waren angezündet worden, welches einen trauerfeyerlichen Anblick gab. Denn das seuchte Wetter machte, daß das Terrain beyder Lager einem bewölkten Himmel ähnlich sahe, durch welchen die Sterne nur dunkel schimmerten. Am Himmel selbst aber erblickte man kein Gestirn in dieser dunklen Nacht«.[69]

Friedrich beunruhigte das nicht. Er hatte sich daran gewöhnt, stets engen Kontakt zum Gegner zu halten, auf daß er jederzeit über dessen Standort im Bilde war (siehe vorn). Außerdem hielt er Daun für einen Phlegmatiker, dem er keinen Nachtangriff zutraute. Schließlich und endlich verließ er sich völlig auf seine 30 000 Mann — meist Brandenburger und Pommern — denen das böse Erlebnis von Zorndorf nicht in den Knochen steckte.

Doch am 14. Oktober, um fünf Uhr morgens, fielen plötzlich und

288

unerwartet die Österreicher in dichten Kolonnen über die rings um den Ort Hochkirch lagernden Preußen her.

»Die Österreicher, gleichsam wie aus der Erde hervorgestiegen, mitten unter den Fahnen der Preußen, im Heiligthum ihres Lagers! Einige hundert wurden in ihren Zelten erwürgt, noch ehe sie die Augen öffnen konnten; andere liefen halb nackt zu ihren Waffen«.[70]

Der erste Stoß traf voll das Regiment Markgraf Karl, das im Ort, dichtgedrängt, Opfer des Kartätschenfeuers wurde. »Aber auch Haubitzgranaten fielen häufig in Bogenschüssen von oben herab. Diese waren so viel mörderlicher, weil sie Köpfe und Schultern quetschten oder, wenn sie erst auf dem Boden krepierten, da noch Füße zerschmetterten. Manche der Totgeschossenen konnten erst niederfallen, da das Gedränge kleiner ward«.[71]

Beim ersten Alarm hatte Friedrich seiner Infanterie noch zugerufen: »Bursche, geht nachs Lager, das seind Panduren!«[72]. Als dann aber die ersten österreichischen Granaten über das Lager rauschten und inmitten der Preußen einschlugen, änderte er rasch seine Meinung. Inzwischen hatten die Feldmarschälle Keith und Moritz von Dessau die Führung des Kampfes um die Höhe von Hochkirch selber in die Hand genommen. Zunächst warf Keith das Regiment von Itzenplitz nach vorn, doch unter der Artillerieeinwirkung mußte dieses die Ortschaft schon bald räumen und sich in den Schutz des pommerschen Regiments von Kannacher zurückziehen, das zur Unterstützung außerhalb wartete.

Als nächstes kam das Regiment Prinz v. Preußen an die Reihe, welches die österreichischen Grenadiere aus den Straßen vertrieb und die auf dem Kirchplatz eingeschlossenen Einheiten entsetzte. Jenseits des Ortes stießen die Preußen jedoch auf die entwickelt vorgehenden Linien der österreichischen Infanterie. Sie wurden von Kartätschenfeuer aus den Mäulern der eigenen Kanonen empfangen, welche der Gegner umgedreht hatte. Fürst Moritz stürzte verwundet zu Boden und die Preußen wichen in das Dorf zurück.

Feldmarschall Keith, welcher sich ebenfalls in der Nähe aufhielt und den Fortgang der Schlacht beobachtete, fiel plötzlich tot aus dem Sattel. Feldprediger Küster bemühte sich zwar, zu ihm hinzugelangen, wurde aber von dem fliehenden Regiment Prinz von Preußen mitgerissen, das unter einem Geschoßhagel durch die Straßen davonrannte. Lediglich das zweite Bataillon des Regiments

Markgraf Karl blieb in Hochkirch zurück, wo es, unter dem Befehl von Major Simon v. Langen, hinter der Kirchmauer weiterhin aushielt. Aber schließlich gelang es den Österreichern beim dritten Angriff, auch dieses heldenhaft kämpfende Bataillon auszulöschen. Langen selbst wurde elfmal verwundet und geriet in Gefangenschaft.

Der Widerstand des rechten preußischen Flügels brach in einem mörderischen Feuerkampf bei der Ortschaft Hochkirch zusammen. Friedrichs Pferd erhielt einen Treffer in die Schulter, und direkt neben ihm wurde Major von Haugwitz durch den linken Arm geschossen. Am schlimmsten aber war der Anblick, als dem Generalmajor Prinz Friedrich Franz von Braunschweig — dem Bruder der Königin —, in Front des zweiten Bataillon Regiment von Wedell, durch eine Kanonenkugel der Kopf abgerissen wurde. »Des Printzen Pferd, ein gantz weißer Schimmel, galoppirte, da sein Reiter herab gestürzt, mit der printzlichen Parade chabraque in vollem Lauf wohl eine halbe Stunde zwischen den Kayserlichen und unseren Treffen auf und nieder, ohne einen Zufluchtsort finden zu können, daß solches gantz traurig anzusehen war«.[73]

Inzwischen waren (um 7 Uhr) die viereinhalb Bataillone Grenadiere des preußischen linken Flügels von weiteren österreichischen Kolonnen ebenfalls angegriffen worden. Sie mußten sich zurückziehen und dem Gegner hierbei eine Batterie mit dreißig schweren Geschützen überlassen, welche vor ihrem Lager aufgefahren war.

Nachdem beiden Flügeln der totale Zusammenbruch drohte, begannen sich die Preußen in nordwestlicher Richtung abzusetzen. Es war dies das erste Mal, daß einige der alten, kampferprobten Regimenter dem Feinde den Rücken wenden mußten. »Viele alte Officiere dieses sieggewohnten Haufens hatten so hohe Begriffe von kriegerischer Ehre, daß sie durchaus der Übermacht nicht weichen wollten, und unter das Schwerdt des Feindes fielen; andere mußte man halb mit Gewalt vom Schlachtfeld schleppen, weil sie einen so unglücklichen Tag nicht zu überleben, sondern lieber als Kriegsopfer zu fallen wünschten«.[74] In diesen traurigen Minuten war es dem kecken Oberstleutnant Christoph v. Saldern zu danken, daß aus dem Rückzug keine wilde Flucht wurde. »Dieser mit seltenen Talenten begabte Feldherr, in der Kunst mit dem Fußvolke kluge Bewegungen zu machen, so einzig wie Seydlitz es bey der Reiterei war«.[75]

Allein dieser Tag kostete Friedrich 9 000 Mann — ein Drittel seiner Armee — sowie zwei Feldmarschälle. Der Prince de Ligne fand Keith zwischen den österreichischen und preußischen Toten, das Gesicht zu einer seltsam eindrucksvollen Maske erstarrt. Der andere Feldmarschall, der erst kurz zuvor beförderte Moritz von Dessau, wurde auf einem Karren von einem Detachment österreichischer Husaren gefangengenommen, die ihm gegen Ehrenwort gestatteten, zur Behandlung seiner Wunden nach Bautzen weiterzufahren. Moritz kehrte jedoch nie wieder zur Truppe zurück. Zwar genas er von seinen Wunden, doch eine Verletzung der Lippen wuchs sich zu Krebs aus, an dem er am 11. April 1760 starb. Mit ihm ging der letzte direkte Sproß der Dessauer dahin, die ein Dreivierteljahrhundert die Geschicke der preußischen Armee beeinflußt hatten.

Friedrich erholte sich von diesem Unglück erstaunlich schnell. Er befahl den Prinzen Heinrich mit seinem Korps aus dem Westen herbei, um die Verluste wieder wettzumachen und drückte sich dann an Daun vorbei nach Schlesien, wo er am 5. 11. das österreichische Detachment zur Aufhebung der Belagerung von Neisse zwang.

Daun zog daraufhin in westlicher Richtung ab um Dresden zu bedrohen, aber General v. Schmettau ließ sich nicht einschüchtern und hielt die Stadt, bis Friedrich in der zweiten Novemberhälfte zu diesem Kriegsschauplatz zurückkehrte. Nunmehr führte Daun sein Heer nach Böhmen, so daß Friedrich unangefochten das gesamte Gebiet nördlich der Grenzgebirge kontrollierte.

1759, das schreckliche Jahr — Kay, Kunersdorf und Maxen

Selbst die rücksichtslosesten Rekrutierungsmethoden vermochten die Lücken nicht zu füllen, welche der hohe Blutzoll und die Mühen des letzten Feldzuges in die preußische Armee gerissen hatten. Friedrich verfügte daher 1759 lediglich über 127 000 Mann Fußtruppen. Erstmalig in diesem Krieg wurde eine rückläufige Personalstärke sichtbar. Außerdem war der König gezwungen — ganz gegen seinen Grundsatz —, der feindlichen Koalition wegen mehrere Heere gleichzeitig zu unterhalten. Zunächst einmal war da die Königliche »Haupt«-Armee (mit 50 000 Mann), welche zwischen Elbe und Oder hin und her pendelte, je nachdem, ob die

Österreicher in Sachsen oder in Schlesien auftauchten. Die »Ost«-Armee, ein Heeresverband von 30 000 Mann, stand am Unterlauf der Oder gegen die Russen und Schweden auf Wache. Ihm gegenüber im Westen stand eine zahlenmäßig gleichstarke Truppe, der die Kontrolle der *Reichsarmee* oblag. Diese »West«-Armee wurde von dem äußerst fähigen Prinzen Heinrich geführt, dem dritten der königlichen Brüder, den Friedrich einmal in einem Trinkspruch als den »Feldherrn ohne Fehler« bezeichnete. Realistisch und zugleich vorsichtig, legte Heinrich einen fast »österreichischen Führungsstil« an den Tag und tat sich besonders in der Auswahl starker Stellungen hervor. Dieses umsichtige Gebaren war zum Teil auf die verhältnismäßig schlechte Qualität seiner Armee zurückzuführen, zu welcher Friedrich eine große Zahl der »Freibataillone« abschob.

Außerdem gab es noch ein »Korps für den beweglichen Einsatz«, wie es Winterfeldt 1757 und Finck 1759 befehligten. Es sollte die Verbindung zwischen den verschiedenen Armeen aufrechterhalten, war aber immer der Gefahr ausgesetzt, von einer des Weges kommenden starken Feindarmee ausgeschaltet zu werden.

Daneben unterhielt Friedrich auch noch ein Kontingent von 2 500 bis 3 500 Mann bei der britischen und protestantisch-deutschen Armee des Prinzen Ferdinand von Braunschweig, einem preußischen General, der in Westdeutschland den Franzosen gegenüberstand. Die Zusammensetzung dieser Truppe wechselte häufig, doch galten die gefürchteten Schwarzen Husaren als die schlagkräftigste Einheit, der man nachsagte, niemals Gefangene zu machen. Als man dem französischen Befehlshaber Clermont einmal einen gefangenen Schwarzen Husaren vorführte, war er von dessen trotzigen und herausfordernden Antworten so beeindruckt, daß er ihn schließlich fragte, ob König Friedrich noch mehr solcher Soldaten habe. »Der Mann mit dem Totenkopf antwortete: »Ich gehöre zu den schlechtesten, sonst wäre ich jetzt nicht euer Gefangener«.[76]

Für das Jahr 1759 kam es zunächst einmal darauf an, die wenig schöne Lage wieder in den Griff zu bekommen, die sich auf dem östlichen Kriegsschauplatz entwickelt hatte. Friedrich hatte schon immer Schwierigkeiten gehabt, für die dortigen Verhältnisse den richtigen Befehlshaber zu finden. Das Problem war 1759 um so brennender geworden, als Daun in Schlesien stand und dort den König mit der Hauptarmee band. Friedrich hatte bei General v.

Dohna zeitweilig den erforderlichen Schwung vermißt und ihm deswegen den Generalmajor Moritz v. Wobersnow als Berater an die Seite gestellt. Dieser aber genoß beim Heer kein besonderes Ansehen. Warnery zufolge war dieser Herr »alt genug, um bereits einen Sohn im Hauptmannsrang zu haben. Das hinderte ihn jedoch nicht am Spielen, Saufen, Streiten und Herumhuren. Mein Bruder, der damals Husarenmajor war, mußte ihm am Vorabend der Schlacht von Kay einmal eine Meldung überbringen. Er fand ihn zusammen mit einer Prostituierten auf einem Strohballen liegen, wobei er keinerlei Anstalten traf, diese wegzuschicken«.[77]

1759 stellte sich jedoch heraus, daß auch das Gespann Dohna-Wobersnow unfähig war, den russischen Vormarsch durch Polen aufzuhalten. Friedrich unterstellte sie daher dem Befehl des hochgewachsenen, athletischen und dummen Generalleutnant v. Wedell, der schon bei Leuthen die Spitze geführt hatte.

Wedell hatte noch niemals zuvor einen selbständigen Verband kommandiert, geschweige denn eine Armee. So fiel ihm auch nichts Besseres ein, als Friedrichs Weisung wortwörtlich zu nehmen und die Russen anzugreifen, wo immer er sie traf. Der russische General Saltykow tauchte am 23. Juli nach einem Umgehungsmarsch in Wedells Rücken auf und bezog auf einer Hügelkette Stellung, von der aus man nach Osten das breite und sumpfige Eichmühlen-Fliess in der Nähe von Kay überblicken konnte. Wedell ließ seine Armee unverzüglich kehrtmachen und setzte zum Angriff an. Seine erstaunten Soldaten mußten in aller Eile die dampfende Suppe wegkippen und das halbgare Fleisch in den Brotbeutel stopfen; sie mußten sich nach Westen in Bewegung setzen, einem heißen Wind entgegen, der ihnen direkt ins Gesicht blies.

Da keine von Wedells Flügelkolonnen in diesem schwierigen Gelände voran kam, wurde nach und nach die ganze Armee durch das gleiche Nadelöhr geschleust, das zu den Stellungen des rechten russischen Flügels führte. Hier wurden sie von zwei Infanterielinien mit sechs hastig davor eingegrabenen Batterien erwartet. Die Blauröcke wurden zusammenkartätscht, sobald sie in dicken Trauben zwischen den Teichen und Büschen auftauchten.

Das erste Treffen wurde von Manteuffel und Hülsen geführt. Der Lieutenant v. Lemcke, der damals dem Regiment von Dessau angehörte, erinnerte sich: »Wir liefen, was wir konnten, blindlings in die Feinde, und da wegen unserer Hurtigkeit keine Artillerie folgen konnte, so kann man sich denken, wie viel wir müssen gelitten haben. Wir hatten ein Defilé zu passieren, welches die Feinde mit Haubitzen beschossen, und schon mancher von uns blieb, ehe wir herauskamen und ordentlich aufmarschieren konnten. Als wir endlich alle heraus waren, empfingen uns die feindlichen Kanonen und rissen, da wir die Glieder richten wollten, immer rottenweise die Leute weg«. Lemcke, jung und ehrgeizig, versuchte seine Männer gegen die Batterie zu führen, »welche aber gar nicht vorwärts wollten, sondern immer hinter den Bäumen standen und von da auf die Feinde feuerten. Ich hatte meinen Degen, so ich statt des Espontons in der Hand führte, schon ganz krumm auf diesen ungehorsamen Leuten geschlagen, welche ich nicht vorwärts bringen konnte, als eine Kanonenkugel gehüpft kam und mir den linken Platfuß zerschmetterte, worauf ich gleich zur Erde stürzte. Meine wenigen Leute nahmen gleich die Flucht und ich sah, daß ich von allen verlassen war, weil sowohl der rechte als der linke Flügel in völliger Flucht war. Es dauerte noch nicht 5 Minuten, so waren die Russen bei mir, welche in der besten Ordnung marschierten von mir ruhig vorbei, allein hinterher kamen einige Marodeure, welche auf die Toten und Blessierten fielen und sie ausplünderten. Einer kam auf mich los und da ich mich aufgerichtet hatte und saß, so schrie er mich an: »Shtupai! Shutpai!« — »Vorwärts! Vorwärts!«. Ich wies auf meinen Fuß, daß ich nicht gehen konnte, da nahm er sein Gewehr und zielte auf mich. Da ich nun recht in die Mündung des Gewehrs sehen konnte, war es mir fürchterlich, meinen Mörder so nahe vor mir zu haben, ich schmiß mich daher längs auf die Erde und legte mich auf den Bauch.

Es war, als wenn mich alle meine Sinne verlassen hätten, und ich mag lange gelegen haben in meiner Betäubung, als ich durch einen heftigen Stoß wieder zu mir kam, den mir ein Kosake mit der Pike gegeben. Als er sah, daß ich lebte, so sprang er vom Pferde, riß mir den Ringkragen ohne aufzuknöpfen vom Halse herunter, zog mir den Rock aus und setzte sich wieder zu Pferde und ritt davon. Der vorige Russe, so auf mich gezielt hatte, hatte mir nichts genommen, und ich sah, daß sich die Bataille wieder umgedreht hatte, denn die Russen sah ich etwas entfernt von meinem Platze wieder retirieren, und die Preußen avancierten gegen selbige. Man kann sich vorstellen, da ich zwischen zwei Feuern lag, wie die Kugeln um mich herum pfiffen. Der Sand flog nur immer um mich herum und ich hatte Hoffnung, wieder zwischen unsere Leute zu kommen. Meine silberne Schärpe hatte ich noch und soviel contenance, daß ich selbige ablöste und unter das Oberhemd band, damit man nicht dadurch gereizt werden sollte, mich noch einmal zu plündern. Es trafen auch einige Soldaten vom Bernburgischen Regiment, wo ich stand, auf mich, welche ich um Gotteswillen bat, mich wegzutragen. Ich riß ein schwarzseidenes Halstuch ab und gab es ihnen, mich fortzubringen. Sie hoben mich auch auf, allein da der Fuß ganz ab war, so hatte ich die entsetzlichsten Schmerzen und konnte nicht von der Stelle gebracht werden. Das Blut lief auch noch immer weg. Sie legten mich daher wieder nieder und gingen weiter davon. Die siegreichen Russen kehrten zurück und nahmen Lemcke seine Schärpe, die Hosen sowie den Schuh von dem heilen Fuß weg. Später kroch er in den nahegelegenen Wald, wo ihn ein mitfühlender russischer Offizier deutscher Abstammung fand und auf dem Pferd seines Bediensteten zum nächsten Kosakenposten brachte.«[78]

Am späten Nachmittag wurde das zweite preußische Treffen in die Schlacht geworfen, dem auch noch die rückwärtigen Teile der Armee unter Wobersnow folgten. Der selbstmörderische Angriff endete, nachdem Wobersnow durch ein Schrapnellgeschoß tödlich verwundet worden war.

Nachdem Saltykow auf diese Weise Wedells Armee aus dem Felde geschlagen hatte, vereinigte er sich zwei Wochen später mit den 20 000 Österreichern unter Laudon, der allgemein als der wendigste österreichische Feldherr galt. Friedrich saß mithin zwischen zwei schlagkräftigen Gegnern: Dauns österreichischer Hauptarmee und den vereinigten österreichisch-russischen Truppen, unter Laudon und Saltykow.

In dieser kritischen Situation zog der König seinen Bruder Heinrich mit der »West«-Armee an sich, um Daun in Schlesien zu fesseln, während er sich mit der »Zentral«-Armee nach Osten in Marsch setzte, um dort die Überreste von Wedells Korps aufzunehmen. Tauscht man den Namen Wedell gegen Dohna aus, befand sich Friedrich in annähernd der gleichen Situation wie seinerzeit während der Zorndorf-Kampagne von 1758. Genau wie damals hatten sich die Russen auch diesmal wieder auf dem Gegenufer der Oder festgesetzt — in diesem Falle in einem Lager, das mit einem langen Frontvorsprung direkt nach Osten auf Frankfurt wies. Friedrich überschritt mit seiner Armee die Oder unterhalb Frankfurt und blickte am Nachmittag des 11. August 1759 gen Süden, über eine sumpfige Heidelandschaft, wo ihm — über eine sandige Hügelkette sich hinziehend — die Front des russischen Lagers zu verlaufen schien. Zur Rechten machte er ein ausgedehntes bewaldetes Hügelgelände aus, sah allerdings darin noch keinen Grund, den Gegner auf dieser Seite nicht zu umgehen und anschließend im Rücken zu packen. Gemäß seiner nun schon üblichen Führungsprinzipien beabsichtigte er, den Generallieutenant v. Finck zur Täuschung geradewegs über die Heide angreifen zu lassen, während er mit den übrigen Teilen weit ausholen und dann den Russen aus dem Raum Kunersdorf in den Rücken fallen wollte.

Am Morgen des 12. August 1759 setzte sich die Armee »treffenweise« in Bewegung. Nach langem und beschwerlichem Annäherungsmarsch durch das bewaldete Gebiet gelangte man schließlich an jene Stelle, der gegenüber Friedrich ein offenes, in den Rücken des Feindes führendes Gelände erwartete.

Doch er sah sich einer weiteren gegnerischen Abwehrstellung gegenüber, welche genau die von ihm festgelegte Vormarschrichtung sperrte. Außerdem konnte man jetzt südlich Kunersdorf, im Vorfeld, eine Reihe ungemein störender Teiche erkennen . . . Aufklärung und Erkundung waren niemals Friedrichs Stärke gewesen. Die preußische Angriffsspitze überrannte ohne große Schwierigkeiten den nach Osten vorspringenden Teil der gegnerischen Stellung, doch dann setzte sich der Feind jenseits des »Kuh-Grund« erneut fest und wies alle weiteren Vorstöße gegen seinen verkürzten Flügel erfolgreich ab. Schließlich gelang es der preußischen Infanterie, an einer weiter abgelegenen Stelle diese sumpfige Enge teilweise zu überwinden. Doch bevor die Kavallerie den Anfangserfolg auszunutzen vermochte, wurde Seydlitz verwundet. Eine Kartätschenkugel traf den Griff seines Degens und zerschmetterte seine Hand. Heftig blutend, unter großen Schmerzen und beträchtlicher Schockeinwirkung, mußte der berühmte Reitersmann das Schlachtfeld verlassen.

Der linke Flügel der Hauptarmee unternahm jetzt noch verschiedene sporadische und nicht koordinierte Vorstöße gegen die feindliche Höhenstellung, welche den Kuh-Grund überragte, während Fincks Korps zwei Ablenkungsangriffe vortrug. Beide Unternehmen blieben erfolglos. Um den festgefahrenen Infanterieangriff wieder in Gang zu bringen, faßte Generallieutenant v. Platen schließlich die Kavallerie in einem großen Verband zusammen und ritt aus dem Raum südlich Kunersdorf eine Attacke gegen die westlich des Ortes gelegenen Feindstellungen. Hierbei geriet die preußische Reiterei in das zusammengefaßte Artilleriefeuer vom Großen Spitzberg — des stärksten Eckpfeilers der gegnerischen Stellung —, wurde total zusammengeschlagen und die Überreste von österreichisch-russischer Kavallerie vollends verjagt. Nach einem wilden Handgemenge in Staub und Pulverdampf war auch der letzte preußische Reiter verschwunden. Die ganze Armee war auf der Flucht.

Nach dieser Schlacht vermochte Friedrich nicht mehr als 5 000 Soldaten und 50 Geschütze um sich zu versammeln. Neunzehntausend Mann — fast Zweidrittel seiner Armee! — hatte er für immer verloren, desgleichen sämtliche schweren Geschütze sowie die schöne neue Batterie der reitenden Artillerie. Die Schuld an der Katastrophe gab er seinen Soldaten, einem »Haufe von Feiglingen«, denen jegliches »Ehrgefühl« abginge. In seiner Niedergeschlagenheit sah er bereits das Ende seiner eigenen Laufbahn und des preußischen Staates voraus.

Zu den Opfern gehörte auch der dichtende Major Ewald v. Kleist. Er hatte ein Bataillon des Regiments von Hauss während einem der vergeblichen Angriffe des Korps Finck geführt. Hierbei zerschmetterte ihm eine Kugel die rechte Hand. Er nahm daraufhin seinen Degen in die Linke und ging weiter gegen eine feindliche Batterie vor, als ihn eine Kartätschenkugel in den Körper traf. Er stürzte in einen Graben, wurde hier von den Kosaken ausgezogen und verbrachte die Nacht in seinem Blute schwimmend. Anderntags wurde er von regulären russischen Truppen gefunden und nach Frankfurt geschafft, wo er ein wenig später starb. Die Leiche wurde von den Professoren der Universität Frankfurt und einer starken russischen Offiziersabordnung zu Grabe geleitet. Sein Degen wurde ihm auf den Sarg gelegt.

Kleist war »ein edler Deutscher, verehrungswürdig durch seinen Charakter, unsterblich durch seine Gesänge; von seinem König wegen seiner Deutschheit verkannt, von seinen Zeitgenossen kalt bewundert, aber gewiß von der späten Nachwelt gepriesen«.[79]

Jetzt trat unvermutet das ein, was Friedrich »das Mirakel des Hauses Brandenburg" nennen sollte. Saltykow überschritt zwar vier

Tage nach seinem Sieg die Oder, glaubte wohl aber, daß die Russen mit den blutigen Schlachten von Kay und Kunersdorf genug für die alliierte Sache getan hätten und weigerte sich, weiter vorzurücken, es sei denn, Daun zöge zu seiner Unterstützung heran. Dieser dachte jedoch nicht daran, und so nahm Saltykow sein Heer wieder über den Fluß zurück. Auf diese Weise blieb der stark angeschlagenen preußischen Armee der Gnadenstoß erspart. Es gelang Friedrich, auch zwei weitere Rückschläge zu überwinden, die das Jahr ihm noch bringen sollte.

Während Friedrich am Unterlauf der Oder den Russen gegenüberstand, hatten das österreichische Gros sowie die *Reichsarmee* es für ratsam erachtet, sich gegen die große Stadt Dresden in Marsch zu setzen. Unter dem Eindruck der Niederlage von Kunersdorf hatte Friedrich den Gouverneur, General v. Schmettau, schriftlich angewiesen, die Stadt zu übergeben, sofern die Bedingungen günstig seien und er sowohl die Garnison als auch die Magazine und die sächsische Kriegskasse retten könne. Als sich die Russen aber jetzt nicht zum Kampf stellten, änderte Friedrich seine Meinung, doch der Gegenbefehl kam zu spät und am 4. September fiel die wichtige Stadt.

Friedrich kehrte von der Oder nach Sachsen zurück und verbrachte die restliche Zeit des Feldzugs von 1759 mit dem vergeblichen Versuch, die Österreicher aus ihren Stellungen in den unzugänglichen Grenzgebirgen südlich Dresden herauszulocken. Hierbei beendete eine besonders tragische Episode die Karriere des verdienten Generalleutnants Friedrich August v. Finck. Dieser war 1740 mit besten Empfehlungen aus russischen Diensten übergewechselt (als Folge der Verbindung Münnich-Manstein-Winterfeldt — er war sogar ein Vetter des letzteren) und hatte Friedrich unschätzbare Dienste geleistet, indem er aus dem bei Kunersdorf entkommenen Haufen wieder so etwas wie eine Armee gemacht hatte. Finck war ein »über jeden Zweifel erhabener Truppenführer — tapfer, unternehmend und ungemein tüchtig; sein Unglück war nur, daß er es mit einem Herrn zu tun hatte, der niemals zugab, wenn er im Unrecht war«.[80]

Sehr gegen seine Lagebeurteilung, und die des Prinzen Heinrich, wurde er mit seinem Korps entsandt, um das gefährlich isolierte Plateau von Maxen zu halten. Am Nachmittag des 20. November griffen vier Kolonnen österreichischer Infanterie mit großer

298

Übermacht von Südwesten her an. Die preußische Kavallerie, unter Generalmajor v. Gersdorff, unternahm nichts, um ihren Kameraden von der Infanterie zu Hilfe zu eilen, so daß das Zentrum des Finckschen Korps dem gegnerischen Druck nicht länger standhielt und zusammenbrach. Da es über die engen Pfade, die von dem Plateau nach unten führten, kein Entweichen gab, sah sich Finck gezwungen, seinen Soldaten das Niederlegen der Waffen zu befehlen. Damit waren 13 000 Mann urplötzlich von der strategischen Landkarte verschwunden, genauso, als hätte sie eine blutige Schlacht verschlungen.

Friedrich fand vielerlei Gründe um bei jedem, außer bei sich selber, die Fehler für einen Mißerfolg zu suchen. Und dieses Desaster hatte selbst das von Kolin noch übertroffen. Das Husarenregiment von Gersdorff ließ er deshalb von der Armeeliste streichen, und über die »Regimenter von Maxen« verhängte er eine immerwährende Verachtung. Finck wurde kassiert und zu zwei Jahren Arrest in der Festung Spandau verurteilt.

Die zusammengeschmolzene preußische Armee klammerte sich bis zum Februar 1760 an ihre Stellungen auf den Höhen rings um Dresden. Der Schnee lag knietief, die wenigen Ortschaften boten für die vielen Soldaten keinerlei Schutz. Ein Veteran des Regiments von Forcade erinnerte sich: »Die gemeinen Soldaten, um ihr von der Kälte erstarrtes Blut flüssig zu machen, liefen entweder wie die Unsinnigen im Lager herum, oder uneingedenk des Kochens verkrochen sie sich in ihren Zelten, wo sie auf einander lagen, um wenigstens einige Theile ihres Körpers an den Leibern ihrer Kriegsgefährten zu erwärmen . . . . Scharenweise wurden sie zu Grabe getragen; und dieser einzige Winter-Feldzug kostete dem König mehr Menschen, als zwey große Schlachten gethan haben würden«.[81] Zählt man die an Erfrierungen und Hunger Gestorbenen noch hinzu, kostete der Feldzug von 1759 über 60 000 Soldaten das Leben.

Die preußische Armee
in den späteren Jahren des Siebenjährigen Krieges

Es schien kaum möglich, daß die preußische Armee auch weiterhin die Lasten des Krieges würde tragen können. Menschen und Hilfsquellen wurden in derart großem Maße verschlungen, wie es Friedrich nicht entfernt ahnen konnte, als er sich 1756 auf dieses Abenteuer einließ.

Im Oktober 1756 standen dem König 5 500 Offiziere zur Verfügung. Davon ging in den ersten drei Kriegsjahren ungefähr die Hälfte verloren, weitere 1328 bei der dreifachen Katastrophe von Kay, Kunersdorf und Maxen und noch einmal 771 in den Kämpfen des Jahres 1760 bei Landeshut, Liegnitz und Torgau. Wenngleich ein Teil dieser Offiziere nach Ausheilung ihrer Verwundungen oder aus der Gefangenschaft zurückkehrte, so mußten insgesamt doch 4 000 gänzlich abgeschrieben werden, von denen 1 500 gefallen waren. Diese fehlenden Offiziere machten sich um so mehr bemerkbar, als die straffe preußische Disziplin Regimenter mit einem starken Offizierkorps erforderte und der König darauf bestand, jede Einheit als ein geschlossenes Ganzes zu behandeln — mit Ausnahme der Grenadierbataillone.

Diese erschreckenden Lücken wurden durch die verschiedenartigsten Notbehelfe gestopft: man vergab Offizierspatente an Bürgerliche, warb stellungslose Offiziere im Ausland an, und im Winter 1758/59 ging Friedrich sogar dazu über Kinder und ganz junge Kadetten zu Offizieren zu machen. Der spätere Historiker Archenholtz war dreizehn Jahre alt, als man ihn, zusammen mit neununddreißig anderen Kadetten, im Dezember 1758 in Friedrichs Hauptquartier nach Breslau schickte.

Der König teilte sie persönlich ihren Regimentern zu, wo sie die Rekruten auszubilden, kleinere Kommandos zu führen und als Adjutanten zu fungieren hatten. Körperlich waren sie den Anstrengungen wohl kaum gewachsen, aber »ungeachtet ihrer edeln Geburt unter der Muskete erzogen, zu grober Kost gewöhnt und durch Wachten in Frost und Hitze abgehärtet, waren sie mit allen Theilen des Dienstes vertraut, und voll hoher Begriffe von kriegerischer Ehre«.[82]

Die Verluste unter den höheren Befehlshabern waren ebenfalls äußerst schwerwiegend. Schwerin, Winterfeldt und Keith waren tot, Moritz von Dessau lag im Sterben, die Laufbahn von Bevern, Schmettau und Finck konnte als beendet gelten und der unersetzliche Seydlitz hatte vermutlich einen Syphilis-Rückfall. Er mußte sich daher vor jeder Verletzung hüten. Als einziger Reiterführer von Format war Zieten übriggeblieben. Von der zweiten Generals-Garnitur stach allmählich Saldern mehr und mehr hervor, während

Wunsch und der »grüne« Kleist sich unter der Führung Prinz Heinrichs einen Namen zu machen begannen. Niemand von ihnen war aber imstande, die toten Helden von 1756 zu ersetzen.

Ein außenstehender Beobachter kann annehmen, daß es sich bei einem Regiment um eine Einrichtung handelt, welche gesunde junge Leute verschlingt und sie als Krüppel wieder ausspuckt. So hatten im Verlauf des Siebenjährigen Krieges nahezu alle preußischen Regimenter etwa 3 000 Rekruten verbraucht, verschiedene wohl auch erheblich mehr. Und dennoch — trotz der ausgemachten Katastrophen von 1758 und 1759 — war die Qualität der Regimenter nicht schlechter, sondern eher besser geworden. Die Gesamtstärke der Armee hatte sich um die 100 000 Mann eingependelt.

Die ausländischen Söldner hatten während der ersten Feldzüge gehörig den Kopf hinhalten müssen, und erst nachdem sie fortgelaufen oder gefallen waren, ging der König daran, in vollem Umfang auf die eigenen Landeskinder zurückzugreifen.

Die Offiziere gaben zu, daß die jungen Kantonisten, die man zu den Fahnen rief, hingebungsvoll und tapfer waren und sich ohne Murren in die überhastete Ausbildung schickten. »Man ließ sie kaum zu Atem kommen. Hier galt keine Kälte, kein Schnee, keine Dunkelheit, kein Sonn- und Festtag. Unablässig wurden sie zu Fuß und zu Pferde durch Übungen zugestutzt, auf Marktplätzen, auf Feldern, in Ställen und Scheunen, so daß sie immer schon vollkommen abgerichtet und Soldaten ähnlich zu ihren Regimentern stießen«.[83]

Friedrich hielt indessen nicht allzuviel von Begeisterung oder Idealismus, sondern bemühte sich, auch anderweitig seine gelichteten Ränge wieder aufzufüllen. Vor allem ging es ihm weiterhin darum, möglichst viele Kriegsgefangene in seine Dienste zu pressen. 1760 schloß er mit Oberst Collignon, der eine unabhängige Rekrutenagentur betrieb und nunmehr ganz Europa für ihn durchstöberte, einen äußerst zweckdienlichen Vertrag. »Der preußische Oberst Collignon, ein zu diesem Geschäft von der Natur geschaffener Mann, war ihr Befehlshaber, und belehrte sie durch sein Beispiel. Er reiste in allerhand Kleidung und Gestalten umher, und beredete die Menschen zu Hunderten, in Preußische Dienste zu treten. Er versprach nicht allein, sondern er gab sogar offene Schreiben, worin er junge Laffen, Studenten, Kaufmannsdiener und andere zu Lieutenants und Capitains der Preußischen Armee ernannte; by

der Infanterie, bei den Cuirassieren, by den Husaren, gleich viel;
sie durften nur wählen . . . Sie eilten mit ihren Patenten nach
Magdeburg, wo man sie als gemeine Rekruten in Empfang nahm,
und mit Gewalt unter die Regimenter steckte. Hier galt kein Wi-
derstreben; der Stock wurde so lange gebraucht, bis eine vollkom-
mene Unterwürfigkeit erfolgte«.[84] Für jeden in Magdeburg ein-
treffenden Rekruten erhielt der findige Collignon fünfzehn Thaler,
von denen er zehn an seine Unterhändler weitergab. Den Berichten
zufolge sollen er und seine Helfershelfer insgesamt 60 000 junge
Soldaten auf diese Weise eingefangen haben.
Wo Ehre und Ehrgeiz nicht zogen, wußte Friedrich mit anderen
Beweggründen zu locken, um Männer an seine Fahnen zu binden.
Es wurde kaum etwas unternommen, um die Truppe vom will-
kürlichen Plündern abzuhalten, und in Schlesien fürchtete man sich
vor den Preußen genauso wie vor den Russen. Bezeichnend ist
daher auch, daß in diesen Jahren die »Freibataillone« allerorts aus
dem Boden schossen. Allerdings schob der König die meisten dieser Räuberbanden zu der Armee Prinz Heinrichs ab, wozu ihn
keineswegs die brüderliche Liebe bewegte. Heinrich beschwerte sich
denn auch im März 1762: »Es bestehen die an die hiesige Artillerie
abgelieferten Rekruten in so schlechten und miserablen Leuten, als
entweder alten abgelebten Krüppeln und Kindern, so sich zu Ar-
tillerie-Knechten gar nicht schicken, oder von allen Nationen zu-
sammengelaufenen Vagabonden, die so bald sie in die Brigaden
abgetheilt werden, sich haufenweise wieder debordiren«.[85]
Die Stärke der Kavallerie konnte ziemlich gleichbleibend bei 30 000
Mann gehalten werden. Pferde beschaffte man in großer Zahl entweder durch umfangreiche Requisitionskommandos in Feindesland
oder man kaufte sie in Osteuropa auf; zumindest hatte Friedrich
keine Schwierigkeiten, für diese attraktive Waffengattung die erforderlichen Rekruten zu bekommen. Die preußischen Kürassiere
stellten inzwischen eine auf dem Schlachtfeld gefürchtete Truppe
dar, während die Dragoner, und vor allem die Husaren, es dank
der häufigen Scharmützel mit dem Feinde zu einem hohen Kampfwert gebracht hatten. Es konnte zwar leicht vorkommen, daß die
Husaren im Verlauf eines Feldzuges bis über die Hälfte ihres Effek-
tivbestandes einbüßten, doch genauso schnell vermochten sie sich
auch wieder aus den Reihen der Bauern zu ergänzen, die von einem
durch Plündern leicht erworbenen Vermögen träumten.

Am schwersten vom Kriege gezeichnet war die Artillerie. Die ihr zum Ziehen der ständig schwerer werdenden Geschütze zugeteilten Pferde wurden immer weniger und das Personal immer schlechter.

1760 — Die Schlappe von Landeshut und Dresden und eine nochmalige Gnadenfrist bei Liegnitz und Torgau

Die Kampagne von 1760 unternahm Friedrich mit dem Ziel, angesichts der Österreicher und der *Reichsarmee* Dresden zurückzugewinnen. Prinz Heinrich mit der »West«-Armee wurde nach Schlesien entsandt, um dort ein wachsames Auge auf die Russen zu haben, während das wenig beneidenswerte Kommando über das »bewegliche Korps z. b. V.« dem General de la Motte Fouqué übertragen wurde, dem tyrannischen Gouverneur von Glatz.

Fouqué war der Typ des intelligenten, zähen aber unangenehmen Offiziers, wie er Friedrich mehr behagte als der Armee. Er besaß ein wachsames Auge und eine schnelle Zunge und trug eine altmodische Uniform, welche noch auf den Alten Dessauer zurückging, seinem Mentor in Artilleriefragen. Retzows Urteil ist zwar streng aber treffend: »Fouqué hatte fast keinen Freund, als den König, seinen Herrn, der ihn wegen seiner militärischen Talente hoch schätzte. Selbst seine Kinder fesselte nur eine knechtliche Furcht an ihn. Die Armee, die Mönche und die Nation, besonders die Grafschaft Glatz, deren Gouverneur er war, haßten ihn wegen seiner nicht seltenen mit Grausamkeit gepaarten Strenge«.[86]

Zu Fouqués Aufgabe gehörte die Aufrechterhaltung der Verbindung zwischen den preußischen Heeren in Sachsen und Schlesien. Friedrich wies ihn in diesem Zusammenhang an, Landeshut zu besetzen, eine Stadt im Südostteil von Schlesien, unweit der böhmischen Grenze, Kreuzungspunkt zweier wichtiger Straßen. Fouqué war keineswegs der Mann, einen derartigen Befehl seines Herrn in Frage zu stellen, sondern ging unverzüglich daran, seine rund 12 000 Soldaten auf einem Höhenzug südostwärts des Städtchens in 6$^{1}/_{2}$ km Frontbreite aufmarschieren zu lassen.

In dieser exponierten Stellung wurde Fouqué in den frühen Morgenstunden des 23. Juni von dem 30 000 Mann starken Heer des General Laudon angegriffen.

Die Preußen wurden von den Höhen verjagt und auf den Bober zugetrieben, und wer tatsächlich das andere Flußufer erreichte, den ritt die österreichische Kavallerie nieder. »Fouqué selbst wurde gefährlich am Kopf verwundet, und stürzte mit seinem gleichzeitig unter ihm totgeschossenen Pferde zu Boden. Mehrere seiner tapfersten Soldaten versuchten ihren Feldherrn zu retten, umringten ihn und fochten, bis sie neben ihm hinsanken. »Er bekam noch zwey Säbelhiebe im Arm und Rücken, und Österreichische Reiter waren eben im Begriff, ihm vollends den Todesstoß zu geben, als die seltne Treue eines gemeinen Reitknechts, Namens Trautschke, den Helden rettete. Er warf sich auf seinen Herrn, und fing mit seinem Leibe Wunden auf, die diesem zugedacht waren«. Dem persönlichen Eingreifen des österreichischen Oberst Voit war es dann zu danken, daß General und Reitknecht am Leben blieben.« Hohe und niedere (österreichische) Offiziere neigten sich vor ihm, und wetteiferten, ihm durch Handlungen ihre große Hochachtung zu bezeugen. Der Oberst Voit ließ sein Paradepferd herbeiführen und bat Fouqué, es zu besteigen. Dieser weigerte sich und sagte: »Ich werde das schöne Sattelzeug mit meinem Blut verderben«. Voit erwiderte: »Es wird unendlich gewinnen, wenn es mit dem Blut eines Helden gefärbt wird«. Nur ein einziger österreichischer Offizier war niedrig genug, dem gefangenen Feldherrn wegen seiner Niederlage ins Angesicht zu spotten. Dieses Betragen wurde aber auf der Stelle durch Vorwürfe von allen Zungen geahndet. Fouqué unterbrach sie und sagte: »Lassen Sie ihn sprechen, meine Herren! Das geht so im Kriege. Heute mir, morgen dir!«[87]

Friedrich hatte also wieder einmal zugelassen, daß ein allein auf sich gestelltes Korps vom Gegner überwältigt wurde, auch wenn der Schaden nicht ganz so groß war wie bei Maxen und Fouqué sich hervorragend geschlagen hatte.

Nachdem das Korps Fouqué auf diese Weise ausgeschaltet war, wandte sich der tatendurstige Laudon nach Süden und belagerte die Festung Glatz, mit einer »preußischen« Garnison von 3 200 Mann, zumeist Deserteure und in den eigenen Dienst gepreßte Kriegsgefangene. Dieser Haufen meuterte am 26. Juli, und praktisch ohne Widerstand rückten die Österreicher ein. Ihnen war es somit dank der verheerenden Qualität der Verteidiger gelungen, sich der wichtigsten Grenzfestung zu bemächtigen.

Anschließend hastete Laudon nach Breslau, wo er sich eine ähnlich mühelose Einnahme der Stadt erhoffte. Doch Friedrich hatte in der Person des Generalmajor Bogislaw v. Tauentzien dort einen

Der Angriff des Regiments von Bernburg bei Liegnitz.

Kommandanten sitzen, dem er bedingungslos ein selbständiges Kommando anvertrauen konnte. Tauentziens Sekretär Lessing schrieb: »Wäre der König so unglücklich geworden, seine Armee unter einem Baum versammeln zu müssen, General v. Tauentzien hätte gewiß unter diesem Baum gestanden.«[88]
Tauentzien wußte wohl, wie sehr es darauf ankam, Laudon die großen Magazine von Breslau zu verweigern. Als die Österreicher schworen, selbst die Kinder im Mutterleib nicht zu schonen, falls Breslau nicht unverzüglich kapitulieren würde, entgegnete Tauentzien: »Ich bin nicht schwanger, und meine Soldaten auch nicht«.[89]
Da Laudon jedoch nicht über die Mittel verfügte, seiner schrecklichen Drohung Nachdruck zu verleihen, hob er die Blockade am 4. August wieder auf, nachdem sich Prinz Heinrich von Norden her im Anmarsch befand.
Während sich Laudon, Verheerungen anrichtend, in Schlesien herumtrieb, widmete sich Friedrich der Aufgabe, die 14 000 Österreicher der Reichsarmee aus Dresden zu verjagen. Eine zeitraubende Belagerung schien ihm nicht sinnvoll, zumal er glaubte, daß eine dreitägige Beschießung ausreichen würde, um den Fall der Stadt zu sichern.
Am 14. Juli eröffnete die preußische Feldartillerie das Feuer und

am 19. schlossen sich die schweren Geschütze von Torgau an. Die
Kanonade richtete schreckliche Verheerungen in der schönen Stadt
an, die gemeinhin als Krone des deutschen Barock galt. »Viele der
vornehmsten Straßen brannten von einem Ende zum anderen, und
wo man hinblickte, stürzten Häuser ein . . . die Preußen hatten
bemerkt, daß die österreichischen Officiere vom Turme der Kreuz-
kirche aus ihre Bewegungen mit Ferngläsern beobachteten und
signalisierten; nun beschossen sie diesen Turm. Er gerieth in Brand,
und sein Einsturz verursachte eine weit um sich greifende Feuers-
brunst«.[90]

Friedrich verstand jedoch nicht viel von der Belagerungskunst. Er
hob in der dritten Juliwoche die Einschließung wieder auf, nachdem die österreichische Hauptarmee noch immer in den nahegelegenen Bergen hockte, und Laudon sowie die Russen fortfuhren, in
Schlesien große Schäden anzurichten. In der Nacht vom 21. auf den
22. Juli zogen die Preußen ihre Geschütze aus den Stellungen zurück, worauf die Österreicher einen Ausfall aus Dresden machten
und das Regiment von Anhalt-Bernburg durchbrachen und zer-
sprengten. Friedrich war außer sich vor Zorn. Die Strafe, die er
verhängte, war »beyspiellos in den Annalen der Preußischen
Kriegsgeschichte. Die gemeinen Soldaten mußten ihre Seiten-
gewehre, und die Unter-Officiere sowohl als die Officiere ihre Hut-
Tressen ablegen . . . Das Regiment, das, von dem berühmten Fürsten Leopold v. Dessau selbst gebildet, nicht selten Proben von
Tapferkeit und guter Kriegszucht gegeben hatte, wurde aufs tiefste
gebeugt. Fast alle Officiere, reiche und arme, überzeugt, nach Umständen ihre Pflicht gethan zu haben, verlangten ihren Abschied,
der ihnen jedoch sämtlich verweigert wurde«.[91]

Friedrich hielt sich bis zum 29. Juli in der Gegend von Dresden auf,
doch ließen schlechte Nachrichten aus Schlesien es dann geboten
erscheinen, dort endlich etwas zu unternehmen.

Von allen Seiten drängten jetzt feindliche Heere gegen Schlesien
heran. Das war für die Preußen eine der gefährlichsten Lagen des
Siebenjährigen Krieges.

Als Friedrich nach Osten Prinz Heinrich entgegeneilte, hatte er
Daun auf den Hacken und Laudon, nebst einem russischen Verband unter Tschernyschew, vor sich. Daun und Laudon gelang die
Vereinigung noch bevor Friedrich seinen Bruder zu erreichen vermochte, worauf sich die Österreicher entschlossen, ihre große Über-

legenheit auszunutzen (90 000 : 30 000) und Friedrich am Nordufer der Katzbach, unweit Liegnitz in die Zange zu nehmen. Laudon sollte über den Fluß hinweg das preußische Lager vom Osten her angreifen, während Daun mit dem Gros vom Südwesten her die Vernichtung zu vollenden hatte.

Da ihm sein Gefühl sagte, daß irgendetwas in der Luft lag, verließ Friedrich in der Nacht vom 14. auf den 15. August sein Lager und begab sich weiter vor, bis auf das Plateau von Liegnitz. Gegen 3 Uhr morgens erreichte ihn hier die Meldung, daß Laudon sich auf dem »preußischen« Ufer der Katzbach befände und gegen seinen Rücken und die linke Flanke vorginge. Der König befand sich mithin in der Lage, einen feindlichen Angriff abwehren zu müssen — das zweite Mal seit Soor im Jahre 1745. Er ließ das zweite Treffen unter Zietens Führung zurück, während er sich selbst mit dem ersten nach links verschob, um hier rasch eine neue Front gegen Laudon aufzubauen.

Dreimal warf Laudon im Nebel der ersten Morgenstunden seine Grenadiere gegen die Preußen und dreimal wurden sie durch Gewehrsalven und einen Kartätschenhagel der tödlichen 12-Pfünder abgewiesen, die Friedrich unter den preußischen Brigaden aufgeteilt hatte.

Daraufhin sah Friedrich den Zeitpunkt für einen Gegenangriff für gekommen. Am linken Flügel lechzten die gedemütigten Männer des Regiments von Bernburg nach Rache, und der Fähnrich v. Göchausen wußte darüber später zu schreiben:

»Ich sehe noch den alten braven Bülow, wie er herangesprengt kam, den Brigadier Prinzen Bernburg aufsuchte und ihm schon von weitem zurief: Aber gnädiger Herr, wo will Ihr Regiment hin? Um Gottes Willen, halten Sie doch Ihre Brigade in Ordnung! Aber da halfen kein Rufen noch Befehl mehr. Die drei Bataillone Bernburg stürzten sich vorwärts und betäubten sich selbst, die Generalität und den Feind mit dem schröcklichen Geschrey: »Ehre oder Tod!«.«[92]

Die Bernburger durchbrachen die österreichischen Linien, unterstützt durch das Regiment Prinz Ferdinand und zwei Kürassierregimenter, und zwangen Laudon, sich mit seinen angeschlagenen Verbänden wieder über die Katzbach abzusetzen. Der Kampf um das Plateau dauerte zwei Stunden. Die Schlacht war entschieden, bevor Daun mit der Masse des Heeres übersetzen konnte.

Den Österreichern gelang es nie wieder, eine derartige taktische Überlegenheit zusammenzubringen wie bei Liegnitz, die sie jedoch nicht zu nutzen wußten. Was Tschernyschew anbelangt, so hatte er zwar den Kanonendonner vernommen, sich aber nicht bemüßigt gefühlt, seinerseits einzugreifen.

Friedrich hatte allen Grund zufrieden und großmütig zu sein. »Seine Majestät lassen alle Officiers der Armee vor die Bravour und den Eifer, den sie heute bewiesen, danken. Der Schandfleck des Bernburgischen Regiments soll von heute an aufgehoben sein, die Tressen wollen Seine Majestät selbst kaufen, desgleichen erhalten sie die Säbel wieder, und damit die Herren Officiers der ganzen Armee wissen und sich imprimiren können, daß wenn sich jemand distinguirt, er auch wieder in allen Stücken distinguirt wird, so wird hierbei das Avancement bekannt gemacht, und soll überdem auch eine gewisse Summe Geldes gegeben werden«. — Es folgt eine Liste der Beförderungen und Auszeichnungen — »Wer Fahnen erbeutet hat, soll angezeigt werden, wofür ein jeder 50 Thaler erhält. Vor eine jede Kanone werden 50 Dukaten bezahlt«.[93]

Friedrich verblieb noch einige weitere Wochen in Schlesien, was den Österreichern und Russen die Gelegenheit verschaffte, mit einigen Detachments schnell noch einmal über die Hauptstadt Berlin herzufallen. Der russische General Tottleben traf am 3. Oktober vor Berlin ein. Wenig später erschien der österreichische Befehlshaber Lacy mit 15 000 Österreichern und Sachsen auf dem Plan, was zusammen mit den noch hinzukommenden Verbänden der Russen Tschernyschew und Panin die Gesamtstreitmacht auf 35 000 Mann anwachsen ließ. Dreizehntausend Preußen zogen sich vor ihnen am 8. Oktober in die Zitadelle Spandau zurück, während die in Berlin zurückgebliebene Garnison von 3 000 Mann sich am 9. ergeben mußte.

Die Russen zerstörten die königliche Kanonengießerei, die militärischen Fertigungsstätten, die Pulvermühlen sowie die meisten königlichen Fabriken und kassierten von der Stadt 1 700 000 und von der Schatzkammer 100 000 Thaler.

Der Schaden hätte dennoch größer sein können. Der reiche Berliner Kaufmann Gotzkowsky genoß bei den Russen einiges Ansehen, weil er sich nach Zorndorf um gefangene russische Offiziere gekümmert hatte. So gelang es ihm, nicht nur eine einigermaßen tragbare »Kontribution« auszuhandeln, sondern auch so wichtige Einrichtungen wie das *Lagerhaus* und die königliche *Gold- und Silber-manufaktur* vor der Vernichtung zu bewahren. Sogar das schöne neue Arsenal entging der Zerstörung. Die Russen beschlossen, das Pulver verschiedener Mühlen heranzukarren und anzuzünden, aber bevor der Plan zur Ausführung gelangte, ging es infolge einer Explosion vorzeitig in die Luft. So nahmen sie denn diverse Ausrüstungsgegenstände und Waffen mit und warfen den Rest in die Spree.

Die Österreicher zeigten sich weitaus rachsüchtiger als ihre russischen Bundesgenossen, ganz zu schweigen von den Sachsen, die noch alte Rechnungen zu begleichen hatten und das königliche Schloß Charlottenburg total verwüsteten. »Die kostbaren Zimmergeräthe wurden zertrümmert, die Spiegel und Porcellan-Gefässe in kleine Stücke zerschlagen, die Tapeten in Fetzen gerissen, die Gemälde mit Messern zerschnitten und die Fußböden, Seitenwände und Thüren mit Beilen zerhauen«.[94]

Als die Alliierten am 12. Oktober Berlin wieder verließen, nahmen sie außer der Beute auch noch 5 000 Gefangene mit. Unter ihnen befanden sich auch die jüngeren Knaben des Kadettenkorps, die auf ihrem Marsch mit den Russen großem Hunger und vielerlei Strapazen ausgesetzt waren.

Nachdem sich der Feind derartig eng um ihn herum gruppiert hatte, konnte Friedrich eigentlich nirgendwo operieren, ohne daß zugleich der Teufel in seinem Rücken los war. Während die Preußen noch in Schlesien waren, nahm Daun die Gelegenheit wahr, um die österreichische Hauptarmee zurück nach Sachsen und die Elbe herunter nach Torgau zu führen, wo das aus Berlin kommende Korps Lacy sich am 24. Oktober mit ihm vereinigte. Daun hatte strikte Anweisungen erhalten, sich zum Kampfe zu stellen, weshalb er sich in einer alten Stellung des Prinzen Heinrich festsetzte, die achtzig Kilometer südostwärts Dresden, entlang einem Höhenzug am Westufer der Elbe, verlief. Die Österreicher blickten nach Südwesten über die steilen Hänge der Weinberge hinweg, wobei Lacys Korps links (ostwärts) der Elbe am nächsten stand und Dauns Hauptarmee weiter rechts, auf den Höhen von Süptitz und Grosswig. Die Front selber war mit 275 Geschützen gespickt.

Friedrich wandte sich unverzüglich zum Angriff, konnte er doch nicht zulassen, daß die Österreicher auf seinen sächsischen Hilfsquellen saßen. Obwohl schon zahlenmäßig unterlegen (44 000 gegenüber 53 000), nahm er das Risiko in Kauf, seine Kräfte auch noch zu teilen. Während Zieten in die Ausgangsstellung rückte, um die Österreicher vom Süden her anzugreifen, führte Friedrich den Rest der Armee in einem langen Marsch um die Westflanke des Gegners herum, um in Dauns Rücken zu gelangen.

Noch während sich Friedrichs Truppen in den Mittagsstunden des naßkalten, windigen 3. November 1760 mühsam ihren Weg durch die Wälder bahnten, hatte der gewitzte Daun den Plan durchschaut und baute mit den Regimentern seines ersten Treffens eine neue, nach Nordosten gerichtete Front auf. Es war wie bei Liegnitz, nur mit vertauschten Rollen.

Der König sah seine ursprüngliche Absicht jetzt nicht nur vereitelt, sondern vernahm auch noch alarmierendes Kanonenfeuer aus Zietens Richtung. »Mein Gott!«, rief er seinen Generalen zu, »Zieten greift schon an und wir sind noch anderthalb Meilen entfernt! Wie kann das enden, da meine Infanterie noch gar nicht da ist!«[95] Er konnte nicht ahnen, daß Zieten sein Angriffsziel ebenfalls noch nicht erreicht hatte und es sich bei dem Geschützfeuer lediglich um einen Zusammenstoß zwischen dessen Spitze und den Panduren handelte.

Unter falsch verstandenem Zeitdruck handelnd, brach Friedrich am frühen Nachmittag, mit den zehn Grenadierbataillonen seiner Vorhut, aus den Wäldern hervor und berannte frontal das Zentrum der Daunschen Stellung. Da sie keinerlei Unterstützung hatten, wurden die allein auf sich gestellten Grenadiere mit erschreckenden Verlusten abgewiesen. Über 5 000 Mann fielen binnen einer halben Stunde.

Erst nachdem dieses Massaker beendet war, traf Generallieutenant v. Bülow mit der Masse der Infanterie an Ort und Stelle ein. Ein Subalterner vom Regiment von Forcade beschrieb die Szene, wie Bülows Truppen sich in den Fußstapfen der Grenadiere ihren Weg durch den strömenden Regen bahnten:

»Noch ehe diese Preußen den Feind ins Auge fassen konnten, fielen die Wipfel der Bäume von den Kugeln zerschmettert auf ihre Häupter. Der Donner der Kanonen widerhallte gräßlich durch den Wald. Die krachenden alles betäubenden Schüsse waren gleichsam Posaunen des Todes. Und nun beim Ausgang sahen die anrückenden Preußen, die sich wie Wasserwogen durch den Pulverdampf fortschlängelten, keine siegversprechende

Bühne, sondern eine Wahlstatt voller Todten und scheußlich verstümmelter Körper, die sich keuchend in ihrem Blute wälzten«.[96] Aber auch dieser Angriff kam rasch zum Stehen, nachdem Daun seine Reserven herangeführt hatte. In diesem kritischen Augenblick geschah es auch, daß eine Kartätschenkugel Friedrich in die Brust traf. Der pelzgefütterte Rock milderte zwar den Aufschlag, doch erlitt der König eine Quetschung, es verschlug ihm den Atem; unter Tränen mußte er vom Kampfschauplatz geführt werden.

Der Herzog von Holstein faßte daraufhin die Kavallerie zusammen und versuchte den Angriff wieder in Gang zu bringen. Es gelang auch, die rechte Flanke der österreichischen Verteidigungslinie zu durchbrechen, doch dann mußte auch er weichen. Zuletzt wurden dann noch die wenigen verfügbaren Bataillone der Hauptarmee, über die Berge von Toten und Verwundeten hinweg, in den selbstmörderischen Angriff gejagt. Daun, der dies beobachtete, wendete sich an eine Gruppe gefangener preußischer Offiziere und rief aus: »Mein Gott, warum opfert Ihr König so viel Leute, er sieht doch, daß es ihm nichts hilft!«. Der österreichische Feldherr war selber am Fuß verwundet und litt erhebliche Schmerzen. Als die Dunkelheit hereinbrach, ließ er sich nach Torgau schaffen, wo er seine Siegesmeldung aufsetzte. Sein königlicher Gegner verbrachte die gleiche Nacht auf der untersten Altarstufe der Dorfkirche von Elsnig sitzend. Wie die Schlacht ausgegangen war, wußte er nicht, befürchtete jedoch das Schlimmste.

Wie hatte es inzwischen bei Zieten ausgesehen? Seine Verbände hatten dem Korps Lacy mehrere Stunden lang fast bewegungslos gegenübergestanden, wartete er doch darauf, daß Friedrichs Angriff Bewegung in die Daunsche Infanterie zu seiner Linken bringen würde.

Als in dem zeitweiligen Duell zwischen der gegnerischen Artillerie und der seinen eine Kanonenkugel einem Kürassier den Kopf abriß, rief er nur: »Kinder, der hat einen sanften Tod!«[97] Schließlich, mit schwindendem Tageslicht, schob Zieten sein Korps nach halblinks, über durchschnittenes Gelände, in Richtung auf Dauns linken Flügel vor. Viele preußische Offiziere kannten sich hier gut aus, hatten sie doch schon 1759 mit der Armee des Prinzen Heinrich in dieser Gegend gelegen. So kam es, daß ein Ordonnanzoffizier zu Oberstleutnant v. Möllendorff sprengte, dem Kommandeur der Garde, und meldete daß die Österreicher versäumt hätten einen wichtigen Damm zwischen zwei Teichen zu besetzen. Dieser gab die Meldung sofort an Generalmajor v. Saldern weiter, welcher den Damm unverzüglich mit seiner Brigade von fünf Bataillonen überschritt. Salderns Truppen wurden jenseits des Dammes zwar eine zeitlang durch heftiges gegnerisches Feuer aufgehalten, doch vermochte Zieten mit der verbliebenen Infanterie nachzustoßen und den Anfangserfolg auszunutzen, während sich alle übrigen Teile durch Süptitz weiter vorkämpften.

Der Gefechtslärm und das Zucken der Mündungsblitze beim Korps Zieten wurde nun auch auf der anderen Seite erkannt, wo die Überreste von Friedrichs Armee noch immer standen. Der Flügeladjutant v. Gaudi vermochte daraufhin den tüchtigen alten Generallieutenant v. Hülsen zu überreden, noch einmal alles zusammenzukratzen und einen letzten Stoß zu wagen. Alle Pferde Hülsens waren unter ihm weggeschossen worden, und »da nun sein Alter und seine Wunden verhinderten zu Fuße zu marschieren, so setzte er sich auf eine Kanone, und ließ sich so ins feindliche Feuer schleppen«.[98] Die ausgebrannte Truppe erklomm die sandigen Hänge, zog die Geschütze im Mannschaftszug nach, und kurz darauf kamen die Kämpfe infolge Dunkelheit und allgemeinen Durcheinanders zum Erliegen. Die Österreicher aber waren aus ihrer Stellung geworfen.

»Die vierzehn Stunden lange Winternacht war entsetzlich kalt«, schreibt Archenholtz. »Einigen Kriegsschaaren glückte es, Holz zusammen zu tragen und Feuer anzuzünden . . . Der Regen hatte den Boden ganz morastig gemacht; dennoch versuchten viele mitten in diesem Kothe auszuruhen, bis die Feuchtigkeit durch alle Kleidungsstücke drang und alle Glieder erstarrten. Die Soldaten hatten den ganzen Tag nichts gegessen, und waren durch die Blutarbeit entkräftet. Wer seinen Brotsack noch besaß oder nicht leer fand, wußte doch nicht, wo er einen Trunk Wasser bekommen sollte. Von Hunger, Durst, Müdigkeit und Kälte gequält, erwartete man sehnlich den Tag, und mit ihm neue Blutereignisse«. Die Verwundeten hatten es noch schlechter: »Von Kälte erstarrt, mit zerschmetterten Gliedern, abgerissenen Knochen, in ihrem Blute schwimmend und aller Hülfe beraubt, wünschten sich diese Unglücklichen einen schleunigen Tod. Vielen Hunderten aber waren vorher noch größere Martern vorbehalten. Eine Menge verworfener Menschen, Soldaten, Troßknechte und Weiber, schwärmten in dieser Blutnacht auf dem Wahlplatz herum, und beraubten die Lebendigen und die Toten. Nicht das Hemd wurde den hülflosen Verwundeten gelassen«. Aber diese furchtbare Nacht bot auch menschliche Szenen: »Nach völlig geendigten Gefechten befanden sich die Truppen beider Heere vermischt untereinander. Man sah zahllose Feuer im Torgauer Walde, bey denen sich Preußen und Österreicher gemeinschaftlich wärmten und zwar nicht Sieger und Gefangene, sondern beider Theile bewaffnet und frey. Das große Bedürfnis der Wärme hatte sie zufällig vereinigt, und blutgierige Krieger in gelassene Menschen verwandelt, die unter sich einen Waffen-Stillstand auf einige Stunden gemacht, um ruhig den Tag und das fernere Kriegsglück zu erwarten«.[99]

Die Verluste der siegreichen Preußen (16 670) überstiegen die des Feindes und waren höher als je zuvor.

Es war die Quittung für den Sturm auf eine durch Artillerie verstärkte Verteidigungsstellung. Strategisch gesehen brachte der schreckliche Aderlaß von Torgau nichts, denn Daun hielt weiterhin Dresden und den Südteil von Sachsen, während es dem unbequemen Laudon freistand, in Oberschlesien seine Winterquartiere zu beziehen.

Friedrich machte seinem Mißmut über den unbefriedigenden Ausgang des Feldzuges Luft, indem er sich noch einmal mit den Sachsen in der Zertrümmerung von Porzellan maß. Er suchte Revanche für Charlottenburg, und da er bereits die Inneneinrichtung von Schloß Krogwitz auseinandergenommen hatte, leuchtete sein Auge auf, als es auf die exquisiten Möbel des sächsischen Jagdschlosses Hubertusburg fiel. General v. Saldern wehrte sich gegen den Auftrag, indem er erwiderte: »Eure Majestät schicken mich stehenden Fußes den Feind und dessen Batterien anzugreifen, so werde ich herzhaft gehorchen; aber wider Ehre, Eid und Pflicht kann ich nicht, darf ich nicht!«[100]

So blieb Friedrich nichts anderes übrig, als seinen alten Freund Charles Guichard mit dieser Aufgabe zu betrauen, einem fahrenden Schüler und Verehrer der klassischen Kriegsgeschichte, den Friedrich in »Quintus Icilius« umgetauft hatte, nach dem Zenturio der 10. Legion bei Pharsalus (48 v. Chr.). »Quintus Icilius« erledigte seinen Auftrag gründlich, wenn nicht gar mit Begeisterung, und innerhalb von wenigen Stunden war die Inneneinrichtung völlig zerstört.

Für den Feldzug des Jahres 1761 brachte Friedrich erneut ein Feldheer von 104 000 Mann auf die Beine. Eine bemerkenswerte Stärke, wenn man die Ausfälle des letzten Jahres bedenkt. Der König schaffte es, indem er die Kantone noch intensiver auskämmte und die Zahl der Freibataillone von elf auf fünfundzwanzig erhöhte (1760).

Friedrich sah sich von allen Seiten durch überlegene Feindkräfte umringt. Nicht nur, daß Daun auch weiterhin große Teile Sachsens kontrollierte, auch Laudon und Buturlin hatten sich im Spätsommer zu einer mächtigen österreichisch-russischen Armee in Mittelschlesien vereinigt, die eine gefährliche Bedrohung für Breslau und Schweidnitz war.

Da Friedrich nicht hoffen konnte, diesen österreichisch-russischen Heerscharen im offenen Felde gewachsen zu sein, schlug er ein befestigtes Lager bei Bunzelwitz auf, von wo aus er dem Gegner Halt bieten und sich auch auf die nahegelegenen Magazine in Schweidnitz stützen konnte. Jeweils die Hälfte der Armee arbeitete vierundzwanzig Stunden lang an den Verstärkungen. Schon nach drei Tagen (20. August) befand man sich in einer ausgebauten Stellung. Friedrich hatte sein kleines Zelt in der Nähe einer der Hauptbatterien errichten lassen, so, als wollte er auf die Dringlichkeit der Lage hinweisen, und die gesamte Armee verbrachte die Nächte unter Waffen. Tagsüber ließ dann die Wachsamkeit nach, und die Truppe war bemüht, sich so weit es ging von der quälenden Hitze sowie von Hunger und Durst zu erholen. Den Alliierten erging es in der offenen, glutheißen Ebene eher noch schlechter, lagen ihre Versorgungsbasen doch weit entfernt. Schließlich zog Buturlin (am 9. September) mit einem großen Teil der russischen Verbände nach Polen ab und ließ Laudon mit einem Heer zurück, welches für eine große Angriffsaufgabe zu schwach erschien. Friedrich nutzte dieses Nachlassen der gegnerischen Bedrohung aus, brach am 26. September sein Lager ab und zog Richtung Neisse.

Laudons Unternehmungsgeist wurde durch die Meldung geweckt, daß Friedrich in Schweidnitz lediglich eine armselige Garnison von vier schwachen Bataillonen zurückgelassen hatte. So nahm er am 1. Oktober die Stadt im Sturm.

Die Einnahme dieser Schlüsselfestung zwang Friedrich zur Auf-

314

gabe des größten Teils von Südschlesien und zum Rückzug, zunächst nach Strehlen, dann nach Breslau. Schlechte Nachrichten trafen im Verlauf des Winters ein. Eine neue Regierung kam in England an die Macht und weigerte sich, die Unterstützungszahlungen fortzusetzen, während im Nordosten die Russen Kolberg, eine befestigte Stadt an der pommerschen Ostküste, belagerten. Zweimal hatten sich die Russen bereits an Kolberg versucht, aber diesmal kapitulierte die Festung (16. Dezember 1761), wodurch die Sieger an der sonst unwirtlichen Ostseeküste einen wichtigen Hafen gewannen.

Friedrich war es zwar gelungen, die königliche »Haupt«-Armee physisch einigermaßen über die Runden zu bringen, aber woher er die Mittel zur Fortsetzung des Krieges nehmen sollte, wußte er nicht. Zum ersten Mal erhielten seine Offiziere keine *Wintervergütungen* — d. h. Bekleidungszuschuß für den nächsten Feldzug —, und in einigen Regimentern war die Lage derart angespannt, daß die Hauptleute ihre Gewehre an die Freibataillone verkaufen mußten. Friedrich verbrachte den Winter in Breslau in mürrischer Zurückgezogenheit. Selten begab er sich ins Freie, und seine geliebte Flöte blieb in ihrem Futteral. »Seine Soldaten und selbst die Gensd'armes — welch letztere den Krieg bisher ganz gut überstanden hatten — sagten ganz laut, daß sie die Waffen niederlegen würden, sofern man sie angriffe«.[101]

1762 — Das Jahr der Rettung

Im Januar 1762 vollzog sich aber ein offenkundiger Wandel in Friedrichs Benehmen. Er ließ die Garde zur Inspektion antreten, kramte seine Flöte wieder hervor und ließ seinen französischen Koch aus Berlin kommen. Friedrich hatte Grund zur Freude:

In Rußland war am 5. Januar seine erbitterte Feindin, Kaiserin Elisabeth, gestorben. Ihr folgte der stubsnasige und verrückte Peter III., den alles preußische berauschte, auf den Thron.

Am 5. Mai schloß der neue Zar mit Friedrich Frieden. Die Schweden folgten am 22. seinem Beispiel, und im Juni ging Peter sogar so weit, Friedrich ein Hilfskorps von 20 000 Mann zur Verfügung zu stellen. Inzwischen umfaßte dessen Armee wieder 100 000 Mann.

Der Krieg in Schlesien nahm daraufhin wieder ausgeglichenere

Züge an, nachdem Friedrich und Daun über je 80 000 Soldaten geboten. Großen Schlachten ging man nach dem Blutbad von Torgau aus dem Wege. Doch da Friedrich entschlossen war, Südschlesien zurückzugewinnen, vollführte er allerlei Bewegungen, um Daun nacheinander aus den Lagern von Zobten und Munzendorf herauszumanövrieren.

Schließlich fiel Daun auf die felsige Gebirgskette bei Dittmannsdorf zurück, einer Stellung, von der aus man die gesamte Ebene bei Schweidnitz einsehen konnte, und verlegte 10 000 ausgewählte Soldaten in die Festung. Just in dem Augenblick, als Friedrich die Russen am dringendsten brauchte, um die Österreicher aus ihrer Stellung zu locken, traf die Hiobsbotschaft von der Ermordung des neuen Zaren ein. Nachdem es ihm gelungen war, den russischen Abmarsch noch ein paar Tage zu verzögern, griff Friedrich am 21. Juli das österreichische Lager an. Den Preußen gelang der Durchbruch bei Burkersdorf — am rechten Flügel von Dauns Stellung —, wodurch die Österreicher die letzte Verteidigungsmöglichkeit in Südschlesien aufgeben mußten.

Friedrich nahm unverzüglich die Verfolgung auf. Daun wich überhastet auf die Grafschaft Glatz aus. Generallieutenant v. Tauentzien blieb mit 12 000 Mann zur Belagerung der Festung Schweidnitz zurück. Hierbei ging Friedrich von der Annahme aus, daß Schweidnitz innerhalb von zehn bis zwölf Tagen nach Angriffsbeginn kapitulieren würde.

Zweifellos wäre es sinnvoller gewesen, gegen die Festung stärkere Kräfte einzusetzen, denn hier entschied sich für beide Parteien der Besitz Schlesiens und damit die Vorherrschaft Mitteleuropas.

Die Belagerung von Schweidnitz begann unter ungünstigem Vorzeichen. Kaum hatten die Preußen in der Nacht vom 7. auf den 8. August mit dem Anlegen des »ersten Parallelgrabens« angefangen, wurden sie durch den Ausfall von 5 000 Österreichern überrannt. Die Moral der Preußen sank noch tiefer, nachdem auch zwei Angriffe gegen die »Jauernicker Flèche« fehlgeschlagen waren, eine der kleineren und schwächeren Festungsanlagen. Außerdem sah sich der Chef-Ingenieuroffizier Simon Lefebvre den größten Schwierigkeiten gegenüber, als er versuchte, die unerfahrenen preußischen Mineure zur Untertunnelung der verschiedenen Werke anzusetzen. All dies stellte größte Anforderungen an die Regimenter, die ohnedies nicht zu den besten einer angeschlagenen Armee gehörten. Die

Mannschaften bestanden zumeist aus verängstigten Jungen, die bei den österreichischen Ausfällen leicht in Tränen ausbrachen, und der Hunger war so groß, daß vielfach die Pferdeäpfel nach Gerstenkörnern durchsucht wurden.

Schließlich streckte die Festung am 9. Oktober die Waffen, nachdem ein Mörsertreffer das Fort Jauernick mit dem Pulvermagazin in die Luft gejagt hatte und eine Minensprengung den Außenwall des Festungsgrabens einebnete.

Dieser epische Kampf um Schweidnitz beendete den Krieg in Schlesien. Dafür ging die Auseinandersetzung in Sachsen um so heftiger weiter, wußten doch beide Seiten, daß der Frieden in Sicht war. Prinz Heinrich wurde von seinem königlichen Bruder angetrieben, die Offensive zu übernehmen, worauf er am 29. Oktober die *Reichsarmee* bei Freiberg angriff und schlug.

Die Friedensverhandlungen begannen in dem verheerten Jagdschloß Hubertusburg. Am 15. Februar 1763 schlossen die Preußen, Österreicher und Sachsen einen Frieden, welcher erneut die alten Grenzen des Jahres 1756 festlegte.

Die Kosten des Krieges

Nach modernen Schätzungen[102] kostete der Titanenkampf des Siebenjährigen Krieges die streitenden Parteien eine halbe Million Tote, von denen 180 000 Preußen waren. Die Österreicher gaben an, 62 889 Gefangene — Offiziere und Mannschaften — aus Friedrichs Armee gemacht zu haben.[103]

Allein ein Regiment, die Jung-Braunschweig-Füsiliere, verbrauchten im Verlauf des Krieges 4 474 Mann. Das bedeutet, daß das Regiment dreimal total ausgelöscht wurde. Die Familie von Belling hatte von dreiundzwanzig männlichen Abkömmlingen zwanzig verloren, und später traf Friedrich in Silberberg eine Witwe, von der sechs Söhne in diesem schrecklichen Krieg geblieben waren. Die gesamte Bevölkerung Preußens verminderte sich um mindestens eine halbe Million.

In materieller Hinsicht standen auf der Verlustseite 60 000 Pferde und 13 000 Wohnhäuser sowie nicht weniger als 139 000 000 Thaler (welche, und noch mehr, Friedrich jedoch aus anderen Quellen zu beschaffen verstand). Die Armee verlor allein an die Österreicher 204 Fahnen, 52 Standarten, 430 Kanonen, 34 Haubitzen und 23 Mörser, ganz zu schweigen von der riesigen Anzahl an Transportfahrzeugen; allein am 30. Juni 1758 waren es 4 000.

DIE PREUSSISCHE ARMEE
NACH DEM SIEBENJÄHRIGEN KRIEG

Der Zustand der Armee in der Nachkriegszeit

Einer von Friedrichs ehemaligen Offizieren bemerkte rückblickend Ende des Jahrhunderts: »Die wahre goldene Zeit der Armee, war ohnstreitig der Zeitpunkt von der Thronbesteigung des Königs bis zum Hubertusburger Frieden«.[104] In den darauffolgenden Jahren stellten sich eindeutig Verfallserscheinungen bei der Armee ein. Es läßt sich nicht leugnen, daß die numerischen Verluste des Siebenjährigen Krieges mit verblüffender Leichtigkeit wieder wettgemacht wurden. Von den Leuten der aufgelösten Freibataillone wurden viele in die reguläre Armee übernommen, und von den Heimkehrern aus österreichischer Kriegsgefangenschaft entschieden sich allein 300 Offiziere und 40 000 Soldaten für den Verbleib in der Armee. Um den soldatischen Nachwuchs noch weiter zu fördern, verfügte Friedrich, daß sich diese Leute vor ihrer Rückkehr möglichst noch eine Frau in Sachsen suchen sollten.

Nach der Demobilisierung und Reorganisation von 1763 setzte sich die Feldarmee aus 105$^{1/2}$ Feldbataillonen, 215 Schwadronen und 30 Artillerie-Kompanien zusammen, was einer Gesamtstärke von 130 000 Mann entsprach, von denen 82 000 ständig beurlaubt waren, ausgenommen während der Übungen. Die Garnisonstruppen bestanden aus 32 Bataillonen, 9 Kompanien Garnisonsartillerie sowie einer Anzahl von Land-Regimentern, alles in allem 25 000 Mann.

Schwieriger als die Wiederherstellung der Sollstärken war indessen die Neubelebung des alten Geistes und der soldatischen Tugenden. Friedrich faßte diese Aufgabe in den folgenden Worten zusammen: »Man mußte wieder beginnen, zu rekrutieren, zu disziplinieren und namentlich die jungen Offiziere zum Ruhm zu erziehen«.[105]

Friedrichs Voreingenommenheit schuf jedoch eine Armee, in der sich alles einer Perfektion nach außen hin unterordnen mußte, einem mechanischen Exerzierreglement sowie einer unvorstellbaren Disziplin, kurz, eine Armee, welche mehr die Besessenheit ihres überlasteten Drillmeisters reflektierte als die taktischen Gegebenheiten. Der fahrende Schotte, James Boswell, fing diese Stimmung ein, als er den König 1764 in Potsdam besuchte.

»Ich . . . ging zu der Parade. Ich sah den König. Es war ein großartiger Anblick. Er trug einen einfachen blauen Rock mit einem Stern sowie einen einfachen Hut mit einer weißen Feder. In seiner Hand trug er einen Stock. Die Sonne schien strahlend. Er stand vor seinem Schloß mit einer Miene eiserner Zuversicht, welche keinen Widerstand duldete. So wie ein Magnet die Nadeln oder ein Sturm die hochragenden Eichen bewegt, so erstarben die preußischen Offiziere in ehrfürchtiger Ergebenheit, wenn Friedrich der Große majestätisch in ihrer Mitte wandelte«.[106]

Bei den gemeinen Soldaten ging der Sinn für Zusammenhalt und Ehre sehr rasch verloren. Friedrich beschleunigte diese Entwicklung noch, indem er den Regimentern Uniformen von immer schlechter werdender Qualität zuwies, noch mehr Freistellungen bei der kantonalen Rekrutierung zuließ und schließlich, am 14. Oktober 1780, den Militärdienst als Strafe für Zivilverbrecher bestimmte.

Einen ausgleichenden Zugang durch ausländische Rekruten gab es nicht mehr. 1763 verkündete Friedrich einen schlecht durchdachten »Werbe-Etat«, welcher anstelle des seitherigen Rekrutierungssystems durch die Offiziere ein solches durch den Staat setzte. General v. Gaudi behauptete, daß der Schaden hierdurch enorm war. Früher, sagte er, als die Hauptleute noch für ihre eigenen Kompanien warben, waren sie an guten Leuten interessiert, aber »die jetzo auf Werbung geschickten Officiers und Unter-Officiers wissen, daß sie nicht für ihre Regimenter werben, sondern alle Rekruten in eine Masse geworfen werden; sie sehen also niemals auf das Moralische des Rekruten, sondern nehmen allerhand liederliches Gesindel an«.[107]

Die schlechtesten ausländischen Rekruten kamen wahrscheinlich in den späten siebziger und frühen achtziger Jahren, wurden doch während dieser Zeit die Besten von den Briten zur Bekämpfung der amerikanischen Rebellen angeworben. Von der allgemeinen Atmosphäre des Zwanges schien es kein Entweichen zu geben. Es wurde sogar noch schlimmer, da Friedrich glaubte, dem Qualitätsrückgang mit noch härterer Disziplin begegnen zu müssen. Aber die brutalen Strafen vergrößerten nur die Zahl der Deserteure.

Schließlich mußte der König sogar in jede große Garnsion eine Kavallerieeinheit legen, um die Infanteristen am Davonlaufen zu hindern.

Auch mit der Reiterei ging es traurig bergab. Die Zahl der Regimenter wurde schon gleich nach Kriegsende drastisch gekürzt und die Trockenfutter-Rationen in zunehmendem Maße reduziert. Eine Zeitlang vermochte Seydlitz — der zwar Inspekteur der Kavallerie in Schlesien war, dessen guter Einfluß sich aber in der ganzen Waffengattung auswirkte — den alten Reitergeist noch wachzuhalten. Aber 1772 erlitt er einen Schlaganfall und im darauffolgenden Sommer mußte er sich, als Folge seiner jugendlichen Ausschweifungen, erneut niederlegen. Friedrich besuchte ihn im August. Seydlitz drückte sein Gesicht in die Kissen, um nicht seine Nase sehen zu lassen, welche die Syphilis bereits zerfressen hatte. Friedrich redete eine ganze Stunde auf ihn ein und rief dabei mehrmals: „Ich kann Ihn nicht missen! Ich kann Ihn nicht missen!«[108] Am 7. November starb Seydlitz im Alter von dreiundfünfzig Jahren. Das war ein Unglück für die preußische Kavallerie. Seydlitz war darauf bedacht gewesen, daß der Oberst v. Wackenitz sein Nachfolger als Inspekteur in Schlesien würde, da er ihn für den geeigneten Mann hielt, um sein Werk fortzusetzen. Bedauerlicherweise war dieser beim König jedoch in Ungnade gefallen, da er bei Zorndorf einem russischen Offizier Pardon gewährt hatte. Friedrich teilte die Inspektion auf und übertrug die Führung der Reiterei in Niederschlesien Seydlitz schärfstem Gegner, dem unangenehmen kleinen General v. Röder, der denn auch alles daransetzte, um die Arbeit seines Vorgängers zu zerstören. Es war eben nicht einfach, den Geist von Rossbach zu erhalten, wenn in manchen Jahren ein Regiment lediglich fünfundzwanzigmal zu Pferde saß oder noch weniger, und wenn man die Pferde in den Sommermonaten zum Grasen auf die Weide schickte, wie die Esel.

Ein Kürassieroffizier klagte denn auch: »Der Krieg und dessen Erlernung scheinen gar nicht mehr unser Zweck zu sein. Wir existieren nur für die wenigen Tage, wo uns der König und der Inspekteur sieht; außerdem haben wir gar keinen soliden Zweck und Beschäftigung als das Studium auf Hutstutz, Schnitt der Mantelsäcke und Fütterung recht dicker Pferde«.[109]

Friedrich war beunruhigt, als er feststellen mußte, daß der Krieg eine Art sozialer Revolution im Offizierkorps zuwege gebracht hatte. 1760 entließ er daher fast sämtliche Unteroffiziere sowie die anrüchigen ausländischen Offiziere der Freibataillone, und nahm eine große Reinigung der Infanterie und Kavallerie von Offizieren bürgerlicher Herkunft vor. Die hierbei entstehenden Lücken konnten bis zu einem gewissen Grade durch adlige Offiziere aus den deutschen Staaten wieder aufgefüllt werden. So waren 1777 von den einundsiebzig Offizieren vom Regiment von Alt-Stutterheim sechzehn Ausländer.

In einer anderen Richtung bewegte sich Friedrichs Sorge um das Offizierkorps nicht. Der *Werbe-Etat* von 1763 wurde erbittert abgelehnt, denn abgesehen von einigen besonders bevorzugten Regimentern, durften die Hauptleute nur noch von einem Teil der Leute den Sold einbehalten, die sich auf Urlaub befanden — etwa zwischen fünfundzwanzig und dreißig Prozent der Kriegs-stärke. Nach dem alten System stand ihnen dagegen der Sold von allen zu, allerdings mit der Maßgabe, daß sie zumindest einen Teil davon zur Anwerbung von Rekruten im Ausland verwende-ten. Der Kompaniechef war nunmehr gezwungen, sich mancherlei fragwürdiger Mittel zu bedienen, denn von dem Grundgehalt eines Hauptmannes — dreiunddreißig Thalern im Monat — konnte er kaum leben. Selbst die Inspekteure drückten deshalb ein Auge zu, wenn »Gemachte Ausländer« eingestellt wurden, d. h. gebürtige Preußen, die nach den königlichen Bestimmungen nicht rekrutiert werden durften. Der Feldprediger Küster be-zeugt: »Es wurden die im Lazareth liegenden, verstorbenen, deser-tirten oder gefangenen Soldaten noch immer als in der Kompagnie stehende aufgeführt, und das Tractament für sie empfangen«.[110]

Offiziere pflegten so lange bei ihren Regimentern zu bleiben, wie es die körperlichen Kräfte nur eben zuließen — und manchmal wohl auch länger —, um auf diese Weise den Tag hinauszuschie-ben, an dem sie ohne Pension auf der Straße saßen. Fast jedes Regiment besaß eine Reihe von Offizieren, die entweder fortge-schrittene körperliche Verfallserscheinungen aufwiesen oder durch die jahrelange Plackerei nicht mehr ganz zurechnungsfähig waren. Da es keine anstrengenden Feldzüge gab — der Bayerische Erb-folgekrieg zählt hier kaum —, bestand auch keine Möglichkeit, die schlechten Offiziere auszumerzen und die guten zu fördern.

Hätte es ein System gegeben wie in England und inoffiziell auch in Österreich, wonach die Offizierspatente käuflich waren, so hätte dies — ironischerweise muß man das feststellen — die Jungen auf der Rangleiter sogar weitergebracht. John Burgoyne bemerkte daher auch scharfsinnig:

>»Die meisten Generale mit großer Berufserfahrung kamen im Krieg um, starben an dessen Folgen oder suchten einen Anlaß, um sich zurückzuziehen. Von der gegenwärtigen Garnitur haben sich der größere Teil nur durch ihre Emsigkeit auf dem Exerzierplatz empfohlen und sind Leute mit einer fragwürdigen Bildung. Die Strenge, mit der ein Kommando gehandhabt wird, der lange, ermüdende Alltagsdienst, der niedrige Sold in den unteren Rängen, die Einrichtung des Mittagstisches bei den höheren, der Mangel an französischen Sprachkenntnissen und noch viele andere Gründe erschweren den Verkehr untereinander, dessen sich Offiziere anderer Länder mit Vorgesetzten und Fremden erfreuen und tragen dazu bei, daß der Horizont sehr eng bleibt«.[111]

Die Offiziere fanden es in zunehmender Weise schwierig, in Friedrich noch den Mann zu sehen, der die »Berliner Wachparade« als seine ureigenste Armee in den schlimmsten Tagen des Siebenjährigen Krieges geführt hatte.

Leicht konnte ein königlicher Bannstrahl sie vernichten, sofern sie ihm nur einmal ungelegen in die Quere kamen, und immer mehr mußten sie erkennen, welch fragwürdige Mittelsmänner die Distrikts-Inspekteure waren, z. B. diese so eigenartige Figur des »Wilhelmi« von Anhalt.

Heinrich Wilhelm von Anhalt war ein illegitimer Sproß der Dessauer Linie und das Produkt einer Liaison zwischen Fürst August von Anhalt-Dessau (dem ältesten Sohn des Alten Dessauers) und der hübschen, unbesonnenen Tochter eines Geistlichen. Seine Jugend verbrachte er im Gefolge des Fürsten Moritz, wo er eine Vorliebe für das Geniewesen und die Topographie entwickelte. Sein Geschick in diesen Disziplinen lenkte das Augenmerk des Königs auf ihn, nachdem sein Gönner 1760 gestorben war. Noch vor Kriegsende hatte er es zum Oberstleutnant gebracht und war, zusammen mit seinem Bruder, unter dem Namen »von Anhalt« geadelt worden. Wilhelmi reorganisierte die im Entstehen begriffene reitende Artillerie während des letzten Stadiums des Krieges und vereinigte unter sich von 1765 bis 1781 die Ämter des *General-quartiermeisters* und *Generaladjutanten,* was praktisch dem preu-ßischen Chef des Generalstabes im 18. Jahrhundert entsprach.

Mirabeau traf Wilhelmi in späteren Jahren und beschreibt ihn als »einen fähigen und mit einem überragenden Blick ausgestatteten Taktiker. Bedauerlicherweise ist er von einer an Wildheit gren-zenden Härte, und vielleicht haben sogar sein Talent wie auch sein gesunder Menschenverstand unter einem Sturz vom Pferde gelitten, welcher eine Trepanierung seines Schädels nach sich zog.«[112] Wilhelmi nutzte seine Macht in der denkbar rohesten Weise und war für das Ausscheiden vieler Offiziere aus dem Dienst verantwortlich, angefangen mit Steuben, dem späteren Exerzier-meister der Armee Washingtons, bis zu keinem geringeren als dem Prinzen Ferdinand von Braunschweig, der Wilhelmi daran gehin-dert hatte, bei einer Revue in Magdeburg einen *Stallmeister* zu schlagen.

Prinz Ferdinand erklärte, daß für ihn und Wilhelmi gemeinsam in der Armee kein Platz sei, worauf Friedrich erwiderte: »Seine Wahl sey schon getroffen, Anhalt sey unentbehrlich«.[113]

Ein anderer Mann gleicher Prägung war der wüste General v. Ra-min, den Friedrich nach dem Kriege als Gouverneur von Berlin aus-wählte. »Der König vertrat die Auffassung, daß die Stelle des Kommandanten der Hauptstadt von Zeit zu Zeit von einem Manne besetzt werden müsse, der Furcht zu verbreiten imstande sei, um die Disziplin in aller gebotenen Strenge aufrechtzuerhal-ten«.[114] Um seinem Barbaren eine gewisse Würde zu verleihen, hing ihm Friedrich anläßlich einer Potsdamer Revue seinen eigenen Schwarzen Adlerorden um. Allerdings war er sich hierbei der Lächerlichkeit dieser Geste vollauf bewußt: Er wandte sein Gesicht zur Seite, damit Ramin sein Schmunzeln nicht sehen sollte.

Bösewichte dieser Art genossen wenig Ansehen in der Armee. Seydlitz lehnte Wilhelmi zutiefst ab, was an sich schon vielsagend genug war, und Prinz Heinrich glaubte, daß dieser neu geschaffene »Herr von Anhalt« beim König den Platz Winterfeldts als böser Geist eingenommen hätte.

Prinz Heinrichs Menschlichkeit und gesunder Verstand stellten einen erfreulichen Gegensatz zu dem schneidenden Sarkasmus des Königs und dem ungehobelten Herumtoben Wilhemis dar. Dieser Umstand führte leider auch zur Scheidung der Geister in der Armee. Viele Offiziere Preußens schrieben ihr Überleben während des Krieges mehr Prinz Heinrichs vorsichtigem Taktieren als der Kühnheit seines königlichen Bruders zu. Aus der neuen Generalität stach der urbane und populäre Möllendorff, ehemals Kommandeur der Garde, welcher nicht nur bei Torgau den Sieg bereitet, sondern sich auch im Bayerischen Erbfolgekrieg ausgezeichnet hatte, hervor. Er residierte in späteren Jahren mit beträchtlichem Aufwand in Berlin und war einer von Ramins Nachfolgern als Gouverneur.

Dem Einfluß Möllendorfs auf das gesellschaftliche Leben entsprach der seines engsten Freundes, Generalmajor Friedrich Christoph v. Saldern, in bezug auf Taktik und Disziplin. Saldern glänzte vor allem, wenn es darum ging, Truppenbewegungen rasch und präzis durchzuführen, wie er es bei Hochkirch, Liegnitz und Torgau unter Beweis gestellt hatte. Als Kommandeur der wichtigen Magdeburger Infanterieinspektion, von 1763 bis 1785, gelang es ihm, sämtliche Generale davon zu überzeugen, daß taktische Schwenkungen den Kern jeglicher Ausbildung darstellten. Ausländische Offiziere kamen eigens nach Preußen, um Saldern und seine Infanterie beim Evolutionieren zu beobachten und seine Denkschriften zu verschlingen (Taktik der Infanterie, Dresden 1784 und Taktische Grundsätze und Anweisungen, Dresden 1786). Allem Anschein nach wurden beide Werke ohne Salderns Genehmigung veröffentlicht.

Saldern war eingebildet und der Typ des Büfflers, was sich im 18. Jahrhundert seltsam genug ausnahm. Als guter Christ hatte er sich geweigert, Friedrichs Befehl bezüglich der Demolierung des Jagdschlosses Hubertusburg auszuführen (s. v.). Seine Bücher waren genauso tadellos wie sein Gewissen, »denn er wußte, daß, wenn in einer großen Maschine, auch nur der Zahn eines Triebrades verbogen oder ausgebrochen ist, das ganze Kunstwerk leidet«.[115] Er kontrollierte täglich die Liste seines Weinkellers und gewährte niemandem außer seinem bewährten Diener Einblick in sein Kontobuch. Man begreift daher leicht, weshalb ihm — wahrscheinlich fälschlicherweise — auch der folgende Ausspruch zugeschrieben wird: »Zwar ist es vorgeschrieben, 76 Schritt in einer Minute zu marschieren, aber durch reifliches Nachdenken und vielfache Beobachtung bin ich dahin gekommen, anzunehmen, daß 75 Schritt in der Minute noch besser sind«[116]

Dennoch verstand es Saldern, sich in der späteren friderizianischen Armee die allgemeine Bewunderung zu erwerben. »Sein Äußeres war das Bild des Kriegesgottes, groß, sehr wohl gebildet, voll Majestät und Würde«.[117] Er entzückte Friedrich dadurch, daß er für jede Revue ein neues Manöver ersann, und auf dem großen Neumarkt in Magdeburg verstand er es, drei Bataillone auf einmal zu kommandieren, wobei seine Stimme über den weiten Platz hallte und vom Kirchturm zurückgeworfen wurde.

Was den Oberbefehl der Armee im Felde anlangt, so begann man in der Armee erneut nach dem Haus Braunschweig zu blicken. Der große Prinz Ferdinand hatte Wilhelmi Anhalt weichen müssen, wie wir bereits gesehen haben, und verließ die Armee nach Beendigung des Siebenjährigen Krieges. Der Ruf des Hauses wurde jedoch durch den Erbprinz Karl Wilhelm Friedrich gewahrt, welcher im Bayerischen Erbfolgekrieg sein Korps mit Auszeichnung zu führen verstand. Er gewann die Zuneigung der Soldaten durch sein offenes Wesen und die Art, wie er sich um ihr Wohlergehen kümmerte, während die militärischen Fachleute ihn ob seiner Auffassungsgabe, der Klarheit seiner Anordnungen und der präzisen Befehlsgebung bewunderten. Nach Friedrichs Tod war es daher eine der ersten Amtshandlungen seines Nachfolgers, dieses *Muster* aller militärischen Tugenden zum Feldmarschall zu befördern.

Es war kennzeichnend für den Wandel in der Kriegführung, daß der gleiche Braunschweig die preußische Armee 1792 in der wenig ruhmreichen Kampagne von Valmy führte und 1806 — zusammen mit Möllendorff — deren Untergang in der Katastrophe von Jena und Auerstedt mit besiegeln half.

Die erste Teilung Polens 1772

Polen, das sich in einem chaotischen Zustand befand, war für die ordnungsbewußten und zugleich gierigen Monarchen Mitteleuropas schon seit langem eine Versuchung. Im August 1772 — nach einer Periode höchster Spannung — schlossen sich Preußen, Österreich und Rußland zusammen, um große Stücke des wehrlosen Königreiches für sich herauszuschneiden.

Westpreußen fiel an Friedrich, was ihm 600 000 neue Untertanen sowie eine direkte Landverbindung zwischen Pommern und Ostpreußen einbrachte.

Dieser Glücksfall ermöglichte es dem König, ein viertes Feldartillerie-Regiment, ein Husarenregiment (Nr. 10) und vier weitere Füsilierregimenter aufzustellen (Nr. 51, 53, 54, 55). Die alten Generale befürchteten anfänglich, daß diese polnischen Neuerwerbungen „so ähnlich wie Orang-Utans" aussehen würden und waren daher sichtlich überrascht, daß diese den eigenen Soldaten glichen. Aber die jungen Offiziere »waren fast sämtlich polnische Edelleute . . ., die weder Deutsch lesen noch schreiben konnten«.[118]

Der Bayerische Erbfolgekrieg 1778—1779

Im Sommer des Jahres 1778 wurde der Friede in Deutschland durch Kaiser Joseph II. von Österreich — den Mitregenten seiner Mutter Maria Theresia — gestört. Er zielte auf nichts weniger als die Annexion Bayerns ab, nachdem der Kurfürst im Jahre zuvor ohne direkten Erben gestorben war. Dieser Handel, hätte er geklappt, würde den Verlust Schlesiens nicht nur wettgemacht sondern das Kräfteverhältnis in Mitteleuropa erneut zugunsten Österreichs verschoben haben. Friedrich erhielt Wind von diesem Plan, und da sich die Österreicher auf einen Kompromiß nicht einließen, eröffnete er im Juli 1778 die Feindseligkeiten.

Wäre es nach der Statistik gegangen, und nach den Lehren der Geschichte, hätte die Auseinandersetzung innerhalb weniger Wochen zugunsten Preußens entschieden sein müssen.

Österreich, während des Siebenjährigen Krieges Kernstück einer großen Koalition, stand jetzt allein und ohne Freunde da. Friedrich dagegen, bislang gewohnt, trotz zahlenmäßiger Unterlegenheit zu siegen, besaß nunmehr die Unterstützung von 20 000 sächsischen Soldaten, und er selbst wollte mit 154 000 Mann ins Feld rücken.

Diese große Heerschar wurde, zum Ansatz einer Zangenbewegung, in zwei Gruppen geteilt: Friedrich versammelte 87 000 Mann in Südschlesien, um von dort über Mähren direkt auf die Donau vorzustoßen, während Prinz Heinrich im Westen 85 000 Mann konzentrieren sollte, um über die Elbe nach Böhmen einzufallen.

Obwohl man gut vier Monate für die Vorbereitung des Feldzuges zur Verfügung gehabt hatte, stellten sich alarmierende Mängel heraus, noch bevor die Versammlungsräume überhaupt erreicht waren. Auf einigen Vormarschstraßen brach das Transportwesen praktisch zusammen, und besonders schlecht sah es bei der Artillerie aus, die infolge ihrer Größe und des angewachsenen Gewichts immer schwerfälliger geworden war, während die Zugpferde nach erfolgter Mobilmachung erst eingezogen werden mußten. Auch stellte sich heraus, daß viele Straßen, die während des Siebenjährigen Krieges noch benutzbar waren, jetzt für die Kanonen zu starke Steigungen aufwiesen.

Die Österreicher stellten die Masse ihrer Verbände geschickt in Nordböhmen so auf, daß sie zwischen den weit voneinander getrennt operierenden preußischen Armeen zu stehen kamen. Rechts lehnten sie sich an die wiederaufgebaute Festung Königgrätz an, und die Front schützte der Oberlauf der Elbe, deren sämtliche Übergänge durch eine dreifache Redoute gesichert waren. Aus den Bäumen entlang der Höhen hatte man Verhaue und Sperren errichtet, und in der unübersichtlichen Gegend waren überall Panduren ausgeschwärmt.

Zu Beginn des Juli 1778 war Heinrich mit seiner Zweiten Armee über die Pässe der Lausitz nach Böhmen eingedrungen. Hier vermochte er einige Anfangserfolge über die Österreicher zu erzielen, doch dann blieb der vielversprechende Ansatz wegen Nachschubschwierigkeiten stecken, noch bevor man auf die Elbe einzuschwenken vermochte.

Weiter drüben im Osten führte Friedrich am 5. Juli die Spitze der Ersten Armee über das Flüßchen Nachod, das die Grenze bildete, und ritt mit einem Dragonerregiment und einer Schwadron Schwarzer Husaren weiter vor. Die meisten der jungen Husaren hatten Friedrich noch nie zuvor gesehen. Sie waren enttäuscht, daß er sehr viel älter und mürrischer aussah, als man sie hatte glauben machen wollen.

Auf einer weiten Ebene rechneten die alten Krieger mit Feindberührung, doch niemand war zu sehen, da sich die Österreicher hinter den Oberlauf der Elbe abgesetzt hatten. Das kleine Detachement kehrte gegen Mittag wieder um, und die Husaren machten ihrem Unmut über den Krieg und den König Luft, welcher schweigend einherritt.

Die Armee drang einige Meilen in das Feindgebiet vor und verbrachte dann den Rest der Zeit tatenlos vor den gegnerischen Stellungen. »Das war eine traurige Zeit! Schon am zweiten Tag gebrach es an allem: Wir litten nicht nur Mangel an Nahrungsmitteln, sondern auch Tabak, Branntwein, Salz, ja sogar Wasser und Lagerstroh fehlten. Unsere armen Leute waren bald nicht wieder zu erkennen, aller frohe Mut, alle Munterkeit schwand dahin, man vernahm nichts als Klagen, und dieselben Leute, die vorher von Begeisterung und Kampfesmut beseelt waren, ließen nun die Köpfe hängen und fingen an, widerwillig zu werden«.[119]

Eine Welle von Fahnenflucht setzte ein, nachdem die Truppe feststellen mußte, wie gut die Österreicher in ihrem Lager bei Jaromiersch lebten. Friedrich ließ deshalb am 1. September bekanntmachen, daß die Österreicher tagtäglich ein Dutzend Männer zu Tode prügelten (was völlig frei erfunden war).

Vor allem die *Feldjäger* waren demoralisiert, denn Friedrich hatte ihnen ihr geliebtes kurzes Gewehr weggenommen und sie dafür mit den gewöhnlichen, mit einem Bajonett versehenen, Musketen mit glattem Lauf ausgestattet.

Es desertierten so viele von ihnen, daß der König zwei Bataillone vom Garnisonsregiment von Bremer als »Freibataillone« einsetzen mußte. Dieses Experiment erwies sich jedoch als Fehlschlag, denn schon in der ersten Nacht, in der sie auf Wache zogen, liefen ein Offizier und zweihundert Mann davon. So war es den Panduren leicht möglich, den Oberlauf der Elbe zu durchfurten und sich nahezu ungestört auf der »preußischen« Seite zu bewegen.

Zu den übrigen »Fehlern und négligences«, die Friedrich der Infanterie ankreidete, gehörten drei Schlappen, bei denen sie von den Österreichern überrascht und geschlagen wurde (bei Dittersbach, am 8. November 1778, bei Habelschwerdt, am 18. Januar 1779 und bei Cämmerswalde, am 7. Februar 1779).

Noch schlechter führte sich die Kavallerie auf. Die Husaren saßen rauchend in ihren Quartieren herum, statt gegen den Feind vorzugehen; die schweren Reiterregimenter brachten die meiste Zeit damit zu, sich untereinander um die Fouragerechte zu streiten. Die Futterpreise kletterten derartig hoch, daß die Bayreuther Dragoner ihre Pferde verhungern ließen und die Heuballen an die Marketender verkauften. Wohin man kam, sah man Tiere »wie Skelette knietief im Dreck herumstehen und nach Futterresten durchwühlen. Wurden die Artilleriepferde oder andere Zugpferde angeschirrt und sollten arbeiten, legten sie sich einmal in die Riemen und sanken dann zu Hunderten erschöpft zu Boden«.[120]

Auf dem westlichen Kriegsschauplatz hatte Prinz Heinrich die

Dinge besser geordnet und die Fouragegebiete sorgfältig auf die einzelnen Regimenter aufgeteilt.

Im November 1778 erbot sich die Kaiserin Katharina II. von Rußland zwischen den kämpfenden Parteien zu vermitteln. Sowohl Friedrich als auch Joseph nahmen das Anerbieten rasch an. Im Frühjahr des darauffolgenden Jahres zog der Alte Fritz seine angeschlagenen Verbände aus Böhmen zurück. Schließlich kam es am 13. Mai 1779 zum Friedensvertrag von Teschen.

Die Österreicher gaben ihren großen Plan mit Bayern auf, durften aber, um ihr Gesicht zu wahren, den kleinen Bezirk Burghausen behalten. Friedrich hingegen schnitt besser ab, wenn man bedenkt, wie der Krieg als solcher verlaufen war.

Er hatte in diesem seinem letzten Feldzug durch Krankheit, Fahnenflucht und Feindeinwirkung lediglich 40 000 Ausfälle. Historiker pflegen diese Auseinandersetzung als den »Bayerischen Erbfolgekrieg« zu würdigen; die Soldaten dagegen sprachen unter sich nur vom »Kartoffelkrieg« buddelten sie doch diese erst vor kurzem eingeführte Frucht überall am Wegrand aus, um ihren Hunger zu stillen.

Die letzten Regierungsjahre

Zahlenmäßig war die preußische Armee niemals stärker, als zur Zeit von Friedrichs Tod, im Jahre 1786. Sein Nachfolger konnte über 190 600 Mann verfügen (140 000 Infanteristen, 40 000 Kavalleristen und 10 600 Artilleristen, die sich aus rund 110 000 Ausländern und 80 000 Einheimischen zusammensetzten). 90 000 davon befanden sich auf Urlaub und wurden nur zu den Übungen eingezogen.

Man ist geneigt zu glauben, daß die Gedanken des Königs sich in seinen letzten Jahren mehr mit den Geistern der Vergangenheit als mit den endlosen Reihen von Blauröcken beschäftigten, die an ihm vorbeidefilierten. 1785 hielt er in Stargard eine Revue eigens für die pommerschen Truppen ab. Da er nicht mehr auf das Pferd zu steigen vermochte, ließ er die Regimenter nacheinander an sich vorbeimarschieren. Jedesmal wenn eine Fahnenabordnung vorbeikam, lüftete er seinen Hut und als die letzten Bataillone erschienen, bemerkte er zu dem Inspekteur General v. Brünning: »Es ist wahr, es sind doch schöne Truppen, meine lieben Pommern!« Die Offi-

Die letzte Begegnung zwischen Friedrich und Zieten. Friedrich Wilhelm Prinz von Preußen (später Friedrich Wilhelm II) ist die große Person hinter dem König. Ganz rechts steht Möllendorff, die Hände auf seinen Stock gestützt.

ziere waren über seine schwache und melancholische Stimme erschüttert, er aber fuhr fast bittend fort: »Ob sie wohl noch einmal an mir vorbeimarschieren können?«[121] Er blieb dann bedeckt, während all die Regimenter noch einmal vorbeizogen.

Zuweilen, wenn er durch Schlesien reiste, pflegte Friedrich auf dem Gut Minkowitz bei Namslau Halt zu machen, um einige Minuten sinnend vor dem Grabmal Seydlitz' zu verbringen, einer schwarzen Marmortafel mit goldener Inschrift. Aber er scheint auch nach all den Jahren den Verlust Winterfeldts noch tiefer empfunden zu haben, hatte ihm dieser von allen Vertrauten doch am nächsten gestanden.

Von all den großen Männern der 1750er Jahre lebte Zieten am längsten, und oft gehörte der alte »Husarenkönig« zur Tafelrunde.

Eines Abends war Zieten eingenickt, als sich die Unterhaltung der Schlacht von Torgau zuwendete und der König bemerkte: »Beinahe hätte der Alte da einen dummen Streich gemacht«.[122] Bei der Heraufbeschwörung des Wortes »Torgau« fuhr Zieten hoch und sah den König so durchdringend an, daß dieser daraufhin verlegen die Tafel aufhob.

Friedrich und Zieten sprachen sich das letzte Mal Weihnachten 1784. Der König zog ihn aus einer Gruppe von Prinzen gleich zu sich heran und drückte ihn in einen Lehnstuhl. Sie plauderten einige Minuten miteinander; das bewegte Friedrich so, daß er, ohne ein weiteres Wort zu den übrigen Würdenträgern, den Raum verlassen mußte. Ein Jahr darauf starb Zieten. Später äußerte sich der König zu einigen Generalen: »Unser alter Zieten hat auch bei seinem Tode noch als General sich gezeigt. Im Kriege kommandierte er immer die Avantgarde, auch im Tode macht er den Anfang. Ich führte die Hauptarmee, ich werde, wie im Kriege, auf ihn folgen.«[123]

Der Marquis de Toulongeon wurde im April 1786 in Audienz empfangen und stellte fest, daß der König offenkundig litt — das weiße, faltige Gesicht, der widerhallende Husten und die Bandagen um das eine Bein. Schon nach wenigen Minuten wurde Friedrich weggetragen und Toulongeon schien es, »als hätte er den Geist eines Helden aus einer anderen Welt gesehen«.

Am frühen Morgen des 17. August 1786 schlossen sich jene Furcht einflößenden blauen Augen für immer.

12

Einfluß und Vermächtnis

Ausländische Beobachter bewunderten, was Friedrich mit seiner Armee zuwege gebracht hatte. Doch wer tiefer darüber nachdachte, fragte sich, ob die Leistungen seinen Tod lange überdauern würden.

»War es denkbar« — schrieb Mirabeau — »daß alle Nachfolger Friedrichs genauso unermüdlich sein würden wie er? Werden sie alljährlich in jeder Ecke des Landes persönlich eine militärische Besichtigung vornehmen? Werden sie jede Meldung, die die Inspekteure über jedes einzelne Regiment machen, persönlich lesen, prüfen und abwägen?«[1]

Friedrich selbst hatte 1782 überraschend pessimistisch seine Befürchtung zum Ausdruck gebracht, daß sein weicher und sorgloser Neffe das Haus Brandenburg von den Österreichern an die Wand drücken lassen würde.[2] Dieser Neffe wurde 1786 als König Friedrich Wilhelm II. Friedrichs Nachfolger. Er war der Sohn des unglücklichen Prinzen August Wilhelm, welcher 1758 in Ungnade gestorben war. Er hatte bereits als Kronprinz wiederholte Demütigungen durch seinen königlichen Onkel hinnehmen müssen. Schon in mittleren Jahren hatte er seine Haare und Zähne verloren, und mit den äußeren Zeichen eines geschlagenen Mannes kam er auf den Thron. Dennoch vermochte es Friedrich Wilhelm wenigstens einige der schlimmsten Mißbräuche des alten Regimes zu beseitigen. Er gestaltete viele Füsilier-Regimenter in echte Leichte Infanterie-Regimenter um, stattete jedes Regiment mit einem Ersatz-Bataillon aus, regelte die Besoldung zugunsten der Offiziere neu, gab dem Ingenieurkorps einen vernünftigen Chef, reformierte den Generalstab und reorganisierte die Sanitätsdienste.

Leider fehlten Friedrich Wilhelm die Entschlossenheit und das penetrante Hinterhersein, ohne die eine Umformung der Armee nicht möglich war, zumal sie noch völlig im Bann des alten Königs stand.

Zu viele der alten Vorurteile blieben jedoch unberührt. Das betraf nicht nur die antiquierte Saldernsche Taktik sondern vor allem auch die preußische Gesellschaft, die in erhabener Gleichgültigkeit die einschneidenden Änderungen ignorierte, welche die Französische Revolution in Westeuropa mit sich gebracht hatte.

1806 eröffnete Napoleon in Mitteldeutschland die Offensive und schlug die schwerfällige preußische Armee in der Doppelschlacht von Jena und Auerstedt in die Flucht. Der anschließende Zusammenbruch war mehr als nur ein militärischer, denn die gesamte preußische Nation war nun willens, sich den siegreichen Franzosen zu unterwerfen. Ein Historiker bemerkte hierzu:

»Wenn ein Volk gewohnt ist, Autorität zu akzeptieren, wird es ihm nicht schwer fallen, seine Treuegefühle von einer Autorität auf die andere zu übertragen. Der institutionelle Rahmen des absoluten Militärstaats gestattete es den Angehörigen der Mittel- und unteren Klasse nicht, sich mit dem Staat selber zu identifizieren. Als dieser dann zusammenbrach, war es nur zu natürlich, daß sie diese Tatsache einfach hinnahmen und sich an die nunmehr aufgezwungenen neuen Verhältnisse anpaßten«.[3]

Königin Luise formulierte dies etwas poetischer: »Wir waren auf dem Lorbeer Friedrichs des Großen eingeschlafen. Als wir erwachten, fanden wir uns in einer neuen Welt«.

Und dennoch: Über Zeit und Raum war der Einfluß von Friedrichs Armee ungemein wirksam. Während die beiden Schlesischen Kriege der 1740er Jahre angesichts der übrigen dynastischen Streitigkeiten des Jahrhunderts rasch in Vergessenheit gerieten, blieb der Siebenjährige Krieg für das Ausland doch immer furchteinflößend und ungewöhnlich. Selbst in Venedig teilte sich die Gesellschaft in eine »Prussiani«- und eine »Teresiani«-Partei, die ihre Meinungsverschiedenheiten auf den öffentlichen Plätzen, den Kaffeehäusern und — besonders stürmisch — im Kloster von SS Giovanni e Paolo austrugen. »Dort schlugen sich die Mönche im Speisezimmer zur Ehre der Maria Theresia und Friedrichs tapfer herum, wobey Teller, Schüsseln und Becher zu Waffen dienten«.[4]

In ganz Europa waren die Militärs bemüht, ihre Bewunderung für alles Preußische dadurch zum Ausdruck zu bringen, daß sie jede auch nur denkbare Äußerlichkeit der friderizianischen Armee nach-

ahmten, etwa so wie ein Wilder, der sich mit den Federn eines
Adlers schmückt, in der Hoffnung, daß auf diese Weise die Fähigkeiten des Tieres auf ihn übergehen. »Die Schneider beliebten
weniger Zeug in den Schößen der Röcke zu verwenden, die Westen kürzer und die Ermel nebst den Aufschlägen enger zu machen.
Die kleinen Hüte der preußischen Musketiere drückten sich auf die
Frisuren der gens comme il faut. Das zuschauende Publikum
stimmte sich indessen militärischer als jemals; die deutschen Höfe
trugen Uniform; Forstbediente, Postbediente, Bergbeamte, der
Adel der verschiedenen Provinzen, Ritterorden bis auf Domherrn
und ähnliche Korporazionen, ließen sich Uniformen von kriegerischen Zuschnitt und Farbenmischung machen; kein Engländer
reisete anders, als in der Uniform der Miliz seiner Grafschaft«.[6]
Und in rein militärischen Fragen konnte jeder Ausländer die Dis-
kussion mit dem Einwand zum Schweigen bringen: »Aber ich habe
es in Preußen gesehen!«
Natürlich war dieses Nachäffen völlig absurd. Die preußischen
Uniformen hatten »gewiß keinen Einfluß auf das Gewinnen einer
Schlacht«,[7] und Burgoynes Bemerkungen zufolge hatte Friedrich
seine Armee auch nur deshalb unter so eiserner Kontrolle, weil
die Mannschaften sich aus unzuverlässigen Söldnern zusammensetzten: In anderen Ländern war es schädlich, wenn man dort die
Truppe nach den gleichen Prinzipien führte, zumal »wenn die
innere Lage die besten Voraussetzungen für einen National-
charakter oder öffentlichen Geist bietet«.[8]
Nicht einmal die französische Öffentlichkeit konnte ihre Schaden-
freude über die Niederlage unterdrücken, die ihre Generale von
den Preußen im Siebenjährigen Krieg hatten hinnehmen müssen.
Die Berufssoldaten ihrerseits begannen überall zu prüfen, welche
Züge des preußischen Systems man in die französische Armee
übernehmen sollte. Das Règlement von 1764 übernahm zahlreiche
Bestimmungen über Drill und Disziplin aus der preußischen Praxis.
Der Comte de Guibert und der preußische Renegat Pirch unternahmen es 1770, die Armee mit der friderizianischen »Entwicklung
aus der Kolonne« vertraut zu machen, einer Evolutionsform, welche in die »Ordonnance« von 1791 Eingang fand, der Ausbildungsvorschrift der Französischen Revolution.
Aber zumindest in einer Hinsicht übertraf die Armee des »ancien
régime« das preußische Vorbild: Nachdem die Franzosen erkannt

hatten, daß es aussichtslos war, die Exaktheit der preußischen Bewegungen zu erreichen, hatte der Marschall de Broglie 1760 den Einfall, die Feldarmee in ein halbes Dutzend kleinere Einheiten aufzuteilen, in »Divisionen«, welche die ihnen zugewiesenen Ziele schneller und reibungsloser zu erreichen vermochten als die konventionelle Armee mit ihren beiden Schlachtreihen. Die Franzosen waren es also, die mit der Vorstellung brachen, daß die Armee ein unteilbarer »bloc« sei und die die Voraussetzungen für die Entwicklung des neuen Korpssystems schufen, welches es Napoleon im strategischen Sinne ermöglichte, was Friedrich während des Siebenjährigen Krieges im taktischen Rahmen immer viel Mühe gekostet hatte: die Umfassung der feindlichen Kräfte.

In anderen Gegenden Europas wurde der preußische Geist noch mehr auf die Spitze getrieben. Er erreichte in England seinen Höhepunkt, nachdem dort die Kunde von Friedrichs großen Siegen in Jahre 1757 eingetroffen war: »Frauen und Kinder singen sein Lob: die ausgefallensten Freudenkundgebungen erlebt man auf den öffentlichen Straßen«.[9]

Zusammen mit dem Jakobineraufstand von 1745 und der Furcht vor einer französischen Landung in den 1750er Jahren, trug die Bewunderung für Friedrichs Leistungen dazu bei, daß ein Teil der englischen Ablehnung gegenüber einem Berufsheer abgebaut werden konnte.[10]

Englische Übersetzungen der preußischen Ausbildungsvorschriften für die Infanterie und die Kavallerie wurden 1754 und 1757 veröffentlicht. Am 24. April 1756 ließen die Sergeanten des Ersten Garderegiment zu Fuß ihre Männer erstmals nach dem preußischen Reglement exerzieren, ein Beispiel, dem die Kompanien der »Preußischen Freiwilligen«, die sich im Verlauf des Siebenjährigen Krieges bildeten, bald folgten.

Eigentlich sollte man annehmen, daß die Erfahrungen während des Krieges gegen die amerikanischen Rebellen (1775—83) hätten ausreichen müssen, um die Engländer zur Revision ihrer Auffasungen zu bewegen. Auch Cornwallis war nach seiner Rückkehr aus Amerika keineswegs von den preußischen Truppenvorführungen in Berlin, Potsdam und Magdeburg (1785) beeindruckt. »Ihre Manöver waren dergestalt, daß man einen britischen General dafür ausgepfiffen hätte; zwei heranrückende Linien mit fünf Meter Abstand, die so lange schießen, bis sie keine Munition mehr haben —

etwas Lächerlicheres kann es nicht geben«.[11] Schade, daß sich in der Gesellschaft des skeptischen Marquis der Oberst David Dundas befand, den die Vorführungen ganz einfach überwältigten. Dieser Schotte besaß den Ehrgeiz, eine eigene Ausbildungsvorschrift preußischer Prägung zu verfassen. So gelang es ihm 1792, seine Vorgesetzten zu überreden, seine »Achtzehn Manöver« bei der ganzen Infanterie einzuführen.

In Rußland überstieg die Bewunderung für alles Preußische die Grenzen jeglicher Vernunft. Zwar wurde der völlig betörte Zar Peter III. 1762 beseitigt, noch bevor er allzu großen Schaden anrichten konnte, doch Zar Paul I. führte in der Zeit von 1796 bis 1801 nicht nur das alte preußische Exerzierreglement und den Saldern-Marsch — Tempo fünfundsiebzig — ein, sondern brachte es auch zuwege, die gesamte Armee zu Ehren Friedrichs mit dem ganzen pomadisierten Glanz einzukleiden, wie er in der Mitte des 18. Jahrhunderts vorgeherrscht hatte. Eigenartigerweise war es ausgerechnet ein »echter« friderizianischer Offizier, dem die erfolgreichste Umgestaltung einer ausländischen Armee gelang: Baron Friedrich v. Steuben. Gegen Ende des Siebenjährigen Krieges hatte er als einer der »Quartiermeisterlieutenants« gedient und — äußerst bemerkenswert — als Lieutenant auch einige Zeit bei dem Freibataillon Mayr (Nr. 2) verbracht. Nach seinem Zusammenstoß mit dem berüchtigten Wilhelmi nahm er bei Kriegsende als Capitain seinen Abschied. Er verbrachte einige unstete Jahre in Europa. Der findige Benjamin Franklin wurde auf ihn aufmerksam und empfahl ihn Washington als einen preußischen Generallieutenant. Als er in Amerika eintraf, war es um die Sache der Rebellen nicht zum Besten bestellt. So fiel ihm im Februar 1778 die Aufgabe zu, aus Washingtons demoralisierter Armee von Valley Forge so etwas wie eine schlagkräftige Truppe zu machen. Indem er seine Befehle durch einen Dolmetscher übermitteln ließ oder selber in gebrochenem Englisch kommandierte, unterzog Steuben die Truppen der Aufständischen einem geschickt angepaßten preußischen Drill. Seine Auffassung davon drückte er einem anderen preußischen Offizier gegenüber wie folgt aus: »Der Geist dieser Nation kann in keiner Weise mit dem preußischen, österreichischen oder französischen verglichen werden. Wenn Sie i h r e m Soldaten sagen: »Tue dies!«, dann tut er es. Ich aber muß sagen warum er es tun soll, bevor er es tut«.[12]

336

Die Truppe war sich bewußt, was Steuben für sie tat, trotz (oder vielleicht wegen) der originellen Art seiner Schimpfkanonaden: »Sacre! Goddam de gaucheries of dese Badauts! Je ne puis plus, I can curse dem no more!«[13]
Er wählte eine Offizierskompanie für eine Sonderausbildung aus und schickte diese dann zu den übrigen Truppenteilen, um seine Lehren zu verbreiten. 1779 verfaßte er seine »Regulations for the Order and Discipline of the United States« — das berühmte »Blue Book«, das die Grundausbildung der amerikanischen Armee für mehr als drei Jahrzehnte bestimmen sollte.

Der Ruf Friedrichs erlitt in Preußen in der Periode nach 1808 eine gewisse Verdunkelung, als eine Generation aufgeklärter Militärreformer die Armee nach der Katastrophe von Jena und Auerstedt wieder aufbaute. Für Scharnhorst, Gneisenau, Blücher, Clausewitz und andere Männer ihres Schlages schien es, als ob es gerade die Mentalität der friderizianischen Ära mit all ihrer gedankenlosen Disziplin und der Trennung von Volk und Regierung gewesen sei, welche in hohem Maße für die Demütigung Preußens durch die Franzosen verantwortlich war.

Der Friedrich-Kult wurde, so seltsam es klingt, ausgerechnet von der National-Liberalen-Bewegung wiedererweckt, die viel Unruhe in ganz Deutschland auslöste und ihren Höhepunkt in der Revolution von 1848 fand. Die preußische Bürokratie der Heiligen Allianz war in der Tat so alarmiert über die Tendenz, Friedrich als gesamtdeutschen Helden zu präsentieren, daß die Beamten darangingen, viele Dokumente zu vernichten, die Bezug auf seine Regierung hatten. Die Rückkehr des Alten Fritz zu voller Respektabilität war nicht zuletzt das Werk des unanfechtbaren Konservativen J. D. E. Preuss, welcher in den Jahren zwischen 1832 und 1834 seine neunbändige Biographie »Friedrich der Große« herausbrachte. Das Ergebnis des erwachten wissenschaftlichen Interesses an Friedrich fand 1840 in einer volkstümlicheren Form Ausdruck in Franz Kuglers »Geschichte Friedrichs des Großen«, die zwei Jahre später mit Illustrationen von Adolf Menzel neu aufgelegt wurde. Diese detaillierten und weitgehend zutreffenden Darstellungen von Männern und Ereignissen haben das Bild der friderizianischen Armee für die nachfolgenden Generationen geprägt.

Die preußische Regierung begann jetzt, Friedrich für sich selbst zu

beanspruchen, ein Interesse, welches erstmals durch die Veröffentlichung der dreißigbändigen Arbeit »Oeuvres de Frédéric le Grand«
(1846—56) und letztmalig durch das Generalstabswerk »Kriege
Friedrichs des Großen« zum Ausdruck kam. Das war eine gewal-
tige Arbeit, die 1890 begann und durch den Ausbruch des Ersten
Weltkrieges beendet wurde. Dennoch läßt sich kaum feststellen,
daß das preußisch-deutsche Regime Friedrich in irgendeiner Weise
bewußt gefolgt wäre, trotz des übernommenen Konzepts von der
»Strategie der zentralen Lage«, die dem sogenannten Schlieffen-
Plan zugrunde lag, mit dem Deutschland 1914 in den Krieg zog.
Schlieffen selbst (Chef des Generalstabes von 1891—1914) besaß
kein ausgeprägtes Geschichtsbewußtsein und hatte auch keine Ahnung, daß patriotische deutsche Historiker seit Jahren bemüht
waren, nachzuweisen, daß Friedrich 1756 nur aus Gründen der
Selbstverteidigung zu den Waffen gegriffen hatte und nicht der
geplanten Vergrößerung seines Landes wegen. Als ihm schließlich
deren Forschungsergebnisse vorgelegt wurden, war alles was er
sagte: »Schade!«[14]
Nach dem Zusammenbruch der Hohenzollern-Monarchie spannten
die Nationalsozialisten den Ruhm Friedrichs des Großen vor ihren
Wagen. Filme wie »Der Choral von Leuthen« riefen die Erinnerung an die schicksalsschweren Tage von 1757 wieder wach, während auf Plakaten die Köpfe Friedrichs, Bismarcks und des Führers
nebeneinander erschienen. So schrieb denn auch ein Historiker:
> »Im Januar 1918 hat irgendwo an der Westfront ein unbekann-
> ter Gefreiter deutsch-österreichischen Stammes zum erstenmal
> aus der Ferne den Feldherrn des preußischen Deutschland, Erich
> Ludendorff, bewundernd gesehen. Adolf Hitler grüßte in Erich
> Ludendorff die Tradition Friedrichs des Großen. Er grüßte,
> Staatsmann geworden, diese Tradition noch einmal, als er sich
> in der Potsdamer Garnisonkirche vor dem Generalfeldmarschall
> von Hindenburg neigte. So reicht die lebendige Kraft des Hee-
> resschöpfers und Heerführers Friedrich bis in unsere Tage«.[15]
Hitler glaubte nicht nur an diese irrige geistige Ahnenreihe, sondern
er begann auch, immer mehr Parallelen zwischen seiner Laufbahn
und der des Alten Fritz zu entdecken.
Seinen Generalen gegenüber rechtfertigte er den Angriff gegen die
Niederlande, indem er auf Friedrichs Beispiel aus dem Jahre 1740
verwies. Als sich dann in den späteren Jahren die Ereignisse zu sei-

nen Ungunsten entwickelten, erwartete er von Graffs Portrait Friedrichs des Großen seine Inspirationen. Goebbels hingegen zog eine direkte Parallele zwischen dem Tod der Kaiserin Elisabeth von Rußland, 1762, und dem Roosevelts, 1945, und erwartete, daß die feindliche Allianz in der gleichen Weise zusammenbrechen würde wie damals die Koalition von Friedrichs Gegnern im Siebenjährigen Krieg. Doch dies erwies sich diesmals als trügerisch . . .
Nach dem Krieg bekannte sich die im Wiederaufbau begriffene westdeutsche Bundeswehr der 1950er Jahre zu dem Konzept der »Inneren Führung« und des »Bürgers in Uniform«. Beide Begriffe haben ganz sicher nichts mit Friedrich zu tun. Das Experiment verlief nicht ohne zahllose Schwierigkeiten, doch gegen Mitte der 70er Jahre hatte die Bundeswehr ihre Identität gefunden. Sie war zu einem der kampfkräftigsten Nato-Partner auf dem Kontinent geworden. Hingegen haben seltsamerweise die Ostdeutschen, die alles zu verwerfen vorgeben, was auch nur entfernt nach Preußen riecht, die alten Uniformen der Wehrmacht sowie deren Bräuche und Disziplin fast unverändert wieder eingeführt.
Verschiedene westdeutsche Historiker — unter ihnen vor allem Ludwig Dehio — zeigten sich geneigt, die friderizianische Armee im gemeinsamen Zusammenhang mit dem SS-Staat zu sehen, und zwar als im Grunde gleichgeartete Manifestationen des Militarismus; andere hingegen vertraten die Auffassung, daß die nationalsozialistische Bewegung eine Entartung war, ein »Verrat am Preußentum«.[16]
Es ist schon grotesk: Der ehemalige Gefreite Adolf Hitler — seiner Herkunft nach Österreicher und Katholik, aus der unteren Mittelschicht stammend und immer wieder ins Vulgäre zurückfallend — beschwört für seine Zwecke die Erinnerung an den snobistischen Preußen Friedrich herauf, an einen Freimaurer, der seinen Militärapparat überhaupt nur mit Hilfe jüdischer Finanzleute in Gang halten konnte.
Der Versuch einer Rehabilitierung Friedrichs und seiner Armee ist sehr überzeugend von Gerhard Ritter[17] unternommen worden, der in dem aggressiven Militarismus der jüngsten deutschen Vergangenheit ein Phänomen der auf Bismarck folgenden Ära sieht. In der Zeit davor, behauptet er, wurden die schlimmsten Auswüchse des Militarismus für gewöhnlich durch eine höhere politische Einsicht in Schranken gehalten, durch das, was die Historiker

»Staatsräson« zu nennen pflegen. Seine Bewunderung gilt im besonderen Friedrich, da dieser bemüht gewesen sei, die Kriege immer nur unter größtmöglicher Schonung der Bevölkerung und ihrer Arbeit zu führen und sein Machtstreben »durch Einsicht, Vernunft und politische Weisheit«[18] begrenzt hätte. Dieses Bild ist vielleicht etwas überzeichnet. Ritter läßt außer acht, daß Friedrich den Streit mit Österreich durch ein Vorrücken bis an die Donau zu beenden suchte, und er stellt den Bayerischen Erbfolgekrieg als einen Kabinettskrieg bloßer Truppenbewegungen dar, wobei er übersieht, daß die damals lediglich auf ihre physische Leistungskraft angewiesene Preußische Armee gar keinen anderen hätte führen können.

Vielleicht ist es daher sinnvoll, sich gänzlich von der Befangenheit der Gegenwart zu lösen und sowohl Friedrich als auch seine Armee nur als Ausdruck ihrer Zeit zu verstehen.

Wie immer man heute zu ihm stehen mag, das hat der »alte Teufel" gewiß verdient . . .

ZEICHENERKLÄRUNG FÜR DIE NACHFOLGENDEN KARTENSKIZZEN

(a)   Preußische Infanterie

      Preußische Kavallerie

   ı|ı ı|ı ı|ı   Preußische Batterie mit schweren Geschützen

   Feindverbände wie oben, nur in rot

(b) Preußische Einheiten mit Nummernangabe (siehe Liste der Regimenter im Anhang 2), so

   ⌐4   Infanterieregiment 4

   ⌐20/22   Grenadierbataillone der Infanterieregimenter 20 u. 22

   CR5   Kürassierregiment 5

   DR3   Dragonerregiment 3

   HR7   Husarenregiment 7

(c) Die preußischen Einheiten sind von links beginnend schattiert, um einen visuellen Eindruck der jeweiligen Verluste zu vermitteln.

Die Kriegsstärken der Einheiten schwankten beträchtlich, doch hatten im Zweiten Schlesischen Krieg im Durchschnitt

     ein Infanterieregiment 1100 Mann
     ein Grenadierbataillon 450 Mann und
     ein Kürassier- oder Dragonerregiment 550 Mann.

Zu Beginn des Siebenjährigen Krieges waren die entsprechenden Zahlen

     1400 Mann für ein Infanterieregiment
     625—650 für ein Grenadierbataillon und
     720—860 für ein Kürassier- oder Dragonerregiment.

Beispiel: ein so schattiertes Infanterieregiment hätte ▬▬⌐ 1745 etwas über 500 Mann an Toten, Verwundeten, Vermißten und Gefangenen zu beklagen gehabt.

(d) Höhenangaben in Metern.

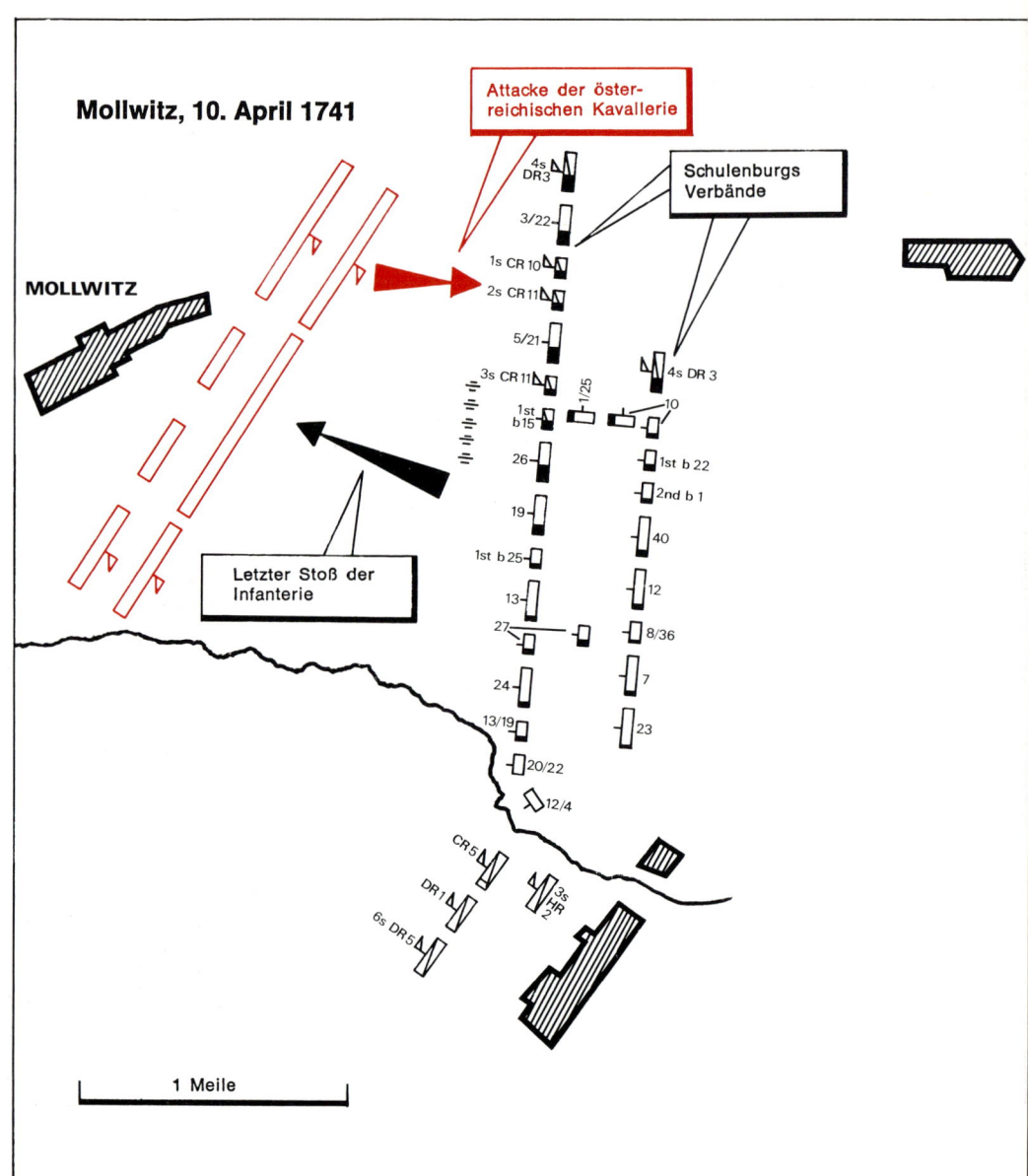

Mollwitz, 10. April 1741

Attacke der öster-
reichischen Kavallerie

Schulenburgs
Verbände

MOLLWITZ

Letzter Stoß der
Infanterie

4s DR3
3/22
1s CR 10
2s CR 11
5/21
3s CR 11
1/25
1st b 15
26
19
1st b 25
13
27
24
13/19
20/22
12/4
CR 5
DR 1
6s DR 5

4s DR 3
10
1st b 22
2nd b 1
40
12
8/36
7
23

3s HR 2

1 Meile

342

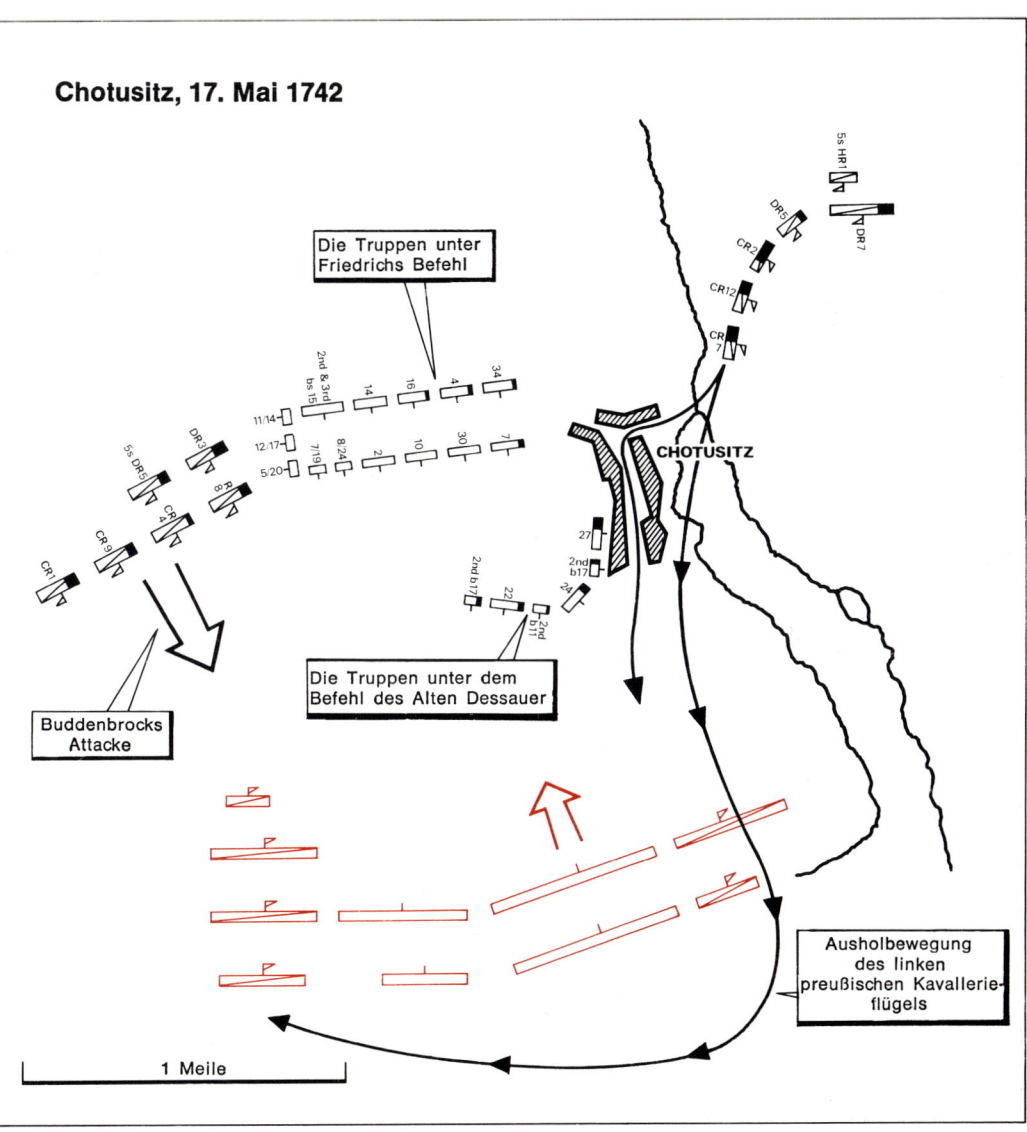

Chotusitz, 17. Mai 1742

Die Truppen unter Friedrichs Befehl

CHOTUSITZ

Die Truppen unter dem Befehl des Alten Dessauer

Buddenbrocks Attacke

Ausholbewegung des linken preußischen Kavallerieflügels

1 Meile

343

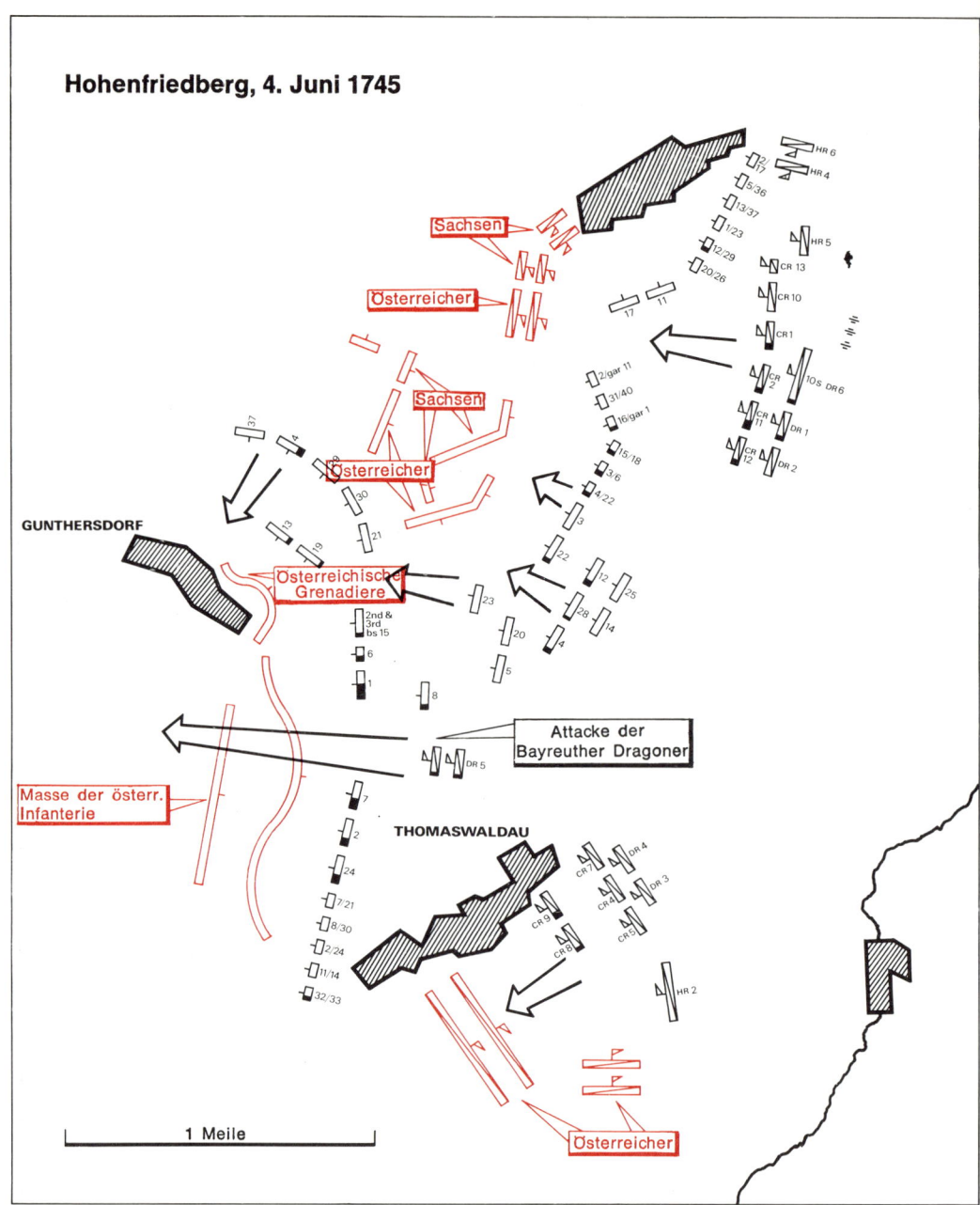

Hohenfriedberg, 4. Juni 1745

Sachsen

Österreicher

Sachsen

Österreicher

GUNTHERSDORF

Österreichische Grenadiere

Attacke der Bayreuther Dragoner

Masse der österr. Infanterie

THOMASWALDAU

Österreicher

1 Meile

344

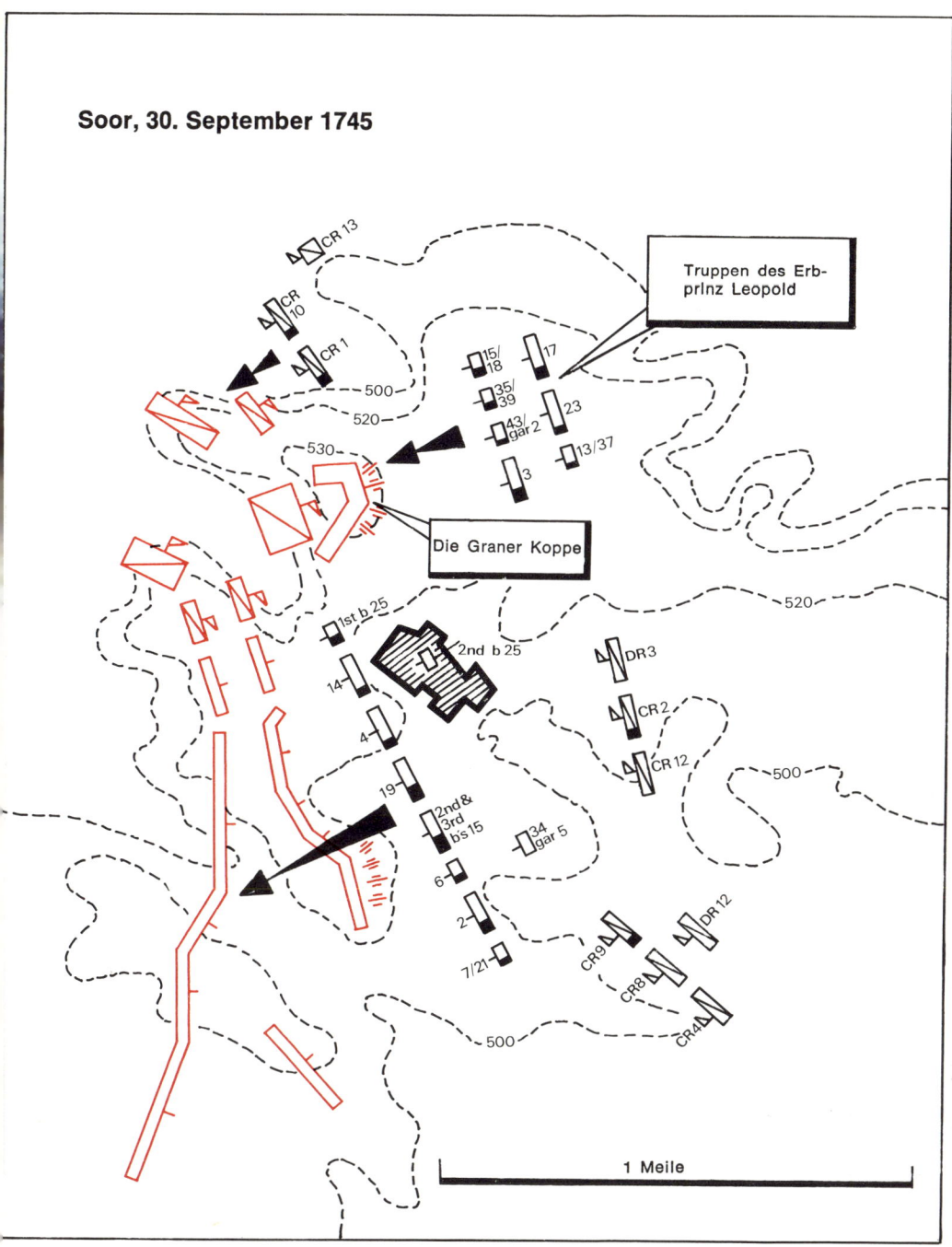

Soor, 30. September 1745

CR 13

CR 10

CR 1

500

520

530

Truppen des Erb-prinz Leopold

15/18   17

35/39   23

43/gar 2

13/37

3

Die Graner Koppe

1st b 25

14

2nd b 25

DR 3

CR 2

4

CR 12

19

2nd & 3rd b's 15

34 gar 5

6

520

500

2

7/21

DR 12

CR 9

CR 8

CR 4

500

1 Meile

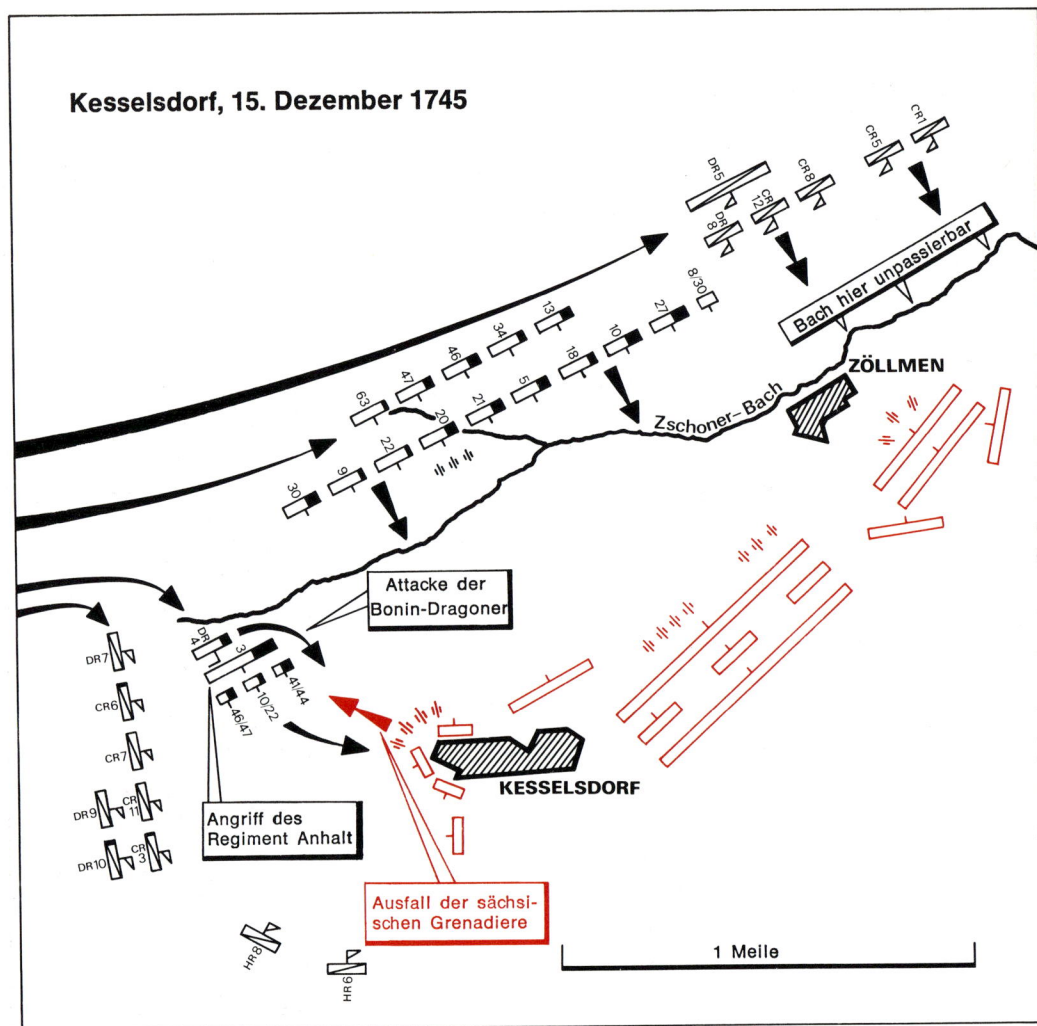

Kesselsdorf, 15. Dezember 1745

ZÖLLMEN

Bach hier unpassierbar

Zschoner–Bach

Attacke der
Bonin-Dragoner

Angriff des
Regiment Anhalt

Ausfall der sächsi-
schen Grenadiere

KESSELSDORF

1 Meile

346

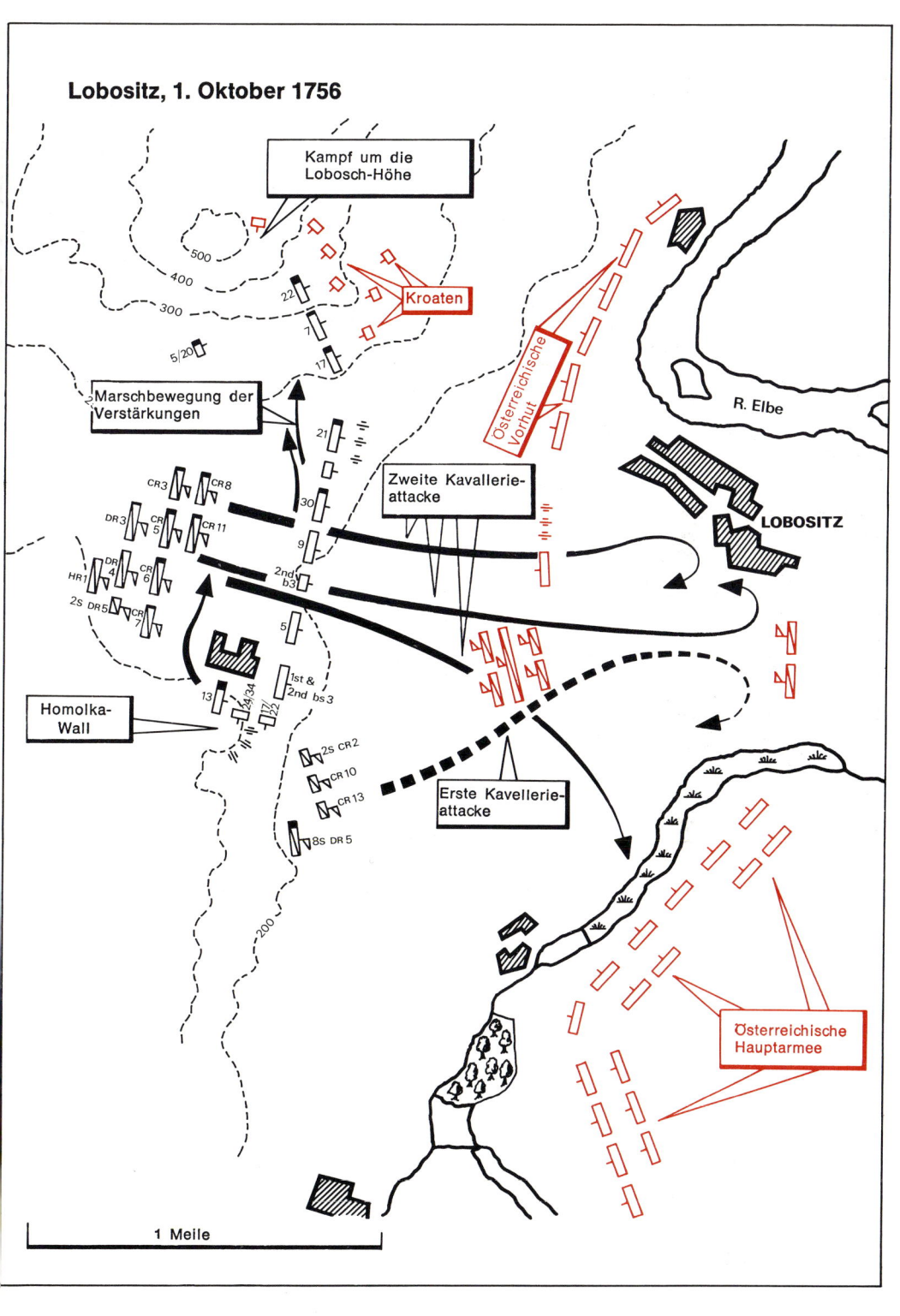

Lobositz, 1. Oktober 1756

Kampf um die
Lobosch-Höhe

500
400
300

Kroaten

22

7

5/20

17

Marschbewegung der
Verstärkungen

21

R. Elbe

Österreichische
Vorhut

30

Zweite Kavallerie-
attacke

9

LOBOSITZ

CR3   CR8

DR3   CR   CR11
        5

DR   CR
HR1   4   6

2S DR5   CR
            7

2nd
b3

5

Homolka-
Wall

13   29/34
        17
        22

1st &
2nd bs 3

2S CR2

CR 10

CR 13

Erste Kavellerie-
attacke

8S DR 5

200

Österreichische
Hauptarmee

1 Meile

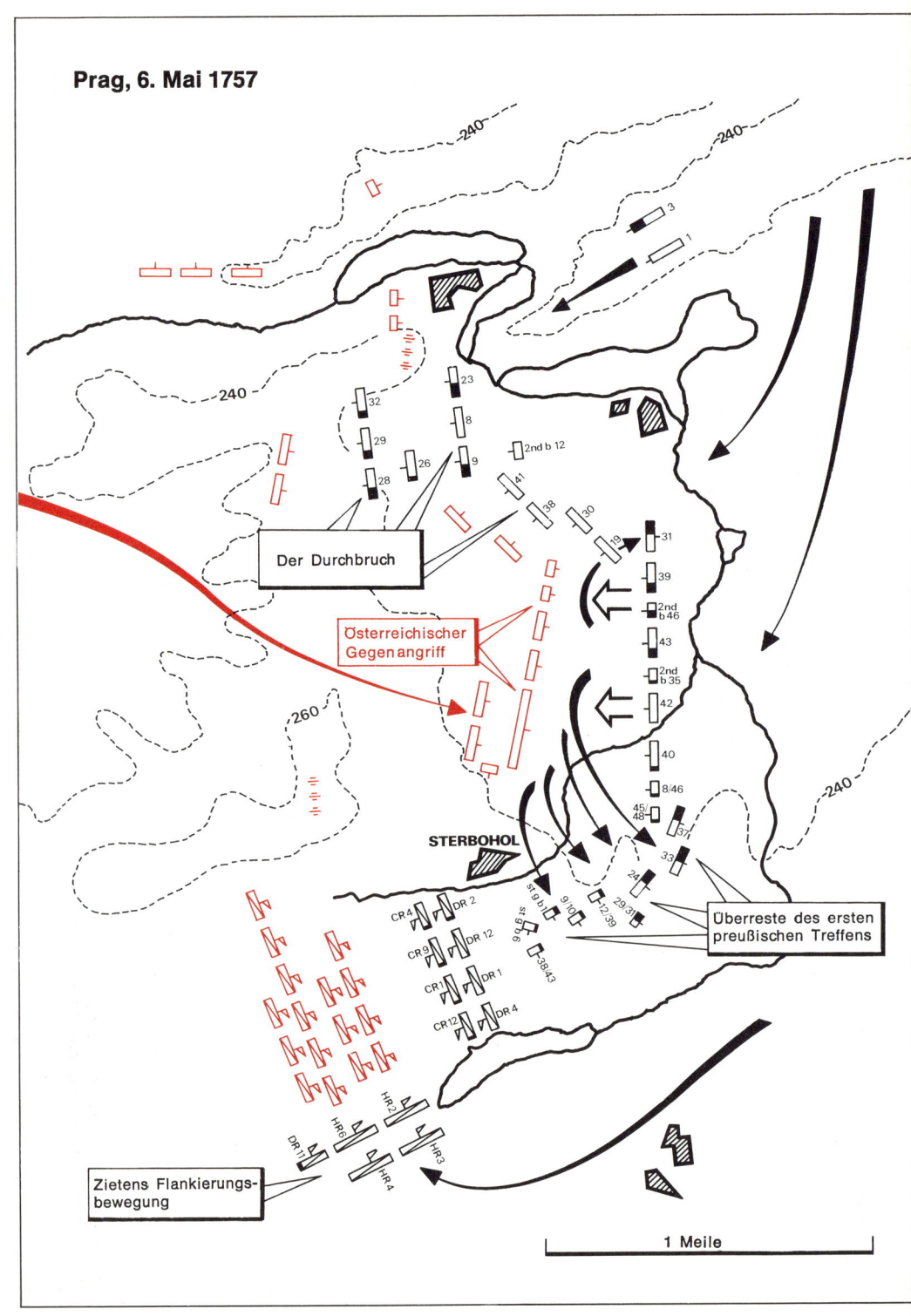

Prag, 6. Mai 1757

Der Durchbruch

Österreichischer
Gegenangriff

STERBOHOL

Überreste des ersten
preußischen Treffens

Zietens Flankierungs-
bewegung

1 Meile

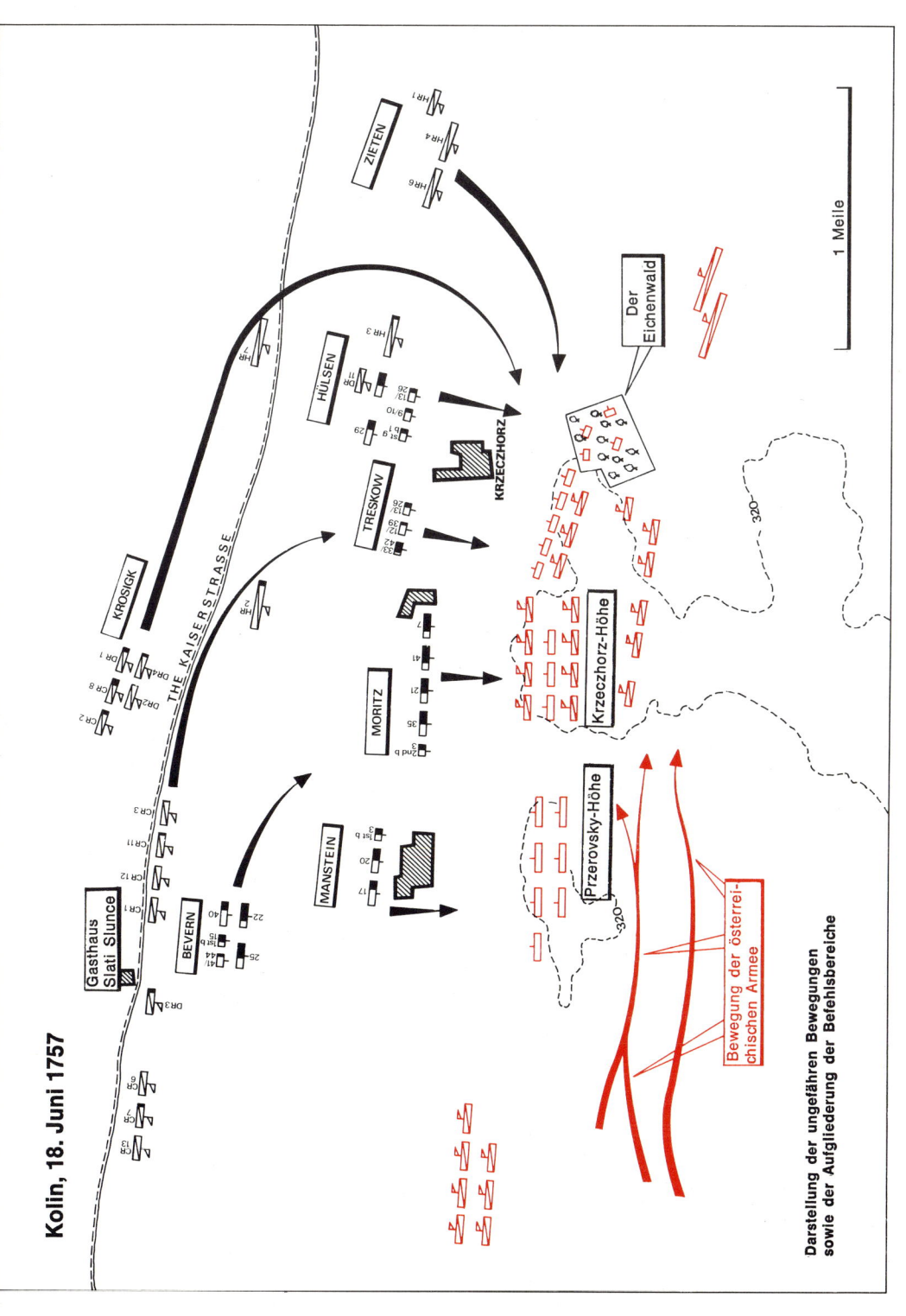

Kolin, 18. Juni 1757

ZIETEN

HR1 HR4 HR6

Der Eichenwald

1 Meile

HULSEN

HR3

DR11 13/26 9/10 b/5 29

KRZECZHORZ

KROSIGK

TRESKOW

13/26 33/ 39/42

DR4 DR2 CR8 DR1
CR2
CR3
CR11
CR12
CR1

THE KAISERSTRASSE

HR2

Gasthaus
Slati Slunce

BEVERN

MORITZ

41 21 35 12nd b

Krzeczhorz-Höhe

MANSTEIN

1st b 20 17

22 40 41 25

Przerovsky-Höhe

DR3

CR6 CR4 13

320

320

Bewegung der österrei-
chischen Armee

Darstellung der ungefähren Bewegungen
sowie der Aufgliederung der Befehlsbereiche

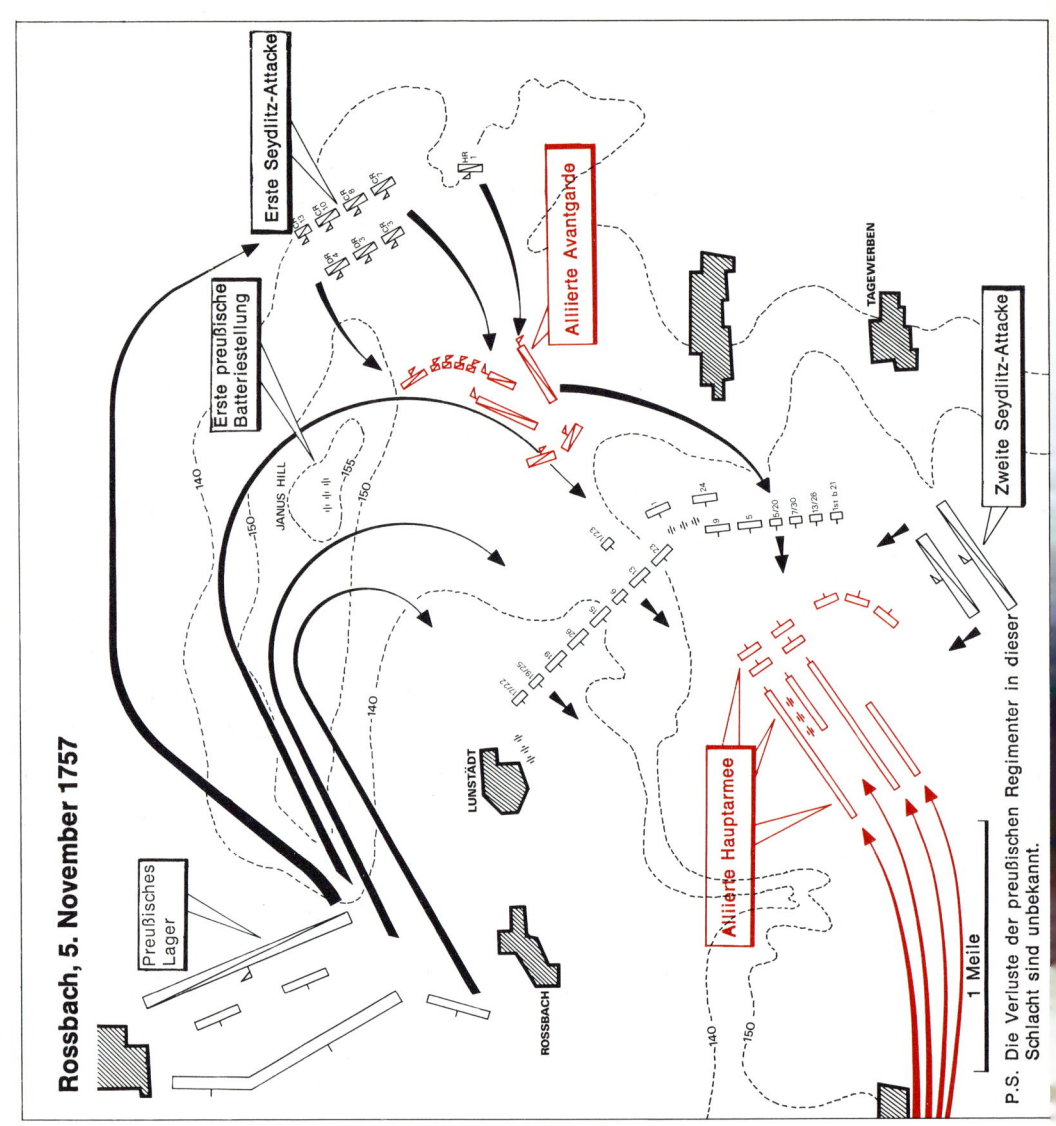

Rossbach, 5. November 1757

Erste Seydlitz-Attacke

Erste preußische Batteriestellung

Alliierte Avantgarde

Zweite Seydlitz-Attacke

TAGEWERBEN

JANUS HILL

LUNSTÄDT

ROSSBACH

Preußisches Lager

Alliierte Hauptarmee

1 Meile

P.S. Die Verluste der preußischen Regimenter in dieser Schlacht sind unbekannt.

350

Leuthen, 5. Dezember 1757

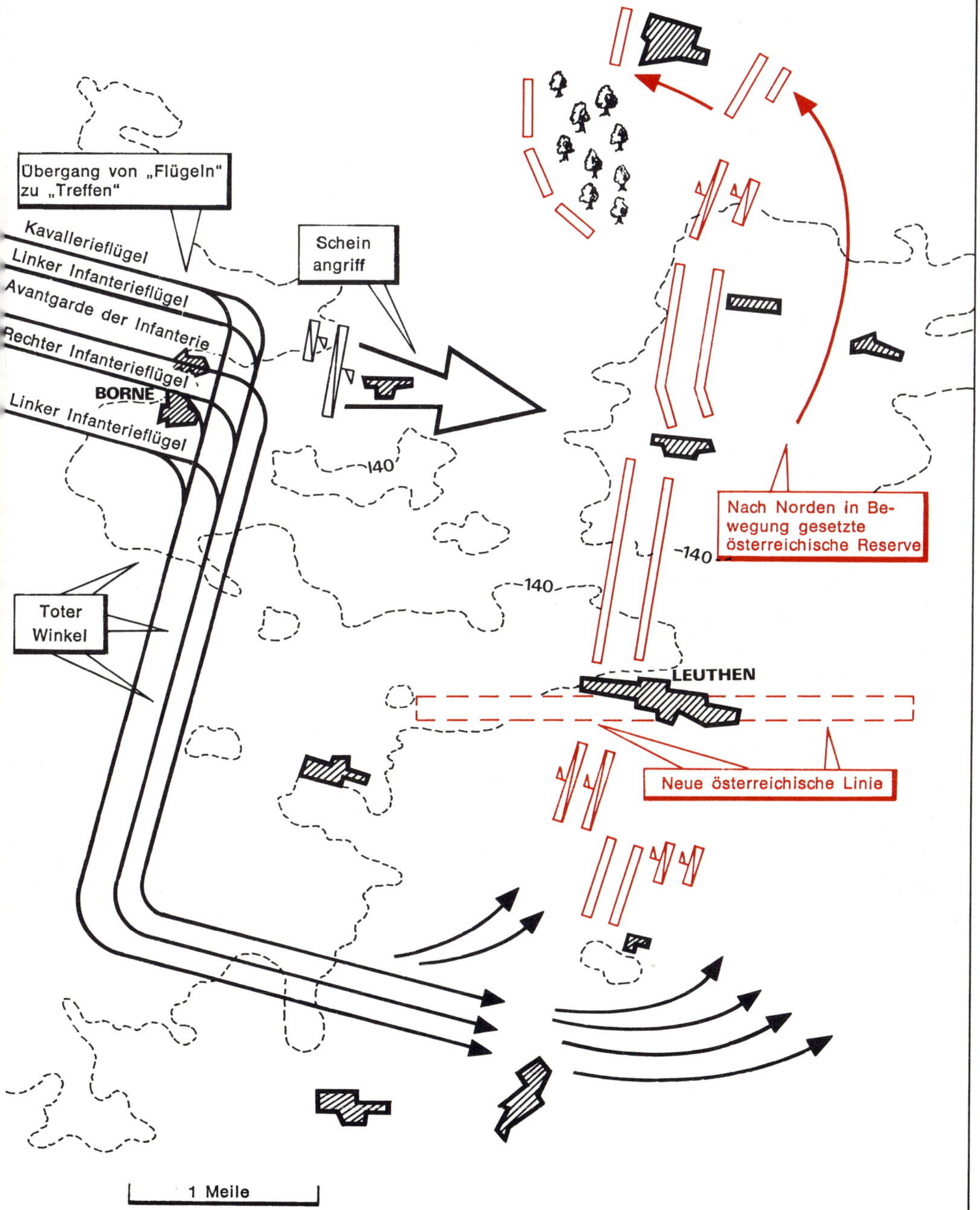

Übergang von „Flügeln" zu „Treffen"

Kavallerieflügel

Linker Infanterieflügel

Avantgarde der Infanterie

Rechter Infanterieflügel

BORNE

Linker Infanterieflügel

Schein angriff

Nach Norden in Bewegung gesetzte österreichische Reserve

140

140

140

Toter Winkel

LEUTHEN

Neue österreichische Linie

1 Meile

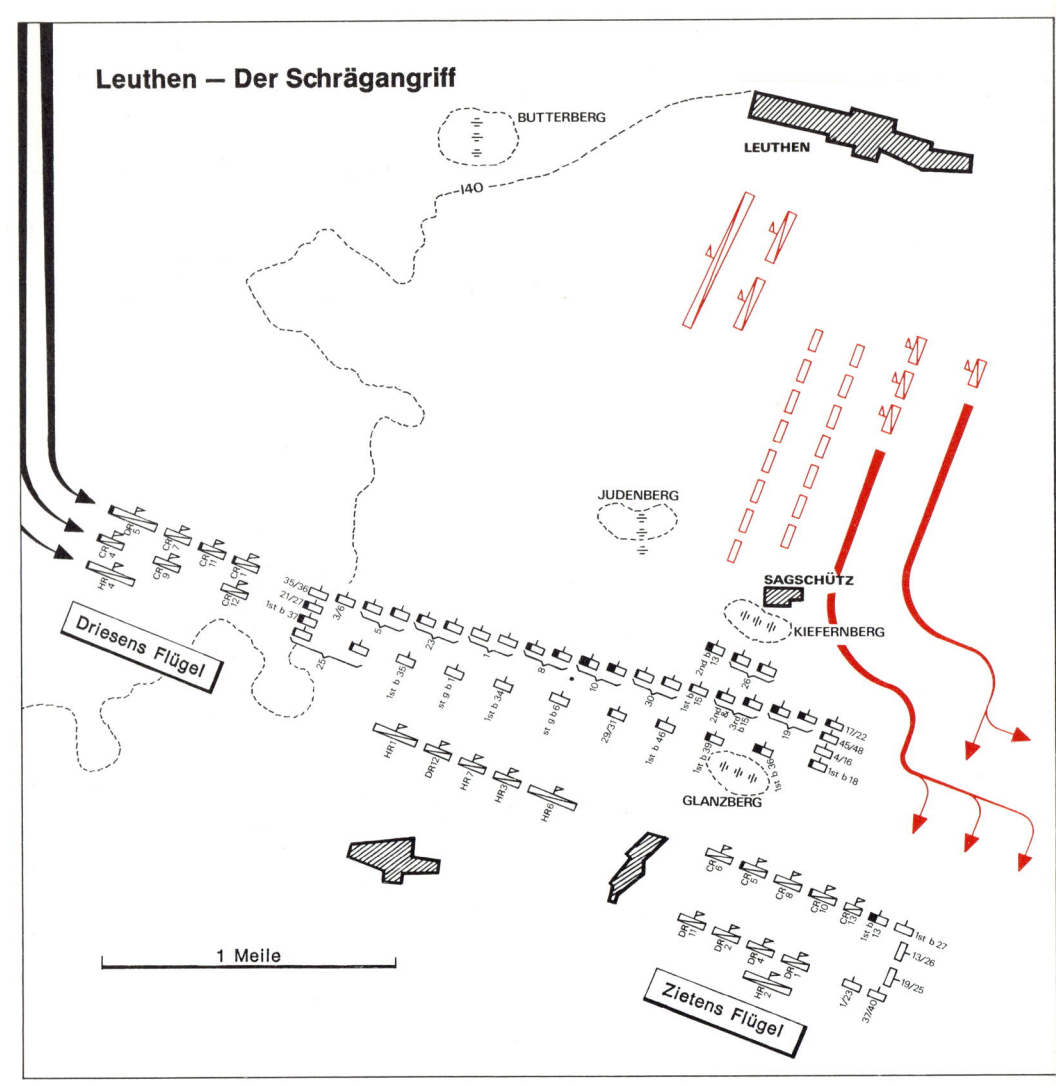

Leuthen — Der Schrägangriff

BUTTERBERG

LEUTHEN

140

JUDENBERG

SAGSCHÜTZ

KIEFERNBERG

Driesens Flügel

35/36
21/23
1st b 37
3/6
5
23
1st b 35
st g b
1st b 34
st g b
29/31
1st b 46
10
30
2nd b
15
2nd b
15
2nd b
9
26
19
17/22
45/48
4/16
1st b 18
1st b 39
1st b 36

HR
DR 12
HR 7
HR
HR

GLANZBERG

CR 6
CR 5
CR 8
CR 10
13
1st b 27
13/26
CR 11
DR 2
HR 4
HR 1
19/25
1/23
DR 3

Zietens Flügel

1 Meile

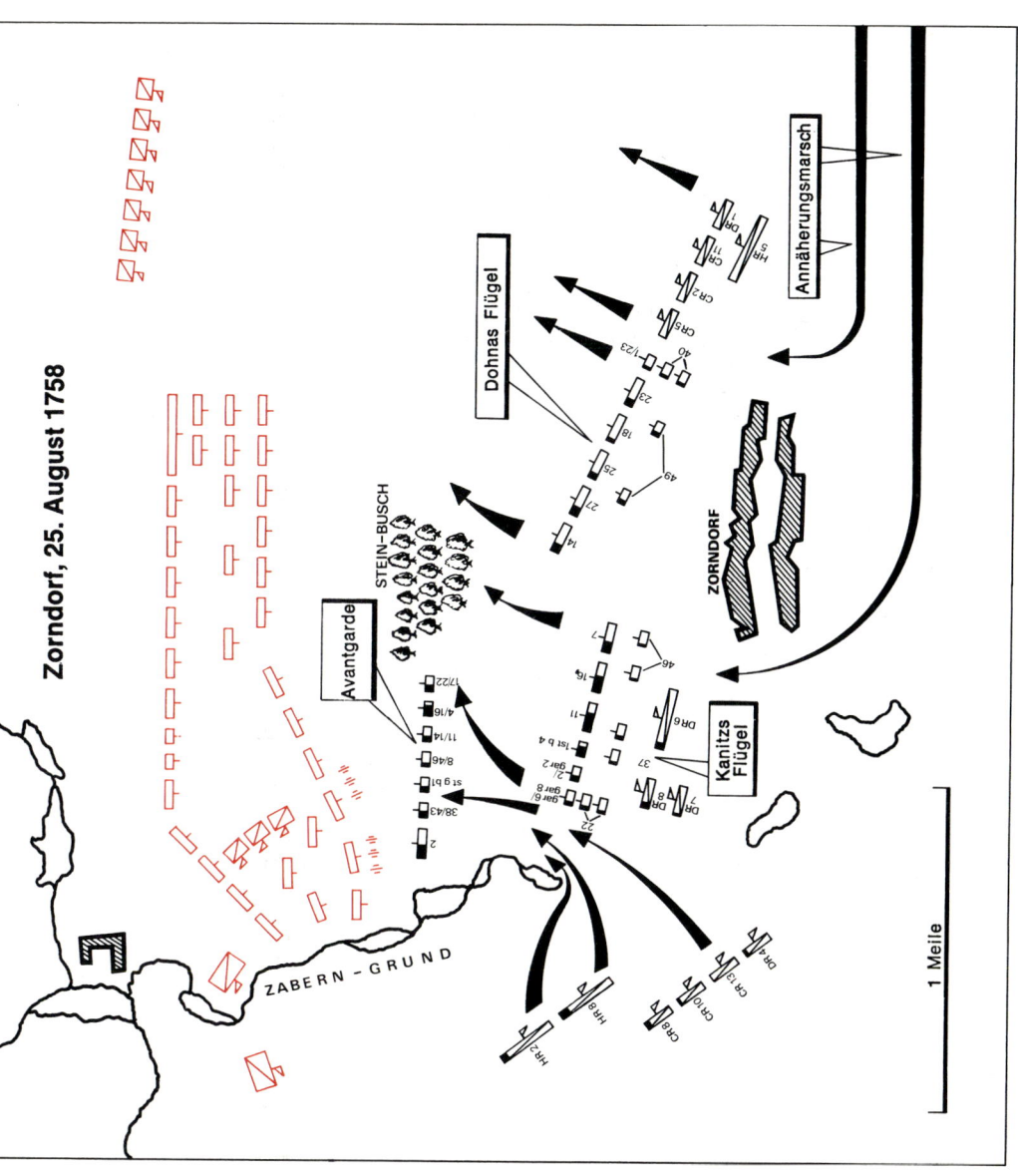

Zorndorf, 25. August 1758

Annäherungsmarsch

Dohnas Flügel

STEIN-BUSCH

Avantgarde

ZORNDORF

Kanitzs Flügel

ZABERN-GRUND

1 Meile

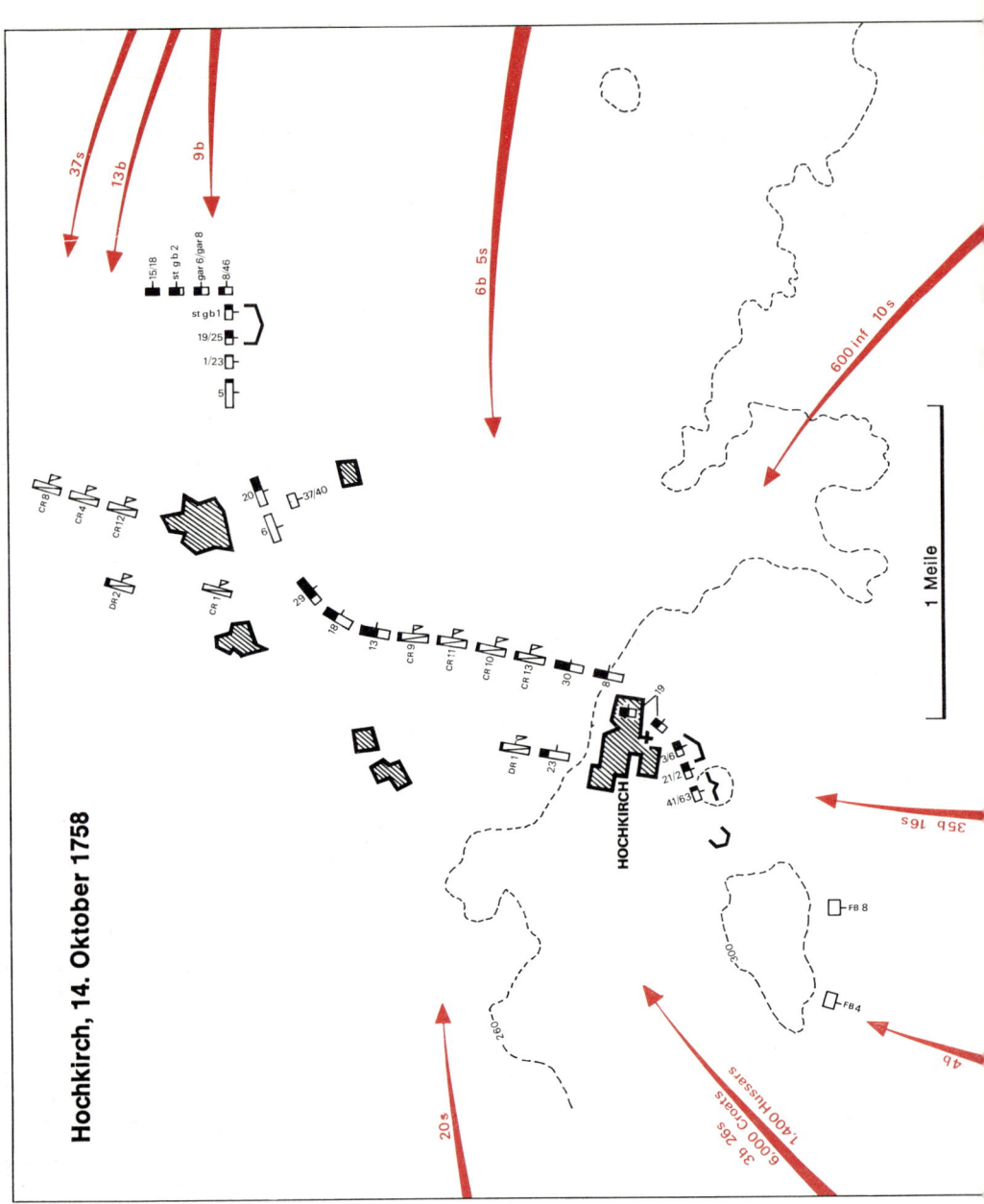

Hochkirch, 14. Oktober 1758

HOCHKIRCH

1 Meile

37s
13b
9b
6b 5s
600 inf 10 s
35b 16s
4b
3b 26s
6.000 Croats
1.400 Hussars
20 s

15/18
st g b 2
gar 6/gar 8
8-46
st gb1
19/25
1/23
5

CR 8
CR 4
CR 12
DR 2
CR 1
20
6
37/40
29
16
13
CR 9
CR 11
CR 10
CR 13
30
8
19
DR 1
23
3/6
21/2
41/63
FB 8
FB 4

354

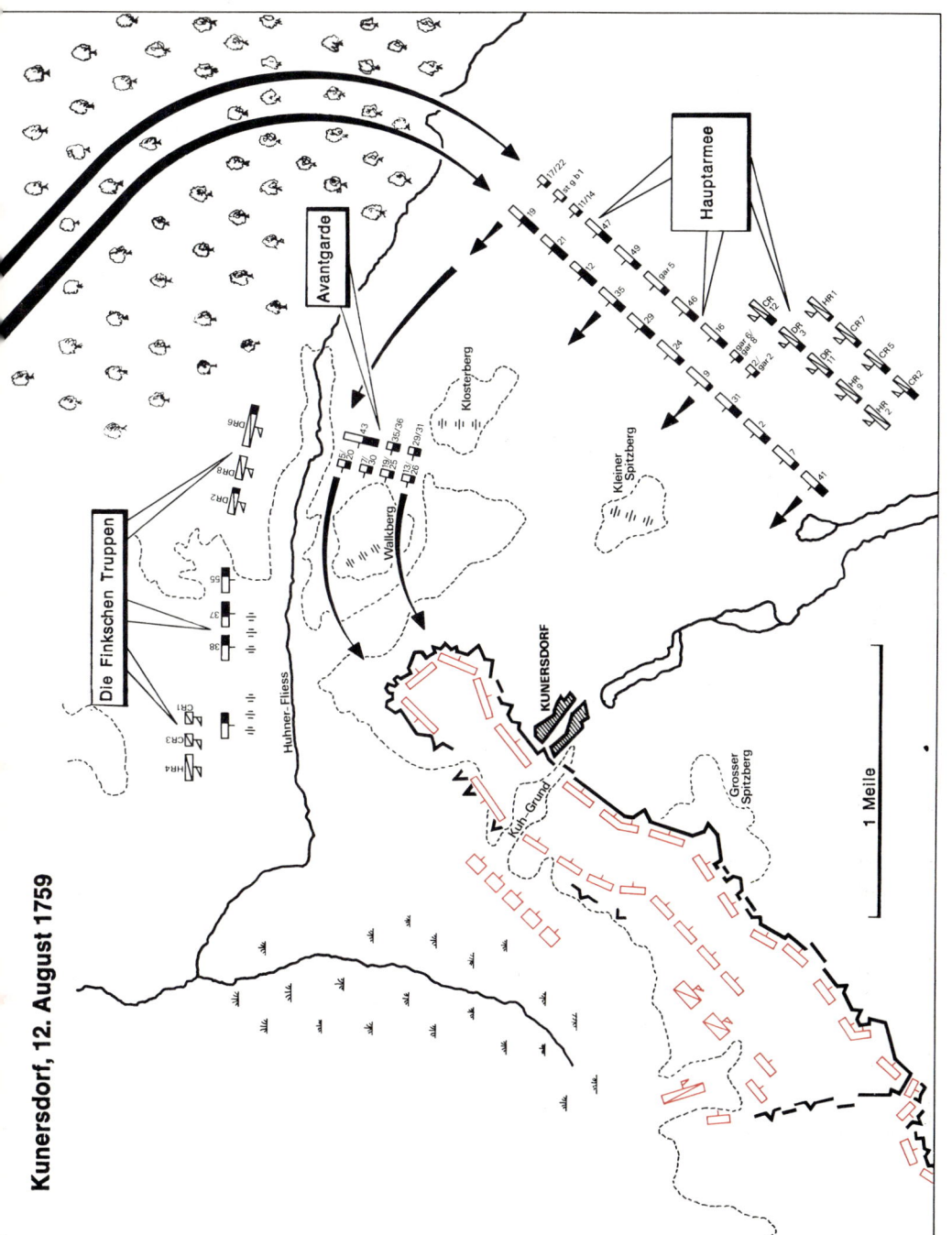

Kunersdorf, 12. August 1759

Hauptarmee

Avantgarde

Die Finkschen Truppen

KUNERSDORF

Klosterberg

Walkberg

Huhner-Fliess

Kuh-Grund

Kleiner Spitzberg

Grosser Spitzberg

1 Meile

Liegnitz, 15. August 1760

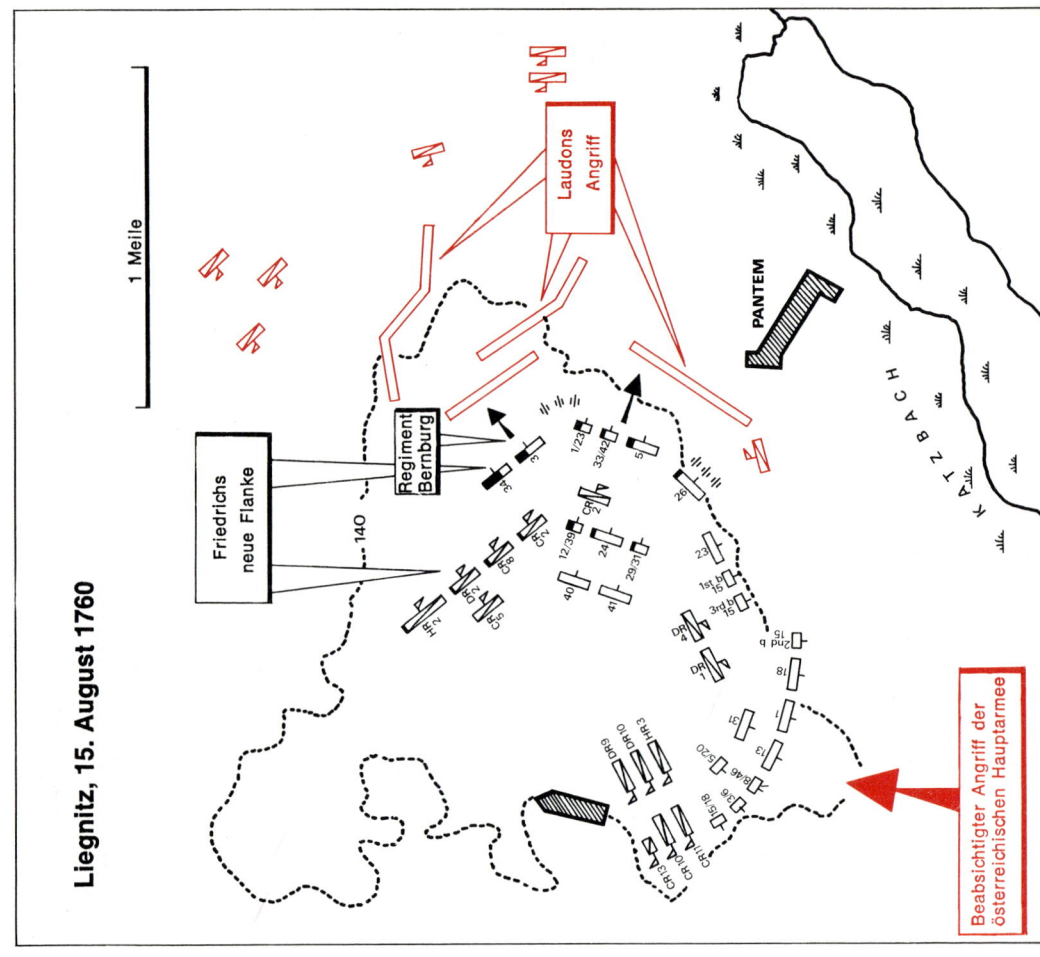

Laudons Angriff

PANTEM

Friedrichs neue Flanke

Regiment Bernburg

1 Meile

140

KATZBACH

Beabsichtigter Angriff der österreichischen Hauptarmee

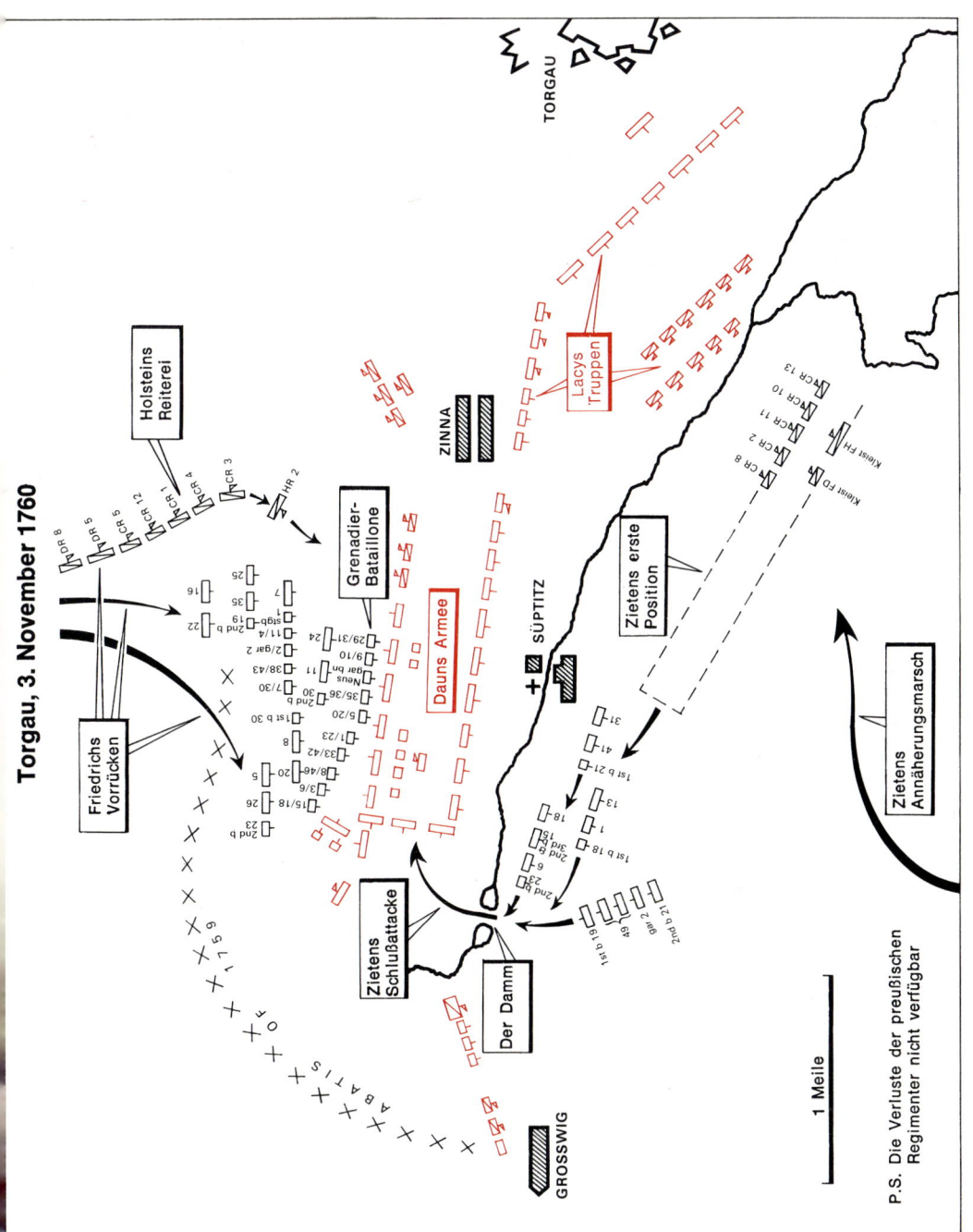

Torgau, 3. November 1760

TORGAU

Holsteins Reiterei

DR 8
DR 5
CR 12
CR 5
CR 1
CR 4
CR 3
HR 2

Lacys Truppen

ZINNA

Grenadier-Bataillone

Dauns Armee

Friedrichs Vorrücken

25
16
7
35
19
22
2nd b Stgb⟩
11/4
2/gar
24
29/31
9/10
38/43
Neus
gar bn
11
35/36
30
2nd b
7/30
5/20
1st b 30
8
1/23
33/42
15/18
3/6
20
26
2nd b
23

ABATIS
O F
1 7 5 9

Zietens Schlußattacke

Der Damm

GROSSWIG

SÜPTITZ

Zietens erste Position

CR 8
CR 2
CR 11
CR 10
CR 13
Kleist FH
Kleist FD

31
41
1st b 21
18
13
1
1st b 18
2nd b 18
3rd b 18
6
23
2nd b
1st b 19
49
gar 2
2nd b 21

Zietens Annäherungsmarsch

1 Meile

P.S. Die Verluste der preußischen
Regimenter nicht verfügbar

ANMERKUNGEN UND HINWEISE

1 Das Land, das Zeitalter, der Mann

1 Görlitz, 2
2 Ligne, XXVIII, 59
3 Osten-Sacken, I, 127
4 Knesebeck, zitiert in Jany, III, 102
5 Wraxall I, 110
6 Kaltenborn, I, 80
7 Lossow, 94
8 Yorke, III, 210
9 »Testament Politique«, 1768, 149
10 Hildebrandt, IV, 108
11 Anon, »Idée de la . . . cour de Prusse«, Juni 1753, British Museum Stowe MSS 307 f 60
12 Ligne, IX, 132—3

2 Das Offizierkorps

1 Jany, II, 230
2 Lossow, 19
3 Jany, III, 42
4 »Instruction 11. Mai 1763« in Friedrichs »Militärische Schriften«, 275
5 Ibid, 274
6 »Testament Politique« 1768, 130
7 Friedrich in »Oeuvres«, I, 192
8 Kaltenborn, I, 47
9 Mirabeau, 128
10 Guibert »Observations«, 47
11 Scharfenort, 57
12 Anon, »Drei Jahre im Kadetten-Corps«, 88
13 Ibid, 88—9
14 Ibid, 90
15 Lemcke, 21
16 Prittwitz, 51
17 Küster, »Saldern«, 159
18 Prittwitz, 118—19
19 Mirabeau, 86
20 Toulongeon, 166
21 Lossow, 96
22 »Kriege Friedrichs«, I, 30
23 Jany, II, 228
24 Yorke, III, 226
25 Lehndorff, »Dreißig Jahre«, 93 und Nachträge, I, 175
26 Retzow, 164
27 Schmettau, II, 303
28 Kalckreuth, 144
29 »Testament Politique« 1768; 156
30 Hildebrandt, I, 79
31 »Testament Politique«, 1768; 156
32 Berenhorst, II, 129—30
33 Scheelen in »Urkundliche Beiträge«, X, 37
34 Ortmann, 633
35 Prittwitz, 175—6
36 Kaltenborn, II, 32
37 »Zweite Schlesische Krieg«, II, 124
38 Jany, III, 47
39 Sack, 25—6
40 Anon, »Erinnerungen«, 23
41 Ibid, 27—8
42 Yorke, III, 222
43 Scheffner, 108
44 Prittwitz, 57
45 Kaltenborn, II, 46
46 Hülsen, 28—9
47 Mirabeau, 181
48 Toulongeon, 146—7
49 Lossow, 62—3
50 »Instruction 11. Mai 1763«, in Friedrichs »Militärische Schriften«, 316
51 Lossow, 64—5
52 Lemcke, 33
53 Moore, II, 190—1
54 Küster, »Saldern«, 62
55 Varnhagen v. Ense, 70
56 Lehndorff, »Nachträge«, II, 174
57 Schlözer, 105
58 Hildebrandt, I, 79
59 Ortmann, 626
60 Kaltenborn, I, 85
61 Catt, 278
62 Laukhard, I, 329; Scheffner, 103
63 Scheffner, 91—2
64 Lossow, 65
65 Kaltenborn, II, 29—30; Trenck, I, 126

66 Natzmer, 20
67 Laukhard, 256
68 Anon, »Erinnerungen«, 35
69 Ligne, XXVIII, 60

70 Yorke, III, 227
71 Moore, II, 152
72 Burgoyne, 66
73 Schwarze, 174

3 Die Soldaten

1 Warnery, III
2 »Testament Politique«, 1768; 140, 179
3 Kaltenborn, I, 109
4 Bräker, 122
5 Witzleben, 54
6 Ortmann, 143
7 Toulongeon, 170
8 Mirabeau, 78
9 Jany, II, 239
10 Scheffner, 89; Laukhard, I, 248—9
11 Bräker, 118—19
12 Moore, II, 144—5
13 Berenhorst, II, 199
14 Moore, II, 121
15 Guibert, »Observations«, 132
16 Prittwitz, 57
17 Bräker, 135—7
18 Laukhard, I, 259
19 Ibid, I, 289
20 Archenholtz, II, 45
21 Bräker, 143
22 »Testament Politique«, 1768; 82

23 Laukhard, I, 250
24 Toulongeon, 106
25 Lossow, 92
26 Kaltenborn, I, 42—3
27 »Testament Politique«, 1752; 86
28 Berenhorst, I, 128
29 Scheelen in »Urkundliche Beiträge«, X, 40
30 Toulongeon, 294
31 Moore, II, 144
32 »Testament Politique«, 1752; 84
33 Mirabeau, 82
34 Laukhard, I, 245—6
35 Schnackenburg, 98
36 Hullin, in Toulongeon, 293
37 Warnery, 534
38 Kaltenborn, I, 31
39 Ibid, 34
40 Hildebrandt, IV, 51
41 Kaltenborn, I, 22
42 Lossow, 3
43 Hildebrandt, VI, 33

4 Die Infanterie

1 Hullin in Toulongeon, 216
2 Schnackenburg, 100
3 Lossow, 144
4 Ibid, 139
5 Warnery, 256
6 Jany, II, 142
7 »Betrachtungen«, in »Militärische Schriften«, 123
8 Mirabeau, 14
9 Kaltenborn, I, 123
10 Guibert, »Journal«, I, 165
11 Toulongeon, 171
12 Lossow, 135
13 Kling, I, 51
14 »Zweite Schlesische Krieg«, I, 46
15 Lossow, 157

16 Guibert, »Observations«, 88
17 Bräker, 138
18 Toulongeon, 194
19 Berenhorst, »Betrachtungen«, II, 188
20 Toulongeon, 203
21 »Testament Politique«, 1752; 87
22 Mirabeau, 131
23 Dundas, »Bemerkungen«
24 Berenhorst, »Betrachtungen«, II, 424—5
25 Scharnhorst, III, 268 ff
26 Jany, III, 86
27 Berenhorst, »Betrachtungen«, I, 255
28 Toulongeon, 197

29 Warnery, 113
30 »Testament Politique«, 1768; 146, 148

31 Toulongeon, 355
32 Yorke, III, 224

5 Die Kavallerie

1 Hohenstock, in Unger, 69
2 Ibid, 32
3 Mitchell, I, 403
4 Lossow, 147
5 Unger, 47
6 »Erste Schlesische Krieg«, II, 269
7 Unger, 46
8 Hahn, 26
9 Thiébault, III, 295—6
10 Kaltenborn, II, 100
11 Catt, 83
12 Unger, 49
13 »Zweite Schlesische Krieg«, I, 49

14 Thiébault, III, 298
15 Lossow, 158
16 Kaltenborn, II, 82
17 Jany, II, 17
18 Unger, 81
19 Dundas, »Bemerkungen«
20 Buxbaum, 117
21 »Testament Politique«, 1768; 152
22 Gisors, 104
23 »Militärische Schriften«, 305
24 Ibid, 307
25 Ibid, 312
26 Mirabeau, 104

6 Die Artillerie

1 Goltz, 211
2 Decker, 6
3 Mirabeau, 162
4 »Testament Politique«, 1752; 88

5 »Oeuvres«, XXVIII, 149
6 Barsewisch, 115
7 Berenhorst, »Betrachtungen«, I, 267
8 »Testament Politique«, 1768; 142

7 Ingenieure und Technische Einheiten

1 Jähns, 2, 702
2 Prinzessin Heinrich, 152
3 Schmettau, »Feldzug«, 161
4 In »Oeuvres«, XXVIII, 65
5 »Aphorismen« in, ibid, XXX, 228

6 Mirabeau, 181
7 Prittwitz, 264
8 »Exposé du gouvernement Prussien«, 1776, in »Politische Testamente«, 244

8 Finanzwesen, Versorgung und Hilfsdienste

1 Warnery, 532
2 Archenholtz, II, 33
3 Ibid, II, 123
4 Lehndorff, »Nachträge«, I, 226
5 Moore, II, 111
6 »Testament Politique«, 1768; 138
7 Guibert, »Observations«, 98
8 Archenholtz, II, 84—5
9 Boswell, 75
10 Lehndorff, »Nachträge«, I, 252, 354
11 »Testament Politique«, 1752; 99
12 »An Podewils 25. Sept. 1745«, »Politische Korrespondenz«, IV, Nr. 1, 995
13 »General Principia« (Ausgabe von 1936), 20

14 Retzow, II, 82
15 Prinzessin Heinrich, 153
16 »Testament Politique«, 1752; 96
17 Jany, II, 266
18 Ibid, III, 79
19 Barsewisch, 63
20 Dr. Fritze in Anon, »Erinnerungen«, 146
21 »Zweite Schlesische Krieg«, I, Anhang, S. 22
22 Küster, »Bruchstück«, 133
23 Prittwitz, 71—2
24 Warnery, 430
25 Küster, »Bruchstück«, 84
26 Lehndorff, »Nachträge«, I, 175

27 »Zweite Schlesische Krieg«, I, Anhang S. 19
28 Ortmann, 703

29 Graewe, »Feldprediger«, 208
30 Prittwitz, 218
31 Hildebrandt, V, 34

9 Stabsarbeit und Heereskontrolle

1 »Über Kriegsmärsche«, »Militärische Schriften«, 199
2 Thiébault, III, 205
3 Retzow, I, 44
4 Mitchell, I, 418
5 »Siebenjährige Krieg«, II, 165
6 »Über Kriegsmärsche«, »Militärische Schriften«, 197
7 Ibid, 197

8 »Siebenjährige Krieg«, III, 93
9 Moore, II, 133
10 Toulongeon, 155
11 Jany, III, 100—2
12 Kaltenborn, I, 18
13 Legge an Newcastle, 23. Aug. 1748,
in Schlenke, 276
14 Burgoyne, 68
15 Dundas, »Bemerkungen«

10 Kriegführung

1 Schmettau, »Lebensgeschichte«, II,
280—1

2 Archenholtz, I, 136
3 »Siebenjährige Krieg«, VIII, 141

11 Friedrichs Armee im Frieden und im Kriege

1 Boswell, 104
2 Lehndorff, 46—7
3 Schmettau, »Lebensgeschichte«, II,
292
4 Archenholtz, I, 2
5 Hildebrandt, V, 46
6 Schwerin, 104—5
7 Steinberger, 52—3
8 Friedrich v. Geuder, in Meyer,
95—6
9 »Erste Schlesische Krieg«, II, 42
10 Anon, »Les campagnes du Roi« 69
11 Jany, II, 111
12 Hildebrandt, II, 122—3
13 »Zweite Schlesische Krieg«, III, 72
14 »Oeuvres«, IV, 5
15 Yorke, III, 225
16 Retzow, I, 258
17 Lehndorff, 399
18 Retzow, I, 42
19 Warnery, 214
20 Retzow, I, 43
21 Warnery, 214; Retzow, I, 41;
Kalckstein, 151; Lehndorff, 336;
Prinz Heinrich in einer auf einer
Kopie von Friedrichs »Histoire de
Mon Temps« geschriebenen Notiz
22 »Betrachtungen«, in »Militärische
Schriften«, 119
23 Lemcke, 24

24 Bräker, 148
25 »Briefe preußischer Soldaten«, in
Generalstab, »Urkundliche Beiträge«, II, 9—11
26 Bräker, 150
27 Archenholtz, I, 20
28 Lehndorff, 306—7
29 Archenholtz, I, 26—7
30 Kaltenborn, 5
31 Krogh, 167
32 »Brief eines Musketiers im Regiment v. Anhalt«, in »Briefe preußischer Soldaten«, in Generalstab,
»Urkundliche Beiträge«, II, 51
33 Warnery, 109
34 Lemcke, 28
35 Prittwitz, 128—31
36 Ibid, 137
37 Ibid, 136
38 Ibid, 154—5
39 Warnery, 202
40 Catt, 83
41 Lehndorff, 371
42 Retzow, I, 196
43 Berenhorst, »Betrachtungen«, I, 280
44 Wiltsch, 18
45 Archenholtz, I, 44
46 Ibid, I, 108
47 Ibid, I, 93
48 Wiltsch, 163

49 Ibid, 183
50 Warnery, 227—8
51 Osten-Sacken, 241
52 Retzow, I, 243
53 Kaltenborn, I, 53
54 Archenholtz, I, 135
55 Barsewisch, 33
56 Archenholtz, I, 138
57 Retzow, I, 253
58 »Siebenjährige Krieg«, VI, 39
59 Archenholtz, I, 155
60 Retzow, I, 183
61 Scheffner, 67
62 Jany, II, 489
63 Prittwitz, 219
64 Hülsen, 90
65 Ibid, 92—3
66 Prittwitz, 234—6
67 Ortmann, 421
68 Warnery, 275
69 Küster, »Bruchstück«, 32
70 Archenholtz, I, 182
71 Küster, »Bruchstück«, 39—40
72 »Siebenjährige Krieg«, VIII, 283
73 Barsewisch, 75
74 Archenholtz, I, 189
75 Ibid, I, 185
76 Ibid, I, 221
77 Warnery, 30
78 Lemcke, 36—8
79 Archenholtz, I, 261
80 Warnery, 346—7
81 Archenholtz, II, 9—10
82 Ibid, II, 129—30
83 Ibid, II, 129
84 Ibid, II, 34
85 Schmitt, II, 199
86 Retzow, II, 198

87 Archenholtz, II, 42—3
88 »Siebenjährige Krieg«, XII, 279
89 Archenholtz, I, 334
90 Ibid, I, 327—8
91 Ibid, II, 52
92 »Siebenjährige Krieg«, XII, 210
93 Ibid, XII, 216
94 Archenholtz, II, 89
95 Hildebrandt, I, 34
96 Archenholtz, II, 107—8
97 Hahn, 80
98 Archenholtz, II, 110
99 Ibid, II, 112—4
100 Küster, »Saldern«, 42
101 Warnery, 492
102 Groehler, 168
103 Schmitt, II, 322
104 Kaltenborn, II, 155
105 Osten-Sacken, I, 263
106 Boswell, 23
107 Jany, »Gefechtsausbildung«, 8—9
108 Varnhagen, 225
109 Goltz, 203
110 Küster, »Saldern«, 155
111 Burgoyne, 66
112 Mirabeau, 27
113 Kaltenborn, II, 11
114 Thiébault, III, 308
115 Küster, »Saldern«, 85
116 Goltz, 336
117 Archenholtz, II, 82
118 Anon., »Erinnerungen«, 26
119 Ibid, 39—40
120 Schmettau, »Feldzug«, 285
121 Hildebrandt, V, 149
122 Ibid, III, 166
123 Ibid, III, 168
124 Toulongeon, 131

12 Einfluß und Vermächtnis

1 Mirabeau, 238—9
2 »Considérations«, «Politische Testamente«, 250
3 Craig, 21
4 Archenholtz, I, 241
5 Berenhorst, »Betrachtungen«, II, 329
6 Ibid, II, 147
7 Anon, »Reflections«, 170
8 Burgoyne, 65
9 Earl of Holdernesse an Mitchell, 20. Mai 1757, Mitchell, I, 249

10 Schlenke, 281
11 Cornwallis, I, 205
12 Dupuy und Dupuy, 272
13 Palmer, 148
14 Jany, II, 343
15 Friedrichs, »Instruktion«, Ed. Franke, vii-viiii
16 Eg. E. Kessel, »Adolf Hitler und der Verrat am Preußentum«, in »Das Parlament«, 15. Nov. 1961
17 »Staatskunst und Kriegshandwerk«
18 Ibid, engl. Übers., I, 24

SCHLACHTEN — STATISTIK

Die folgenden Abkürzungen finden Verwendung: b = Bataillon Infanterie;
cav = Kavallerie; g = Grenadiere; = gn = (guns) Kanonen; inf = Infanterie; r = Regimenter; s = Schwadronen.
Bei den jeweiligen Gesamtangaben handelt es sich um Annäherungswerte, da
die Quellen die Zahl der Kanoniere nur selten extra aufführen.

MOLLWITZ, 10. April 1741
(a) Preußen: 31 b (17 000) 30 s (4 000), 500 Husaren, 50 gn. — Insgesamt:
22 000; Verluste: 4 850.
(b) Österreicher: 16 b (9 000), 11 reguläre cav r (fast 8 000), 2 Husaren r (über
1 000), 19 gn. — Insgesamt: 18 100; Verluste: 4 551.
CHOTUSITZ, 17. Mai 1742
(a) Preußen: 33 b (17 000), 70 s (7 000), 82 gn. — Insgesamt: 24 500; Verluste: 4 819 (einschl. 2 566 cav).
(b) Österreicher: 13 inf r (16 000), 12 cav r (7 000), 3 000 Husaren, 2 500 Kroaten, ungefähr 40 gn. — Insgesamt: 29 000; Verluste 6 332 (einschl. 1 200
Gefangenen).
HOHENFRIEDBERG (Striegau), 4. Juni 1745
(a) Preußen: 12 g b, 52 b (38 600), 111 s (19 900) 192 gn (einschl. 54 schwere). —
Insgesamt: 50 000; Verluste: 4 737.
(b) Österreicher: 47 b, 126 s (37 654 reguläre inf und cav), 2—3 000 Husaren
und Kroaten. — Insgesamt: 41 200; Verluste: 10 332.
(c) Sachsen: 18 b, 24 s (22 500 reguläre inf und cav, 2 600 Ulanen. Verluste:
2 844. — Gesamtzahl d. Alliierten: 66 000, 121 gn (einschl. 40 schwere);
Verluste: 13 176, 63 gn (einschl. 29 sächsischen).
SOOR, 30. September 1745
(a) Preußen: 31 b (16 710). 41 s (5 852). — Insgesamt: 22 562; Verluste: 3 876.
(b) Österreicher und Sachsen: 25 300 reguläre inf, 12 700 reguläre cav, 4 000
Kroaten und leichte cav. — Insgesamt: 41 000; Verluste: 7 444.
KESSELSDORF, 15. Dezember 1745
(a) Preußen: 35 b (21 000), 93 s (9000), 33 gn. — Insgesamt: 31 000; Verluste: ca. 5 000.
(b) Sachsen: 39 b (24 000), 58 s (7 000), 42 gn. — Insgesamt: 31 200; Verluste: 6 630.
LOBOSITZ, 1. Oktober 1756
(a) Preußen: 25 b (ca. 18 000), 59 s (10 500), 300 Husaren, 97 gn. — Insgesamt:
29 000; Verluste: 2 906.
(b) Österreicher: 15 inf r und 4 b Kroaten (ca. 26 500), 12 cav r (7 500),
94 gn. — Insgesamt: 34 500; Verluste: 2 873.
PRAG, 6. Mai 1756
(a) Preußen: 66 b (47 000), 113 s (17 000), 214 gn (einschl. 82 schweren). —
Insgesamt: 65 000; Verluste: 14 300.
(b) Österreicher: 54 reguläre b, 5 Kroaten b (48 500), 12 schwere cav r, 5 Husaren r (12 600), 177 gn (einschl. 59 schwere). — Insgesamt: 62 000; Verluste: 13 400 (einschl. 4 500 Gef. u. 60 gn.
KOLIN, 18. Juni 1757
(a) Preußen: 32 b (17—18 000), 116 s (14 000) 88 gn (einschl. 28 schweren). —
Insgesamt: 32 000; Verluste: 13 768 u. 45 gn.

(b) Österreicher 42 b (28 960), 17 cav r (14 000), 145 gn. — Insgesamt: 44 000; Verluste: 9 000.

GROSS-JÄGERSDORF, 30. August 1757

(a) Preußen: 22 b (17 000), 15 s (8 200), 55 gn. — Insgesamt: 25 600; Verluste: 4 520.

(b) Russen: 90 b, 11 cav r, ca. 260 gn. — Insgesamt: 70—75 000; Verluste: ca. 5 250.

ROSSBACH, 5. November 1757

(a) Preußen: 27 b (16 600), 45 s (5 400), 79 gn (einschl. 23 schweren). — Insgesamt: ca. 22 000; Verluste: 548.

(b) Reichsarmee: 14 b, 42 s, 12 schwere gn. — Insgesamt: 10 900; Verluste: 3 552.

(c) Franzosen: 49 b, 40 s, 32 schwere gn. — Insgesamt: 30 200; Verluste: 6 600. — Gesamtstärke der Alliierten: ca. 42 000; Gesamtverluste: ca. 10 150.

BRESLAU, 22. November 1757

(a) Preußen: 39½ b (19 000), 101 s (8 000), 80 gn. — Insgesamt: ca. 28 000; Verluste: 6350 + 29 gn.

(b) Österreicher: 60 381 inf, 23 225 cav, 220 gn. — Insgesamt: ca. 84 000; Verluste: 5 851.

LEUTHEN, 5. Dezember 1757

(a) Preußen: 48 b (ca. 21 000), 129 s (11 000), 167 gn. — Insgesamt: ca. 33 000; Verluste: 11 589.

(b) Österreicher: 85 b, 125 s, 210 gn. — Insgesamt: 65 000; Verluste: ca. 22 000 (einschl. ca. 12 000 Gefgn. u. 131 gn).

ZORNDORF, 25. August 1758

(a) Preußen: 38 b (25 000), 83 s (10 500), 193 gn (einschl. 117 schweren. — Insgesamt: ca. 36 000; Verluste: 12 797 + 26 gn.

(b) Russen: 55 b (36 308) 21 s (3 382), ca. 3 000 Irregulären, 136 gn. — Insgesamt: ca. 43 300; Verluste: ca. 18 500.

HOCHKIRCH, 14. Oktober 1758

(a) Preußen: 35 b (20 000), 73 s (10 000), 200 gn. — Insgesamt: ca. 31 000; Verluste: 9 097 + 101 gn.

(b) Österreicher: 50 000 inf, 28 000 cav, 340 gn. — Insgesamt: ca. 80 000; Verluste: 7 587.

KAY (Paltzig, Züllichau), 23. Juli 1759

(a) Preußen: 19 600 inf, 7 800 cav, 56 schwere gn. — Insgesamt: ca. 28 000; Verluste: 8 300 + 13 gn.

(b) Russen: 54 b, 34 s schwere cav, 29 s Husaren, 8 r Kosaken, 186 gn (einschl. 46 schweren). — Insgesamt: 40 000 (einschl. 7 000 Irregulären; Verluste: 4 804.

KUNERSDORF, 12. August 1759

(a) Preußen: 53 b (36 900), 95 s (13 000), 140 schwere gn. — Insgesamt: ca. 50 900; Verluste: ca. 19 100 + 172 gn.

(b) Russen: 68 b, 36 s 200 gn. — Insgesamt: ca. 41 000; Verluste: 13 477.

(c) Österreicher: 18 b, 35 s, 48 gn. — Insgesamt: 18 523; Verluste: ca. 2 000. — Gesamtstärke der Alliierten: 59 500; Gesamtverluste der Alliierten: 15 500.

LIEGNITZ, 15. August 1760

(a) Preußen: 36 b, 78 s, 74 schwere gn. — Insgesamt: ca. 30 000; Verluste: 3 394.

(b) Österreicher: Hauptarmee ca. 66 000; Laudons Korps ca. 24 000. — Verluste: ca. 8 500 + 80 gn.

TORGAU, 3. November 1760

(a) Preußen: Hauptarmee 41 b, 48 s. — Zietens Korps 21 b, 54 s — zusammen

35 000 inf, 13 500 cav. 309 gn. — Insgesamt: ca. 50 000; Verluste: 16 670.
(b) Österreicher: 42 000 inf, 10 000 cav, 275 gn. — Insgesamt: ca. 53 400; Verluste: 15 697 (einschl. über 7 000 Gefangene) und 49 gn.

LISTE DER REGIMENTER

Die Sterne beziehen sich auf die jeweilige Einstufung der Regimenter, so wie Friedrich sie nach deren Leistungen im Siebenjährigen Krieg vornahm: * bedeutet gut, ** sehr gut.
Bezüglich weiterer Einzelheiten der Uniformen wird der Leser auf C. Jany und A. Menzel »Die Armee Friedrichs des Großen in ihrer Uniformierung«, Berlin 1908 (Britische Museumsbibliothek Standortnummer 1899. k. 4) hingewiesen sowie auf die hervorragende (und sehr teure) Arbeit von F. G. Melzner und H. Bleckwenn, »Die Uniformen der Infanterie 1753—1786«, aus der Serie »Das altpreußische Heer«, welche noch immer von dem Biblio-Verlag, D-4500 Osnabrück, Jahnstraße 15, herausgegeben wird.

Infanterieregimenter

IR Nr. 1
Standort: Berlin.
Bezeichnung: 1740 Glasenapp, 1742 Hacke, Winterfeldt, 1758 Lattorff, 1760 Zeuner, 1768 Koschenbahr, 1776 Bandemer, 1778 Kalckreuth, 1778 Bornstedt.
Uniform: Blauer Rock, rote Ärmel- und Rockaufschläge, weiße Weste und Kniehosen.
Einsätze: Zeichnete sich bei Soor, Prag und Hochkirch aus. Ein Regiment mit besonders gutem Ruf. »Gewiß, ich habe das Winterfeldt-Regiment immer für tapfer gehalten, aber heute hat es all meine Erwartungen übertroffen. Ich werde das nie vergessen« (Friedrich bei Hochkirch).
Grenadier-Bataillon: 1740 Kleist mit der Nr. 25; 1742 Kleist mit der Nr. 22; 1744 Tauentzien mit der Nr. 23. Im Siebenjährigen Krieg mit der Nr. 23: 1756 Bandemer, 1757 Wedell, 1758 Rathenow, 1762 Posek, 1778 Schlieben mit der Nr. 13. Ein berühmtes Bataillon, das während des Siebenjährigen Krieges bei einer Vielzahl von gefährlichen Unternehmungen eingesetzt wurde.

IR Nr. 2 *
Standort: Rastenburg (Ostpreußen).
Bezeichnung: 1740 Roeder, 1743 Schlichting, 1750 Kanitz, 1769 Stutterheim, 1783 Anhalt.
Uniform: Blauer Rock, rote Ärmel- und Rockaufschläge, gelbe Weste und Kniehosen.
Einsätze: Für gewöhnlich hart kämpfend (besonders für ein ostpreußisches Regiment) mit stets hohen Ausfällen. Ein Bataillon nahm Meissen am 4. Dezember 1759.
Grenadier-Bataillon: 1740 Pfuhl mit der Nr. 4; 1744 Kahlbutz mit der Nr. 24; 1744—5 Kleist »v. Württemberg« mit der Nr. 17. Gehörte während des

Siebenjährigen Krieges zum Garnisonsregiment Nr. 2: 1756 Manstein, 1758 Nesse, 1760 Natalis, 1778 Rautter mit der Nr. 16.

IR Nr. 3 * (aus drei Bataillonen bestehend)
Standort: Halle.
Bezeichnung: 1740 Alt-Anhalt, 1758 Kahlden, 1759 Anhalt-Bernburg, 1784 Leipziger.
Uniform: Blauer Rock, rote Ärmelaufschläge, weiße Weste und Kniehose.
Einsätze: 1740 als Regiment des Alten Dessauers berühmt. Zeichnete sich bei Hohenfriedberg und Soor aus. Wurde während des Siebenjährigen Krieges mit Sachsen aufgefüllt, Leistung daher schwankend. Bedeckte sich 1760 bei der Belagerung von Dresden mit Schande, wetzte aber später im gleichen Jahr die Scharte wieder aus.
Grenadier-Bataillon: 1740 eine Kompanie bei Bolstern, Nr. 27, das andere bei Sydow, dann Burghausen, Nr. 14; 1742 Finckenstein mit der Nr. 36; 1744 Buddenbrock mit der Nr. 6. Siebenjährige Krieg mit der Nr. 6: 1756 Kleist, 1757 Hacke, 1758 Plotho, 1759 Hacke, 1778 Blomberg mit der Nr. 6. Wurde bei Torgau nahezu ausgelöscht.

IR Nr. 4
Standort: Preußisch-Holland (Ostpreußen).
Bezeichnung: 1740 Groeben, 1744 Polentz, 1745 Dohna, 1745 Kalnein, 1757 Rautter, 1758 Kleist, 1761 Thadden, 1744 Pelkowsky, 1782 Egloffstein.
Uniform: Blauer Rock, rote Aufschläge, gelbe Weste und Kniehosen.
Einsätze: Ein etwas armseliges Regiment, dem es bei Groß-Jägersdorf und Zorndorf ziemlich übel erging. Von seinen Kommandeuren fiel Rautter für sein Verhalten bei Zorndorf in Ungnade, während Thadden als Säufer bekannt war.
Grenadier-Bataillon: 1740 Pfuhl mit der Nr. 2, später Nr. 6; 1744 Sydow mit der Nr. 22. Im Siebenjährigen Krieg mit der Nr. 16: 1756 Polentz, 1757 Kleist, 1758 Willemy, 1762 Thielau, 1788 Hausen mit der Nr. 53. Schwere Verluste bei Zorndorf, geriet bei Maxen in Gefangenschaft.

IR Nr. 5 *
Standort: Magdeburg.
Bezeichnung: 1740 Wedell, 1742 Bonin, 1755 Alt-Braunschweig, 1766 Saldern, 1785 Lengefeld.
Uniform: Blauer Rock mit strohgelben Ärmel- und Rockaufschlägen, Kragen, Weste und Kniehose.
Einsätze: Standhaft und wohldiszipliniert. Zeichnete sich bei Liegnitz aus.
Grenadier-Bataillon: 1740 Winterfeldt mit der Nr. 21; 1742 Hagen (auch »Geist«) mit der Nr. 20; 1744 Jeetze mit der Nr. 36. Im Siebenjährigen Krieg mit der Nr. 20: 1756 Jung-Billerbeck.
Winterfeldt gründete die Tradition eines der besten Grenadier-Bataillone der Armee. Zeichnete sich bei Lobositz und Kunersdorf aus. Schwere Verluste bei Torgau.

IR Nr. 6 GRENADIER-GARDE-BATAILLON
Standort: Potsdam.
Bezeichnung: Der Name »Grenadier-Garde-Bataillon« wurde stets im Zusammenhang mit dem des jeweiligen »Chefs« geführt, nämlich: 1740 (Aufstellungsjahr) Einsiedel, 1745 Retzow, 1759 Saldern, 1766 Lestwitz, 1778 Rohdich.

366

Uniform: Blauer Rock, rote Ärmelaufschläge und Kragen, strohgelbe Westen und Kniehose.

Einsätze: Zeichnete sich bei Hohenfriedberg aus, schwere Verluste bei Hochkirch.

Grenadier-Bataillon: 1740 eine Kompanie mit der Nr. 29, Itzenplitz, die andere mit der Nr. 4, Pfuhl; 1744 mit der Nr. 3. Im Siebenjährigen Krieg mit der Nr. 3, 1778 mit der Nr. 3.

IR Nr. 7

Standort: Stettin.

Bezeichnung: 1740 Bredow, 1741 Braunschweig-Bevern, Dezember 1756-November, 1757 Alt-Bevern, 1757 Bevern, 1781 Winterfeldt, 1784 Goltz.

Uniform: Blauer Rock, rosenrote Ärmel- und Rockaufschläge, strohgelbe Weste und Kniehose.

Einsätze: War in besonders heftige Kämpfe bei Hohenfriedberg, Kolin und Zorndorf verwickelt. Das Erste Bataillon geriet 1757 bei Schweidnitz in Gefangenschaft. Friedrich hielt es für ein typisch zuverlässiges pommersches Regiment und eines, »welches dem Hause Brandenburg seit undenklichen Zeiten Ehre erwiesen hat«. Der geniale Herzog von Bevern war vierzig Jahre lang sein »Chef«. Bezüglich der Verhältnisse beim Regiment in den 1750er Jahren wird auf die Erinnerungen von Prittwitz verwiesen.

Grenadier-Bataillon: 1740 Düren mit der Nr. 30; 1742 Uchländer mit der Nr. 19; 1744 Grumbkow mit der Nr. 21. Im Siebenjährigen Krieg mit der Nr. 30: 1756 Kanitz, 1757 Lubath. 1778 Owstien mit der Nr. 8. Zeichnete sich bei Kunersdorf aus.

IR Nr. 8.

Standort: Stettin.

Bezeichnung: 1740 Anhalt-Zerbst, 1747 Tresckow, 1754 Amstell, 1757 Geist, 1759 Queiss, 1769 Hacke, 1785 Keller, 1786 Scholten.

Uniform: Blauer Rock, rote Ärmel- und Rockaufschläge, weiße Weste und Kniehose.

Einsätze: Zeichnete sich bei Hochkirch aus. 1784 sagte Friedrich — wahrscheinlich unberechtigter Weise — die Truppe sähe »wie ein dummer Bauernhaufen« aus.

Grenadier-Bataillon: 1740 Saldern mit der Nr. 36; 1742 Itzenplitz mit der Nr. 24; 1744 Schöning mit der Nr. 30. Im Siebenjährigen Krieg mit der Nr. 46, Alt-Billerbeck. 1778 mit der Nr. 7.

Geriet am 15. Juli 1757 bei Gabel in Gefangenschaft. Wurde neu aufgestellt und bei Hochkirch schwer angeschlagen.

IR Nr. 9 **

Standort: Hamm und Soest (dem Ruhrgebiet Preußisch-Westfalens).

Bezeichnung: 1740 Leps, 1747 Quadt, 1756 Jung-Kleist, 1758 Oldenburg, 1758 Puttkamer, 1759 Schenckendorff, 1760 Jung-Schenckendorff, 1763 Wolfersdorff, 1782 Budberg.

Uniform: Blauer Rock, rote Ärmel- und Rockaufschläge, weiße Weste und Kniehose.

Einsätze: Ein westfälisches Regiment, das vom König anfänglich geschätzt wurde. Zeichnete sich bei Prag aus und geriet bei Maxen nach gutem Kampf in Gefangenschaft. Wieder aufgestellt aber 1761 in Pommern zerschlagen.

Grenadier-Bataillon: 1745 Henning v. Langen (später Hagen) mit der Nr. 10; 1745 Sydow (später Kleist) mit der Nr. 27. Im Siebenjährigen Krieg mit der Nr. 10: 1756 Möllendorf, 1758 Bähr. 1778 Bandemer mit der Nr. 10. Geriet am 15 Juli 1757 bei Gabel in Gefangenschaft, wurde jedoch 1758 ausgetauscht. Schwere Verluste bei Torgau.

IR Nr. 10 **

Standort: Bielefeld, Herford.
Bezeichnung: 1740 Anhalt-Dessau, 1750 Knobloch, 1757 Pannwitz, 1768 Petersdorff, 1781 Stwolinsky.
Uniform: Blauer Rock, zitronengelbe Ärmelaufschläge, Weste und Kniehose.
Einsätze: Zeichnete sich bei Kesselsdorf, Leuthen und Burkersdorf aus. Erstes Bataillon geriet bei Landeshut in Gefangenschaft. War ebenfalls ein gutes westfälisches Regiment und bekannt wegen der Begeisterung seiner Kantonisten. Zu Beginn des Siebenjährigen Krieges warf Friedrich die Frage auf, ob es wohl auch gut gegen die Franzosen kämpfen würde. Ein Offizier beruhigte ihn daraufhin, indem er auf die Überlegenheit des »westfälischen Pumpernickels und Schinkens gegenüber den französischen Kuchen und Froschschenkeln« hinwies.
Grenadier-Bataillon: 1745 mit der Nr. 9; 1745 Hagen (dann Plotho) mit der Nr. 27. Im Siebenjährigen Krieg mit der Nr. 9. 1778 mit der Nr. 9.

IR Nr. 11

Standort: Königsberg.
Bezeichnung: 1740 Holstein-Beck, 1749 Below, 1758 Rebentisch, 1763 Tettenborn, 1776 Zastrow, 1782 Rothkirch, 1786 Voss.
Uniform: Blauer Rock, rote Ärmelaufschläge, weiße Weste und Kniehose.
Einsätze: Zeichnete sich bei Chotusitz und Prag aus. Eine große Anzahl russischer und österreichischer Kriegsgefangenen wurden im Verlauf des Siebenjährigen Krieges aufgenommen.
Das Regiment versagte bei Zorndorf und bei Maxen, wo es sich bereits auflöste, noch bevor es mit den übrigen in Gefangenschaft geriet (Siehe Carl v. Hülsens Erinnerungen an das Leben in den 1750er Jahren).
Grenadier-Bataillon: 1740 Lattorff mit der Nr. 33; 1742 Kanitz mit der Nr. 14; 1744 Trenck mit der Nr. 14. Im Siebenjährigen Krieg mit der Nr. 14: 1756 Gohr, 1757 Petersdorff, 1759 Beyer, 1760 Oppen. 1778 Hertzberg mit der Nr. 14.
Ein gemeinhin zuverlässiges Bataillon.

IR Nr. 12 *

Standort: Prenzlau (Pommern).
Bezeichnung: 1740 Markgraf Heinrich, 1741 Selchow, 1743 Darmstadt, 1747 Alt-Darmstadt, 1757 Finck, 1763 Wunsch.
Uniform: Blauer Rock, rote Ärmel- und Rockaufschläge, strohgelbe Weste und Kniehose.
Einsätze: Wurde bei Prag geworfen, bei Kunersdorf zusammengeschossen und bei Maxen zusammengeritten und gefangengenommen. Am 7. Februar 1779 bei Cammerswalde überrascht. Tapfer aber glücklos.
Grenadier-Bataillon: 1740 Puttkamer mit der Nr. 24; 1742 Jeetze mit der Nr. 17; 1744 Luck mit der Nr. 29. Im Siebenjährigen Krieg mit der Nr. 39: 1756 Woldau, 1758 Pieverlingk, 1760 Stechow, 1760 Görne. 1778 Brösigke mit der Nr. 13.
Zeichnete sich bei Liegnitz aus, erlitt jedoch hohe Verluste.

IR Nr. 13 **
Standort: Berlin.
Bezeichnung: 1740 Truchsess, 1745 Polentz, 1746 Schwarz-Schwerin oder Bogis-
law-Schwerin, 1750 Itzenplitz, 1760 Syburg, 1762 Kaiser (d. h. Zar Peter III.
von Rußland), 1763 Wylich und Lottum, 1774 Braun.
Uniform: Blauer Rock, hell-strohgelbe Ärmel- und Rockaufschläge, Weste und
Kniehose.
Einsätze: Zeichnete sich bei Leuthen und Hochkirch aus, wo 820 Mann aus-
fielen. Ein straff geführtes Regiment, welches unter der Führung des General
Itzenplitz — bei Kunersdorf tödlich verwundet — allgemein als das »Donner
und Blitzen«-Regiment bekannt war. Siehe hierzu auch die Erinnerungen
Bräker's.
Grenadier-Bataillon: 1740 Reibnitz mit der Nr. 19; 1742 Lattorff, dann Hagen
(auch »Geist«) mit der Nr. 28; 1744 Hagen mit der Nr. 37. Im Siebenjährigen Krieg mit der Nr. 26: 1756 Finck, 1757 Bornstädt, 1759 Humboldt,
1759 Schwerin, 1761 Kalckstein. 1778 mit der Nr. 1.
Geriet bei Maxen in Gefangenschaft. Wieder aufgestellt und am 14. Oktober 1762 bei Brandenburg erneut gefangengenommen.

IR Nr. 14
Standort: Friedland und Bartenstein (Ostpreußen).
Bezeichnung: 1740 Lehwaldt, 1768 Graf v. Anhalt, 1777 Steinwehr, 1782
Henckel v. Donnersmarck.
Uniform: Blauer Rock, rote Ärmel- und Rockaufschläge, weiße Weste und
Kniehose.
Einsätze: In den Schlesischen Kriegen nur wenig im Einsatz, aber schwere Ver-
luste bei Groß-Jägersdorf und Kunersdorf. Ein Bataillon geriet bei Maxen
in Gefangenschaft.
Grenadier-Bataillon: 1740 mit der Nr. 3; 1742 mit der Nr. 11. Im Sieben-
jährigen Krieg mit der Nr. 11. 1778 mit der Nr. 11.
BATAILLON-GARDE oder LEIB-GARDE-BATAILLON (DAS ERSTE BA-
TAILLON IR Nr. 15, des FUSS-GARDE REGIMENT)
Standort: Ruppin, Nauen und Potsdam. Allgemeine Rekrutierung.
Bezeichnung: Wie oben. Hatte keine »Chefs« sondern nur Kommandeure.
Diese waren: 1740 Markgraf Wilhelm von Brandenburg, 1744 Prinz Fer-
dinand von Braunschweig, 1755 Ingersleben, 1757 Tauentzien, 1763 Prinz
Friedrich Wilhelm von Preußen, 1764 Billerbeck, 1765 Laxdehnen, 1773
Scheelen (bis 1786).
Uniform: Blauer Rock, rote Ärmelaufschläge, hellgelbe Weste und Kniehose.
Einsätze: Seine Stärke war die Friedensparade, schlug sich aber auch hervor-
ragend bei Mollwitz und Kolin. Bestand prinzipiell aus Ausländern. Die
gemeinen Soldaten wurden schlecht bezahlt und dienten unwillig, wurden
aber mit Begriffen wie Ehre und Disziplin bei der Fahne gehalten (Archenholtz). Unter Scheelen herrschte ein ausgesprochen sadistisches Regime.

IR Nr. 15 REGIMENT GARDE
Standort: Ruppin, Nauen und Potsdam. Allgemeine Rekrutierung.
Bezeichnung: Wie oben. Hatte keine »Chefs« sondern nur Kommandeure. Diese
waren: 1740 Bredow, 1743 Schwerin, 1745 Schultze, 1747 Meyering, 1749
Beschwitz und Merseberg, 1754 Merseberg, 1756 Saldern, 1760 Möllendorff,
1771 Buttler, 1776 Rohdich, 1779 Brüning, 1785 Roeder.

Uniform: Blauer Rock, rote Kragen, Ärmel- und Rockaufschläge, zitronenfarbene Weste und lange Hosen. Das Dritte Bataillon trug Grenadiermützen mit weißen Schilden und rotem Mützensack.

Einsätze: Zeichnete sich bei Soor und Leuthen aus, wo das Dritte Bataillon den Kirchhof nahm.

Grenadier-Bataillon: 1744 Wedell mit der Nr. 18. Im Siebenjährigen Krieg ebenfalls mit der Nr. 18: 1756 Bülow, 1757 Kleist, 1759 Graf v. Anhalt. 1778 Apenburg mit der Nr. 18.

Bei Soor arg gebeutelt, bei Hochkirch gefangengenommen.

IR Nr. 16

Standort: Königsberg.

Bezeichnung: 1740 Flanss, 1748 Christoph Dohna, 1762 Syburg, 1771 Borck, 1777 Buddenbrock, 1782 Schottenstein, 1785 Romberg.

Uniform: Blauer Rock, rote oder ziegelrote Ärmel- und Rockaufschläge, strohgelbe Weste und Kniehose.

Einsätze: Schwere Verluste bei Zorndorf und Kunersdorf. Ein ostpreußisches Regiment mittlerer Qualität.

Grenadier-Bataillon: 1740 Hauss (dann Ruitz) mit der Nr. 34; 1742 Kahlbutz mit der Nr. 34; 1744 Kleist v. Jung-Schwerin mit Garnison-Regiment Nr. 1. Im Siebenjährigen Krieg mit der Nr. 4. 1778 mit der Nr. 2.

IR Nr. 17

Standort: Cöslin und Rügenwalde (Pommern).

Bezeichnung: 1740 La Motte (d. h. La Motte Fouqué), 1748 Jung-Jeetze, 1756 Manteuffel, 1764 Rosen, 1772 Billerbeck, 1786 Könitz.

Uniform: Blauer Rock, weiße Ärmel- und Kragen- bzw. Rockaufschläge sowie weiße Weste und Kniehose.

Einsätze: Ein gutes pommersches Regiment, das sich bei Soor, Prag und am 15. März 1760 bei Neustadt auszeichnete. Friedrich schrieb aus letzterem Anlaß an General v. d. Goltz: »Ich möchte, daß Sie allen Offizieren Manteuffels in meinem Namen eine Anerkennung übermitteln. Sie haben sich in der alten, ehrenhaften Art geschlagen und nicht in der üblen neuen Weise, wie andere Leute . . .«

Grenadier-Bataillon: 1740 Wedell mit der Nr. 18; 1742 mit der Nr. 12; 1744 mit der Nr. 2. Im Siebenjährigen Krieg mit der Nr. 22: 1756 Puttkamer, 1757 Wrede, 1757 Kremzow, 1759 v. d. Thann, 1760 Wobersnow, 1760 Rothenburg, 1778 Below mit der Nr. 22. Warnery sagt von diesen Grenadieren bei Prag: »Sie waren die einzigen, welche das Feuer nicht eröffneten sondern den Angriff mit aufgepflanztem Bajonett bis zum Einbruch durchzogen! Aber schließlich handelte es sich auch um Pommern . . . zweifelsohne der besten Infanterie der Welt«. Erlitt bei Landeshut eine Schlappe und geriet in Gefangenschaft.

IR Nr. 18 **

Standort: Spandau und Nauen. Rekrutierte in der Altmark.

Bezeichnung: 1740 Derschau, 1742 Prinz von Preußen, 1764 Prinz Friedrich Wilhelm.

Uniform: Blauer Rock, rosarote Ärmel- und Rockaufschläge sowie Kragen, weiße Weste und Kniehose.

Einsätze: Ein ausgezeichnetes Brandenburgisches Regiment. Nach Zorndorf äußerte sich Friedrich über dieses Regiment und das von Forcade: »Ich verdanke meine Rettung diesen Regimentern und General Seydlitz. Mit Kommandeuren und Truppen wie diesen, könnte ich alles machen«.

Grenadier-Bataillon: 1740 mit der Nr. 17; 1744 und während des Sieben-jährigen Krieges sowie 1778 mit der Nr. 15.

IR Nr. 19
Standort: Berlin.
Bezeichnung: 1740 Markgraf Karl (d. h. Friedrich Karl, Markgraf von Bran-denburg-Schwedt), 1763 Tettenborn, 1763 Braunschweig-Wolfenbüttel.
Uniform: Blauer Rock, rote Ärmelaufschläge und Kragen, strohgelbe Weste und Kniehose.
Einsätze: Stand in schweren Kämpfen bei Mollwitz, Leuthen, Belagerung von Breslau 1757, Kunersdorf, Torgau und vor allem bei Hochkirch, wo das Zweite Bataillon unter Major v. Langen bei der Verteidigung des Kirchhofs draufging. Nach dem Siebenjährigen Krieg unternahm Friedrich nichts, um diesem bemerkenswerten Regiment die verdiente Ehre zu erweisen.
Markgraf Karl übernahm sämtliche irischen Soldaten, welche mit den Sachsen bei Pirna in Gefangenschaft gerieten. »Anfangs wollten diese unter unseren Truppen durchaus nicht dienen, aber die anständige Behandlung durch den Markgrafen hat sie so umgewandelt, daß sie gegenwärtig in Verzweiflung sein würden, wenn man sie in ein anderes Regiment als das seine einstellen wollte« (Lehndorff, 1757).
Grenadier-Bataillon: 1740 mit der Nr. 13; 1742 mit der Nr. 7; 1744 mit der Nr. 25, Finck v. Finckenstein. Während des Siebenjährigen Krieges mit der Nr. 25: 1756 Ramin, 1757 Heyden, 1759 Schwerin, 1761 Woldeck. 1778 Löben mit der Nr. 25.
Zeichnete sich bei Kunersdorf aus, geriet bei Maxen in Gefangenschaft wurde aber wieder neu aufgestellt.

IR Nr. 20 *
Standort: Magdeburg.
Bezeichnung: 1740 Graevenitz, 1741 Voigt, 1742 Hertzberg, 1746 Jung-Borcke, 1747 Borcke, 1756 Zastrow, 1757 Bornstedt, 1759 Jung-Stutterheim, 1778 Kalckstein, 1784 Below, 1786 Bornstedt.
Uniform: Blauer Rock, rote Ärmel- und Rockaufschläge, weiße Weste und Kniehose.
Einsätze: Schwere Verluste bei Kolin und Hochkirch.
Grenadier-Bataillon: 1740 Buddenbrock mit der Nr. 22; 1742 mit der Nr. 5; 1744 Lepel mit der Nr. 26. Im Siebenjährigen Krieg mit der Nr. 5. 1778 mit der Nr. 5.

IR Nr. 21
Standort: Halberstadt und Quedlinburg (Magdeburg).
Bezeichnung: 1740 Marwitz, 1744 Bredow, 1756 Hülsen, 1767 Schwerin, 1773 Erbprinz v. Braunschweig.
Uniform: Blauer Rock, rote Ärmel- und Rockaufschläge, strohgelbe Weste und Kniehose.
Einsätze: Bei Kolin und Kunersdorf schwer angeschlagen; war eines der »Regimenter von Maxen«.
Grenadier-Bataillon: 1740 mit der Nr. 5; 1742 Bolstern mit der Nr. 23; 1744 mit der Nr. 7. Im Siebenjährigen Krieg mit der Nr. 27: 1756 Lengefeld, 1757 Diringshofen, 1761 Budberg.
Zeichnete sich bei Moys und 1758 bei Schweidnitz aus. Wurde am 26. März 1759 bei Greiffenberg nahezu ausgelöscht. Neuaufstellung.

IR Nr. 22

Standort: Stargard und Pyritz (Pommern).

Bezeichnung: 1740 Alt-Borcke 1741 Prinz Moritz, 1760 Alt-Schenckendorff, 1768 Plötz. 1777 Schlieben.

Uniform: Blauer Rock, ziegelrote Ärmel- und Rockaufschläge, strohgelbe Weste und Kniehose.

Einsätze: Bei Kolin zusammengeschossen und schwere Verluste auch bei Zorndorf. Am 5. Januar 1741 rückte das Regiment in Breslau ein, »in blau und rother Montur mit paillen farbenen Westen . . . lauter galante Leute, mit schönem Gewehr, daß alles funckelte und eine Lust anzuschauen« (Steinberger).

Grenadier-Bataillon: 1740 mit der Nr. 20; 1742 mit der Nr. 1; 1744 mit der Nr. 17; 1745 mit der Nr. 10. Während des Siebenjährigen Krieges und 1778 mit der Nr. 17.

IR Nr. 23

Standort: Berlin.

Bezeichnung: 1740 Sydow, 1743 Blanckensee, 1745 Christoph Dohna, 1748 Forcade, 1765 Puttkamer, 1766 Rentzel, 1778 Thüna, 1786 Lichnowski.

Uniform: Blauer Rock, rote Ärmelaufschläge, weiße Weste und Kniehose.

Einsätze: Zeichnete sich bei Soor, Prag und Zorndorf aus (siehe IR Nr. 18). Forcade stand in der Gunst des Königs, welcher über sein Regiment einmal sagte: »Wenn ich Soldaten sehen will, so muß ich dies Regiment sehen« (Archenholtz). In der Armee hingegen war Forcade unter dem Spitznamen »dat alte Mutterchen« (Lehndorff) bekannt. Der Historiker Archenholtz gehörte diesem Regiment als Offizier an.

Grenadier-Bataillon: 1740 Diersfort mit der Nr. 26; 1742 mit der Nr. 21. Im Siebenjährigen Krieg mit der Nr. 1. 1778 Eberstein mit der Nr. 26.

IR Nr. 24

Standort: Frankfurt, Fürstenwalde und Umgebung (Pommern).

Bezeichnung: 1740 Alt-Schwerin, 1750 Schwerin, 1757 Goltz, 1763 Diringshofen, 1776 Leopold v. Braunschweig, 1785 Beville.

Uniform: Blauer Rock, rote Ärmel- und Rockaufschläge, strohgelbe oder weiße Weste und Kniehose.

Einsätze: Regiment des Feldmarschalls Schwerin, berühmt wegen seiner vielen Bier saufenden Mecklenburger. Wurde bei Prag, Kay und Torgau arg gerupft.

Grenadier-Bataillon: 1740 mit der Nr. 12; 1742 mit der Nr. 8; 1744 Kahlbutz mit der Nr. 2, dann Garnison-Rgt. Nr. 5, dann Nr. 27; 1745 Finck mit der Nr. 27. Im Siebenjährigen Krieg mit der Nr. 34: 1756 Grumbkow, 1757 Graf v. Anhalt, 1757 Naumeister, 1760 Sobeck, 1761 Drache. 1778 Grolman mit der Nr. 39.

Geriet bei Landeshut in Gefangenschaft, wurde aber neu aufgestellt.

IR Nr. 25

Standort: Berlin.

Bezeichnung: 1740 Kalckstein, 1760 Ramin, 1782 Möllendorff.

Uniform: Blauer Rock, rote Ärmel- und Rockaufschläge, weiße Weste und Kniehose.

Grenadier-Bataillon: 1740 mit der Nr. 1; 1742 mit der Nr. 27; 1744 mit der Nr. 21. Während des Siebenjährigen Krieges und 1778 mit der Nr. 19.

IR Nr. 26
Standort: Berlin. Rekrutierte in Pommern und bei den Wenden.
Bezeichnung: 1740 Kleist, 1747 Alt-Kleist, 1749 Meyerinck, 1758 Wedell, 1760 Linden, 1764 Steinkeller, 1778 Woldeck.
Uniform: Blauer Rock, rote Ärmelaufschläge und Kragen, weiße Weste und Kniehose. Die »Brandenbourgs« der Offiziersröcke traten während der beiden Weltkriege auf den Kragenspiegeln der deutschen Generale wieder in Erscheinung.
Einsätze: Schlug sich tapfer bei Mollwitz, Prag, Leuthen (fünfzehn Pour le Mérite), Hochkirch und Torgau. Siehe hierzu die Barsewisch-Memoiren bezügl. der Verhältnisse während des Siebenjährigen Krieges. Moritz von Dessau bemerkte einmal dem König gegenüber: »Ihro Majestät können dem Regiment Ihre Krone und Zepter anvertrauen; wann die vor dem Feind lauffen, so mag ich dortten auch nicht bleiben« (Barsewisch).
Grenadier-Bataillon: 1744 mit der Nr. 20. Während des Siebenjährigen Krieges mit der Nr. 13. 1778 mit der Nr. 23.

IR Nr. 27 *
Standort: Stendal und Gardelegen (Altmark).
Bezeichnung: 1740 Prinz Leopold, 1747 Jung-Kleist, 1749 Kleist, 1756 Alt-Kleist, 1757 Asseburg, 1759 Lindstädt, 1764 Stojentin, 1776 Knobelsdorff.
Uniform: Blauer Rock, rote Ärmel- und Rockaufschläge sowie Kragen, weiße Weste und Kniehose.
Einsätze: Zeichnete sich bei Chotusitz, Lobositz und Breslau aus. Friedrich beobachtete einmal während einer Revue, daß das Regiment aus dem Gleichschritt kam und rief daraufhin dem Inspekteur zu: »Saldern. laß' er das Regiment! Die haben niemals retirieren gelernt, aber avancieren. Avanciert haben sie immer gut« (Jany III, 11).
Grenadier-Bataillon: 1740 mit der Nr. 3; 1742 mit der Nr. 5; 1744 mit der Nr. 24; 1745 mit der Nr. 9. Im Verlauf des Siebenjährigen Krieges mit der Nr. 21, desgleichen 1778.

IR Nr. 28 *
Standort: Wesel, dann Brieg (Schlesien). Rekrutierte überall.
Bezeichnung: 1740 Alt-Dohna, 1742 Hautcharmoy, 1758 Jung-Münchow, 1758 Jung-Kreytzen, 1759 Kreytzen, 1759 Ramin, 1760 Thile, 1770 Zaremba.
Uniform: Einfacher blauer Rock, strohgelbe Weste und Kniehose.
Einsätze: Zeichnete sich bei Prag aus.
Grenadier-Bataillon: 1744 Finck mit der Nr. 38; 1745 Ellert mit der Nr. 38. Während des Siebenjährigen Krieges mit der Nr. 32: 1756 Kreytzen, 1758 Arnim, 1762 Schätzel. 1778 Kamecke mit der Nr. 32. Zeichnete sich 1758 bei der Erstürmung von Schweidnitz aus. Geriet bei Landeshut in Gefangenschaft, wurde aber wieder aufgestellt.

IR Nr. 29 *
Standort: Anklam und Demmin (Pommern), dann Breslau.
Bezeichnung: 1740 Jung-Borcke, 1746 Alt-Borcke, 1747 Schultze, 1758 Wedell 1758 Knobloch, 1764 Stechow, 1778 Flemming, 1782 Wendessen.
Uniform: Blauer Rock, rote Ärmelaufschläge, weiße Weste und Kniehose.
Einsätze: Wurde bei Kolin, Hochkirch und Kunersdorf übel zugerichtet. Ein Bataillon ging bei Maxen verloren.

Grenadier-Bataillon: 1740/41 mit der Nr. 6, dann mit der Nr. 33; 1742 Byla mit der Nr. 30; 1744 mit der Nr. 12. Während des Siebenjährigen Krieges mit der Nr. 31: 1756 Ostenreich, 1759 Falkenhayn. 1778 Kowalsky mit der Nr. 31
Zeichnete sich bei Liegnitz aus, erlitt schwere Verluste bei Kunersdorf und Torgau.

IR Nr. 30
Standort: Anklam und Demmin (Pommern).
Bezeichnung: 1740 Jeetze, 1748 Alt-Jeetze, 1752 Uchländer, 1755 Blanckensee, 1756 Pritz, 1757 Kannacher, 1759 Stutterheim, 1759 Alt-Stutterheim.
Uniform: Blauer Rock, rote oder karminrote Ärmelaufschläge, weiße Weste und Kniehose.
Einsätze: Zeichnete sich in hohem Maße bei Kesselsdorf aus. Friedrich bezeichnete es als »ein gutes und tapferes Regiment«.
Grenadier-Bataillon: 1740 mit der Nr. 7; 1742 mit der Nr. 8. Im Siebenjährigen Krieg mit der Nr. 7. 1778 Restorff mit der Nr. 47.

IR Nr. 31 *
Standort: Erst Wesel dann Breslau. Rekrutierte überall.
Bezeichnung: 1740 Dossow, 1743 Varenne, 1744 Schwarz-Schwerin oder Bogislaw-Schwerin, 1746 Lestwitz, 1763 Tauentzien.
Uniform: Blauer Rock, rosarote Ärmelaufschläge, weiße Weste und Kniehose.
Einsätze: Hatte 1744 durch Fahnenflucht hohe Ausfälle. Schwere Verluste bei Prag — zeichnete sich bei Breslau aus.
Grenadier-Bataillon: 1744 Jäger, dann Lindstedt mit der Nr. 40. Während des Siebenjährigen Krieges und 1778 mit der Nr. 29.

IR Nr. 32
Standort: Minden und Geldern, dann Neisse (Oberschlesien).
Bezeichnung: 1743 aus den Bataillonen Beaufort und Kroecher als Jung-Schwerin aufgestellt; 1747 Jung-Tresckow, 1577 Tresckow, 1763 (als neues Rgt.) Lestwitz, 1770 Rothkirch, 1786 Hohenlohe-Ingelfingen.
Uniform: Einfacher blauer Rock mit weißblauen Ärmelaufschlägen sowie weißer Weste und Kniehose.
Einsätze: Das Erste Bataillon zeichnete sich bei Domstädtl aus, doch das Regiment insgesamt versagte völlig bei Moys und Kay aufgrund des starken Anteils oberschlesischer Katholiken. Geriet 1761 bei Schweidnitz in Gefangenschaft und wurde durch das Regiment von Horn (vormals Nr. 56) ersetzt.
Grenadier-Bataillon: 1744 Kleist, dann Hertzberg mit der Nr. 33. Während des Siebenjährigen Krieges mit der Nr. 28 desgleichen 1778.

IR Nr. 33 (Füsilier)
Standort: Brandenburg, dann Glatz.
Bezeichnung: 1740 Persode, 1743 Schlichting, 1743 Bredow, 1744 La Motte, 1774 Thadden, 1784 Goetzen.
Uniform: Blauer Rock, weiße Ärmel- und Rockaufschläge, weiße Weste und Kniehose sowie Füsiliermütze mit orangefarbenem Mützensack.
Einsätze: Bei Prag arg zugerichtet und später bei Landeshut gefangengenommen.
Grenadier-Bataillon: Im Ersten Schlesischen Krieg mit den Nrn. 29 und 11; 1744 mit der Nr. 32. Im Siebenjährigen Krieg mit der Nr. 42: 1756 Nimschöfsky, 1762 Mosch. Litt schwer bei Kolin.

374

IR Nr. 34 **
Standort: Ruppin (Mittelmark).
Bezeichnung: Prinz Ferdinand.
Uniform: Blauer Rock, rote Ärmel- und Rockaufschläge sowie Kragen; weiße Weste und Kniehose.
Einsätze: Hatte einen guten Ruf. Die Rekruten fochten gut bei Domstädtl und das Regiment zeichnete sich bei Liegnitz aus.
Grenadier-Bataillon: 1740 mit der Nr. 16; 1744 Stangen mit Garnisonregiment Nr. 5. Während des Siebenjährigen Krieges mit der Nr. 24.

IR Nr. 35 (Füsilier) **
Standort: Magdeburg, dann Potsdam. Rekrutierte überall.
Bezeichnung: Prinz Heinrich.
Uniform: Blauer Rock, schwefelgelbe Ärmelaufschläge und Kragen, schwefelgelbe Weste und Kniehose sowie Füsiliermütze mit schwefelgelbem Mützensack.
Einsätze: War bei Kolin und Kunersdorf mittendrin.
Grenadier-Bataillon: 1744 Tresckow mit der Nr. 39; 1745 Strantz mit der Nr. 39. Während des Siebenjährigen Krieges mit der Nr. 36: 1756 Schenckendorff, 1759 Schwartz. 1778 Brünow mit der Nr. 46. Zeichnete sich bei Breslau aus.

IR Nr. 36 (Füsilier)
Standort: Potsdam, dann Brandenburg/Oder.
Bezeichnung: 1740 Münchow, 1758 Alt-Münchow, 1766 Kleist, 1780 Zitzewitz, 1785 Brünning.
Uniform: Blauer Rock, weiße Ärmelaufschläge und Kragen, weiße Weste und Kniehose, Füsiliermütze mit weißem Mützensack.
Einsätze: Bei Kolin arg mitgenommen. Geriet bei Maxen in Gefangenschaft. Nach Neuaufstellung 1761 bei Schweidnitz erneut gefangengenommen. Keine sehr rühmliche Vergangenheit.
Grenadier-Bataillon: 1740 mit der Nr. 8; 1742 mit der Nr. 3; 1744 mit der Nr. 5; Während des Siebenjährigen Krieges mit der Nr. 35. 1778 Scholten mit Garnisonregiment Nr. 7.

IR Nr. 37 (Füsilier)
Standort: Potsdam, dann Glogau (Schlesien).
Bezeichnung: 1740 Camas, 1741 Moulin, 1755 Kursell, 1758 Braun, 1770 Keller, 1785 Wolframsdorf.
Uniform: Blauer Rock, rote Ärmelaufschläge und Kragen, weiße Weste und Kniehose, Füsiliermütze mit rotem Mützensack.
Einsätze: Hohe Ausfälle bei Prag und 1757 das Zweite Bataillon bei Schweidnitz gefangengenommen; schwere Verluste bei Zorndorf und Kunersdorf und Erstes Bataillon bei Landeshut in Gefangenschaft gegangen. Ein glückloses Regiment.
Grenadier-Bataillon: 1742 La Motte mit der Nr. 38; 1744 mit der Nr. 13. Während des Siebenjährigen Krieges mit der Nr. 40: Manteuffel. 1778 Götz mit der Nr. 38.
Zeichnete sich bei Breslau aus, geriet bei Maxen in Gefangenschaft und wurde neu aufgestellt.

IR Nr. 38 (Füsilier)
Standort: Berlin, dann Liegnitz (Schlesien) dann Frankenstein (Schlesien).

Bezeichnung: 1740 Jung-Dohna, 1749 Brandes, 1758 Zastrow, 1766 Falkenhayn, 1781 Anhalt, 1783 Hager.

Uniform: Blauer Rock, rote Ärmel- und Rockaufschläge sowie Kragen, weiße Weste und Kniehose, Füsiliermütze mit hellblauem Mützensack.

Einsätze: Schwere Verluste bei Kunersdorf, ein Bataillon bei Maxen gefangengenommen.

Grenadier-Bataillon: 1742 mit der Nr. 37; 1744 mit der Nr. 28. Im Siebenjährigen Krieg mit der Nr. 43: 1756 Burgsdorff, 1760 Heilsberg. 1778 mit der Nr. 37.

Ein hart kämpfendes Bataillon, welches bei Prag und Zorndorf schwere Verluste erlitt.

IR Nr. 39 (Füsilier) **

Standort: Prenzlau und Mohrin (Pommern), dann in der Neumark. Rekrutierte überall.

Bezeichnung: 1740 Braunschweig, 1751 Franz von Braunschweig, 1755 Jung-Braunschweig, 1771 Möllendorff, 1783 Könitz.

Uniform: Blauer Rock, zitronenfarbene Ärmelaufschläge und Kragen, zitronenfarbene Weste und Kniehose, Füsiliermütze mit zitronengelbem Mützensack.

Einsätze: Bestand fast zu drei Vierteln aus Ausländern. Schlug sich gut, verzeichnete aber stets hohe Ausfälle durch Fahnenflucht. 1761 hohe Verluste in Pommern.

Grenadier-Bataillon: 1744 mit der Nr. 35. Während des Siebenjährigen Krieges mit der Nr. 12. 1778 mit der Nr. 24.

IR Nr. 40 (Füsilier)

Standort: Breslau, dann Schweidnitz.

Bezeichnung: 1740 Sachsen-Eisenach, 1741 Graevenitz, 1743 Kreytzen, 1758 Alt-Kreytzen, 1759 Gablentz, 1777 Erlach.

Uniform: Blauer Rock, rosa Ärmelaufschläge, rosa Weste und Kniehose, Füsiliermütze mit rosa Mützensack.

Einsätze: Geriet 1757 bei Schweidnitz in Gefangenschaft und wurde neu aufgestellt. 1784 meinte Friedrich einmal, daß die Mannschaften kaum Soldaten glichen. Ursprünglich kam das Regiment aus Sachsen-Eisenach'schen Diensten.

Grenadier-Bataillon: Während des Siebenjährigen Krieges mit der Nr. 37. 1778 Lölhöffel mit der Nr. 43.

IR Nr. 41 (Füsilier) **

Standort: Minden.

Bezeichnung: 1741 Bevern, 1741 Riedesel, 1746 Wied, 1765 Lossow, 1782 Jung-Woldeck.

Uniform: Blauer Rock, hell-karminroter Kragen, Ärmel- und Rockaufschläge, strohgelbe Weste und Kniehose, Füsiliermütze mit hell-karminrotem Mützensack.

Einsätze: Aus württembergischem Dienst übernommen und dem General v. Riedesel als einem erfolgreichen Drillmeister anvertraut. Schwere Verluste bei Kolin. Zeichnete sich bei Kunersdorf aus.

Grenadier-Bataillon: 1745 Holstein-Beck, dann Münchow mit der Nr. 44. Während des Siebenjährigen Krieges mit der Nr. 44: 1756 Gemmingen, 1757 Beneckendorff. 1778 Romberg mit der Nr. 44.

Zeichnete sich bei Kolin und 1758 bei dem Sturm auf Schweidnitz aus. Geriet bei Maxen in Gefangenschaft, wurde aber wieder aufgestellt.

IR Nr. 42 (Füsilier)
Standort: Frankenstein (Schlesien), dann Breslau.
Bezeichnung: 1741 Markgraf Heinrich, 1764 Lettow, 1776 Lichnowsky, 1786 Köthen.
Uniform: Blauer Rock, orangefarbene Ärmel- und Rockaufschläge sowie Kragen, weiße Weste und Kniehose, Füsiliermütze mit schwarzem oder hell-karminrotem Mützensack.
Einsätze: Ein sehr durchschnittliches Regiment. Das erste Bataillon wurde bei Landeshut gefangengenommen aber von neuem aufgestellt. Markgraf Heinrich (von Brandenburg-Schwedt) durfte keine eigentliche Kommandogewalt ausüben. General v. Lettow war ein rechtschaffener aber verschlossener Pommer.
Grenadier-Bataillon: 1744 beim Garnisonregiment Nr. 8. Während des Siebenjährigen Krieges und 1778 mit der Nr. 33. Wurde bei Kolin nahezu vernichtet.

IR Nr. 43 (Füsilier)
Standort: Schweidnitz, dann Liegnitz (Schlesien).
Bezeichnung: 1744 Zimmernow, 1744 Kalsow, 1757 Kalckreuth, 1758 Bredow, 1760 Zieten, 1767 Krockow, 1773 Schwerin.
Uniform: Blauer Rock, ziegelrote Ärmelaufschläge und Kragen, weiße Weste und Kniehose, Füsiliermütze mit weißem Mützensack.
Einsätze: Enstand aus einem Garnisonregiment. Zeichnete sich bei Kunersdorf aus.
Grenadier-Bataillon: 1744 Brandes, dann Finck; beim Garnison-Rgt. Nr. 7. Während des Siebenjährigen Krieges mit der Nr. 38. 1778 mit Nr. 40.

IR Nr. 44 (Füsilier)
Standort: Wesel. Rekrutierung überall.
Bezeichnung: 1744 Alt-Dohna, 1749 Jungkenn, 1759 Hoffmann, 1760 Grant, 1764 Brietzke, 1779 Gaudi.
Uniform: Blauer Rock, rote Ärmelaufschläge, strohgelbe Weste und Kniehose, Füsiliermütze mit schwarzem Mützensack.
Einsätze: Wurde mit Rekruten aus Württemberg und anderen deutschen Staaten aufgestellt. Bei den meisten Kämpfen nur wenig engagiert.
Grenadier-Bataillon: 1745 mit der Nr. 41. Im Siebenjährigen Krieg mit der Nr. 41.

IR Nr. 45 (Füsilier)
Standort: Wesel. Rekrutierung überall.
Bezeichnung: 1743 Dossow, 1757 Hessen-Cassel, 1786 Eckartsberg.
Uniform: Blauer Rock, scharlachrote Ärmelaufschläge, weiße Weste und Kniehose, Füsiliermütze mit schwarzem Mützensack.
Einsätze: Bei Maxen in Gefangenschaft geraten.
Grenadier-Bataillon: 1745 Ingersleben, beim Garnisonregiment Nr. 9. Während des Siebenjährigen Krieges mit der Nr. 48 und als Garnisonregiment Nr. 9: 1756 Ingersleben, 1757 Unruh. 1778 Meusel mit der Nr. 48.
Geriet 1760 bei Glatz in Gefangenschaft und wurde während des Krieges nicht mehr aufgestellt.

IR Nr. 46 (Füsilier)
Standort: Berlin.
Bezeichnung: 1743 Alt-Württemberg, 1757 Bülow, 1776 Lettow, 1779 Pfuhl.

Uniform: Blauer Rock, Ärmel- und Rockaufschläge aus schwarzem Plüsch, strohgelbe Weste und Kniehose, Füsiliermütze mit Mützensack-Oberteil in strohgelb und Unterteil in schwarzem Plüsch.

Einsätze: Mittendrin bei Kunersdorf, bei Landeshut dann in Gefangenschaft geraten. Von den vielen württembergischen Rekruten desertierte 1744 ein großer Teil, genauso wie 600 Franzosen im Jahre 1778/9.

Grenadier-Bataillon: 1745 Osten, dann Kleist »v. Prinz Leopold«, dann Aulack mit der Nr. 47. Während des Siebenjährigen Krieges mit der Nr. 8. 1778 mit der Nr. 35.

IR Nr. 47 (Füsilier)

Standort: Burg, dann Brieg (Schlesien). Rekrutierte in Oberschlesien.

Bezeichnung: 1743 Prinz Georg oder Jung-Darmstadt, 1747 Derschau, 1752 Wietersheim, 1756 Rohr, 1758 Grabow, 1764 Nassau-Usingen, 1778 Lehwaldt.

Uniform: Blauer Rock, zitronenfarbene Ärmel- und Rockaufschläge sowie Kragen, weiße Weste und Kniehose, Füsiliermütze mit gelbem Mützensack.

Einsätze: Aus Holsteinschen Diensten übernommen (1743). Schwere Verluste bei Kunersdorf. Die Überlebenden wurden bei Maxen gefangen.

Grenadier-Bataillon: 1745 mit der Nr. 46. Während des Siebenjährigen Krieges beim Garnisonregiment Nr. 7: 1756 Wangenheim, 1757 (Dezember) Carlowitz, 1759 Buddenbrock, 1760 Bock zu Wülfingen. 1778 mit der Nr. 30. Bei Kolin und Domstädtl in schwere Kämpfe verwickelt. Von Friedrich sehr geschätzt.

IR Nr 48 (Füsilier) *

Standort: Wesel. Rekrutierte überall.

Bezeichnung: 1756 Hessen-Cassel, 1757 Salmuth (auch »Beringer« genannt), 1763 Beckwith, 1766 Eichmann.

Uniform: Blauer Rock, rote Ärmel- und Rockaufschläge, strohgelbe Weste und Kniehose, Füsiliermütze mit schwarzem Mützensack.

Einsätze: Aus einem Garnisonbataillon hervorgegangen. Zweites Bataillon bei Maxen in Gefangenschaft geraten.

Grenadier-Bataillon: Im Siebenjährigen Krieg mit der Nr. 45. 1778 mit der Nr. 45.

IR Nr. 49 (Füsilier) *

Standort: Neisse (Schlesien).

Bezeichnung: Ursprünglich Pionierregiment Sers, 1758 Diericke, 1770 Schwartz.

Uniform: Einfacher blauer Rock, dunkel-orangefarbene Weste und Kniehose, Füsiliermütze mit Mützensack-Oberteil blau und -Unterteil dunkel-orange.

Einsätze: 1758 aus dem Pionierregiment entstanden. Schwere Kämpfe bei Zorndorf, ausgezeichnet bei Kunersdorf.

IR Nr. 50 (Füsilier)

Standort: Silberberg (Oberschlesien).

Bezeichnung: 1773 Rossières, 1778 Troschke.

Uniform: Blauer Rock, leicht karminrote Ärmel- und Rockaufschläge sowie Kragen, weiße Weste und Kniehose, Füsiliermütze.

Einsätze: 1773 durch einen früheren Schweizer Offizier aufgestellt.

Grenadier-Kompanien: blieben 1778 in Silberberg.

IR Nr. 51 (Füsilier)

Standort: Marienburg (Westpreußen)

378

Bezeichnung: 1773 Laxdehnen, 1773 Krockow.

Uniform: Blauer Rock, zitronenfarbene Ärmel- und Rockaufschläge sowie Kragen, Füsiliermütze mit zitronenfarbenem Mützensack.

Einsätze: Eines der neuen polnischen Regimenter. Seine Erfahrungen in den Jahren 1778/9 wurden von einem seiner Oberlieutenante beschrieben (siehe Anon, »Erinnerungen an die letzte Campagne«).

Grenadier-Bataillon: 1778 Osorowsky mit der Nr. 52.

IR Nr. 52 (Füsilier)

Standort: Preußisch-Holland (Ostpreußen).

Bezeichnung: 1772 Lengefeld, 1785 Schwerin.

Uniform: Blauer Rock, rote Ärmel- und Rockaufschläge sowie Kragen, weiße Weste und Kniehose, Füsiliermütze mit hellblauem Mützensack.

Einsätze: Zeichnete sich am 14. Januar 1779 bei Zuckmantel aus.

Grenadier-Bataillon: 1778 mit der Nr. 51.

IR Nr. 53 (Füsilier)

Standort: Braunsberg (Westpreußen).

Bezeichnung: 1773 Luck, 1780 v. d. Goltz, 1784 Schwerin, 1785 Raumer, 1786 Favrat.

Uniform: Blauer Rock, rote Ärmelaufschläge und Kragen, weiße Weste und Kniehose, Füsiliermütze mit rotem Mützensack.

Einsätze: Ein neues polnisches Regiment.

Grenadier-Bataillon: 1778 mit der Nr. 4.

IR Nr. 54 (Füsilier)

Standort: Graudenz (Westpreußen).

Bezeichnung: 1773 Rohr, 1784 Klitzing, 1786 Bonin.

Uniform: Blauer Rock, karminrote Ärmelaufschläge und Kragen, Füsiliermütze mit karminrotem Mützensack.

Einsätze: Ein neues polnisches Regiment.

Grenadier-Bataillon: 1778 Franckenberg mit der Nr. 55.

IR Nr. 55 (Füsilier)

Standort: Mewa (Westpreußen).

Bezeichnung: 1774 Hessen-Philippsthal, 1780 Blumenthal, 1784 Koschenbahr.

Uniform: Blauer Rock, rosaroter Kragen und Ärmelaufschläge, strohgelbe Weste und Kniehose, Füsiliermütze mit rosa Mützensack.

Grenadier-Bataillon: Mit der Nr. 54.

Frühere sächsische Infanterie-Regimenter

Nach der Kapitulation von Pirna im Oktober 1756 wurden die sächsischen Fußregimenter zwangsweise in die preußische Truppe eingegliedert. Von ihnen löste man jedoch sieben noch vor Ablauf eines Jahres wieder auf, da zu viele Fahnenfluchtfälle auftraten. Die nachfolgenden blieben übrig:

IR Nr. 54 (Füsilier)

Bezeichnung: Sächsisches Regiment Sachsen-Gotha, 1756 Saldern, 1758 Plotho.

Uniform: Blauer Rock, weiße Ärmelaufschläge, weiße Weste und Kniehose sowie Füsiliermütze.

Einsätze: Nach dem Siebenjährigen Krieg aufgelöst und die Mannschaften zur Auffüllung des IR Nr. 33 benutzt.

IR Nr. 55 (Füsilier)
Bezeichnung: Sächsisches Regiment Lubomirsky, 1756 Hauss, 1760 Roebel.
Uniform: Blauer Rock, weiße Ärmelaufschläge, weiße Weste und Kniehose sowie Füsiliermütze.
Einsätze: Bei Kunersdorf übel mitgenommen, wo auch der Major Ewald v. Kleist (der Dichter) tödlich verwundet wurde. Die Überlebenden gerieten bei Maxen in Gefangenschaft. Das Regiment wurde neu aufgestellt, nach dem Krieg aber wieder aufgelöst. Die Mannschaften kamen zum IR Nr. 36.

IR Nr. 56 (Füsilier)
Bezeichnung: Sächsisches Regiment Prinz August, 1756 Loen, 1758 Kalckreuth, Dezember 1758 Wietersheim, Dezember 1759 Horn.
Uniform: Blauer Rock, gelbe Ärmelaufschläge, gelbe Weste und Kniehose, Füsiliermütze.
Einsätze: Nach einer Massendesertierung im März 1757 wieder aufgestellt. Trat nach dem Friedensschluß an die Stelle des aufgelösten IR Nr. 32.

Stehende Grenadier-Bataillone

Uniformen wie in den Stammregimentern.

St. Gr.Bn. Nr. 1
Bezeichnung: 1742 Byla, 1749 Kahlden, 1758 Wangenheim, Dezember 1758 Buddenbrock.
Einsätze: Wurde aus den Garnison-Bataillonen Nr. 3 und Nr. 4 der Charlottenburg-Grenadiere gebildet. Kämpfte hart und gut während des Siebenjährigen Krieges.

St. Gr.Bn. Nr. 2
Bezeichnung: 1744 Gemmingen, 1746 Ingersleben, 1757—60 als neues Bataillon Ingersleben.
Einsätze: Entstand aus den Grenadieren des IR Nr 45 sowie der Garnison-Bataillone 10 und 11. Wurde 1760 bei Glatz gefangengenommen und nicht wieder aufgestellt. 1763 trat an seine Stelle das Garnison-Bataillon Ingersleben Nr. 16.

St. Gr.Bn. Nr. 3
Bezeichnung: 1744 Ingersleben, 1746 Gemmingen, 1757 Beneckendorff.
Einsätze: Aufgebaut aus den Grenadieren der IR Nr. 41 und 44. Geriet bei Maxen in Gefangenschaft, wurde jedoch neu aufgestellt.

St. Gr.Bn. Nr. 4 KÖNIGSBERGISCHES GRENADIER-BATAILLON
Bezeichnung: Wie oben. 1751 Trenck, 1751 Katt, 1753 Heyden, 1755 Lossow.
Einsätze: Wurde aus den Grenadieren der Garnison-Regimenter Nr. 1 und 13 gebildet.

St. Gr.Bn. Nr. 5
Bezeichnung: 1753 Rath, 1760 Koschenbahr, 1761 Hachenberg.
Einsätze: Aus den Grenadieren des Garnison-Regiment Nr. 5 aufgestellt. Bei Landeshut gefangengenommen, anschließend Neuaufstellung.

St. Gr.Bn. Nr. 6
Bezeichnung: 1753 Plötz, 1758 Rohr, 1759 Busche.
Einsätze: Aufgestellt aus den Grenadieren der Garnison-Regimenter Nr. 6 und 8. Ergriff bei Zorndorf die Flucht.

Garnison-Regimenter und -Bataillone

Gar. Rgt. Nr. 1
Bezeichnung: 1740 L'Hôpital, 1755 Luck, 1757 Puttkamer, 1772 Hallmann, 1786 Bose.
Uniform: Einfacher blauer Rock, weiße (später blaue) Weste und Kniehose.
Einsätze: Garnison in Memel. Zweites Bataillon 1743 aufgestellt.
Grenadier-Bataillon: 1744 mit der Nr. 16. Während des Siebenjährigen Krieges beim Gar. Rgt. Nr. 11: 1756 Lossow. 1778 Hardt — Reim Gar. Rgt. Nr. 2. Kämpfte bei Groß-Jägersdorf und Kunersdorf.

Gar. Rgt. Nr. 2
Bezeichnung: 1740 Natalis, 1742 Schulenburg, 1743 Roeder, 1754 Sydow, 1759 Alt-Sydow, 1773 Tümpling. 1777 Pirsch.
Uniform: Blauer Rock, weiße Ärmelaufschläge, weiße (später blaue) Weste und Kniehose.
Einsätze: Garnison in Pillau. Zweites Bataillon 1743 aufgestellt. Schwere Verluste bei Groß-Jägersdorf. War bei Torgau und Freiberg mit dabei.
Grenadier-Bataillon: 1744 Langenau — Beim Gar. Rgt. Nr. 11. 1778 beim Gar. Rgt. Nr. 1.

Gar. Rgt. Nr. 3
Bezeichnung: 1740 Hellermann, 1756 Grolman, 1763 Marschall v. Biberstein, 1767 Heyden.
Uniform: Blauer Rock, rote (später blaue) Ärmelaufschläge, weiße (später blaue) Weste und Kniehose.
Einsätze: Garnison in Kolberg. Während des Siebenjährigen Krieges mit Sachsen und Deserteuren aufgefüllt. Verteidigte 1759 sächsische Städte.
Grenadier-Bataillon: Im Siebenjährigen Krieg und 1778 beim Neues Gar. Rgt. Nr. 3 und beim Gar. Rgt. Nr. 4.

Gar. Rgt. Nr. 4
Bezeichnung: 1740 Weyher, 1746 Grape, 1759 Jungkenn, 1760 Lettow, 1763 Plotho, 1766 Groscreutz, 1769 Gohr, 1772 Puttkamer, 1775 Gotter, 1782 Rüchel, 1784 Hülsen.
Uniform: Einfacher blauer Rock, weiße (später blaue) Weste und Kniehose.
Einsätze: Garnison in Magdeburg. Verteidigte 1759 Wittenberg.
Grenadier-Bataillon: Während des Siebenjährigen Krieges beim Gar. Rgt. Nr. 3.

Gar. Rgt. Nr. 5
Bezeichnung: 1741 Thümen, 1743 Mützschefahl, 1759 Jung-Sydow, 1763 Berner, 1770 Hasslocher, 1771 Arnstädt, 1778 Natalis.
Uniform: Blauer Rock, rote (später schwarze) Ärmelaufschläge, weiße (später blaue) Weste und Kniehose.
Einsätze: Garnison in Züllichau. Verteidigte 1757 Schweidnitz, kämpfte bei Kay und Kunersdorf.
Grenadier-Bataillon: 1744 mit der Nr. 34. Gehörte während des Siebenjährigen Krieges zum Gar. Rgt. Nr. 10: 1756 Rath, 1760 Koschenbarh, 1761 Hachenberg. 1778 Lentzke, beim Gar. Rgt. Nr. 10. Schwere Verluste bei Domstädtl; bei Landeshut nahezu vernichtet.

Gar. Rgt. Nr. 6
Bezeichnung: 1741 Stechow, 1743 Saldern, 1745 Lehmann, 1750 Bosse, 1753 Lattorff, 1762 Sass.

Uniform: Blauer Rock, orangefarbene Ärmelaufschläge, weiße (später blaue) Weste und Kniehose.
Einsätze: Garnison in Brieg und Breslau. Ein Bataillon nahm an der Belagerung von Olmütz im Jahre 1758 teil.
Grenadier-Bataillon: 1744 gehörte es zum Gar. Rgt. Nr. 9 und während des Siebenjährigen Krieges zum Gar. Rgt. Nr. 8: 1756 Plötz, 1758 Rohr, 1759 Busche. 1778 Gillern, als Teil des Gar. Rgt. Nr. 8.
Schwere Verluste bei Hochkirch und Kunersdorf.

Gar. Rgt. Nr. 7
Bezeichnung: 1741 Bredow, 1746 Jeetze, 1754 Lange, 1760 Itzenplitz, 1766 Rentzel, 1766 Puttkamer, 1771 Kowalsky.
Uniform: Blauer Rock, karminrote Ärmelaufschläge, weiße (später blaue) Weste und Kniehose.
Einsätze: Lag während des Siebenjährigen Krieges in Dresden in Garnison.
Grenadier-Bataillon: 1744 mit der Nr. 43. Während des Siebenjährigen Krieges mit der Nr. 47. 1778 mit der Nr. 36.

Gar. Rgt. Nr. 8
Bezeichnung: 1741 Reck, 1745 Loeben, 1746 Knobelsdorff, 1748 Nettelhorst, 1757 Quadt v. Wickeradt, 1763 Le Noble, 1772 Bremer, 1778 Berrenhauer, 1782 Heuking.
Uniform: Blauer Rock, schwarze Ärmelaufschläge, weiße (später blaue) Weste und Kniehose.
Einsätze: In Glatz und Neisse stationiert. Im Verlauf des Siebenjährigen Krieges mit Deserteuren und Kriegsgefangenen aufgefüllt — vornehmlich Ungarn — 1760 übereilte Kapitulation von Glatz. Am 16./17. Januar 1779 zeichneten sich sechzig Mann unter Capitain v. Capeller bei der Verteidigung des Blockhauses von Schwedelsdorf ganz besonders aus.
Grenadier-Bataillon: 1744 mit der Nr. 42. Während des Siebenjährigen Krieges und 1778 beim Gar. Rgt. Nr. 6.

Gar. Rgt. Nr. 9
Bezeichnung: 1743 Kroecher, 1748 La Motte, 1759 Bonin, 1763 Salenmon.
Uniform: Blauer Rock, schwarze Ärmelaufschläge und Kragen, strohgelbe oder weiße (später blaue) Weste und Kniehose.
Einsätze: Standort Geldern, aber praktisch nur Bataillonsstärke. Schmolz im August 1757 durch Fahnenflucht zusammen und wurde in Magdeburg ergänzt.
Grenadier-Bataillon: Gehörte 1744 zum Gar. Rgt. Nr. 6 und während des Siebenjährigen Krieges zu den Nr. 45 und 46.

Gar. Rgt. Nr. 10
Bezeichnung: 1742 Puttkamer, 1744 Rettberg, 1747 Blanckensee, 1765 Mülbe, 1780 Könitz, 1786 Raumer.
Uniform: Blauer Rock, schwarze Ärmelaufschläge, weiße (später blaue) Weste und Kniehose.
Einsätze: Lag in Breslau und Neisse.
Grenadier-Bataillon: Im Siebenjährigen Krieg und 1778 beim Gar. Rgt. Nr. 5.

Gar. Rgt. Nr. 11
Bezeichnung: 1744 Puttkamer, 1748 Manteuffel, 1760 Mellin, 1769 Ingersleben, 1782 Berrenhauer.
Uniform: Blauer Rock, rote Ärmelaufschläge, weiße (später blaue) Weste und Kniehose.

Einsätze: Schwere Verluste bei Groß-Jägersdorf. Die dazugehörigen Bataillone wurden 1760 bei Landeshut bzw. 1761 bei Kolberg gefangengenommen.
Grenadier-Bataillon: Im Siebenjährigen Krieg Teil des Gar. Rgt. Nr. 1. Bildete 1778 das selbständige Grenadier-Bataillon Bähr.

Gar. Rgt. Nr. 12
Bezeichnung: 1744 Kalckreuth, 1763 Courbière.
Uniform: Blauer Rock, hellblaue (?) Ärmelaufschläge, weiße Weste und Kniehose.
Einsätze: Lag in Ostfriesland. Geriet 1757 in Gefangenschaft. Neuaufstellung nach dem Krieg aus dem Freibataillon Courbière.

Neue Garnisonregimenter (später Landregimenter)

N. Gar. Rgt. Nr. 1 (NEUE GARNISON BERLIN)
Uniform: In den 1740er Jahren Bauernkleidung. Während des Siebenjährigen Krieges blauer Rock, graue Ärmel- und Rockaufschläge, blaue Weste und Kniehose.
Einsätze: Aufgestellt in den 1740er Jahren. Neuaufstellung 1756.

N. Gar. Rgt. Nr. 2 (NEUE GARNISON KÖNIGSBERG)
Uniform: Blauer Rock, graue Ärmel- und Rockaufschläge, blaue Weste und Kniehose.
Einsätze: Aufstellung erfolgte in den 1740er Jahren und erneut 1756. Aufgelöst 1757.

N. Gar. Rgt. Nr. 3 (NEUE GARNISON MAGDEBURG)
Uniform: Blauer Rock, graue Ärmel- und Rockaufschläge, blaue Weste und Kniehose.
Einsätze: Aufstellung in den 1740er Jahren und erneut 1759.

N. Gar. Rgt. Nr. 4 (NEUE GARNISON STETTIN)
Uniform: Blauer Rock, graue Ärmel- und Rockaufschläge, blaue Weste und Kniehose.
Einsätze: Aufstellung in den 1740er Jahren und erneut 1756.

Das neue Garnisonregiment

Uniform: Blauer Rock, rote (später blaue) Ärmelaufschläge, strohgelbe Weste und Kniehose. Die Grenadiere — die »Charlottenburger Grenadiere« — hatten blaue Röcke mit roten Ärmelaufschlägen.
Einsätze: Lag in den Festungen am Unterlauf der Oder in Garnison. 1744, während des Siebenjährigen Krieges und 1778, bildeten die Charlottenburger Grenadiere bei den Gar. Rgtn. Nr. 3 und 4 ein zusammengefaßtes Bataillon.

Freibataillone und Freicorps

FB Nr. 1
Bezeichnung: 1756 Le Noble.
Uniform: Blauer Rock, hellblaue Ärmel- und Rockaufschläge sowie Kragen, Weste und Kniehose.

Einsätze: Geriet bei Landeshut in Gefangenschaft. Wiederaufbau und zugleich Aufstellung eines zweiten Bataillons. Bei Freiberg als Freiregiment.

FB Nr. 2
Bezeichnung: 1756 Mayr, 1759 Collignon, 1760 Courbière.
Uniform: Blauer Rock, hellblaue Ärmelaufschläge, Kragen, Weste und Kniehose.
Einsätze: Das ursprüngliche Bataillon geriet bei Landeshut in Gefangenschaft, wurde neu aufgestellt und 1761 von den Russen gefangengenommen. Zweites Bataillon 1760 aufgestellt. Bei Freiberg als Freiregiment.

FB Nr. 3
Bezeichnung: 1756 Kalben, 1758 Salenmon.
Uniform: Einfacher blauer Rock, hellblaue Weste und Kniehose.
Einsätze: Bei Maxen gefangengenommen, wieder aufgestellt und dann bei Torgau erneut dabei. Zweites Bataillon 1761 aufgestellt. Bei Freiberg als Freiregiment.

FB Nr. 4
Bezeichnung: 1756 Angelelli, 1760 Chossignon.
Uniform: Blauer Rock, hellblaue Ärmelaufschläge, hellblaue Weste und Kniehose.
Einsätze: Zeichnete sich bei Breslau und Hochkirch aus. Geriet bei Landeshut in Gefangenschaft und wurde von neuem aufgestellt — gleichzeitig mit einem zweiten Bataillon. Am 27. März 1761 bei Nordhausen durch die Franzosen nahezu vernichtet, später aber wieder aufgefüllt.

FB Nr. 5
Bezeichnung: 1757 Chossignon, 1758 Monjou.
Uniform: Blauer Rock, hellblaue Ärmel- und Rockaufschläge, Kragen, Weste und Kniehose.
Einsätze: Am 6. September 1757 bei Bautzen gefangengenommen, anschließend Neuaufstellung. 1759 mit dem FB Nr. 7 vereinigt.

FB Nr. 6
Bezeichnung: 1757 Rapin, 1759 Lüderitz.
Uniform: Blauer Rock, hellblaue Ärmelaufschläge, Weste und Kniehose.
Einsätze: Aus Franzosen aufgestellt, die bei Rossbach in Gefangenschaft gerieten. Das ursprüngliche Bataillon wurde bei Landeshut gefangengenommen, wiederaufgestellt und dann bei Berlin erneut gefangen und später wiederaufgestellt. Aufbau des zweiten Bataillons 1760/61. Bei Freiberg als Freiregiment.

FB Nr. 7
Bezeichnung: 1758 Wunsch.
Uniform: Blauer Rock, hellblaue Ärmelaufschläge, Kragen, Weste und Kniehose.
Einsätze: Wurde 1759 Freiregiment, wobei man das FB Nr. 5 als zweites Bataillon eingliederte. Dieses geriet 1760 bei Charlottenburg in russische Gefangenschaft, doch erfolgte später Neuaufstellung.

FB Nr. 8
Bezeichnung: 1758 Du Verger, 1759 Quintus Icilius.
Uniform: Blauer Rock, hellblaue Ärmel- und Rockaufschläge, hellblauer Kragen, Weste und Kniehose. Die Jäger hatten grüne Röcke.
Einsätze: Hochkirch. Zweites Bataillon wurde 1760/61 aufgestellt, das dritte 1761.

384

FB Nr. 9
Bezeichnung: 1758 Hårdt.
Uniform: Blauer Rock, hellblaue Ärmel- und Rockaufschläge, Weste und Kniehose.

FC Nr. 10
Bezeichnung: 1758 Frei-Husaren Lubomirsky.
Uniform: Grüner Dolman, rote Pelzjacke, Pelzmütze.
Einsätze: Bestand nur wenige Monate.

FB Nr. 11
Bezeichnung: 1758 Corps Franc des Volontaires de Prusse.
Uniform: Grüner Rock, rote Ärmelaufschläge und Kragen, grüne Weste.
Einsätze: Ein zweites Bataillon wurde gegen Ende 1762 aufgestellt.

FC Nr. 12
Bezeichnung: 1759 Kleist'sches Freicorps. Umfaßte a) ein freiwilliges Husaren-regiment, 1759; b) ein freiwilliges Dragonerregiment, 1760; c) Kroaten, 1761; d) Jäger, 1761.
Uniformen: Husaren: roter Dolman, grüne Pelzjacke, Pelzmütze.
Dragoner: grüner Rock, Weste und Kniehose, schwarze Pelzmütze.
Kroaten: grüner Rock, Weste und Kniehose, Pelzmütze.
Jäger: grüner Rock, rote Ärmel- und Rockaufschläge sowie Kragen, grüne Weste.
Einsätze: Husaren fielen in Franken ein und waren bei Kunersdorf mit dabei; Husaren und Dragoner bei Torgau; Husaren, Kroaten und Jäger bei Freiberg.

FC Nr. 13
Bezeichnung: 1760 Freicorps Schony. Umfaßte a) ein Bataillon Ungarische Grenadiere; b) Frei-Husaren.
Uniformen: Grenadiere: blauer Rock mit gelben Aufschlägen.
Husaren: hellblauer Dolman, dunkelblaue Pelzjacke, Pelzmütze.

FC Nr. 14
Bezeichnung: 1760 Frei-Dragoner-Regiment Glasenapp.
Uniform: Blauer Rock, hellblauer Kragen und Rockaufschläge, Weste und Kniehose.

FB Nr. 15
Bezeichnung: 1760 Freibataillon Jeney oder Volontaires d'Ostfriese.
Uniform: Blauer Rock, hellblauer Kragen, Rockaufschläge, Weste und Kniehose.
Einsätze: Freiberg.

FB Nr. 16
Bezeichnung: 1760 Freibataillon Schack.
Uniform: Blauer Rock, hellblaue Ärmelaufschläge und Kragen, Weste und Kniehose.
Einsätze: Freiberg.

FB Nr. 17
Bezeichnung: 1761 Freibataillon Heer oder Schweizer-Bataillon.
Uniform: Blauer Rock, hellblaue Rock- und Ärmelaufschläge, Kragen, Weste und Kniehose.
Einsätze: Freiberg.

FB Nr. 18
Bezeichnung: 1761 Freibataillon Bequignolles.

Uniform: Blauer Rock, hellblaue Ärmel- und Rockaufschläge, Kragen, Weste und Kniehose.

FB Nr. 19
Bezeichnung: 1761 Freibataillon La Badie oder Royal Etranger.
Uniform: Blauer Rock, hellblaue Ärmelaufschläge, Kragen, Weste und Kniehose.
Einsätze: Schon nach wenigen Monaten wegen anhaltender Fahnenflucht wieder aufgelöst.

FC Nr. 20
Bezeichnung: 1761 Freicorps Gschray. Umfaßte a) Freibataillon Gschray; b) Frei-Dragoner Gschray.
Uniform: Blauer Rock, schwarze Ärmel- und Rockaufschläge, strohgelbe Weste und Kniehose.
Einsätze: Gschray und ein Teil seines Haufens gerieten am 27. März 1761 bei Nordhausen in Gefangenschaft.

FC Nr. 21
Bezeichnung: 1761 Tartarisches Ulanencorps Krczowsky.
Uniform: Roter Dolman, lange braune Hosen, Turban.
Einsätze: Erreichte nie volle Stärke.

FB Nr. 22
Bezeichnung: 1761 Schwarze Brigade Favrat. Umfaßte a) Grenadiere; b) Dragoner; c) Jäger; d) Husaren.
Uniformen: Grenadiere: schwarzer Rock, rote Ärmel- und Rockaufschläge, strohgelbe Weste und Kniehose.
Dragoner: schwarzer Rock, rote Ärmelaufschläge, strohfarbene Weste und Kniehose.
Jäger: schwarzer Rock, grüne Ärmel- und Rockaufschläge, Weste und Kniehose.
Husaren: gelber Dolman, schwarze Pelzjacke, Pelzmütze.
Einsätze: Die Stärke bestand aus nie mehr als einem Bataillon.

Freibataillon Below

Diese Einheit fand keine Aufnahme in den Standardwerken. Es handelte sich um einen im Mai 1760 aus mehreren Regimentern zusammengekratzten Verband, welcher nach heldenhaftem Kampf in Landeshut in Gefangenschaft geriet.

Jäger-Corps zu Fuß

Uniform: Grüner Rock, rote Ärmelaufschläge und Kragen, grüne Weste, gelbe Lederhosen.
Einsätze: Prag, Breslau, Leuthen und Hochkirch. Am 10. Oktober 1760 bei Spandau durch Kosaken nahezu aufgerieben.

Regimenter zu Pferde (später Cürassier-Regimenter)

Während der großen Kriege der 1740er und fünfziger Jahre waren die Röcke,

Westen und Kniehosen strohgelb, wurden dann aber gegen Ende der Regierungszeit allmählich weißer. Die unterschiedlichen Regimentsfarben fand man auf den Westen, den Ärmelaufschlägen, den Rändern des Karabinergurts, der Säbeltasche und der Schabracke.

CR Nr. 1
Standort: Breslau.
Bezeichnung: 1740 Buddenbrock, 1757 Krockow, 1759 Schlabrendorff, 1768 Roeder, 1781 Apenburg, 1784 Bohlen.
Regimentsfarben: rot und weiß.
Einsätze: Eines der alten »Fehrbellin-Regimenter«. War bei Chotusitz, Hohenfriedberg, Soor, Kesselsdorf, Prag, Kolin (mit Auszeichnung), Leuthen, Hochkirch, Kay, Kunersdorf, Torgau und Freiberg dabei.

CR Nr. 2
Standort: Wusterhausen, Pritzwalk, etc.
Bezeichnung: 1740 Prinz von Preußen, 1758 Prinz Heinrich, 1767 Wirsbitzki, 1778 Weyher, 1782 Saher, 1783 Backhoff.
Regimentsfarben: Dunkel-Karminrot. Das Regiment behielt während der gesamten Regierungszeit seinen ursprünglichen strohfarbenen Rock, Weste und Kniehosen bei; daher auch der Spitzname »Gelbe Reiter«.
Einsätze: Ebenfalls ein »Fehrbellin-Regiment«. Nahm an fast allen wichtigen Schlachten teil. Zeichnete sich bei Chotusitz aus, ergriff aber bei Kolin die Flucht.

CR Nr. 3 LEIBREGIMENT ZU PFERDE
Standort: Schönebeck, Wanzleben, etc.
Bezeichnung: Wie oben. 1740 Wreech, 1746 Katzler, 1747 Katte, 1758 Lentulus, 1778 Merian, 1782 Kospoth.
Regimentsfarben: Dunkelblau und weiß.
Einsätze: Ein »Fehrbellin-Regiment«. Zeichnete sich bei Rossbach und besonders bei Liegnitz aus.

CR Nr. 4
Standort: Zülz, Ober-Glogau, Krappitz, etc.
Bezeichnung: 1740 Gessler, 1758 Schmettau, 1764 Woldeck v. Arneburg, 1769 Arnim, 1785 Mengden.
Regimentsfarben: Dunkelblau und weiß.
Einsätze: Ein »Fehrbellin-Regiment.« Zeichnete sich bei Kesselsdorf aus.

CR Nr. 5
Standort: Belgard, Arnswalde, etc.
Bezeichnung: 1740 Prinz Friedrich (oder Markgraf Friedrich), 1771 Lölhöffel v. Löwensprung, 1782 Mauschwitz, 1782 Württemberg.
Regimentsfarben: Himmelblau und weiß.
Einsätze: Zeichnete sich bei Kunersdorf, Liegnitz und Torgau aus.

CR Nr. 6
Standort: Aschersleben, Croppenstadt, etc.
Bezeichnung: 1740 Prinz Eugen, 1744 Stille, 1753 Baron v. Schönaich, 1759 Vasold, 1769 Seelhorst, 1779 Hoverbeck, 1781 Rohr.
Regimentsfarben: Hell-ziegelrot und weiß.
Einsätze: Zeichnete sich bei Hochkirch aus und geriet bei Maxen in Gefangenschaft. Stille war ein milder Vorgesetzter von kleiner Statur, den der König außerordentlich schätzte.

Vasold hingegen wurde nach der Schande von Maxen aus der Nähe des Königs verbannt.

CR Nr. 7
Standort: Salzwedel, Tangermünde, etc.
Bezeichnung: 1740 Bredow, 1756 Driesen, 1758 Horn, 1762 Manstein, 1777 Marwitz, 1784 Kalckreuth.
Regimentsfarben: Gelb und weiß.
Einsätze: Zeichnete sich bei Rossbach aus, wurde bei Maxen gefangengenommen.

CR Nr. 8 **
Standort: Ohlau, Grottkau, etc.
Bezeichnung: 1740 Jung-Waldow, 1742 Rochow, 1757 Seydlitz, 1774 Pannewitz.
Regimentsfarben: Dunkelblau und weiß.
Einsätze: In Verbindung mit Seydlitz für immer berühmt. Zeichnete sich bei Soor, Kolin, Rossbach, Zorndorf und Liegnitz aus.

CR Nr. 9
Standort: Oppeln, Löwen, etc.
Bezeichnung: 1740 Katte, 1741 Wartensleben, 1741 Möllendorff, 1743 Bornstedt, 1751 Prinz v. Schönaich, 1758 Bredow, 1769 Podewils, 1784 Braunschweig.
Regimentsfarben: Dunkelblau und orange; später dunkel-karminrot und weiß.
Einsätze: Zeichnete sich bei Soor und Hochkirch aus, geriet bei Maxen in Gefangenschaft.

CR Nr. 10 REGIMENT GENSD'ARMES **
Standort: Berlin.
Bezeichnung: Wie oben. 1740 Pannewitz, 1743 v. d. Goltz, 1747 Katzler, 1761 Schwerin, 1768 Krusemark, 1755 Prittwitz.
Regimentsfarben: Rot und gold.
Einsätze: Zeichnete sich bei Soor, Rossbach, Zorndorf und Hochkirch aus. Oberst Albert v. Schwerin war »wie ein schwatzhaftes altes Weib« (Lehndorff), und galt durch sein Auftreten und seine Redeweise als eine der ausgefallenen Typen der Armee.

CR Nr. 11 LEIB-KARABINIERS
Standort: Rathenow, Burg, etc.
Bezeichnung: Wie oben. 1740 Wartensleben, 1741 Bredow, 1751 Penavaire, 1759 Bandemer, 1768 Hoverbeck, 1770 Kleist, 1775 Bohlen, 1784 Reppert.
Regimentsfarben: Himmelblau und weiß.
Einsätze: Zeichnete sich bei Zorndorf aus.

CR Nr. 12 **
Standort: 1740 Alt-Waldow, 1743 Kyau, 1759 Spaen, 1762 Dalwig.
Regimentsfarben: Ziegelrot und weiß.
Einsätze: War an allen wichtigen Kämpfen des Siebenjährigen Krieges beteiligt.

CR Nr. 13 GARDE DU CORPS
Standort: Charlottenburg.
Bezeichnung: Wie oben. 1740 Blumenthal, 1744 Jaschinski, 1747 Blumenthal, 1758 Wacknitz, 1760 Schätzel, 1773 Mengden, 1785 Byern.
Regimentsfarben: Rot mit Silberpaspelierung.
Einsätze: Bildete mit dem Rgt. Gensd'armes zusammen stets eine Brigade. Ursprünglich nur eine Schwadron, zweite und dritte jedoch 1756 aufgestellt. Zeichnete sich bei Rossbach, Zorndorf und Hochkirch aus. Eine ausgesprochen gute und zugleich feudale Kavallerieeinheit.

388

Dragoner-Regimenter

DR Nr. 1 *
Standort: Wrietzen, Greifenhagen, etc.
Bezeichnung: 1740 Platen, 1741 Posadowsky, 1747 Katte, 1751 Ahlemann, 1755 Normann, 1761 Zastrow, 1774 Wylich und Lottum.
Uniformen — *bis 1745:* Weißer Rock, weiße Ärmel- und Rockaufschläge sowie Kragen, dunkelblaue Weste, gelbe Leder-Kniehose.
ab 1745: Hellblauer Rock, schwarze Ärmel- und Rockaufschläge sowie Kragen schwefelgelbe Weste, gelbe Kniehose.
Einsätze: Zeichnete sich bei Kolin, Leuthen und Liegnitz aus; »war bemerkenswert wegen seiner Tapferkeit in allen preußischen Feldzügen« (Archenholtz).

DR Nr. 2
Standort: Lüben, Bunzlau.
Bezeichnung: 1740 Sonsfeld, 1742 Württemberg, 1749 Schwerin, 1754 Blanckensee, 1757 Krockow, 1778 Württemberg, 1781 Mahlen.
Uniformen — *bis 1745:* Weißer Rock, himmelblaue oder weiße Ärmel- und Rockaufschläge sowie strohfarbene Kniehose.
ab 1745: Hellblauer Rock — ansonsten wie oben.
Einsätze: Schwere Verluste bei Kunersdorf. Gescheiterte Attacke bei Liegnitz.

DR Nr. 3
Standort: Küstrin.
Bezeichnung: 1740 Schulenburg, 1741 Rothenburg, 1752 Baron v. Schönaich, 1753 Truchsess, 1757 Meinicke, 1761 Flanss, 1763 Alvensleben, 1777 Thun.
Uniformen — *bis 1745:* Weißer Rock, rote Ärmel- und Rockaufschläge.
ab 1745: Hellblauer Rock, rosa Ärmel- und Rockaufschläge sowie Kragen, strohgelbe Weste und Kniehose.

DR Nr. 4 **
Standort: Landsberg a. d. Warthe, Woldenberg, etc.
Bezeichnung: 1741 Bissing, 1742 Kannenberg, 1742 Spiegel, 1743 Bonin, 1752 Oertzen, 1756 Katte, 1757 Czettritz, 1772 Wulffen, 1782 Knobelsdorff, 1786 Goetzen.
Uniformen — *bis 1745:* Weißer Rock, kornblumenblaue Ärmel- und Rockaufschläge sowie Kragen.
ab 1745: Hellblauer Rock, strohgelbe Ärmel- und Rockaufschläge sowie Kragen, strohfarbene Weste und Kniehose.
Einsätze: 1741 aus fünf Schwadronen des DR Nr. 3 aufgestellt. Zeichnete sich bei Rossbach und vor allem bei Zorndorf aus.

DR Nr. 5 BAYREUTHER DRAGONER (zehn Schwadronen)
Standort: Pasewalk, Garz, etc.
Bezeichnung: Wie oben.
Uniformen — bis 1745: Weißer Rock, rote Ärmel- und Rockaufschläge sowie Kragen, strohgelbe Weste und Kniehose.
ab 1745: Hellblauer Rock, karminrote Ärmel- und Rockaufschläge sowie Kragen, strohgelbe Weste und Kniehose.
Einsätze: Eines der gefeiertsten Regimenter der friderizianischen Armee. Bewährte sich besonders bei Hohenfriedberg, wo seine Attacke die Schlacht entschied. Zeichnete sich bei Leuthen und Torgau aus.

Dr. Nr. 6 (Zehn Schwadronen)
Standort: Insterburg, Darkehmen, etc.
Bezeichnung: 1740 Alt-Möllendorff, 1747 Schorlemer, 1760 Meier, 1774 Posadowsky.
Uniformen — bis 1745: Weißer Rock, hellblaue Ärmel- und Rockaufschläge
sowie Kragen;
ab 1745: Hellblauer Rock, weiße Ärmel- und Rockaufschläge sowie Kragen,
zitronengelbe Weste und Reithose.
Einsätze: Das »Porzellan-Regiment« wurde 1717 aus sächsischen Diensten übernommen. Besonders schwere Kämpfe bei Zorndorf und Kunersdorf.

DR Nr. 7
Standort: Tilsit.
Bezeichnung: 1740 Thümen, 1741 Werdeck, 1742 Roehl, 1745 Rüts, 1756 Plet-
tenberg, 1763 Apenburg, 1781 Borck.
Uniformen — *bis 1745:* Weißer Rock, rote Ärmelaufschläge, und Kragen,
weiße Rockaufschläge.
ab 1745: Hellblauer Rock, rote Ärmel- und Rockaufschläge sowie Kragen,
strohgelbe Weste und Kniehose.
Einsätze: Wurde bei Chotusitz böse mitgenommen und zeichnete sich bei Zorndorf ganz besonders aus.

DR Nr. 8
Standort: Insterburg.
Bezeichnung: 1744 Stosch, 1751 Langermann, 1757 Platen, 1758 Alt-Platen,
1770 Platen.
Uniformen — *bis 1745:* Weißer Rock, rote Ärmel- und Rockaufschläge sowie
Kragen.
ab 1745: Hellblauer Rock, rote Ärmel- und Rockaufschläge sowie Kragen,
strohgelbe Weste und Kniehose.
Einsätze: Zeichnete sich bei Gross-Jägersdorf und Zorndorf aus.

DR Nr. 9
Standort: Marienwerder.
Bezeichnung: 1741 Platen, 1743 Holstein-Gottorp, 1761 Pomeiske, 1785 Zitz-
witz.
Uniformen — *bis 1745:* Weißer Rock, rote Ärmel- und Rockaufschläge sowie
Kragen.
ab 1745: Hellblauer Rock, hellblauer Kragen und Ärmelaufschläge, stroh-
gelbe Weste und Kniehose.
Einsätze: 1741 aufgestellt. Bis 1761 nur leichte Einsätze, dann aber bei den
Kämpfen um Kolberg zerschlagen.

DR Nr. 10
Standort: Sagan.
Bezeichnung: 1743 Jung-Möllendorff, 1754 Finck v. Finckenstein, 1785 Rosen-
bruch.
Uniformen — bis 1745: Weißer Rock, orangefarbene Kragen und Ärmelauf-
schläge.
ab 1745: Hellblauer Rock, orangefarbene Kragen und Ärmelaufschläge.
Einsätze: Aufgestellt 1743. Ein kaum in Erscheinung getretenes Regiment.

DR Nr. 11
Standort: Sagan.
Bezeichnung: 1741 Nassau, 1755 Stechow, 1758 Jung-Platen, 1770 Mitzlaff, 1778 Bosse.
Uniformen — bis 1745: Weißer Rock, orangefarbene (?) Kragen und Ärmelaufschläge.
ab 1745: Hellblauer Rock, zitronengelbe Kragen sowie Ärmel- und Rockaufschläge, strohgelbe Weste und Kniehose.
Einsätze: Zeichnete sich bei Prag und Leuthen aus und geriet nach hartem Kampf bei Maxen in Gefangenschaft.

DR Nr. 12
Standort: Treptow, Wollin.
Bezeichnung: 1742 Alt-Württemberg, 1749 Prinz Eugen v. Württemberg, 1769 Reitzenstein, 1780 Kalckreuth.
Uniform: Behielt seinen in württembergischen Diensten getragenen hellblauen Rock, welcher möglicherweise das Vorbild für den 1745 allgemein eingeführten hellblauen Dragonerrock bildete. Schwarze Plüschkragen, Ärmel- und Rockaufschläge.
Einsätze: 1742 aus württembergischem Dienst übernommen. Hatte 1744 viele Ausfälle durch Fahnenflucht. Wurde bei Prag übel zugerichtet, ergriff bei Maxen die Flucht und geriet anschließend in Gefangenschaft.

Husaren-Regimenter

HR Nr. 1 PREUSSISCHES HUSAREN-KORPS oder GRÜNE HUSAREN
Standort: Goldap, Ragnit.
Bezeichnung: Wie oben. 1741 Bronikowsky, 1747 Dewitz, 1750 Székely, 1759 Kleist, 1770 Czettritz.
Uniform: Hellgrüner Dolman, dunkelgrüne Pelzjacke (daher der Name »Grüne Husaren«), Pelzmütze.
Einsätze: Zeichnete sich bei Lobositz und Rossbach aus.

HR Nr. 2 LEIB-HUSAREN-REGIMENT, LEIBKKORPS-HUSAREN
ZIETEN oder ROTE HUSAREN **
Standort: Berlin.
Bezeichnung: Wie oben. 1741 Zieten, 1786 Brunner.
Uniform: Roter Dolman (daher der Name »Rote Husaren«, dunkelblaue Pelzjacke, Pelzmütze.
Einsätze: Als Zietens Regiment berühmt. Zeichnete sich bei Hohenfriedberg, Prag, Zorndorf, Hochkirch und Torgau aus.

HR Nr. 3
Standort: Berlin.
Bezeichnung: 1740 Bandemer, 1741 Malachowsky, 1745 Wartenberg, 1757 Warnery, 1758 Möhring, 1773 Somoggy, 1777 Rosenbusch, 1785 Keöszegy.
Uniform: Weißer Dolman, dunkelblaue Pelzjacke, Pelzmütze.
Einsätze: Zeichnete sich am 9. Februar 1745 bei Ratibor und später bei Prag aus. Neun Schwadronen gerieten 1757 bei Schweidnitz in Gefangenschaft. Tat sich bei Liegnitz hervor. Wartenberg und Warnery genossen als Offiziere einen hohen Ruf.

HR Nr. 4 WEISSE HUSAREN
Standort: Wartenberg, Trebnitz.
Bezeichnung: 1741 Natzmer, 1751 Vippach, 1755 Puttkamer, 1759 Dingelstadet, 1762 Bohlen, 1770 Podgurski, 1781 Württemberg.
Uniform: Hellblauer Dolman, weiße Pelzjacke (daher der Name »Weiße Husaren«), Filzmütze.
Einsätze: Als Lanzen-Regiment aufgestellt und 1742 als Husaren-Regiment umgebildet. Seydlitz trat 1743 als Rittmeister bei ihm ein. Zeichnete sich bei Prag aus, wurde bei Kunersdorf abgewiesen.

HR Nr. 5 SCHWARZE HUSAREN **
Standort: Goldap, Lötzen.
Bezeichnung: 1741 Mackerodt, 1744 Ruesch, 1762 Lossow, 1783 Hohenstock.
Uniform: Schwarzer Dolman und Pelzjacke (daher der Name »Schwarze Husaren«). Trug einen Totenkopf mit gekreuzten Knochen als Abzeichen an der Filzmütze.
Einsätze: Berühmt wegen des Wohlstands seiner Offiziere und der Wildheit seiner Husaren. Zeichnete sich 1745 bei Hennersdorf aus, und drei Schwadronen erwarben sich während des Siebenjährigen Krieges in Westdeutschland Verdienste.

HR Nr. 6 BRAUNE HUSAREN
Standort: Pless, Schrau.
Bezeichnung: 1741 Hoditz, 1743 Soldan, 1746 Wechmar, 1757 Werner, 1785 Gröling.
Uniform: Brauner Dolman und Pelzjacke (daher der Name »Braune Husaren«) sowie Filzmütze.
Einsätze: Zeichnete sich bei Prag aus und geriet bei Maxen in Gefangenschaft.

HR Nr. 7 (Erstes)
Bezeichnung: 1743 Hallasch, 1747 Seydlitz (Major Alexander v.), 1759 Gersdorff.
Uniform: Roter Dolman, rote Pelzjacke.
Einsätze: Kämpfte mit Auszeichnung bei Rossbach, wurde jedoch bei Maxen gefangengenommen. Nach dem Kriege aufgelöst; an seine Stelle trat das ehemalige HR Nr. 8.

HR Nr. 7 (Zweites, vormals HR Nr. 8) GELBE HUSAREN
Bezeichnung: 1744 Dieuri, 1746 Billerbeck, 1753 Malachowsky, 1775 Usedom.
Uniform: Zitronenfarbener Dolman (daher der Name »Gelbe Husaren«), hellblaue Pelzjacke.
Einsätze: Zeichnete sich bei Zorndorf aus und verlor bei Landeshut sechs Schwadronen. Übernahm nach dem Krieg die Nummer des aufgelösten HR Nr. 7. Wurde 1778/9 von Friedrichs Kritik eigens ausgenommen.

HR Nr. 8 (Vormals HR Nr. 9)
Bezeichnung: 1758 Belling, 1779 Hohenstock, 1783 Schulenburg.
Uniform: Schwarzer Dolman, schwarze Pelzjacke, Filzmütze.
Einsätze: Wurde 1758 in Halberstadt durch Oberstleutnant Wilhelm v. Belling in Stärke von fünf Schwadronen aufgestellt, denen 1760/1 zehn weitere folgten. Zeichnete sich bei Kunersdorf aus. Am 29. August 1760 nahm das Regiment in Mecklenburg den schwedischen Husaren Gebhard v. Blücher gefangen. Blücher trat in das Regiment ein, wurde 1794 dessen Chef und schließlich der berühmte Feldmarschall.

HR Nr. 9 (Zweites) BOSNIAKEN-CORPS
Bezeichnung: Wie oben.
Uniform: Roter Dolman, scharlachrote Pluderhosen, Turban oder Pelzmütze.
Einsätze: 1745 aufgestellt und dem HR Nr. 5 zugeteilt. Wurde 1771 HR Nr. 9,
blieb jedoch bis 1788 im Verband des HR Nr. 5.

HR Nr. 10
Bezeichnung: Owstien.
Einsätze: 1773 aufgestellt.

Feldjäger-Corps zu Pferde

Aufgestellt 1740. Uniform wie Feldjäger-Corps zu Fuß.

Artillerie

Einfacher blauer Rock, hellblaue Weste und Kniehose.

Ingenieur-Corps

Blauer Rock, dunkelrote Ärmel- und Rockaufschläge, Weste und Kniehose.

QUELLENNACHWEIS

Lebensbeschreibungen Friedrichs sowie Einzeldarstellungen von Schlachten und Feldzügen wurden weggelassen, es sei denn, daß sie direkten Bezug auf die gerade erwähnte Textstelle hatten.

Anon. »Les Campagnes du Roi de Prusse en 1742 et 1745«, Amsterdam 1763. Von einem preußischen Offizier.

Anon. »Drei Jahre im Kadetten-Corps (1758—60)«, Jahrbücher für die deutsche Armee und Marine, XXXIX, Berlin 1881.

Anon. »Erinnerungen an die letzte Campagne Friedrichs des Großen«, Jahrbücher, LIII, Berlin 1884. Das Leben eines Subalternoffiziers in einem westpreußischen Regiment (Nr. 51) während des Bayrischen Erbfolgekrieges.

Anon. »Idée de la Personne, de la Manière de vivre, et de la Cour du Roi de Prusse«, British Museum, Stowe MSS 307, f 60.

Anon. »Reflections on the general Principles of War; and on the Composition and Characters of the different Armies in Europe; by a General Officer who served several Campaigns in the Austrian Army«, Annual Register, London 1766.

Anon. »Über das Verpflegungswesen im Siebenjährigen Kriege«, Jahrbücher, XII, Berlin 1874.

Archenholtz, J. W. »Geschichte des Siebenjährigen Krieges in Deutschland« (1791), 5. Ausgabe, 2 Bände, Berlin 1840. Der Autor war Subalternoffizier im Regiment Forcade. Seine Darstellung ist lebendig und detailliert.

Barsewisch, C. F. »Meine Kriegs-Erlebnisse während des Siebenjährigen Krieges 1757—1763«, Berlin 1863. Er war Subalternoffizier im Regiment von Wedell. »Aus dem Nachlasse von Georg Heinrich v. Berenhorst«, 2 Bände, Dessau 1845—7.

Berenhorst, G. H. »Betrachtungen über die Kriegskunst«, dreiteilig, Leipzig 1798—9. Lebendig und unparteiisch, wenngleich in Einzelheiten auch nicht immer ganz zuverlässig.

Bernhardi, T. »Friedrich der Große als Feldherr«, 2 Bände, Berlin 1881.

Bleckwenn H. »Das altpreußische Heer. Erscheinungsbild und Wesen. 1713—1807«, Osnabrück 1969 und weiter im Verlagsprogramm. Eine höchst bedeutsame Serie von Monographien und Nachdrucken. Hans Bleckwenn und sein vorurteilsfreier Verleger (Biblio Verlag) sind weitgehend verantwortlich für das wiedergekehrte Interesse an dem friderizianischen Zeitalter.

Bleckwenn, H. »Zur Handhabung der Geschütze bei der friderizianischen Feldartillerie«, Zeitschrift für Heereskunde, Nr. 200, Berlin 1965.

Boswell on the Grand Tour: »Germany and Switzerland 1764«, Ausgabe F. A. Pottle, London 1953.

Boysen, F. E. »Eigene Lebensbeschreibung«, Quedlinburg 1795. Besonders über die Verhältnisse in Magdeburg während des Siebenjährigen Krieges.

Bräker, U. »Der arme Mann in Tockenburg«, Leipzig 1852. Von einem Gefreiten wider Willen im Regiment von Itzenplitz.

Brüggemann, F. »Der Siebenjährige Krieg im Spiegel der zeitgenössischen Literatur«, Leipzig 1935.

Burchardi, H. »Der kartographische Standpunkt beim Beginn des Siebenjährigen Krieges«, Beihefte zum Militär-Wochenblatt, Berlin 1879.

Burgoyne, J. »Observations upon the present military State of Prussia, Austria and France« (1767), in »Political and military Episodes . . . from the Life and Correspondence of the Right Hon. John Burgoyne«, Ausgabe E. B. Fonblanque, London 1876.

Busch, A. »Militärsystem und Sozialleben im Alten Preußen 1713—1807«, Band VII der »Veröffentlichungen der Berliner Historischen Kommission«, Berlin 1962.

Büttner, G. A. »Denkwürdigkeiten aus dem Leben des Königl. Preuß. Generals von der Infanterie Freiherrn de la Motte Fouqué«, zweiteilig, Berlin 1788.

Buxbaum, E. »Friedrich Wilhelm Freiherr von Seydlitz«, neue Ausgabe, Rathenow 1890. Brauchbar aber unkritisch.

»Unterhaltungen mit Friedrich dem Großen«. Memoiren und Tagebücher von H. de Catt, Ausgabe R. Koser, Leipzig 1884. Von des Königs Vorleser.

Colin, J. »L'Infanterie au XVIII Siècle: la Tactique«, Paris 1907. Über den Einfluß der preußischen Taktik in Frankreich.

»*Correspondence* of Charles, First Marquis Cornwallis«, Ausgabe C. Ross, 3 Bände, London 1859.

Craig, G. A. »The politics of the Prussian Army 1640—1945«, Oxford 1955.

Crousaz, A. »Die Cavallerie Friedrichs des Großen«, Jahrbücher, XII, Berlin 1874.

Decker, C. »Die Schlachten und Hauptgefechte des Siebenjährigen Krieges . . . mit vorherrschender Bezugnahme auf den Gebrauch der Artillerie«, Berlin 1837. Alt aber gut.

Delbrück, H. »Geschichte der Kriegskunst im Rahmen der politischen Geschichte«, 4 Bände, Berlin 1900—20. Ein begabter Gelehrter, dem die offiziell überlieferten Ansichten Friedrichs zuwider waren. Hatte eine Privatarmee, die er in der Taktik des friderizianischen Zeitalters drillte.

Demeter, K. »The German Officer Corps in Society and State 1650—1945«, London 1965.

Dette, E. »Friedrich der Große und sein Heer«, Göttingen 1914.

Doyle, J. B. »Frederick William von Steuben«, Steubenville 1913.

Droysen, J. G. »Die preußischen Kriegsberichte der beiden schlesischen Kriege«, Beihefte, Berlin 1877.

Duffy, C. J. »The Wild Goose and the Eagle. A Life of Marshal von Browne 1705—1757«, London 1964. Erweiterte deutsche Übersetzung »Feldmarschall v. Browne 1705—1757«, London 1964. Erweiterte deutsche Übersetzung »Feldmarschall v. Browne«, Wien 1966. Über die strategischen Ziele der zeitgenössischen Heerführer und die Ereignisse der Feldzüge von 1740—1 sowie 1756.

Dundas, D. D. »Remarks on the Prussian Troops and their Movements«, 1785, British Museum, King's MSS 241

Dupuy, E. R. und T. N. »The Compact History of the Revolutionary War«, New York 1963. Über den Einfluß Steubens.

Easum, C. V. »Prince Henry of Prussia. Brother of Frederick the Great«, Madison 1942.

Eckardt, W. und *Morawietz, O.* »Die Handwaffen des brandenburgisch-deutschen Heeres«, Hamburg 1957.

Ergang, R. »Der Potsdam Führer«. Frederick William I, New York 1941.

»*Erste Schlesische Krieg*«, siehe Großer Generalstab.

Friedrich der Große. »Die Instruktion Friedrichs des Großen für seine Generale von 1747«, Ausgabe W. Frank, Berlin 1936.

Friedrich der Große. »Oeuvres de Frédéric le Grand«, 30 Bände, Berlin 1846—56, besonders I—VII (historische) und XXVIII-XXX (militärische).

Friedrich der Große. »Politische Korrespondenz Friedrichs des Großen«, 46 Bände, Berlin 1879—1939. Nach der Zerstörung des Staatsarchivs durch Bombenangriff v. 14. April 1945 eine unentbehrliche Quelle.

Friedrich der Große. »Die Politischen Testamente Friedrichs des Großen«, veröffentlicht als Ergänzung zu der »Politische Correspondenz«, 1920.

Friedrich der Große. »Militärische Schriften«, Band VI von »Die Werke Friedrichs des Großen«, Berlin 1913.

»Le Comte de Gisor 1732—1758«, Ausgabe C. Rousset, Paris 1868. Eine aufschlußreiche Unterhaltung mit Friedrich aus dem Jahre 1754.

Goltz, C. V. D. »Von Rossbach bis Jena und Auerstedt«, 2. Ausgabe, Berlin 1906. Über den Zerfall der friderizianischen Armee.

Görlitz, W. »The German General Staff. Its History and Structure 1657—1945, London 1953.

Gotzkowsky, J. C. »Geschichte eines patriotischen Kaufmanns«, Augsburg 1768—9.

Graewe, R. »Die Feldprediger«, Teil X, »Des Großen Friedrich Feldprediger«, Zeitschrift für Heereskunde, Nr. 226, Berlin 1969.

Graewe, R. »Regimentstochter«, Zeitschrift für Heereskunde, Nr. 197 Berlin 1965.

Groehler, O. »Die Kriege Friedrichs II«, Ostberlin 1966. Eine gute Zusammenfassung.

Großer Generalstab. »Die taktische Schulung der preußischen Armee durch König Friedrich den Großen während der Friedenszeit 1745 bis 1756«, Kriegsgeschichtliche Einzelschriften, XVIII — XXX, Berlin 1900.

Großer Generalstab. »Friedrich des Großen Anschauung vom Kriege in ihrer Entwicklung von 1745—1756«, Kriegsgeschichtl. Einzelschriften, Berlin 1899.

Großer Generalstab. »Die Kriege Friedrichs des Großen«, 20 Bände, Berlin 1890—1913, den Ersten Schlesischen Krieg, den Zweiten Schlesischen Krieg und den Siebenjährigen Krieg umfassend. Umfangreiche Untersuchung, zu der eingehendes Quellenstudium erforderlich war. Die wohl eingehendste Schilderung der Kriege Friedrichs. Der Siebenjährige Krieg wurde nur bis zum Jahresende 1759 durchgeführt. In den 1930er Jahren machte sich zwar E. Kessel daran, die Arbeit zu beenden, doch wurden seine Unterlagen im Verlauf des Zweiten Weltkriegs vernichtet.

Großer Generalstab. »Urkundliche Beiträge und Forschungen zur Geschichte des preußischen Heeres«. Enthält »Briefe preußischer Soldaten«, II, Berlin 1901; Ferdinand von Braunschweigs »Réflexions...sur la Campagne de 1756«, II, Berlin 1901; C. Jany, »Die Gefechtsausbildung der preußischen Infanterie von 1806«, V, Berlin 1903; und »Potsdamer Tagebücher 1740 bis 1756«, X, Berlin 1906.

Guibert, J. A. »Journal d'un Voyage en Allemagne, fait en 1773, zwei Bände, Paris 1803.

Guibert, J. A. »Observations sur la Constitution militaire et politique des Armées de Sa Majesté Prussienne«, Amsterdam 1778.

Hahn, W. »Hans Joachim v. Zieten« 3. Ausgabe, Berlin 1858.

Hanke, M. und *Degner, H.* »Geschichte der amtlichen Kartographie Brandenburg-Preußens«, Stuttgart 1935.

»Aus der Zeit des Siebenjährigen Krieges. Tagebuchblätter und Briefe der Prinzessin Heinrich und des Königlichen Hauses«, Ausgabe E. Berner und G. Volz, »Quellen und Untersuchungen zur Geschichte des Hauses Hohenzollern, IX, Berlin 1908.

»Militärischer Nachlaß des königlich-preußischen Generallieutenants . . . Henckel v. Donnersmarck«, 2 Bände, Leipzig 1858.

Hildebrandt, C. »Anekdoten und Characterzüge aus dem Leben Friedrichs des Großen«, 6 Bände, Halberstadt 1829—55.

Hülsen, C. W. »Unter Friedrich dem Großen. Aus den Memoiren des Aeltervaters 1752—1773«, Ausgabe H. Hülsen, Berlin 1890. Während des Siebenjährigen Krieges war Hülsen Subalternoffizier im Regiment von Below.

Jähns, M. »Geschichte der Kriegswissenschaften, vornehmlich in Deutschland«, Teil III, München und Leipzig 1891.

Janson, A. »Hans Karl. v. Winterfeldt, des Großen Königs Generalstabschef«, Berlin 1913.

Jany, C. »Geschichte der Preußischen Armee vom 15. Jahrhundert bis 1914«, Band II und III, Berlin 1928—9. Neuere Ausgabe von E. Jany, Osnabrück 1967. Durchweg patriotisch vom Gefühl her, aber nach wie vor die eingehendste und zuverlässigste Studie über den Gegenstand.

Jany, C. und *Menzel A.* »Die Armee Friedrichs des Großen in ihrer Uniformierung«, Berlin 1908.

»Das Parole-Buch des Feldmarschalls Kalckreuth«, Ausgabe ».L.«, Jahrbücher, LI, Berlin 1884.

Kaltenborn, R. W. »Briefe eines alten preußischen Officiers verschiedene Characterzüge Friedrichs des Großen betreffend«, 2 Bände, Hohenzollern 1790.

Kaltenborn, R. W. »Schreiben des alten preußischen Officiers an seinen Freund zur Erläuterung über die Glaubwürdigkeit seiner Nachrichten von Friedrich II«, Hohenzollern 1792. Als Antwort auf Feldprediger Ziesemers »Briefe eines preußischen Feldpredigers verschiedene Characterzüge Friedrichs des einzigen betreffend«, Potsdam 1791. Major v. Kaltenborn wurde 1780 aus der Armee entlassen und steckte voller Vorurteile gegen Friedrich. Dennoch enthält sein Werk viele Informationen über die Periode, sofern man sie mit Vorsicht verwendet.

Kling, C. »Geschichte der Bekleidung, Bewaffnung und Ausrüstung des königlich preußischen Heeres«, 3 Bände, Weimar 1902—12.

Konig, A. B. »Alte und neue Denkwürdigkeiten der königlich preußischen Armee«, Berlin 1787. Eine Geschichte des Regiments von Bornstedt.

Korobkow, N. »Semiletnyaya Voina«, Moskau 1940.

Koser, R. »Die preußischen Finanzen im Siebenjährigen Kriege«, Forschungen zur brandenburgischen und preußischen Geschichte, XIII, Leipzig 1900.

Koser, R. »Die preußische Kriegführung im Siebenjährigen Krieg«, Historische Zeitschrift, neue Serie LXXXXII, Berlin 1904.

Krause, G. »Altpreußische Uniformfertigung als Vorstufe der Bekleidungsindustrie«, Hamburg 1965.

Krogh, G. K. »Prag und Kolin . . . Nach dem Tagebuch eines norwegischen Offiziers«, Ausgabe C. Aubert, Beihefte, Berlin 1913.

Küster, C. D. »Bruchstück eines Campagnelebens im Siebenjährigen Kriege«, Berlin 1791. Die Erfahrungen eines Feldpredigers, vornehmlich bei der Schlacht von Hochkirch.

Küster, C. D. »Characterzüge des preußischen General-Lieutenants v. Saldern«, Berlin 1793.

»L.« »Vor hundert Jahren. Skizzen aus dem Privatleben einiger Lieutenants in Potsdam«, Jahrbücher, XI, Berlin 1874.

Lange, E. und *Menzel A.* »Heerschau der Soldaten Friedrichs des Großen«, Leipzig 1856, neue Ausgabe (Ausgabe H. Bleckwenn), Krefeld 1970.

»Magister F. Ch. Laukhards Leben und Schicksale«, 13. Ausgabe, zwei Bände, Stuttgart 1930. Laukhard diente vorübergehend als Gefreiter im Regiment von Anhalt-Bernburg.

Lehndorff, E. »Dreißig Jahre am Hofe Friedrichs des Großen«, Edition K. E. Schmidt-Lötzen, Gotha 1907; und Nachträge, 2 Bände, Gotha 1910—13. Lehndorff gehörte zum Hofstaat der Königin.

Lehndorff, E. »Kriegs- und Friedensbilder aus den Jahren 1754—1759. Nach dem Tagebuch des Leutnants Jakob F. v. Lemcke 1738—1810«, Ausgabe R. Walz, »Preußische Jahrbücher CXXXVIII, Berlin 1909. Von einem Subalternoffizier im Regiment von Anhalt. Besonders über Prag und Kay.

Ligne, C. J. »Mêlanges militaires, littéraires et sentimentaires«, Bände I, II, IX, X, XIV—XVII, Dresden 1795—6.

Lippe-Weissenfeld, E. »Militaria aus König Friedrichs des Großen Zeit«, Berlin 1866.

Lippe-Weissenfeld, E. »Hans Joachim v. Zieten«, Berlin 1885.

Lossow, L. M. »Denkwürdigkeiten zur Characteristik der preußischen Armee unter Friedrich dem Zweiten«, Glogau 1826. Von einem Veteranen. Kindlich aber sehr informativ.

Luvaas, J. »Frederick the Great on the Art of War«, New York 1966. Eine gute Sammlung der militärischen Schriften Friedrichs in englischer Sprache.

Malachowski, D. »Scharfe Taktik und Revuetaktik im 18. und 19. Jahrhundert« Berlin 1892.

Meyer, C. »Briefe aus der Zeit des ersten Schlesischen Krieges«, Leipzig 1902.

Mirabeau, H. G. »Système militaire de la Prusse«, London 1788.

»Memoirs and Papers of Sir Andrew Mitchell, K. B.«; Ausgabe A. Bisset, zwei Bände, London 1850.

Moore, J. »A View of Society and Manners in France, Switzerland, and Germany«, 2 Bände, London 1780.

Natzmer, G. E. »Georg Christoph v. Natzmer, Chef der weißen Husaren«, Hannover 1870.

»Oeuvres«, siehe Friedrich der Große.

Ortmann, A. D. »Patriotische Briefe«, Berlin und Potsdam 1759. Ein reichhaltiges Material über sämtliche Aspekte des Siebenjährigen Krieges.

Osten-Sacken, O. »Preußens Heer von seinen Anfängen bis zur Gegenwart«, I, Berlin 1911. Kürzer und leichter zugänglich als Jany.

Paczynski-Tenczyn. »Lebensbeschreibung des General-Feldmarschalls Keith«, Berlin 1896.

Palmer, J. M. »General von Steuben«, New Haven 1937.

Palmer, R. R. »Frederick the Great, Guibert, Bülow. From Dynastic to National War«, in »Makers of Modern Strategy«, Ausgabe E. M. Earle, Princeton 1943.

Paret, P. »Yorck and the Era of Prussian Reform 1807—1815«, Princeton 1969. Mit einem guten Kapitel über die friderizianische Armee.

Pauli, C. F. »Denkmale berühmter Feld-Herren«, Halle 1768.

Priesdorff, K. »Saldern«, Hamburg 1943.

»Unter der Fahne des Herzogs von Bevern. Jugenderinnerungen des Christian Wilhelm von Prittwitz und Gaffron«, Berlin 1935. Prittwitz war Subalternoffizier im Regiment von Bevern.

Retzow, J. A. »Charakteristik der wichtigsten Ereignisse des Siebenjährigen Krieges«, 2 Bände, Berlin 1802. Retzow war Subalternoffizier im Siebenjährigen Krieg und Sohn des unglücklichen »Intendanten«.

Ritter, G. »Staatskunst und Kriegshandwerk«, Teil I, »Die altpreußische Tradition (1740—1890)«, München 1954. Engl. Übersetzung: »The Sword and the Scepter. The problem of Militarism in Germany«, pt I, »The Prussian Tradition 1740—1890«, Coral Gables (Florida) 1969.

398

Rosinski, H. »The German Army«, London 1966.

Sack, F. S. »Briefe über den Krieg«, Berlin 1778.

Scharfenort, L. A. »Kulturbilder aus der Vergangenheit des altpreußischen Heeres«, Berlin 1914.

Scharfenort, L. A. »Die Pagen am brandenburg-preußischen Hof 1415—1895«, Berlin 1895.

Scharnhorst, G. J. »Handbuch für Officiere«, 3 Bände, Hannover 1790.

Scheffner, J. G. »Mein Leben«, Leipzig 1823. Dieser Schriftsteller war Subalternoffizier im Regiment von Ramin während des Siebenjährigen Krieges.

Schlenke, M. »England und das Friderizianische Preußen 1740—1763«. Freiburg 1963.

Schlözer, K. »General Graf Chasot«, Berlin 1878.

Schmettau, G. F. »Lebensgeschichte des Grafen v. Schmettau«, zwei Bände. Berlin 1806. Das Leben eines berühmten Stabsoffiziers, beschrieben von seinem Sohn.

Schmettau, G. F. »Über den Feldzug der preußischen Armee in Böhmen im Jahre 1778«, Berlin 1789. Sehr aufschlußreich.

Schmitt, R. »Prinz Heinrich von Preußen als Feldherr im Siebenjährigen Kriege«, 2 Bände, Greifswald 1885—97.

Schnackenburg, Major V. »Die Freikorps Friedrichs des Großen«. Beihefte, Berlin 1883.

Schnackenburg, Major V. »Heerwesen und Infanteriedienst vor 100 Jahren«, Jahrbücher, XLVI und XLVII, Berlin 1883.

Schwarze, K. »Der Siebenjährige Krieg in der zeitgenössischen Literatur«, Berlin 1936.

Schwerin, D. »Feldmarschall Schwerin«, Berlin 1928.

Siebenjähriger Krieg, siehe Großer Generalstab.

Steinberger, J. »Breslau vor hundert Jahren. Auszüge aus einer handschriftlichen Chronik«, Ausgabe A. Kahlert, Breslau 1840.

Stolz, G. »Generalleutnant Daniel F. v. Lossow (1721—83)«, Zeitschrift für Heereskunde, Nr. 237, Berlin 1970.

Testament Politique 1752 und 1768 — siehe Friedrich der Große.

Tharau, F.-K. »Die geistige Kultur des preußischen Offiziers von 1640 bis 1806«, Mainz 1968. Eine ausgezeichnete Studie, die viele interessante biografische Einzelheiten enthält.

Thiébault, D. »Mes Souvenirs de vingt Ans de Sejour à Berlin, 3. Ausgabe, 4 Bände, Paris 1813.

Toulongeon und *Hullin,* »Une Mission Militaire en Prusse, en 1786«, Ausgabe J. Finot und R. Galmiche-Bouvier, Paris 1881.

»Memoires de Frédéric Baron de Trenck«, 3 Bände, Straßburg und Paris 1789. Farbig aber unglaubwürdig.

Unger, W. »Wie ritt Seydlitz?« Berlin 1906. Eine wichtige Studie über die Kavallerie und Reitkunst der friderizianischen Zeit.

Varnhagen V. Ense, K. A. »Leben des Generals Freiherrn v. Seydlitz«, Berlin 1834. Sehr offen.

Varnhagen V. Ense, K. A. »Leben des Generals Hans Karl v. Winterfeld«, Berlin 1836.

Warnery, General V. »Campagnes de Frédéric II Roi de Prusse, de 1756 à 1762«, Amsterdam 1788. Informativ und unparteiisch. Warnery war Husarenoberst während des Siebenjährigen Krieges und einer von Seydlitz' engsten Freunden.

Wengen, F. »Karl Graf zu Wied«, Gotha 1890.

Wiltsch, J. E. »Die Schlacht von nicht bei Rossbach oder die Schlacht auf den Feldern von und bei Reichardtswerben«, Reichardtswerben 1858.

Winter, G. »Hans Joachim von Zieten«, 2 Bände, Leipzig 1886.

Witzleben, A. »Aus alten Parolebüchern der Berliner Garnison zur Zeit Friedrichs des Großen«, Berlin 1851.

Woche, K. »Christian Nikolaus v. Linger«, Zeitschrift für Heereskunde, Nr. 223—4, Berlin 1969.

Wraxall, N. W. »Memoirs of the Courts of Berlin, Dresden etc.«, zweite Ausgabe, zwei Bände, London 1800.

»The Life and Correspondence of Philip Yorke, Earl of Hardwicke«, Ausgabe P. C. Yorke, 3 Bände, Cambridge 1913. General Yorke beobachtete 1758 die preußische Armee im Felde.

»Zweite Schlesische Krieg«, siehe Großer Generalstab.

BILDERNACHWEIS

Titelbild: Friedrich besichtigt das Erste Gardebataillon, 1778 / Friedrich der Große (Huber) / Hans Karl v. Winterfeldt (anon.) / Kurt Christoph v. Schwerin (Pesne) / Johann v. Lehwaldt (Falbe) / Herzog Ferdinand von Braunschweig (zeitgenössisches Portrait) / Ewald Christian v. Kleist (Stock) / Prinz Heinrich von Preußen (Menzel) / Heinrich August de la Motte Fouqué (Pesne) / Friedrich Christoph v. Saldern (Berger) / Wichart Joachim v. Möllendorf (Holtzmann) / Invaliden und Kadetten (Stock) / Spießrutenlaufen (Chodowiecki) / Regiment von Bernburg (Menzel) / Grenadiere des Infanterieregiments Nr. 27 (Menzel) / Füsiliere des Regiments Nr. 48 (Menzel) / Offizier und Musketier des Regiments von Wedell (Raspe) / Füsilier und Offizier des Regiments von Grabow (Raspe) / Offizier und Reiter des Kürassierregiments (Raspe) / Offizier und Husar der Schwarzen Husaren (Raspe) / Angehörige eines Freibataillons (Menzel) / Reiter des Kürassierregiments Nr. 22 (Menzel) / Prinz Leopold von Anhalt-Dessau (Menzel) / Generalleutnant Herzog Friedrich Eugen v. Württemberg (Menzel) / Hans Joachim v. Zieten (Menzel) / Friedrich Wilhelm v. Seydlitz (Menzel) / Bosniake in Winteruniform (Menzel) / Österreichischer Zwölfpfünder / Reitende Artillerie (Menzel) / Pioniere (Menzel) / Offiziere und Soldaten des Mineurkorps (Menzel) / Siegel der Bayreuther Dragoner (Menzel) / Kapitulation der Sachsen bei Pirna (Menzel) / Abrücken der Österreicher aus Breslau (anon.) / Angriff des Regiments von Bernburg bei Liegnitz (Menzel) / Die letzte Begegnung zwischen Friedrich und Zieten (Chodowiecki).